新闻与传播学译丛·学术前沿系列

严肃对待新闻

新闻研究的新学术视野

［美］芭比·泽利泽（Barbie Zelizer）◎著

李青藜 ◎译

TAKING
JOURNALISM
SERIOUSLY

中国人民大学出版社
·北京·

新闻与传播学译丛·学术前沿系列

丛书主编　刘海龙　胡翼青

总　序

在论证"新闻与传播学译丛·学术前沿系列"可行性的过程中，我们经常自问：在这样一个海量的论文数据库唾手可得的今天，从事这样的中文学术翻译工程价值何在？

祖国大陆20世纪80年代传播研究的引进，就是从施拉姆的《传播学概论》、赛佛林和坦卡德的《传播理论：起源、方法与应用》、德弗勒的《传播学通论》、温德尔和麦奎尔的《大众传播模式论》等教材的翻译开始的。当年外文资料匮乏，对外交流机会有限，学界外语水平普遍不高，这些教材是中国传播学者想象西方传播学地图的主要素材，其作用不可取代。然而今天的研究环境已经发生翻天覆地的变化。图书馆的外文数据库、网络上的英文电子书汗牛充栋，课堂上的英文阅读材料已成为家常便饭，来中国访问和参会的学者水准越来越高，出国访学已经不再是少数学术精英的专利或福利。一句话，学术界依赖翻译了解学术动态的时代已经逐渐远去。

在这种现实面前，我们的坚持基于以下两个理由。

一是强调学术专著的不可替代性。

目前以国际期刊发表为主的学术评价体制导致专著的重要性降低。一位台湾资深传播学者曾惊呼：在现有的评鉴体制之下，几乎没有人愿意从事专著的写作！台湾引入国际论文发表作为学术考核的主要标准，专著既劳神又不计入学术成果，学者纷纷转向符合学术期刊要求的小题目。如此一来，不仅学术视野越来越狭隘，学术共同体内的交流也受到影响。

祖国大陆的国家课题体制还催生了另一种怪现象：有些地方，给钱便可出书。学术专著数量激增，质量却江河日下，造成另一种形式的学术专著贬值。与此同时，以国际期刊发表为标准的学术评估体制亦悄然从理工科渗透进人文社会学科，未来中国的学术专著出版有可能会面临双重窘境。

我们依然认为，学术专著自有其不可替代的价值。其一，它鼓励研究者以更广阔的视野和更深邃的目光审视问题。它能全面系统地提供一个问题的历史语境和来自不同角度的声音，鼓励整体的、联系的宏观思维。其二，和局限于特定学术小圈子的期刊论文不同，专著更像是在学术广场上的开放讨论，有助于不同领域的"外行"一窥门径，促进跨学科、跨领域的横向交流。其三，书籍是最重要的知识保存形式，目前还未有其他真正的替代物能动摇其地位。即使是电子化的书籍，其知识存在形态和组织结构依然保持了章节的传统样式。也许像谷歌这样的搜索引擎或维基百科这样的超链接知识形态在未来发挥的作用会越来越大，但至少现在为止，书籍仍是最便捷和权威的知识获取方式。如果一位初学者想对某个题目有深入了解，最佳选择仍是入门级的专著而不是论文。专著对于知识和研究范式的传播仍具有不可替代的作用。

二是在大量研究者甚至学习者都可以直接阅读英文原文的前提下，学术专著翻译选择与强调的价值便体现出来。

在文献数量激增的今天，更需要建立一种评价体系加以筛选，使学者在有限的时间里迅速掌握知识的脉络。同时，在大量文献众声喧哗的状态下，对话愈显珍贵。没有交集的自说自话缺乏激励提高的空间。这些翻译过来的文本就像是一个火堆，把取暖的人聚集到一起。我们希冀这些精选出来的文本能引来同好的关注，刺激讨论与批评，形成共同的话语空间。

既然是有所选择，就意味着我们要寻求当下研究中国问题所需要关注的研究对象、范式、理论、方法。传播学著作的翻译可以分成三个阶段。第一个阶段旨在营造风气，故而注重教材的翻译。第二个阶段目标在于深入理解，故而注重移译经典理论著作。第三个阶段目标在于寻找能激发创新的灵感，故而我们的主要工作是有的放矢地寻找对中国的研究具有启发的典范。

既曰"前沿"，就须不作空言，甚至追求片面的深刻，以求激荡学界的思想。除此以外，本译丛还希望填补国内新闻传播学界现有知识结构上的盲点。比如，过去译介传播学的著作比较多，但新闻学的则相对薄弱；大众传播的多，其他传播形态的比较少；宏大理论多，中层研究和个案研究少；美国的多，欧洲的少；经验性的研究多，其他范式的研究少。总之，我们希望本译丛能起到承前启后的作用。承前，就是在前辈新闻传播译介的基础上，拓宽加深。启后，是希望这些成果能够为中国的新闻传播研究提供新的思路与方法，促进中国的本土新闻传播研究。

正如胡适所说："译事正未易言。倘不经意为之，将令奇文瑰宝化为粪壤，岂徒唐突西施而已乎？与其译而失真，不如不译。"学术翻译虽然在目前的学术评价体制中算不上研究成果，但稍有疏忽，却可能贻害无穷。中国人民大学出版社独具慧眼,选择更具有学术热情的中青年学者担任本译丛主力,必将给新闻传播学界带来清新气息。这是一个共同的事业,我们召唤更多的新闻传播学界的青年才俊与中坚力量加入到荐书、译书的队伍中,让有价值的思想由最理想的信差转述。看到自己心仪的作者和理论被更多人了解和讨论,难道不是一件很有成就感的事吗?

译者序

如何严肃对待新闻

就在本书译文脱稿之时，全世界的目光都投向了在沙特驻土耳其领事馆失踪的沙特异议记者、《华盛顿邮报》专栏作家卡舒吉（Jamal Khashoggi）。时年59岁的卡舒吉是"沙特国内思想最激进、最直言不讳的公共知识分子之一，经常作为伊斯兰激进主义问题专家被西方媒体援引……他也被称为'自我流放'美国的沙特异议记者。2017年9月离开沙特移居美国后的一年里，他在美国、英国和土耳其三地之间奔波"[①]。2018年10月2日，他进入沙特驻土耳其领事馆办理离婚证明，被沙特政府人员以极其残忍的方式杀害。无论此事引起的全球反应如何，卡舒吉是因自己的新闻工作招致杀身之祸这一点毫无疑问。虽然因工作而死亡的记者集中于某些国家和地区，并不是全球普遍现象，但是记者因工作遭到骚扰、审查甚至关押的现象却并不鲜见。这些对抗性举动恰好证明：新闻至关重要。

然而，《严肃对待新闻》一书开篇便提出，无论是新闻实

---

① 新闻人物：沙特领馆内人间蒸发的记者是谁．（2019-10-11）［2022-07-17］．https：//www.bbc.com/zhongwen/simp/world-45797813．本书脚注均为译者注，后文不再一一注明。

践还是以新闻实践为对象的新闻学，都没有得到严肃对待。

作为一名由曾经的新闻工作者转型而来的学者，芭比·泽利泽观察到几个现象：

首先，新闻在文化领域始终地位卑微，只有"变成非新闻现象时最为人欣赏"(p.1)①。例如人们对海明威、乔治·奥威尔这样的文豪在早年发表的新闻作品不屑一顾，然而当这些素材被写进文学作品后却成为人们追捧的对象。

其次，新闻从业者和新闻学者之间是割裂的。她提到自己的经历："当我带着'新鲜的专业知识'从新闻世界来到大学时，我觉得自己进入了一个平行宇宙。作为一名研究生，我阅读的内容无一能反映我刚刚离开的工作世界。"(p.2) 学者的研究与在地的新闻工作疏离到令"很多新闻工作者都和我一样对此感到不适，新闻学热切地用显微镜观察我们的世界令人心神不安"(p.3)。

最后，学术界内部亦按照不同学科领域各自为战，结果产生了互不相关的学术研究。"新闻研究的版图有时候看上去就像是一个自相残杀的战场。当代新闻研究不仅将新闻学者彼此割裂，而且将他们与学术界的其他部分也割裂开来。在新闻研究中，雄厚的资源将那些同样为新闻业的过去、现在、未来担忧而又缺乏一个共享这种担忧的对话平台的人区隔成一个个小团体。"(p.3)

基于这些观察，本书的基本假设是：新闻未能得到严肃对待。而之所以如此，泽利泽认为，"新闻学者负有部分责任"。学者们的工作未能"证实新闻为何至关重要，以及在何种环境下它最为重要"(p.2)。因此，本书——《严肃对待新闻》——就是作者给出的解决方案："回顾学术文献，关注学

---

① 括号内页码为本书边码。

者在关于新闻的思考中扮演的角色。"(p. 2)

一、克服"学科短视"(disciplinary nearsightedness),加强跨学科敏感性

本书是一部对英语世界新闻研究的文献综述,长达五十多页的参考文献既有来自学术界的研究,又有来自行业文献的新闻工作者话语,充分展示了它的广度。

全书共分八章,第一章描述了新闻未能得到严肃对待的现实和原因,第二章运用作者在1993年提出的"阐释共同体"(interpretive community)概念,梳理了新闻实践、新闻教育和新闻学术在不同国家和地区的形成路径以及基于这些路径形成的不同的阐释共同体,以及它们各自拥有的阐释策略,并直接体现在对专业术语的选择和阐释上,例如新闻从业者和学者对"新闻"一词的不同阐释。"学者们在选择这个词而不是那个词的时候,就表明了他们究竟是什么样的研究者。他们选择的词表明了他们的背景以及他们同意使用何种方法。但是这些选择几乎从未体现出关于新闻的所有知识"(p. 29)。这一现象构成了本书的写作背景——不同阐释共同体之间存在"学科短视",彼此视而不见,而本书是搭建跨学科的共享对话平台的尝试。

从第三章开始,本书将既有新闻研究划分为五个主要的学术领域——社会学、历史学、语言研究、政治学和文化分析或研究——逐一梳理,根据具体的学科定义限定选取的文献,在每个学科之内又进一步分类,并围绕着特定的学术视角展开讨论,检视该学科内新闻探索的谱系,回顾研究的视角、问题和方法,描述标志性研究成果并进行评价,最后在每章结尾指出学科存在的问题和未来的发展方向。

在上述五个学术领域,作者明显青睐文化研究路径(这

也是她本人的研究取向）。这一点无疑受到美国文化研究的先驱、传播仪式观的提出者詹姆斯·凯瑞（James Carey）的影响。事实上，本书的书名"严肃对待新闻"，就来自凯瑞在一次学术会议上的评议。凯瑞在1974年对传统新闻史的评价、对美国新闻教育的批评、将新闻理解为意义和文化建构的仪式的观点都能在本书中找到呼应。本书对跨学科路径的倡导、梳理学科谱系的热情、将新闻当作一种文化实践的态度都具有文化研究的特点。泽利泽提出，在传播技术日新月异、新闻面向不断变化的当代，文化研究"对从事新闻工作的人最近发生的变化表现出明显兴趣，这些变化包括互联网、博客、网络沙龙、新闻组、脱口秀和新闻杂志"（p.178）。这在其他学科中是缺乏的。因而，当将新闻作为一种文化进行考察时，"新闻文化研究战略性地、清晰地质询新闻和新闻实践的明确基础，而这些基础在学术界的其他地方可能被认为是理所当然的。如此一来，它就弥补了新闻探索的短视行为"（p.178）。

然而，即便如此，作者也并没有给予文化研究唯一的合法性。

在第八章，作者检视了各个学科视角之间的相关性："社会学聚焦于新闻如何重要。……历史学关注新闻在过去如何重要。……语言研究侧重于新闻发挥重要作用所使用的口头和视觉工具。……政治学发展了一个焦点：新闻应当如何发挥重要性。……文化分析描述了新闻如何具有不同的重要性"（p.206）。并尝试用新闻实践中的五个关键问题——谁、何时、何处、为什么、如何——来整合这五个学术领域：谁是探索目标？探索目标在何时？探索目标在何处？为什么探索新闻？如何探索新闻？所有学科都涉及以上五个问题，但关注的对象、使用的方法各不相同。

最后，她总结道，没有任何一个学科可以涵盖所有的问题，但是都为我们理解新闻提供了有意义的思考，而"如果新闻探索要反映出比迄今为止更能引起共鸣的新闻，就需要更多的跨学科敏感性"（p.206）。本书作为一个序曲，开启了严肃对待新闻的对话。通过这样巧妙的选择和安排，一幅轮廓清晰、细节丰富、未来无限的新闻学术地图跃然纸上，体现了作者思考的深度。

尽管本书为新闻学术研究提供了大百科全书式的评述，但是作为搭建学界与业界、学科与学科的对话平台的尝试，它仍有遗珠之憾：首先，每天都在面临各种具体问题的新闻工作者往往认为新闻学者的研究脱离现实、缺乏指导实践的直接用途而对其不屑一顾，他们是否会到本书中寻找答案？其次，尽管作者批评新闻探索中学科之间的割裂，大力提倡跨学科路径，然而本书所运用的方法仍然是基于学科对新闻研究的分类，这二者之间存在矛盾。是否有更好的方法实现跨学科检视的目的呢？最后，正如作者本人所承认的，限于语言和视野，本书以盎格鲁-美国研究为中心，没有关注到非英语世界的研究，而这个地球村，使用人数超过5 000万的语言就有13种。本书的这些遗憾，或许在作者将来的学术工作和实践活动中能够得到一定程度的弥补。

二、"两个群体的成员"和"公共知识分子"

"新闻的社会图谱包含两个有价值的参考点——新闻工作者和新闻学者。在新闻的坚守与变革之中，这两个群体都投身于对探索的塑造，二者在塑造探索中都占有一席之地。如果探索不能让其触及的各方都清晰明了，那么二者都损失巨大；反之，两个群体的共同利益要求每个群体都必须对新闻有一个切实可行、连续不断的认识。同时，如何成为两个群体的成员？其标准既不清晰也不连贯。"（p.6）而本书作者，恰好就是"两个群体的成员"。

芭比·泽利泽1954年出生于美国俄亥俄州，在以色列度过了青少年时代，1976年在以色列耶路撒冷希伯来大学获英语文学和政治学学士学位，1981年在该校获传播学硕士学位，并获拉丁文学位荣誉（*summa cum laude*）①。她从事新闻工作多年，本科期间（1973—1976）即在《耶路撒冷邮报》（*The Jerusalem Post*）担任版面主编和校对员，从1978年到1983年，她在多家新闻媒体任职，包括犹太电讯社（Jewish Telegraphic Agency，JTA，1978—1980）、《伦敦金融时报》（*London Financial Times*，1981—1983）、《今日以色列》（*Israel Today*，1982—1983），并一直担任路透社记者和特稿作者。之所以转型进入学术界，"是因为我在做记者期间遇到的疑问——新闻记者是如何使自己成为公众'想获知事务的权威'的——一直困扰着我"②。于是她离开业界进一步深造，于1990年在美国宾夕法尼亚大学安南伯格传播学院获得博士学位，此后在学术界成就斐然。目前她担任宾夕法尼亚大学安南伯格传播学院雷蒙德·威廉斯传播学讲席教授、危机中的媒体研究中心（Center for Media at Risk）主任，撰写或编著了14本著作，包括获奖著述《即将死亡：新闻图片如何打动公众》（*About to Die：How News Images Move the Public*）、《为了忘却的记忆：镜头中的大屠杀》（*Remembering to Forget：Holocaust Memory Through the Camera's Eye*），撰写了150多篇论文、著作章节和随笔，作品被翻译成多种文字。

作为"两个群体的成员"，她对全球新闻业的现实有着强

---

① 授予拉丁文学位荣誉是许多欧美国家大学的传统，用来奖励特别优秀的学士、硕士或博士，有时也作为学位评分的标准。
② 陈静茜，白红义. 新闻业能做什么［J］. 新闻记者，2018（7）：87.

烈的关怀，是一位走出了象牙塔的公共知识分子①。这表现在两个方面：

首先，在学术上，她批评学者们罔顾新闻工作在历时和共时中的多样性，而青睐整齐划一的、单维度和单向的新闻运作观念，结果与实地的新闻（news has taken on the ground）渐行渐远。②关注实地新闻的泽利泽大力提倡新闻学的文化研究路径，将自己的研究描述为"一个尊重参与者的框架。它既不提供抽象的、框架外的、从上至下的、有距离感的所谓'应有的看待新闻业的方式'，也不认为新闻业必须规范地为民主、善治或保障公民参与而服务。……文化检视的是新闻记者及媒体从业者们，严肃地看待他们，给他们发声的可能"③。她在30余年的学术生涯中提出的一些观念对新闻探索产生了深刻影响。其中根据她的博士论文修改而成的著作《媒介与集体记忆塑造》（*Covering the Body：The Kennedy Assassination, the Media, and the Shaping of Collective Memory*，1992）以及次年发表的《作为阐释共同体的新闻工作者》（Journalists as interpretive communities）"使用了话语、叙事、文化权威、阐释共同体这样的概念，比较早地从文化的维度对新闻业展开研究"④，奠定了她"系统性地提出从文化视角分析新闻业的代表"⑤地位。

---

① 许纪霖认为，公共知识分子是指在专业化知识体制和后现代文化思潮中，专业知识分子运用特殊的专业文化资本介入公共领域，为一般公众更深入地了解问题的性质、专业的资讯从而最终做出自己的理性选择提供可能性条件。此处的"公共"有三个含义：第一是面向（to）公众发言的；第二是为了（for）公众而思考的，即从公共立场和公共利益而非从私人立场、个人利益出发；第三是所涉及的（about）通常是公共社会中的公共事务或重大问题（许纪霖. 公共性与公共知识分子［M］. 南京：江苏人民出版社，2003）.

② Zelizer B. The changing faces of journalism［M］. New York：Routledge，2009：1.

③ 陈静茜，白红义. 新闻业能做什么［J］. 新闻记者，2018（7）：89.

④ 同③88.

⑤ 陈楚洁. 意义、新闻权威与文化结构：新闻业研究的文化-社会路径［J］. 新闻记者，2018（8）：52.

其次，作为学者的泽利泽绝不局限于象牙塔中。一方面，她积极地在诸如《赫芬顿邮报》、《费城问询者报》、CNN等新闻媒体上就时事发表言论。例如在2015年八九月间，针对叙利亚危机，她连续发表《令人心碎的叙利亚男孩照片并不一定促成行动》（The Heartbreaking Image of the Syrian Boy Will Not Necessarily Lead to Action）（*Huffington Post*，2015-09-08）、《令人难忘的照片促成针对难民的行动》（Haunting Image Spurs Action on Refugees）（*Philadelphia Inquirer*，2015-09-08）、《媒体应当呈现空袭吗？》（Should Media Show on Air Killings?）（CNN，2015-08-27），表现出对现实的强烈关怀；还在诸如《新闻摄影师杂志》（*News Photographer Magazine*）这样的行业期刊上与新闻从业者分享自己的研究成果，搭建学界和业界的桥梁。另一方面，她还创办了一个实体桥梁——危机中的媒体研究中心，聚焦于全球的新闻、纪录片、娱乐和数字媒体，致力于培养自由而具批判性的媒体实践和学术，为全球媒体环境中的实践和学术讨论以及从业者如何在具有威胁性的政治条件下工作提供了平台，目的在于加强在发生了政治恐吓的全球学者和从业者之间的信息分享。该中心接待来自各国的访问学者和从业者，举办讲座、座谈会，为当代媒体环境中的信息提供自由流动的机会。该中心自2017年8月创办以来已经举办了近50次活动。

最后，作者深有体会地指出："尽管为了学术探索，许多学术著作将新闻工作者与他们周遭的世界割裂开来，但是新闻业在这个世界仍然欣欣向荣——不管学界说了什么，或者没说什么。"（p.3）

三、严肃对待概念和概念化

本书用整整一章的篇幅，从不同阐释共同体的视角来梳理新闻的关键词。而在翻译过程中，最令译者挠头的就是 news 和 journalism 这两个术语。作为新闻学的核心术语，二者在汉语中的对应词语都是"新闻"，然而其内涵和外延均大相径庭。

News 本质而言是一种信息。《韦氏大词典》（Websters Unabridged Dictionary）将 news 同时定义为"最近发生事件的报道"以及"关于某事的新信息"。本书作者在后来编著的《新闻与新闻研究关键词》（Keywords in News & Journalism Studies）中将其定义为"以系统和公开的方式与他人分享关于一个事件或者议题的新信息"①，增加和强调了信息的发布方式——"系统和公开"，使其有别于私人的和碎片式发布的信息。因此，新闻制作（newsmaking）需要一个专门收集、制作、生产、发布新信息的行业，一套"专业的理念和操守，肩负追求真相、监督权力和提供公众论坛的政治使命"②，因而产生了与其相关的教育和学术术语——journalism。传统上，我们在汉语中将这个词译为"新闻业""新闻学"或者"新闻"。在本书中，这几个意思交替使用，但又相互渗透，并不断变化。例如，在当下，媒体技术飞速发展，汉语的"新闻业"本身所暗含的"有组织的行业"面对自媒体、社交媒体的新闻传播已成为一个过于狭小的容器。本书用了整整一章来定义 journalism，指出"'新闻'这个术语始终有一种暗含的意味，表示被个人和组织在新闻制作中运用并不断发展的技艺、惯例、技巧和传统"（p.22）。而这意味着无论是"新闻业"还是"新闻学"都难以涵盖，只有"新闻"差强人意。

---

① Zelizer B, Allan S. Keywords in news & journalism studies [M]. Maidenhead and New York: Open University Press, 2010: 80-81.
② 彭增军. 新闻业的救赎 [M]. 北京：中国人民大学出版社，2018：8.

那么，news 怎么办？虽然在英语中，这两个词的差别一望而知，但是由于在汉语中，二者的对应词语已经固定并形成了表达和阅读习惯，如何区分二者实在太费思量。特别是本书的标题——Taking Journalism Seriously：News and the Academy——中二者即已同时出现。经过反复斟酌，译文在不影响汉语阅读习惯的情况下，首先将二者都译为"新闻"。在有明确所指的情况下，将 journalism 译为"新闻业""新闻学"。这个词的形容词形式"journalistic"全部译为"新闻"，例如"新闻技能"（journalistic skills）、"新闻实践"（journalistic practice）、"新闻专业主义"（journalistic professionalism）、"新闻模式/角色"（journalistic models/roles）等。在 journalism 和 news 两个词同时用于一个句子中或者可能引起歧义时，如不影响汉语阅读习惯便将 news 译为"新闻信息"，否则便在译文中括注原文，用"新闻（news）"表示。从 news 衍生出的词组，诸如"新闻鼻"（news nose）、"新闻洞"（news-hole）、"新闻采集"（news gathering）、"新闻生产"（news making/production）就不再专门区分、说明。即便如此，对这两个术语的翻译仍然无法令人满意，希望现代汉语的发展能弥补这个缺憾。

此外，由于本书几乎涵盖了新闻学术探索的所有领域，译者才疏学浅，在翻译过程中尽管已经多方参考相关学术作品，但毕竟浅尝辄止、涉足未深，错讹舛误之处在所难免，祈请方家不吝赐教。

关于作者

芭比·泽利泽是美国宾夕法尼亚大学安南伯格传播学院雷蒙德·威廉斯传播学讲席教授。作为一名前记者，泽利泽撰写或主编过多部著作，包括获奖的《为了忘却的记忆：镜头中的大屠杀》(Remembering to Forget: Holocaust Memory Through the Camera's Eye)（芝加哥大学出版社，1998）、《媒介与集体记忆塑造》(Covering the Body: The Kennedy Assassination, the Media, and the Shaping of Collective Memory)（芝加哥大学出版社，1992），以及《9·11之后的新闻业》(Journalism After September 11)［与斯图尔特·艾伦（Stuart Allan）合著，劳特利奇出版社，2002］。泽利泽是古根海姆学术奖金，自由论坛中心研究学术奖金和哈佛大学琼·肖尔斯坦（Joan Shorenstein）新闻、政治和公共政策中心学术奖金的获得者，同时也是媒介批评家。她既是《吉姆·莱里尔新闻一小时》(Jim Lehrer News Hour)和澳大利亚国家广播(Radio National of Australia)的节目嘉宾，也在《民族》(The Nation)和《新闻日》(Newsday)上发表文章。

致　谢

本书反映的是一段相当个人化的旅程。作为一名由新闻工作者转型而来的学者，我视其为多年来由一个职业进入另一个职业的巅峰。那段旅程向我显示出严肃对待新闻的重要性，于从业者、于学者均如此。它有着如此漫长的记忆——一份很长的个人名单——因此，我真诚地感激如下诸位。

感谢我的这些记者同事教会我懂得新闻业的回报可以这么丰厚：霍华德·阿伦斯坦（Howard Arenstein）、阿里克·巴卡尔（Arik Bachar）、埃里克斯·波尔林（Alex Berlyne）、克迪莉娅·艾德瓦德森（Cordelia Edvardson）、已故的迈克尔·埃尔金斯（Michael Elkins）、大卫·兰道（David Landau）、大卫·列侬（David Lennon）、派特·梅西（Pat Massey）、阿特·麦克斯（Art Max）、迈克·普莱彻（Mike Precker）、鲁斯·兰鲍姆（Ruth Rembaum）、大卫·罗杰斯（David Rogers）、吉尔·塞登（Gil Sadan）、萨沙·塞登（Sasha Sadan），当然还有许多新闻来源、发言人以及共度过深夜时分的官员。感谢以下诸位帮助我认识到并忍受新闻业回报的局限：丹·卡斯皮（Dan Caspi）、阿基巴·科恩（Akiba Cohen）、丹尼尔·达扬（Daniel Dayan）、马克辛和约西·法斯伯格（Maxine and Yossi Fassberg）、琳达·法特南姆（Linda Futterman)、伊莱休·卡茨（Elihu Katz）、理查德·朱兰（Richard Juran）、朱迪·朱兰（Judy Juran）、耶黑尔·利莫尔（Yehiel Limor）、约瑟法·劳施斯基（Yosefa Loshitzky）、拉菲和约拉姆·希尔（Rafi and Yoram Shir）、艾扎克·罗伊（Itzhak Roeh）和肖什·希尔伯贝格（Shosh Zilberberg）。他们向我揭示了学术与个人生活和一个新闻工作者的世界之间如何相互较量。感谢罗杰·亚伯拉罕斯（Roger Abrahams）、利兹·博德（Liz Bird）、查克·鲍斯克（Chuck Bosk）、吉姆·凯瑞（Jim Carey）、大卫·伊森（David Eason）、吉姆·艾特玛（Jim Ettema）、泰德·葛拉瑟（Ted Glasser）、约翰·内罗内（John Nerone）、约翰·保利（John Pauly）、迈克尔·舒德森（Michael Schudson）、玛莎·西弗特（Marsha Siefert）和琳达·斯坦纳（Linda Steiner），特别是拉里·格罗斯（Larry Gross），当学术用它那无与伦比的吸引力召唤我时，他们都毫不犹豫地支持我对新闻学的兴趣。

我还要感谢许多人的慷慨拨冗，他们要么评论了本书的部分论证，要么阅读了本书草稿：斯图尔特·艾伦（Stuart Allan）、迈克尔·布罗姆利（Michael Bromley）、吉姆·凯瑞、赫伯·甘斯（Herb Gans）、泰德·葛拉瑟、拉里·格罗斯（Larry Gross）、克劳斯·克里彭多夫（Klaus Krippendorff）、托比·米勒（Toby Miller）、迈克尔·舒德森、琳达·斯坦纳、霍华德·塔姆伯（Howard Tumber）、凯恩·托马斯利（Keyan Tomaselli）、乔·图罗（Joe Turow）、西尔维奥·韦斯伯德（Silvio Waisbord），以及三位匿名评审。感谢莎朗·布莱克（Sharon Black）和她的团队提供了无与伦比的资料帮助，感谢天普大学（Temple University）和宾夕法尼亚大学安南伯格传播学院的许多学生，他们在我不断演化的新闻与学术课堂上共同帮助我形成了这些思想。由于本课题涉及长期而大量的文献综述，我要特别感谢众多现在和过去的学生，在课题尚不清晰时，他们协助我研究，有些还为我检索文章和书籍的复印件，因此他们在这部书稿中应当占据重要位置：卡丽·布朗（Carrie Brown）、茱莉亚·常（Julia Chang）、格斯·丹塔斯（Gus Dantas）、劳伦·费尔德曼（Lauren Feldman）、泰德·弗洛拉（Ted Florea）、瑞秋·甘斯（Rachel Gans）、马萨基·哈达卡（Masaki Hadaka）、考特尼·汉密尔顿（Courtney Hamilton）、约翰·哈克斯福特（John Huxford）、贝瑟尼·克莱恩（Bethany Klein）、金伯利·梅尔泽（Kimberly Meltzer）、奥伦·梅耶斯（Oren Meyers）、苏珊·纳斯伯格（Susan Nasberg）、克莱尔·沃德尔（Claire Wardle）、路易斯·伍德斯托克（Louise Woodstock）和张媛（Yuan Zhang）。凯瑟琳·豪·贾米森（Kathleen Hall Jamieson）、迈克尔·德里·卡皮尼（Michael Delli Carpini）以及安南伯格传播学院让我休假以启动此课题。查克·惠特尼（Chuck Whitney）和索菲·克立兹（Sophy Craze）最先赋予它生命，玛格丽特·西维尔（Margaret Seawell）表现出非凡的耐心和慷慨，在大部分编辑都将它埋葬已久之时，她仍然锲而不舍。鲁斯·阿诺里克（Ruth Anolik）、卡罗尔·甘特曼（Carol Gantman）、艾米·乔丹（Amy Jordan）、利萨·罗森斯坦（Lisa Rosenstein）、帕米拉·桑卡尔（Pamela Sankar）和朱丽叶·斯必泽（Juliet Spitzer）在危机时刻施以援手。无限的感激送给我的孩子们——诺亚（Noa）、乔纳森（Jonathan）和基甸·格里克（Gideon Glick）——尽管他们的母亲做出了最大努力，但在多数情况下，他们仍然宁可读《人物》（*People*）杂志也不愿看《纽约时报》（*New York Times*），而在剩下的少数情况下，每次也都是以他们收看《囧司徒》（Jon Stewart）而胜出。

目录 CONTENTS

第一章
关于新闻：探索与学术

1

新闻的社会图谱包含两个有价值的参考点——新闻工作者和新闻学者。占支配地位的新闻定义在确定何为新闻工作者方面恐怕不是最具有包容性的。认真对待新闻是一种值得付出的努力。

第二章
定义新闻

14

新闻工作者将新闻认知为第六感、容器、镜子、儿童、服务，而在新闻学术文献中，这五种定义似乎占据主流即新闻被视为一种专业、一个制度、一种文本、一类人以及一套实践。

第三章
社会学与新闻

51

社会学将新闻业和新闻制作描绘成潜在的冲突环境，参与者在其中努力保持均衡。这种从组织、制度和结构角度考察新闻的观点提示新闻工作者主要寻求的是在新闻环境内外与他人保持一致。

第四章
历史学与新闻

90

历史学探索促进了它自己作为新闻学术的形象的发展，并在不同的地理环境中选择性地讲述新闻的过去。它给新闻研究带来了时间上的优势，要求在新闻学术的广阔世界中获得承认，拥有一席之地。

第五章
语言研究与新闻

125

在任何地方显然都不存在对文本的简单阅读；相反，阅读文本总是意义建构的社会偶然性和协商过程的产物。每一项新闻语言研究都基于这个信念：考察文本的建构本质有助于详细阐释新闻运作的维度。

第六章
政治学与新闻

161

新闻政治学探索发展出三个主要方向，每一个都在新闻实践的不同层面提出了一个基本规范和抽象的观点。每一个探索路径的核心都是新闻如何与新闻应当如何的问题。

第七章
文化分析与新闻

192

由于文化分析的工作思路与对新闻如何运作的传统理解背道而驰,因此在考察其他探索模式相对未触及的薄弱之处时,文化分析格外有价值。在每种研究中,文化探索都扩大了原来被视为新闻学术的广泛领域。

第八章
严肃对待新闻

221

研究新闻的无数跨学科视角提供了多个角度来理解新闻工作。认识到新闻的重要性是严肃对待新闻的第一步。学术界的大量进展已经指明了严肃对待新闻的方向。

参考文献　234
索引　288

第一章　关于新闻：探索与学术

任何光都投射阴影。

——加斯东·巴舍拉（Gaston Bachelard）

新闻变成非新闻现象时最为人欣赏。当20世纪20年代欧内斯特·海明威（Ernest Hemingway）在《堪萨斯城市星报》（*Kansas City Star*）、《多伦多星报》（*Toronto Star*）和其他报纸做记者时，他的记者经历被视作他之后作品的"学徒训练"，那时他的作品被斥为"只是新闻"。但是，当他把部分同样的素材一字不差地写成虚构作品时，它被欢呼为文学，其中某些部分在全世界都一直占据着文学经典的地位。[1]

这种转换——从"只是新闻"到一种得到提升并值得欣赏的现象——激发了本书的写作灵感。为什么新闻在生产的那一刻不易得到欣赏，尽管它有那么多问题、矛盾、局限和异常？对于那些对新闻研究有兴趣的人而言，不断面对它沉默的评价就仿佛一个人想把车开到高速路上，但却不得不复习基本的驾驶程序。学者们被迫不断地陈述新闻为何至关重要这个基本问题，因而使得大部分现有的新闻学术研究不堪重负。自从人类认识到与他人分享与己相关的信息是一种需要以来，新闻始终以这样或那样的形式与我们同在，考虑及此，这样一个问题会贯穿始终令人大惑不解。

新闻一直饱受质疑并身处许多集体情感的炮火之下，对于这一事实，新闻学者负有部分责任。学者们的工作是否足以证实新闻为何至关重要，以及在何种环境下它最为重要，本书的起点就是指出他们并没能做到。因此，本书打造了一个框架以便重新思考新闻，由此，或许能够从新闻是什么而不是新闻可能是什么或者变成什么的角度去更好地鉴别它。本书题名借用詹姆斯·凯瑞（James Carey）创造的一条以"严肃对待新闻"开头的短语[2]，重新审视我们作为学者为新闻确立了什么，并致力于讲述新闻研究在不同格局中的沿革。

严肃对待新闻首先意味着回顾学术文献，关注学者在关于新闻的思考中扮演的角色。一直以来，学者们在将新闻、制作新闻、新闻学/业、新闻工作者和新闻媒体概念化的过程中有什么偏向？他们运用了哪些解释性框架去探索新闻实践？在形成关于新闻如何发挥作用的设想时，他们借用了哪些研究领域的知识？而且，他们的研究对待新闻是否足够严肃？

在思考现有学术文献强调了什么、淡化了什么的同时，本书还通过提出关于新闻学术领域生命力的问题，表明对待新闻的严肃态度。它今天的样貌、在岁月中的演化甚至在学术界其他地方招致的挑战——这些问题都使得探索的策略（the politics of inquiry）集中于新闻研究的生命力。在发展迅速的新闻学术文献中，关于何为知识的讨论如何将某些特定类别的学术合法化，同时将其他的类别边缘化？

潜藏于这一尝试之下的是对新闻和新闻学术未来的深深担忧。虽然有人会争辩说他们始终严肃对待新闻，但是本书认为这并非普遍状况，而这一假设是本书的基点。我自己的经历证实了这一点。作为一名逐渐从新闻报道转向学术研究的前新闻工作者，我一直在竭尽全力从学术观点靠近新闻。当我带着"新鲜的专业知识"从新闻世界来到大学时，我觉得自己进入了一个平行宇宙。作为一名研究生，我阅读的内容无一能反映我刚刚离开的工作世界。部分原因是，这些观点得以提出的学术环境往往远比它们所描述的新闻背景更具不容置疑的权威性和代表性。构成了我整个新闻工作者生涯的那些微不足道然而确凿无疑的成就、无休无止的紧张不安、被奇异的不可预测的瞬间打破的单调乏味、无以言表的忠诚、有同袍情谊调和的无聊琐碎和无解的两难困境都在哪里？我认识的很多新闻工作者都和我一样对此感到不适，新闻学热切地用显微镜观察我们的世界令人心神不安。当然，深藏于这种张力之下的是新闻业的无比持久：尽管为了学术探索，许多学术著作将新闻工作者与他们周遭的世界割裂开来，但是新闻业在这个世界仍然欣欣向荣——不管学界说了什么，或者没说什么。

在学术界内部，这一状况始终令人担忧。新闻研究的版图有时候看上去就像是一个自相残杀的战场。当代新闻研究不仅将新闻学者彼此割裂，而且将他们与学术界的其他部分也割裂开来。在新闻研究中，雄厚的资源将那些同样为新闻业的过去、现在、未来担忧而又缺乏一个共享这种担忧的对话平台的人区隔成一个个小团体。这些人包括新闻学教育者，研究传播学的新闻学者，媒介研究院系、对新闻文本感兴趣的写作教师，研究信息传递的技术学者。只要这个战场上的每一位新访客遭遇那些老殖民者迅速而坚决的反击，这份名单就会持续存在。这表明，我们从多维度全面理解新闻的能力前景一点也不令人振奋。因此，为了努力严肃地对待新闻，本书始终坚持，我们的理解就是去揭露那些默认的假设，正是它们一直引领着我们将新闻视为一个领域、一个职业、一种实践和一种文化现象。

尽管本书主要是对文献的回顾，但是依然希望介入关于新闻角色的不断争论，尽管是有限的介入。将新闻研究的历史置于恰当的位置至关重要，因为若非如此，新闻就无法被严肃对待。因此，本书指出了若干方向，我们可以由此调整过去人们习以为常的对待新闻的规则。本书要求重新思考将新闻概念化的传统方式，并重新评价了新闻的定义、许多用于评估新闻的工具以及我们为何如此看待新闻等问题。

新闻学和探索的策略

《严肃对待新闻》的出发点基于这个假设：如果新闻业意义重大，那么新闻学就意义重大。因此，本书认为二者对新闻的活力都具有关键意义，并着重考察更广泛的知识积累方式，新闻学正是借此得以逐渐成形。本书假设，在新闻研究中没有哪种声音更优越或者更权威，也没有找到一个单一的新闻愿景。相反，不同的声音提供了更多同时是更完整的方式来理解什么是新闻。

吸纳更多的声音于新闻有益，原因很简单：探索不仅仅是一种认知行为，也是一种社会行为。因而，揭示新闻背后的假设在多个探索领域——稍作列举如文化批评、阐释社会学和知识社会学——都具有实践基础。正如多年前詹姆斯·克利福德（James Clifford）观察到的那样，构建探索行为需要解决散漫的概念化维度及其认知问题（Clifford，1986）。

因此，在对新闻学术进行思考时就出现了许多具有导向性的假设。例如，在重新思考新闻研究时，我们面临着一系列基本的方法论问题，而这关系到我们如何最大限度地开放自己，讨论那些很多人都认为自己知道的广为接受的观点。我们对新闻的理解中，哪些是可以放手的？我们将它置于何处？我们如何陈述自己所见，又使用哪种框架加以解释？在思考我们中有多少人将新闻概念化的同时，我们还需要思考是什么导致我们中的很多人决定要以这样或那样的方式将新闻概念化，以及我们如何通过知识获得的不同方式进行协商，达成共识。例如，我们之所以决心研究新闻，是否因为我们希望将自己的成果在某些会议上提交，或者在某类期刊上发表？或是因我们希望把额外作品发表在大众报刊或电视上？因此，我们对于定义的关注需要解决两个问题：谁在致力于概念化，以及取得了什么成果。我们应从何时、何地、何领域着手解决眼前这个问题？我们希望和谁谈论？身处何种机构和历史局限之下？我们有多少人徜徉于这个与他人共享的版图，却不一定相互赞同？

阐释在此处至关重要，并且需要全面的思考。如果我们声称所有新闻工作者都对公共事务有兴趣，但又未能提供一个将新闻和治理结合在一起的阐释性框架，从而使其他人信服其生存能力，我们就无法解释眼前的现象。由于阐释的权威性总是有所偏颇，要么肯定、要么否定某些特定类型的知识，所以我们无法在没有比较的情况下断言历史研究胜过社会学研究。我们也不能对任何一个领域做出统一的断言。进一步说，阐释总是需要对实施研究的方法和与该研究相关联的领域进行思考。一个特定研究者的身份往往会影响对其学术生产的评价，在新闻研究中，这往往集中于一名研究者是否曾亲身从事过新闻工作。最后，阐释可以并且总是需要与其他持有不同观点的观察者的权威进行比较。

这些假设有很多都可以非正式地追溯到埃米尔·涂尔干（Emile Durkheim）对于是什么力量维持了一个社会团体之团结的兴趣。涂尔干（Durkheim，1915）说，当个体将自己视为一种集体赖以形成的社会秩序和过程的成员时，社会纽带就出现了。对集体认知方式的关注在其他地方也一直在发展（Foucault，1972，1980；Goodman，1978）。在那些地方，人们看到，认知范畴的成功发展取决于它们对更大世界的适应性。托马斯·库恩（Thomas Kuhn）提出，通过发展共享的范式，即命名和归纳问题与过程，科学得以成长壮大（Kuhn，1964）。玛丽·道格拉斯（Mary Douglas）指出，真正的团结，"只有在个人共享自己的思想范畴到了一定程度之时才是有可能的"（Douglas，1986：8）。

通过关注其社会维度来确定学术研究的结果产生了两个主要影响。一方面，它强调了摆脱现有分类方案的困难。一旦形成了关于某种特定分类法的共识，人们就倾向使用同样的方案对新现象进行分类。另一方面，当探索领域处于库恩（Kuhn，1964）所称的"前范式"阶段时，它们为相互竞争的观点而进行的斗争可能改变现有的分类法。在学科似乎已经建立很久之后，这些斗争的残留往往仍徘徊不去。

这种关注意味着三个前提：

（1）它意味着概念化在生产出概念之后并未结束。相反，它延伸到任何构成这些概念的东西、它们在学术中将我们带往何方，以及我们中有多少人使用或不使用它们为日常生活赋予意义。

（2）它意味着向概念化背后的力量投入一定程度的注意力，无论那些力量是个人、组织、职业说客还是非正式团体。这些力量往往是等级森严、政治化的，并且反映了一种文化权力的认可。例如，当批判语言学家罗杰·福勒（Roger Fowler）出版了一本关于语言学和新闻的新书时，我们中的很多人都注意到了，因为他在自己的领域已经树立了牢固地位（Fowler，1991），尽管他之前从未将新闻作为自己着重探索的目标。

（3）它意味着消除了一种确定性，即某些群体、领域和个人无所不知或知无不尽。没有谁比其他人更有能力将新闻和新闻实践概念化。在致力于重建新闻探索之时,这种对所有声音一视同仁的平等是必要的先决条件,尽管接受这一点就规避了学术界谁最有资格提出关于知识的主张导致的这个延绵不断的紧张关系。

这些观点共同表明,"做新闻"与"做艺术"或者"做宗教"并无明显的不同(Carey,1985:41)。对新闻的思考以模式化的方式形成,这些方式不仅揭示出大量的认知信息,而且揭示出超越新闻本身的共性和差异的社会图谱。

对新闻的现有探索

新闻的社会图谱包含两个有价值的参考点——新闻工作者和新闻学者。在新闻的坚守与变革之中,这两个群体都投身于对探索的塑造,二者在塑造探索中都占有一席之地。如果探索不能让其触及的各方都清晰明了,那么二者都损失巨大;反之,两个群体的共同利益要求每个群体都必须对新闻有一个切实可行、连续不断的认识。同时,如何成为两个群体的成员?其标准既不清晰也不连贯。

公平地说,现有的新闻学术并未生产出反映所有新闻的材料。相反,大部分现有学术作品仅仅反映了构成新闻的部分内容,并使其代替了整体,从而产生了彼得·达尔格伦(Peter Dahlgren)所称的学术的"转喻特质"(metonymic character)(Dahlgren,1992)。他认为,一直以来,新闻的定义主要是从新闻制作,特别是硬新闻制作的微观(且日益削减的)维度出发,从而产生了一种偏见,以致伤害了学者接受新闻的所有不同形式、发生地和实践业务的能力。换言之,我们的研究只占当代新闻素材的一小部分。

考虑一下在这种狭隘的新闻定义下那些目前没有资格成为会员的所有候选者:《时事》(*A Current Affair*)、MTV 的《摇滚一周》(*The Week in Rock*)、互联网邮件列表(Internet listservs)、《囧司徒》(Jon Stewart)、www.nakednews.com、天气频道的记者和饶舌音乐。它们只不过是临时想到的一部分而已。本书提出,占支配地位的新闻定义在确定何为新闻工作者方面恐怕不是最具有包容性的。因为随着新闻采集和新闻呈现的实践、形式和技术在多样性、方式和数量方面日益增加，现有学术材料的相关性正在缩水。

新闻研究的这种转喻偏向首先得到了职业新闻工作者自身的支持，他们的自我感觉往往要么凭借着新闻世界是浪漫、片面和有偏见的观点，要么将新闻简化为一套狭隘、实用的行为。一方面，许多人自视为坚定的独立新闻猎犬，在瞭望台上时刻监视着无比重要、改变生活的报道——即便他们大部分的工作时间都花费在等待会议结束、核实引语、改写官方声明和新闻通稿，以及追随其他人的导语上。另一方面，新闻工作者发现，在科层制环境的严苛边界之外展望自己的工作殊为不易。根据 G. 斯图尔特·亚当（G. Stuart Adam）的观点，"职业从业者倾向于按照有限的新闻编辑室的概念来定义新闻，从而抛弃了任何新闻的诗意思考或雄心勃勃的形式"（Adam, 1993: 7）。最近，哥伦比亚大学新闻学院爆发的关于新闻理论与实务教学的争论仅仅是一个例子，证明新闻工作者和新闻学者对于新闻研究持有不同的期待。

于是，一种引人注目的断裂影响了新闻实务和新闻探索之间的空间。达尔格伦（Dahlgren, 1992: 7）说，"新闻现实及其官方的自我呈现"之间存在着日益扩大的差距，这对新闻工作者和学者都产生了影响，并横亘在当代新闻学的大部分核心探讨中。

令已经如此复杂的状况雪上加霜的是学界将新闻工作者专业化的行动。不仅仅是因为学界一直告诉新闻工作者他们是专业人士——不管他们是否愿意，而且还因为它提高了成为一名新闻工作者的价码，而这往往是对那些实践这门手艺的人的损害。这在部分新闻工作者那里激起了相当令人困惑的回应，以《独立者》（*The Independent*）前主编伊恩·哈格里夫斯（Ian Hargreaves）的断言为代表：新闻不需要资格，因为民主社会的每个人都是新闻工作者。

新闻研究的这种转喻偏向还有一部分来自那些研究新闻工作者的学者生产的各自为营的成果，另一部分来自那些新闻教育者。正如我曾经论述过的

(Zelizer，1998a），这两个阵营生产的大量孤立的探索成果已经让他们自己陷入了绝境。结果显而易见：新闻的形式和内容一直生气勃勃，但如今在公众的想象中却似乎是个模糊的区域。"这只是新闻"的反驳作为对过度描述性学术研究的侮辱性回应耳熟能详，它将新闻建构并边缘化成难以接触、微不足道、缺乏重要性的东西。因此，在一次又一次的民调中，新闻工作者在公众信任议题中接近底层就不足为怪了。

关于新闻的研究，告诉了我们什么？它强调了早就应该对新闻那广为接受的观点进行重新审视。一个关于新闻学术的假设是对什么是理解新闻的最佳方式缺乏共识。我们中的很多人倾向于非正式甚或是潜意识地将社会科学——特别是社会学——作为对新闻进行概念化思考的学科背景。但是，在采取社会学的解释模式时，我们可能已经将自己与其他获知方式割裂开来（Adam，1993；Cottle，2000a）。这并非新鲜观点：埃弗里特·丹尼斯（Everette Dennis）在20世纪80年代初呼吁对新闻教育进行改革，将其有效地嫁接到更宽广的大学课程表中（Dennis，1984）。亚当（Adam，1993）提出将新闻重新定义一种人类的表达方式，并将其定位为艺术。事实上，人文主义的探究可能为我们提供了一种弥补社会学探索偏见的方式：如果不将新闻定义为效果，我们可能找到其他形式例如表演、叙事、仪式和阐释共同体来思考新闻是如何运作的（Zelizer，1993a，1993b）。

那么，我们就需要暂时搁置在新闻研究中长期存在的默认假设，重新审视这个形式和实践都在不断演化的新闻世界。众所周知的是，处理新闻的方方面面实属不易，因为在不同国家、不同媒体、不同利益、不同时间段、不同地区，它呈现出不同的面貌，也没有一个统一的描述能够适合其全部的演化。事实上，随着地点、学科和时间段的不同，关于新闻最初是如何以及为什么演变成学术探索对象的故事有着许多起源之说。因此，毫不奇怪，甚至像这样一个计划也受到那种为人熟知的趋势的限制。但是，即便受到个人视角的自然限制，努力搁置各种先入为主的假设仍然是有价值的，因为这样做或许既有助于为新闻的进一步研究开创更友好的家园，又有助于我们评估新的新闻研究。

本书的架构

基于知识社会学，本书检视了新闻（news）得以被研究的五个探究领域——社会学、历史学、语言研究、政治学和文化分析，对其新闻学文献分别进行了回顾。在投入新闻研究的相关学术领域中，上述领域绝非全部，诸如经济学、人类学、法律和哲学这些重要的领域在本书中没有得到相应的章节。同样重要的相关领域——传播学和媒介研究——在本书中也没有相关篇章，因为它们显而易见的跨学科特点对于本书探索式的尝试而言有些超前了。事实上，本书描述的许多前提都可以被看作为传播学和媒介研究的许多工作提供的共同基础。

本书各章的内容既不相互关联，亦不相互排斥。每一章都根据定义将特定学者的作品限定在一个学科范围之内，并标明了他们的所有权。例如，迈克尔·舒德森（Michael Schudson）出现在社会学、历史学、政治学、语言研究和文化分析的章节中，因为他的作品所采用的前提与上述每个视角都直接相关。本书对学者们的分类是根据其作品所采用的前提特点，而非其接受的训练，因此凯瑟琳·豪·贾米森（Kathleen Hall Jamieson）尽管接受的是修辞学训练，但是却主要被放在政治学之下。每一章还标明了特定学术研究的所有权，因为这样做就说明了围绕特定学术视角展开讨论的前提。本书还提供了关于采集实践的学术研究，从而更加有效地说明这些前提偏向政治学而非社会学，尽管事实上采集实践研究往往与后者一致，而非前者。出于同样的原因，近年来关于新闻的许多作品被直接置于文化分析的章节，而不是语言研究的章节中。

因此，本书提供的描述可能会让许多读者感到勉强，或者主观上受到吸引。但是，它们是经过巧妙选择的，从而帮助我们聚焦于新闻的不同维度。每个学科领域都提供了新闻被强调或者忽视的方方面面——这在每种情况下都有所不同——并希望通过对新闻地图的多样描绘，其构成要素可以呈现在别样的光照之下。

通过追踪这些探索领域，《严肃对待新闻》还对一系列附属于新闻的核心讨论进行了思考。新闻学术研究和许多不相往来的"邻居"共同演化出了一个版图。本书建议对大量跨学科线索进行识别，从而更好地理解新闻，原因很简单：它们对现有学科的不同观点做出了回应。此外，本书的写作主要是通过对英文文献的追寻（对德语、法语和西班牙语学派给予了一定关注，对其他语言的学派关注则更少），那些英语国家——特别是美国、加拿大、英国、澳大利亚和新西兰——所生产的学术对于本书提出的观点享有特权，因为它们产生的土壤是我最熟悉的。美国和英国的新闻学参考文献可能远比拉美或非洲的新闻学描述出现的频率高。这就是说，本书提出的观点并没有穷尽每个视角的相关文献，但是我希望每个观点都带领我们走向虽然还是不完整然而却更佳的、我们称之为新闻学的观点。

除了对新闻学的近距离审视之外，本书还提出了学术权威的政治问题。虽然社会学探索框架长期以来主导着新闻学术研究，使人们未能及早认识到还有其他的方法理解新闻实践，但是更为普遍的学术权威建立模式已经从有偏向的框架转向对新闻（news）的一般性陈述。这不仅使许多现有研究脱离了采取其他视角的研究，而且还推迟了在多个相关探索领域之间修建桥梁的时间。

本书围绕上述五个探索领域进行组织。本章"关于新闻"以及最后一章"严肃对待新闻"提供了理论概述，将这一课题定位于知识社会学所提供的更广阔的框架之中。第二章"定义新闻"对新闻业/学（journalism）、新闻（news）和新闻生产的多种定义方式进行了观察。第三章到第七章分别回顾和批评了援引不同视角探讨新闻学的文献，旨在阐明每一种视角之后的假设。这些章节如下：

第三章——社会学与新闻

第四章——历史学与新闻

第五章——语言研究与新闻

第六章——政治学与新闻

第七章——文化分析与新闻

第八章是最后一章，基于之前章节的讨论提出了若干问题，旨在为延续新闻研究的学术讨论开拓空间。

简而言之，不同的探索类型促进了新闻思考的不同方式，本书这些章节就是对此的追寻。不同的探索类型主要作为启发式的手段置于本书之中，用以区分它们的方式比在真正的实践中更具有互斥性。虽然大部分探索都倾向于将不同的解释模式混合在一起，其程度比本书还要严重，然而每一种探索类型都确实在追随有规律的、系统的解释。

总的来说，社会学探索在文献资料之外对人进行了研究，发展出对群体互动模式的关注。在思考新闻方面最具影响的模板——新闻社会学聚焦于组织、体制和指导其工作的结构以及从事新闻采集和发布的社区成员之间的关系、工作流程和其他模式化互动。社会学探索偏好研究占主导地位的实践，排斥反常的实践，并将新闻制作过程固化为静止的时刻进行分析，而不是将其作为整体现象进行思考，由此形成了新闻学术研究。它始终强调行为和效果，而非意义；它已经生产出一个观点，即新闻工作者是专业人士，尽管不那么成功，因为他们尚未展现出专业主义的正式属性。这种探索还在本质、功能和新闻受众类型方面生产了大量成果。

历史学对新闻背景的探索确定了新闻业和新闻实践的悠久历史。这种主要依靠文献资料而非人的探索类型利用过去——它的教训、它的辉煌、它的悲剧——作为理解当代新闻的合法化动机。在这个框架中，引起学术关注的往往是那些长久不衰的东西。因此，对当代的研究往往借用了过去某一个点的视角。

语言和新闻的研究始终以不同方式强调新闻文本。语言研究假定新闻工作者的信息既不透明也不简单，而是从言说者的立场进行建构活动的结果。有些研究致力于对新闻语言进行密切而详尽的文本、语言学或发散的分析；其他研究则考察语言的实用性——新闻语言使用的模式受到故事叙事、框架或者修辞传统的形塑。因此，这种探索不仅强调语言本身的形态，而且强调它在形成更广泛的社会和文化生活中所发挥的作用。

政治学家对新闻有着长久的兴趣。从广泛考虑媒体在不同类型政治系统中的作用到研究政治竞选行为或研究记者和官员的采访模式，政治学对新闻的探索形态充斥着张力。考虑到新闻业在新闻制作中扮演的重要的"政治"角色，每种张力都得到了大量关注。政治学探索研究新闻业中的最高等级——发行人、董事会、总编辑，对新闻业中较低等级的新闻工作者个人的研究很少。同时，许多研究是由规范动机驱动的，结论是一些纠正性的注意事项，暗示新闻业是并且应该是和社会中更加普遍的政治动机相一致的。

最后，对新闻的文化分析一直在积极地追问新闻自我意识背后的假设。此处，这种探索认为，新闻最终是关于投身于新闻生产的文化团体的假设。探索关注的是影响新闻实践的语境因素，并且需要考虑不同类型的新闻工作之间的模糊界限。这种学术研究的大部分内容是通过探索记者运用何种文化象征系统为自己的职业赋予意义来考察对新闻工作者自身而言何为重要。文化探索往往假定新闻业中——诸如新闻采集流程、标准、价值观、技术和关于什么重要、恰当和优先的假设——以及它的研究视角缺乏统一性，因此使用了不同的概念工具对新闻做出解释。

至于文化批评，《严肃对待新闻》考察了我们许多人对新闻的了解，以及我们如何就我们所知达成共识。本书通过追寻学者们对新闻的跨学科和交叉学科研究提供了一个更充分的路径来重新审视这些既有学术研究。因此，希望这本书不仅将阐明我们对新闻的理解，还将揭示学术权威更一般的运作方式。此外，它将证明，认真对待新闻是一种值得付出的努力，不仅对今天的新闻工作者和新闻学者如此，而且对未来几代人亦如此。

注释

［1］海明威作为一名新闻工作者完成的作品引起了广泛反响，例如，约翰·阿特金斯（John Atkins）的《欧内斯特·海明威的艺术》（*The Art of Ernest Hemingway*，1964）、厄尔·罗维特（Earl Rovit）的《欧内斯特·海明威》（*Ernest Hemingway*，1961）和 J.F. 凯伯勒（J.F. Kobler）的《欧内

斯特・海明威：新闻工作者和艺术家》（*Ernest Hemingway：Journalist and Artist*，1985）。有趣的是，海明威本人鄙视自己的记者生涯，一直担心它会毁掉自己的创造性，当别人把他的新闻报道与他的小说相提并论时，他非常愤怒［见卡洛斯・贝克（Carlos Baker）主编的《欧内斯特・海明威：信件选编》（*Ernest Hemingway：Selected Letters*，1981）］。

［2］在一次会议上，詹姆斯・凯瑞担任人文探索和新闻小组的评议人，他表扬了那些论文，理由很简单：它们都尝试"严肃对待新闻"。这个包括S. 伊丽莎白・博德（S. Elizabeth Bird）、罗伯特・达内（Robert Dardenne）、巴里・多恩菲尔德（Barry Dornfeld）和我本人在内的小组是在1993年华盛顿特区的国际传播协会（International Communication Association）会议上召集的。

第二章　定义新闻

关注探索的社会层面于新闻研究有着特殊的意义。尽管人们可能认为学术界、新闻教育者和新闻工作者自身在谈论新闻时大体上观点一致，但是如何定义"新闻"（journalism）实际上却分歧重重。相反，当这个术语被援引来作为一个参考框架时，它暴露了那些援引它的人的许多信息——他们的背景、教育、经历、在学术界的地位等等。因此，定义新闻来自人们将新闻作为一种现象进行思考时所分享的默会知识和阐释策略。而当人们以模式化的方式分享默会知识和阐释策略时，就会以阐释共同体（interpretive communities）[①] 的方式行事，从而提供了思考新闻的多种方法，并反过来导致了学术的形成。

作为一组阐释共同体的学术

本书假定，新闻研究来自且经由不同的阐释共同体，并为他们共享的阐释证据策略所定义。此处，阐释共同体的选择是核心。正如斯坦利·菲什

[①] 阐释共同体是一个理论概念，脱胎于读者-反应批评（reader-response criticism），最早见于1964年发表于《田纳西历史季刊》（*Tennessee Historical Quarterly*）上的《历史上的新闻和通告》（Historical News and Notices），后由斯坦利·菲什发扬光大。菲什在1976年的《伦理学阐释》（*Interpreting the Variorum*）中提出，脱离了文化假设的文本没有意义。文化语境包括但不限于作者的意图。我们作为个人在对文本进行阐释时实际上从属于一个阐释共同体，这个阐释共同体赋予我们阅读文本的特定方式。我们并不知道某个人是否和我们同属于一个阐释共同体，因为我们在讲述我们是否同属于一个阐释共同体时，这个传播行为本身也在被阐释。也就是说，由于我们无法逃脱自己的阐释共同体，也就永远无法知晓它的局限。

（Stanley Fish）很久以前指出的，阐释共同体决定如何阐释一个现象，而对阐释文本的处理最终将我们带向关于证据的争论或者争吵（Fish，1980）。由于这个目标变成"不是解决问题，而是放大问题"，就需要将新闻学术领域的争论作为证据本身进行审视。

这意味着不是将阐释共同体视为对价值问题的初步思考，而是解决和重新解决价值问题的方式。将分析从文本层面提升到阅读层面、从概念层面提升到概念化行为层面，从而将正式的分析单元置于人、机构、组织或致力于新闻分析的探索领域，而非文本（也就是说，新闻本身）。从这个意义上讲，认识到学术催生了一系列不同的阐释共同体就提供了一个方法，使人们了解到一个社群的成员共识未必适用于其他社群。因而，就这个讨论的目的而言，各种各样的思考方式、经历和对新闻的讨论都具有重大意义。

虽然这表明并不存在一个看待问题或议题的最佳方式（Schutz，1982），但是它仍然强调需要认识到一个问题或议题是以不同方式形成的。正如罗伯特·帕克（Robert Park）所说（Park，1940），我们或许要问自己，不同类型的知识是在什么条件下出现的？每一种类型的知识发挥了什么作用，扮演了什么角色？不同类型的知识是如何共生的？它们是如何彼此支持和相互中和的？最重要的是，在提及某些特定类型的知识时，我们如何处理那些未被提及的知识？我们有意无意地将它们隐藏在哪里？

以新闻编辑室为例。学者们长期以来将新闻编辑室作为新闻制作的替代术语，一直强调它是新闻产生的场所。这就产生了两个系列的问题。一方面，大部分新闻工作者都认为自己并未制作或者构建新闻，而是将自己的角色视为举起了一面镜子，这面镜子反映的是事件，而非协商、权力安排和资源管理等这些新闻编辑室里典型的实践活动。如此一来，对新闻编辑室的关注削弱了新闻工作者认为与新闻工作最相关的内容——发现、目击和事实采集等往往发生在新闻编辑室之外的活动。另一方面，很多既有学术对新闻编辑室的强调主要来自社会学探索，其长期以来将新闻编辑室作为考察新闻记者和主编之间进行协商的主要场所（Breed，1955）。然而，由于新闻采集和呈现技术已经不像过去那样集中，许多当代新闻工作不再在新闻编辑室里完成。

记者往往分散在事发地点，在那里开展工作，很多人很少回到新闻组织的总部。然而对新闻编辑室的强调仍然一成不变。

一个类似的例子是，舰队街（Fleet Street）作为英国新闻业的标志，其中心地位经久未变，即使从20世纪80年代中期开始英国报纸产业大规模地迁往了沃平（Wapping）。这是因为从那时起，由于计算机技术代替了印刷机，伦敦的许多新闻工作者都不再出现在舰队街。沃平色彩鲜艳和布局开放的背景，加之其安保通道和堡垒般的环境，与舰队街浪漫化的酒吧、俱乐部和其他社会网络形成了鲜明对比，而后者为围绕着英国新闻业的许多神话提供了燃料。因此，舰队街继续在记忆中维持庞大而重要的地位，即便它的实际规模要小得多（Bailey and Williams，1997；亦见 Tunstall，1996）。

诸如此类的例子强调了一个事实，即探索的领域是从它们自己的阐释假设出发的。虽然这种假设帮助研究者对新闻工作的方式做出了广泛的阐述，但是也助长了对那些相对和边缘的特性以及适用性有限的领域的漠视。因此，评估关于新闻如何工作的断言是否有效就有赖于学者自身，如果可能的话，他们必须牢记，描绘完整而全面的新闻画面困难重重。严肃对待新闻意味着我们对新闻世界的看法总会受到我们自己所持观点以及我们工作的领域的影响。

新闻研究中阐释共同体的发展

在不断发展的新闻学术领域，选择援引哪一个阐释共同体与随着时间推移新闻研究逐渐成形的方式呈现松散的一致。在不同的时间阶段、不同的学术环境、世界的不同地方，新闻研究的道路各有不同。每一种道路对用以描述其边界的术语都产生了影响。

虽然大多数新闻定义的选择源自诸如历史学和社会学这样古老的探索领域之间的差异，但是更广泛的差别源自将人文学科从社会科学中分离出来的差别，以及进而将新闻学术从新闻教育中分离出来的差别。在不同的地区和时间背景中，新闻教育者和新闻研究者可以向各个相关领域进行不同程度的借鉴，并对新闻业和新闻研究之间蓬勃发展的相关性有很多话要说，尽管是各说各话。

　　从美国新闻研究的发展开始说起是有价值的，因为它对全世界大部分新闻探索都产生了影响。美国新闻学出现于20世纪中期，在那些年里，它一直在证明自己的生命力和在学术界的地位，认真思考社会学的发展。1900年左右，新闻教育出现在美国大学的人文学科，其标志是堪萨斯大学、艾奥瓦大学和威斯康星大学开设了诸如"新闻写作"这样的"新闻"技能课程或者"新闻史"课程。这些主要从英语系剥离出来的单个课程为逐渐获得承认的新闻教育提供了受欢迎的基础。随着时间推移，主要以人文探索为基础的新闻教育开始增加伦理学、历史学和法律方面的课程，从而为教授一种行话技艺（vernacular craft）提供了正当性（Carey，2000）。

　　在某些情况下，新闻教育的这些早期尝试促进了新闻学院的发展。1927年，威斯康星大学和艾奥瓦大学分别创办了新闻学院，前者由转型学术的前新闻工作者威拉德·布莱耶（Willard Bleyer）领导，后者则由新闻史学家弗兰克·路德·莫特（Frank Luther Mott）领导（Rogers，1997）。威斯康星大学这个项目的发展至关重要，因为布莱耶将新闻课程设置视为一个系统的知识体系（Bronstein and Vaughn，1998）。布莱耶坚持认为，职业训练不够科学，而历史学则主要是浪漫而具描述性的领域，不能很好地和学术结合，因此着手进行了以研究为导向的新闻课程设置（Purcell，1970；Dennis and Wartella 1996；Rogers，1997）。他的远见卓识把新的社会科学带入新闻研究的核心。

　　与此同时，社会学对新闻产生了同样的兴趣。其中打头阵的是芝加哥大学的社会学家罗伯特·帕克，他在20世纪30年代运用城市民族志学派的方法完成了多项关于新闻工作者的研究（例如Park，Burgess，and McKenzie，1925）。学者们认为新闻是一种环境，值得进行系统的分析研究。追随约翰·杜威（John Dewey）和乔治·赫伯特·米德（George Herbert Mead）在实用主义方面所做的工作，帕克设想了一份连续出版的报纸——《思想新闻》（*Thought News*），借此将新闻和新的社会科学相结合。尽管这份报纸从未出现，但是它是新闻尝试进入学术研究的标志。这种主要是人文社会科学的努力因其将新闻作为可行的探索焦点而显得新奇，但是到了20世纪40年代，欧洲战争的爆发使其让位于另外一种社会科学。由于新闻在宣传中的作用带来的核心问题和在弥补美国缺乏介入战争准备的需要中所处的地位，它作为社会学探索的一个相关焦点开始引起人们的兴趣。随着围绕战争问题而创建的科层制机构的出现，学术图景就此改变。事实和数据办公室（Office of Facts and Figures）、战时信息办公室（Office for War Information）以及最后的社会科学研究委员会（Social Science Research Council）在一系列活动——宣传活动设计、拍摄训练影片、监控轴心国宣传——中将不同学科的学术糅合到一起，每个活动都将新的社会科学结合进了广泛的战争问题，从而为社会科学得以与其他学术相区分奠定了坚实的基础。这些问题还为新闻学开始发展成为一个科学探索领域铺平了道路（Dennis and Wartella，1996）；对于那些投身于其中的人，这意味着运用社会学、心理学、经济学和政治学将新闻工作者定位在一个由外在于新闻业的力量形塑的环境当中（例如，Lasswell，1941，1948；Lazarsfeld，1962；Lazarsfeld，Sewell，and Wilensky，1967）。

美国的一些学者致力于社会科学这个新的兴趣，以便在刚刚发展出来的传播学范式中加强新闻教育。间接卷入这些问题的是布莱耶的四名学生——弗雷德·西尔伯特（Fred Siebert）、拉尔夫·凯西（Ralph Casey）、拉尔夫·纳齐格（Ralph Nafziger）和契克·布什（Chick Bush），他们各自尝试将大学的研究任务正式融入他们所在的新闻院系。最终，他们创办了博士点，坚持25/75规则，即只有25%的新闻学课程专注于技能，并开办针对诸如舆论和调查研究这种学术主题的研讨班以启发新闻专业的学生。与此同时，学者威尔伯·施拉姆（Wilbur Schramm）对大众传播和新闻学的融合也产生了兴趣，他在1942年接替弗兰克·路德·莫特领导艾奥瓦的项目，在诸如艾奥瓦大学、伊利诺伊大学、明尼苏达大学、威斯康星大学和斯坦福大学这样广泛的机构中培养出混合的项目（Dennis and Wartella，1996）。施拉姆将保罗·拉扎斯菲尔德（Paul Lazarsfeld）在社会学、哈罗德·拉斯韦尔（Harold Lasswell）在政治学、卡尔·霍夫兰（Carl Hovland）在社会心理学方面的工作糅合在一起，推动新闻学向着社会科学发展，使刚刚形成的关于生产、影响、效果和结构的问题成为当时占主导地位的研究焦点：研究人员开始思考如何在一个动机、议程和互动的网络中定位新闻工作者，如何将新闻工作者构建成一个拥有系统关系的团体，以及如何在一个充满同伴压力、回报和惩罚、对公众产生影响的世界里定位新闻工作者和新闻制作。这类问题不仅使新闻工作者的自我面貌变得复杂，而且把新闻工作者置于真实的世界之中。由此产生的成果表明，新闻业并不仅仅反映了一个"在那里"的世界，而且是形成这种反映的集体行动的结果。

但是，与此同时，人们对于社会科学的吸引力并非没有异议。有些观点认为，"它对（新闻）技艺造成了巨大伤害，不是从本质上而是从功能上解读新闻业"，而且把它的水平"降低到了一个信号系统，并没有大量增加我们对于新闻业的理解"（Carey，2000：21）。对那些不同意将新闻学纳入社会科学，并依然坚持在人文学科中更广泛地定义新闻教育的人来说，设置课程的努力同样并没有将新闻学充分发展成为一个探索的焦点。最初，通过"在这个学习项目中占主导地位的大量实验室和有时由学生报纸补充或代替的方法"提供"老式的学徒教育，从而复制报纸氛围"的努力实际上将新闻学推向了学术界的边缘（Carey，2000：13-14）。随着时间的推移，他们按照生产技术区分新闻业，以此应付日益壮大的新闻世界，将报纸、杂志、电视和广播彼此分开作为独立的探索主题，到他们扩张到把广告和公共关系这样的其他邻域纳入课程的时候，新闻学在自己的课程计划中已经被边缘化了。这样产生的课程计划缺乏"历史理解、批评性或者自我意识"（Carey，2000：13），其结果就是无法为新闻技艺或者新闻世界提供有说服力的观念，从而和在社会学探索中获得科学地位的新闻学互为补充。

在英国，新闻研究的发展路径有所不同，但是也受到美国的影响。在这里，同样是新闻教育者与新闻研究者、人文学科与社会科学之间的张力最终形塑了这个探索领域。虽然美国的新闻教育在大学层次的开展比英国要早将近100年，但是新闻教育一旦在英国发展起来，就与长期存在的学习传统背道而驰，尽管也是学徒式的。全国新闻工作者协会（National Association of

Journalists）早在 19 世纪末就试图将新闻专业化，但是却无法将新闻学植入英国学术界，因为人们普遍认为"新闻的'技术因素'太缺乏学术严肃性，不能被纳入哪怕是一个二级学科"（Bromley，1997：334）。由于这个原因，"实践新闻"直到 1937 年才出现，成为课程表上的一个科目。这门课程在伦敦大学（University of London）出现之后，立刻"在新闻实践领域获得了'过于理论化'的名声，从来没有得到高度重视"（Bromley，1997：334），两年后就停开了。1949 年，第一个皇家新闻委员会（Royal Commission on the Press）成立，它将新闻教育和培训置于首位，但即便如此也没能催生新闻的学术探索。全国新闻工作者培训委员会（National Council for the Training of Journalists）坚持用一种"徒工训练"的模式服务于所有新闻类型（Bromley，1997：338），这既和把新闻视为人文课程学术序列的新闻教育观念格格不入，又和把新闻看作一个值得进行学术研究的背景的新闻探索观念大相径庭。因此，英国一直青睐行业培训模式，这与 20 世纪 30 年代引起不均衡关注的中等职业学校模式如出一辙（Bromley，1997，in press）。随着周边的社会科学——主要是社会学和政治学领域——对新闻日益产生了强烈兴趣，这幅图景在某种程度上发生了变化，并在 20 世纪 60 年代末开始加速。主要由于杰里米·滕斯托尔（Jeremy Tunstall）的努力，新闻学术研究逐渐成为日益壮大的媒介研究的核心（Tunstall，1970，1971，1977）。滕斯托尔被詹姆斯·科伦（James Curran）称为"英国媒介研究的奠基人"之一（Tumber，2000），他以一己之力将新闻放入英国社会科学的版图，并在接下来的岁月中开创了新闻研究的长久传统。

无论在何处，新闻研究都既借鉴人文学科，又借鉴社会科学，但是这些借鉴并不均衡。在德国，早在 20 世纪初期，斐迪南·滕尼斯（Ferdinand Toennies）、卡尔·克尼斯（Karl Knies）、卡尔·布歇（Karl Buecher）、阿尔伯特·萨洛蒙（Albert Salomon）和埃米尔·洛布尔（Emil Loebl）（Hardt，1975；Lang，1996）的著作中就明显表现出对新闻的学术兴趣。稍后，马克斯·韦伯（Max Weber）更清晰地表明了这种态度。1918 年，他对新闻工作者在政治世界中的角色表示欢迎（Weber，1948）；1924 年，在德国社会学协会的一次演讲中,他呼吁对不同国家的新闻实践、新闻专业主义和新闻工作者的职业前景进行多重研究(转引自 Lang,1996:13-14)。此后,追随部分美国模式,新闻研究开始被纳入德国传播学院(Schulz,1997)。同样的情况发生在斯堪的纳维亚国家。随着时间推移,传播院系日益强调新闻的重要地位(Rogers,1997)。在法国,尽管人文社会科学的影响同样明显,但是一场以加布里埃尔·塔尔德(Gabriel Tarde)和罗兰·巴特(Roland Barthes)为代表、包含了文学研究和结构主义的跨学科研究运动在发展新闻研究路径时向人文学科进行了大量借鉴(Neveu,1998)。在拉美,特别是墨西哥和巴西,新闻在 20 世纪 60 年代被纳入传播学院,格外强调社会科学,尤其是社会学(Marques de Melo,1988;Chaffee,Gomaz-Palacio,and Rogers,1990;Rogers,1997)。在中东(特别是以色列和埃及)、亚洲(特别是韩国)和非洲,新闻在传播学领域始终是关键推动力之一,表现出类似的发展模式。

总的来说,每一种对新闻的学术探索努力,特别是受到社会科学影响的努力,都遭到新闻工作者和新闻教育者的抵制,他们认为这种理论冲动对新闻工作者的持续培训是有问题的。新闻教育者认为,这种社会科学的到来格外损害了对新闻工作者进行行业培训的长期目标。被称为"绿眼罩人"(Green Eye-Shades)和"卡方人"(Chi Squares)之间的激烈争论引起了敌对的公开声明、关于术语的斗争,并对理解新闻实践的认识论基础提出了挑战(Rogers,1997:460)。许多新闻教育者最初得到了报纸老板和发行人的支持,迄今为止都对新闻被纳入传播学课程设置愤愤不平,直到前几年,新闻工作者仍然将新闻研究视为"米老鼠研究"(Mickey Mouse studies)(Gaber and Phillips,2000;Bromley in press)。尽管在美国某些地方存在着传播学和新闻学有效结合的例子,但是除此之外,新闻学院未能成功地完成从中等职业学院向学术机构的转型。斯拉夫科·斯普理查(Slavko Splichal)和柯林·斯帕克斯(Colin Sparks)在对全世界新闻专业学生进行的调查中发现,新闻教育机构普遍避免研究活动,雇用不具有博士学位的教师,而且没能发展出与其他大学学科和具有知识属性的课程的联系(Splichal and Sparks,

1994)。与此同时，当社会科学路径出现时，新闻研究的另一条路径——它可能在结构上被定位于人文学科或者文学项目，这可以回溯到新闻教育的早期，当时新闻工作者随心所欲地用"鼻子"寻找新闻信息——并没有在学术界获得持续的关注。尽管许多学者呼吁对新闻进行人文学科研究（例如，Carey，1969；Adam，1989，1993），但是甚至人文学科也倾向于将新闻归为"庸俗的、难登大雅之堂的部分"，于是"人文学科的天然势利加剧了新闻与学术的天然隔阂"（Carey，2000：22）。

新闻研究的发展充满冲突和不平衡，因此在面对现象进行思考时出现不同的阐释共同体不足为怪。无论背后存在何种张力，也无论在新闻探索中教学与研究应以何者为先，新闻工作者、新闻教育者和新闻学者都需要找到共同的术语以描绘这一领域的核心现象。通过这种做法，他们汇集成一个非正式集体，其中的成员共享思考新闻的独立阐释策略。

新闻的术语

鉴于新闻教育者和新闻学者、人文学科和社会科学之间存在的紧张关系由于新闻从业者持久且清晰的存在而变得更加复杂，定义"新闻"的努力毫无悬念地趋向不同的方向。对命名、贴标签、评价和批评的选择完全属于新闻学者所在的阐释共同体。他们选择的词汇与他们正在讨论的新闻工作类型、媒介和技术、其发展的历史阶段以及每一个术语产生的学术背景在相关性上都有差异。这些差异表明，新闻学的所有词汇术语急需和其他研究新闻现象的领域以及形成那些领域的阐释共同体共同斟酌。

"新闻工作者"（journalists）和"新闻"（journalism）

最广为人知的术语——"新闻工作者"和"新闻"——经常被用于笼统地称呼与新闻制作相关的一切活动以及那些投身于其中的人。"新闻工作者"一词起源于"在期刊（journal）或者日志中写作"的人这个观念（*Webster's Unabridged Dictionary*，1983：988），最初意指某个在特定时间框架中系地记录某些事件，并且有意将这些记录公之于众的人。此后，这一起源于 17 世纪法国《学者报》(*Journal des Savants*)① 的术语拓宽了用法，如今指那些投身于各种相关活动——"报道、批评、编辑和帮助形成判断"(Adam，1993：12)的个人。从事着"既最简单又最复杂的任务"的新闻工作者"表达关于事务重要性的判断、投身于报道、选择词汇和隐喻、解决叙事谜题、评价和解释"(Adam，1989：73)。

优秀新闻工作者所必备的品质清单一直在变化。正如前八卦专栏作家、日志写作者、《新政治家》(*New Statesman*)② 的外派记者和文学编辑尼克拉斯·托马林（Nicholas Tomalin）在 20 世纪 60 年代后期所写的那样，新闻工作者需要具备以下方面：

> 打电话、乘火车和搞定小官员的窍门；出色的消化系统和坚定的头脑；过目不忘的能力；足够的理想主义来激发义愤的书写（但又不足以禁止超脱的专业主义）；易冲动的偏执性格；对平凡的事情表现得热情洋溢；社会地位良好的亲戚；好运气；背叛朋友或者至少是熟人的意愿；不愿意深入充分地理解［因为"理解一切就是宽恕一切"（原文为法语：tout comprendre c'est tout pardoner），而宽恕一切意味着沉闷的作品］；对发言人、管理者、律师、公关人员以及所有那些宁愿提供说辞而非政策者的刻骨仇恨；坚强的个性以过一种混乱但不至于完全失控的生活。

谁是新闻工作者？关于这个问题的争论长盛不衰，这一点我们从那位正在得克萨斯坐牢的自由撰稿人身上就可以看到。她声称宪法第一修正案保护她拒绝透露消息来源，结果因藐视法庭而坐牢。诸如联合国这样的组织对"谁是新闻工作者"有着广义的理解。在战争时期，他们谨慎地将摄像师、现

---

① 《学者报》，1665 年 1 月在巴黎创刊，原为周刊，1742 年改为月刊。虽名为"journal"，但并非日报，由此形成法国的报业传统，即刊登不重要消息的报纸以"gazette"为名，而正经报刊则为"journal"。该刊受法国科学院资助，主要介绍法国及欧洲各国出版的新书，科学、文化界的最新动态，以及对文学报告、作品的评价和对发明的评审，一直延续出版至今。

② 《新政治家》，英国政治与文化杂志，1913 年于伦敦创刊，是一份政治与文学评论周刊，出版至今。

场制作人（field producer）和纪录片制作人按规定吸纳进"新闻工作者"这个定义中。某些国家和政党的行为反映出对同一问题的更广泛或更严格的认识，为了支持更大的战略目标，他们做出极大的努力来规定新闻工作者的权利和义务，这对新闻工作者来说好坏参半。

"新闻工作者"一词最直接的意思就是指那些从事新闻工作的人（news workers），而"新闻"则指那些逐渐和新闻工作（news work）产生联系的行为。18世纪初期，法国的丹尼斯·狄德罗（Denis Diderot）提到了"一个学者协会的工作"，后来，"新闻"一词用于指"以印刷形式特别是报纸对当前事件的报道"（转引自 Mattelart，1996：36）。如今，它更广泛的意思是"通过诸如小册子、新闻信、报纸、杂志、收音机、电影、电视和书籍这样的媒体搜集、准备和发布新闻信息以及相关的评论和特稿材料"[*Encyclopedia Britannica*（Vol.6），1989：627]。有别于谣言、八卦或者传闻等不那么有组织的叙述公共经验的模式，新闻逐渐指有组织的、对世界上发生的事情的叙述和公开传播。学术界的定义大相径庭：布莱恩·麦克奈尔（Brian McNair）将新闻看作"任何以书写、音频或者视频形式创作出版的文本，声称是……真实地陈述或者记录了关于现实的社会世界迄今为止不为人知的新特点"（McNair，1998：4）。迈克尔·舒德森将其定义为"对公众至关重要的当代事件的信息或者评论"（Schudson，2002：14）。由于新闻"对社会和技术变迁反应格外灵敏……（所以它的）具体内容从一个历史时期到另一个历史时期、从一个国家到另一国家各有不同"，正如斯普理查和斯帕克斯（Splichal and Sparks，1994：20）指出的那样。最后，新闻仍然是"我们用于指搜集和发布新闻信息活动的最简明的术语"（Stephens，1988：3）。因此，它经常被用于替代性地表示当前事务信息的广泛传播就不足为奇了。

"新闻"这个术语始终有一种暗含的意味，表示被个人和组织在新闻制作中运用并不断发展的技艺、惯例、技巧和传统。它们在不同的时代呈现不同的面貌，包括罗马帝国时期公开张贴的手写新闻纸《每日纪事》（Acta Diurna）、16世纪中期传报官在德国城镇沿街传报关于搜集宗教圣物的口头公告，以及19世纪祖鲁人（Zulus）的"人体无线电报"系统——送信人用口头的方式悼念一名部落成员的死亡，从而有效地传布新闻信息（Stephens，1988：23；亦见 Olasky，1991）。如今，新闻在"公共媒体中提供与刚刚发生的事件或者出现的观点相关的报道、陈述和评论。它的主要元素是判断——广而言之，即新闻判断——以及报道、语言、叙事和分析"（Adam，1989：73）。这种判断能力一直被视为要么是一种习得的技巧，要么是某些新闻工作者声称的与生俱来的天赋，例如拥有"嗅出新闻的鼻子"（a nose for news）这个观点。为了说明新闻工作者做了什么从而使他们是其所是，"新闻"（journalism）作为一个词汇选择，与诸如"媒体"或者"新闻"（news）这样指代新闻世界的机构设置的术语相区分，有时候还用于强调新闻工作中更加公共、集体的维度。

然而即便在此处，我们也没有对在任一时间点上是什么构成了新闻和新闻工作者这个问题达成一致。根据对从事创造性活动的职业团体的构成研究（Becker，1984），核心角色和边缘角色之间的差距可以在同一时间既广大无边，又微不足道。因此，这两个问题的矛盾仍然存在，从业人员和学者各自为营，对这些定义的界限能够或者应当划得多宽争论不休。一个在日志中逐日记录并将其分享给朋友的十几岁女孩儿是一名新闻工作者吗？根据以上定义，她是。那么，谁可以被说成是印刷商、发行人、编辑、校对员或者互联网提供者？即便他们没有参与为了新闻（news）而搜集信息的工作，显然也参与了新闻（journalism）这个技艺活动。关于杰拉尔德·里弗拉（Geraldo Rivera）[①] 和吉姆·罗马内斯克（Jim Romanesko）[②] 我们能说些什么？什么将他们与诸如爱德华·莫罗（Edward Murrow）[③] 和沃尔特·克朗

[①] 杰拉尔德·里弗拉（1943— ），美国律师、记者、作家、脱口秀主持人。1987 年到 1998 年主持脱口秀《杰拉尔德》，2005 年到 2014 年在福克斯新闻频道主持新闻杂志节目《杰拉尔德纵览》（Geraldo at Large），并定期出现在福克斯新闻的节目中。

[②] 吉姆·罗马内斯克（1953— ），美国新闻工作者，因撰写关于新闻业和媒体的日常新闻、评论和内幕消息而得名。同时他运行一个名为《星巴克八卦》（Starbucks Gossip）的博客，专门报道星巴克公司的相关内容。

[③] 爱德华·莫罗（1908—1965），美国广播新闻工作者。他在二战时为哥伦比亚广播公司（CBS）录制的系列广播节目为他赢得了数百万美国听众，奠定了他在新闻业的地位。作为一名电视新闻的先驱，莫罗制作的一系列报道引导人们对约瑟夫·麦卡锡（Joseph McCarthy）参议员提出批评。他被同行视为新闻业最伟大的人物之一。

凯特（Walter Cronkite）① 这样更为典型的新闻人物区分开来？新闻是否可以包括影评人或乐评人？是否可以包括谈话广播、微博和电视真人秀？随着新闻转播技术的进步，谁可以被视为新闻工作者、什么可以被视为新闻这两个领域得到了拓展，对新闻世界拥有哪些品质和技巧的共识也发生了变化：关于马特·德拉吉（Matt Drudge）② 及其在信息发布中的角色的持续讨论将重点转移到了他在塑造给公众的信息时扮演的不平衡的编辑角色。最近，在某些方面的一项突破——将喜剧节目和电视真人秀归为新闻——把相关的关注点转向是否应当将诸如乔恩·斯图尔特（Jon Stewart）③ 和莎朗·奥斯朋（Sharon Osbourne）④ 这样的人物吸纳进新闻工作者这个集体。

"新闻"（news）

新闻工作的一个更加流行的术语——"新闻"（news）——的使用也面临类似程度的相对性。"新闻"（news）指"关于某个公共利益主题的新信息，这个信息由某些公众共享"，无论如何都反映了一种文化或者社会思想（Stephens，1988：9）。"新闻"（news）这个术语脱胎于"新"（new）这个词，在16世纪晚期的古英语里最初被拼写为"newes"或者"niwes"，并曾经被传为新闻集散的四个方向——北、东、西和南（north, east, west, and

---

① 沃尔特·克朗凯特（1916—2009），美国广电新闻工作者，主持《CBS晚间新闻》（CBS Evening News）长达19年（1962—1981）。CBS在20世纪60年代到70年代达到巅峰时，他经常被称作"美国最受信任的人"。从1937年到1981年，他报道了许多事件，包括二战中的轰炸、纽伦堡审判、越战、水门事件、伊朗人质危机、肯尼迪总统遇刺、民权先驱马丁·路德·金等。他还以广泛报道美国太空计划著称。

② 马特·德拉吉（1966— ），美国政治评论员，新闻聚合网站"德拉吉报告"（Drudge Report）的创办者和编辑，因最早报道美国前总统克林顿性丑闻案件而扬名。

③ 乔恩·斯图尔特（1962— ），在中国大陆常被网友译为囧司徒，美国电视主持人、演员、作家、脱口喜剧演员、媒体评论员及政治讽刺者。他自1999年起主持喜剧中心电视台的新闻讽刺节目《每日秀》（The Daily Show），用搞笑的形式讽刺时政新闻和人物，在年轻人中广受欢迎，并18次获得艾美奖。2015年9月，斯图尔特离开《每日秀》，11月与HBO签订了四年合约，包括为HBO Now、HBO Go和其他的平台提供独家的数字化内容。

④ 莎朗·奥斯朋（1952— ），英国电视主持人、媒体名流、作家、音乐经理、女商人、重金属歌手奥兹·奥斯朋（Ozzy Osbourne）的妻子。其初次进入公众视线是出现在其家庭日常生活的电视真人秀节目《奥斯朋》中。后来在一些竞技类节目中担任裁判，获得成功后主持了自己的谈话节目。

south)——的首字母缩写词。至少在过去 500 年中,"新闻"(news)的用法基本相同。印刷机的发展和与之同时代的资本主义的出现催生了一个当时颇受青睐的术语——古英语词汇"tydings"——它不那么充分地表明,提供关于当前事件的信息这一活动开始具有商业氛围。尽管在 16 世纪,新闻信、个人信件和描述单一事件的冗长小册子都被称为"新闻书"(newsbooks),但是,"新闻"(news)一词替代"tydings"一词标志着一个重大的转变,即老百姓如何看待关于当前事件的信息提供活动——它给老百姓提供了一种方式,使他们获得了身为公众这样的自我认知。使用"新闻"(news)这个词表明,它提供的东西和诸如食物或者服装等其他商品提供的东西一样,都可以在更大的供需框架中保证利润。因此,新闻(news)被"发明出来以区分偶然的信息发布和有意地搜集并处理最新情报的尝试"(Emery and Emery, 1999:5),晚近关于公共领域的学术研究以此视角对其进行了详尽阐释(例如,Habermas,1989)。新闻和商业活力的早期联系强调了日益增加的新闻制作相关活动的战略属性,将新闻业的经济角色分析推向第一线,而对它同时承担的其他角色强调不足。

"新闻"(news)这个术语暗示报道素材和报道本身之间不存在区别。因此,《韦氏大词典》(*Websters Unabridged Dictionary*,1983:1209)将新闻(news)同时定义为"最近发生事件的报道"以及"关于某事的新信息"。这种混淆报道和报道逐日记录的事件之间的区别十分普遍,从而帮助掩盖了新闻工作者迅速发展起来的权威。在绝大多数情况下,新闻工作者对自己所见的断言就代替了现实本身,结果掩盖了一个事实,即新闻报道只不过是一篇报道、一个陈述、一段记录或者关于一个事件的故事。

将"新闻"(journalism)和"新闻工作者"(journalists)这两个术语捆绑在一起,暗示着这种活动和从事这种活动的人之间形成了一种共生的关系,与此不同的是,对于与新闻(news)相关联的个人来说,并没有发展出一个轻而易举就能辨识出的术语。人们做出了一些尝试——"男新闻人"(newsmen)、"女新闻人"(newswomen),还想出了"做新闻的人"(newsworkers)这种说法(Hardt and Brennen,1995)。在欧洲,15 世纪以后,从事民谣歌曲或者便士报贩卖的年轻人被称为"报童"（newsboys），而在19世纪，"新闻经销人"（news-agents）逐渐演变成既可以指我们今天所称的自由撰稿人或特约记者，也可以指新闻印刷产品的售卖人。这两种描述都源自新闻信息的市场地位，反映了伴随着"新闻信息"这个术语出现的商品化领域。随着时间流逝，这个词汇选择着重强调"传播了什么"，而非"谁在传播"，从而使这一事实进一步得到了强化。

最终，"新闻"（news）的定义和一些当代新闻工作者所希望的一样广泛。人们经常说他们知道是什么构成了新闻（news），但却无法向他人解释什么是新闻。"辨认新闻（news）比定义新闻（news）容易"，一位新闻工作者在20世纪40年代早期如是说（转引自Johnson and Harris，1942：19）。大部分新闻工作者指导手册都花费了更多篇幅详细说明如何撰写或者获取新闻（news），而不是定义新闻（news）究竟是什么。人们经常在编辑会议上轻松地交换一个广为人知的信条，即"主编说新闻（news）是什么，新闻（news）就是什么"。然而，尽管新闻（news）可以被替代性地概念化成为一系列活动，例如新闻搜集、校阅、生产、图片和影像工作、档案检索、采访、特稿写作、互联网转播等，但是尝试定义新闻（news）的主要特征就是承认这些尝试是片面的。在美国八个地点进行的一项调查"什么是新闻？谁在决定新闻？如何决定新闻？"（What is News? Who Decides? And How?）〔美国报纸主编协会（ASNE，1982）的读者调查项目的一部分〕，在报告前言中提供了一个徒有其名的开头和附带的说明"（不要指望阅读这份报告能找到答案）"。这份报告指出，当新闻工作者被要求定义新闻（news）时，他们必然会回答说此事若非不可能，就是太艰难，而以下声明为他们面临的困难提供了正当理由：

> 美国新闻工作者的多样性、个性、惊人的独立性确保了每一份日报都独一无二，并且愉快地驳斥了任何对上述问题的概括化、研究式的答案。

对于"什么是新闻（news）"这个问题，有些答案提出了一些特性清单，例如接近性、时效性、重要性、人情味和显著性,它们总结了新闻(news)的特点(ASNE,1982:1),也反映出其他的定义战略。例如,西奥多·葛拉瑟(Theodore Glasser)和詹姆斯·艾特玛(James Ettema)指出,新闻(news)的特点构成了一种供新闻工作者共享的常识性方法,使其能够辨识出什么事件值得报道(Glasser and Ettema, 1989a)。如果下定义时的关注点放在新闻(news)的影响上,答案则五花八门,从轻佻到务实都有:"新闻(news)就是能把报纸卖出去的东西","新闻(news)就是公众想读到的东西",以及"新闻(news)就是令人惊奇的东西"。还有一些人在对新闻实务进行了近距离观察之后提出,"新闻(news)就是报人选择报道的东西"(Johnson, 1926),并且在之后的岁月里以不同的表达方式一再重复(例如,Gieber, 1964)。

"媒体"(media)

另外一个新闻常用术语"媒体"意指信息传播得以进行的中介结构。"媒体"这个词的单数形式(medium)大约从16世纪晚期开始使用,当时指"一种中介或者中间机构/物质"(Williams, 1983b:203)。直到18世纪,这个词才和报纸联系起来。到了20世纪,随着广播电视的发展,这个词的复数形式media才开始使用。20世纪40年代末,全社会基于科学的广告、社会心理学和媒介影响观念向着学术界高歌猛进之后,"大众媒体"这个术语被创造出来(Czitrom, 1982:126)。同时,"媒体"一词呈现出一种雷蒙德·威廉斯(Raymond Williams)所称的"社会"内涵,因此"其实务和建设被视为与其最初目的大相径庭的营利机构"(Williams, 1983b:204)。从这个视角而言,媒体也被视为赋权或者去权、边缘化某些特定群体的代理人,并被指控维持现状。在各种情况下,"媒体"都用于指代新闻业,即便这个词所指的现象并不止于新闻制作本身。

"媒体"这一术语与其他为新闻制作而选择的词汇有所不同,因为它暗中认可新闻工作者被假定在其中工作的行业和制度环境。从这个意义上说,人们对保证信息供应的外部条件——例如媒体所有权、标准化的内容和融合模式——投入了过多关注，而未能关注信息本身。新闻实践本身反映了这种关注点的变化。例如，现在新闻中的图片署名往往指向公司所有权如考比斯公司（Corbis）、时代公司（TimeInc）和路透社（Reuters），而不是那些真正拍摄了照片的摄影师。和"新闻"（news）这个词相仿，也没有一个衍生自"媒体"的现成词可以用于表示"新闻工作者"，指代新闻制作，尽管有时候人们会使用"媒体工人"（media worker）、"媒体从业者"（media professional）这样的术语。因此，在选择使用这个词的时候，对于行业和制度的关注凸显了新闻制作的大规模过程，而不是新闻本身和那些制作新闻的人。

"媒体"这一术语与其他术语的不同之处还在于它明确认可了技术，或曰新闻制作和呈现的渠道。有时候，"媒体"这个词更多指技术设备，而非它传播的信息，即便一些基本的问题尚未得到解决，例如究竟什么是技术、什么技术可以被视为一种媒体。缺乏明确性对新闻的含义产生了直接影响，例如，独立媒体中心（Indymedia）[①]的网上新闻服务和美国广播公司（ABC）的彼得·詹宁斯（Peter Jennings）[②]的报道是同一种新闻吗？而且，在思考新闻制作时，对于技术的强调还导致了独有的偏见，即青睐更快、更强、更复杂的技术。这种迎合复杂技术的偏见不仅降低了新闻中所含信息的相关性，而且，由于早期或者非技术的信息提供方式被视为不再可行的新闻工作形式，导致早期的口头新闻形式几乎"消失在更先进的新闻媒体阴影之下"（Stephens，1988：40）。那么，在非洲某些偏远地区，有些新闻工作者仍然在使用既不大众也不现代的媒体——街头游吟、说书、流动剧院，我们该如何对这些媒体进行归类呢？"9·11"事件之后，纽约市那些为了寻找失踪人员而临时张贴的照片和个人信息海报又应该如何归类呢？进一步说，我们应当如何解释新闻制作的广泛媒体环境？最近那些个人化的新闻发布技术，例如将新闻报道通过互联网传送到个人电脑上，已经使发布新闻变得更快、传播得

---

① 全称为 The Independent Media Center（IMC），是一家全球新闻工作者公开发表政治或社会报道的网站，创办于 1999 年的西雅图。

② 彼得·詹宁斯（1938—2005），加拿大裔美国新闻工作者，从 1983 年开始在美国广播公司担任《今晚世界新闻》（World News Tonight）的唯一主播，直到 2005 年因肺癌去世，是美国非常著名的电视新闻工作者之一。

更远，以至于主流新闻渠道看上去过时了。

"传播"（communication）和"信息"（information）

对于新闻而言，更近一些的术语是"传播"和"信息"。这两个术语在19世纪后半叶开始使用，20世纪中叶传播学在美国发展成为一个研究领域，而新闻学往往是其课程表中的指定科目，于是二者变得格外流行。随着"传播"被定义为"从一方到另一方的告知、赋予或发布的行为"（*Webster's Unabridged Dictionary*，1983：367）以及"信息"被定义为"以任何方式获得的知识"（*Webster's Unabridged Dictionary*，1983：940），这两个术语的优势地位与二战后对一种特定类型的传播研究兴趣的发展有关（Carey，2000）。将新闻学定位于传播领域的一部分使得重塑新闻学成为必要，这反映在其所参考引用的词汇选择之中，而"传播者"（communicator）这一术语就是一个明显的拓展例子。

"传播"和"信息"这两个术语既强调了新闻制作的过程，也就是说，信息发布，也强调了传递的内容。在这些术语取得优势地位的时候，这种强调是有意义的。在20世纪四五十年代，媒体影响这个观点和美国传播学界之间的近亲繁殖达到如此严重的程度，以至于所有的研究实际上都衍生自媒体影响这个观念，而相应的观念——新闻同样会对公众产生影响——反映在将新闻学院变成传播学院的建议之中（Marvin，1983）。既然研究者关心的是产生了何种影响，那么就需要观察那些施加这种影响的人。于是，新闻制作的这两个术语同时强调新闻的效果及其制作。

但是，这种词汇选择和"新闻"（news）以及"媒体"一样，几乎没有提及新闻制作的幕后者。虽然人们一直尝试将新闻工作者标识为"传播者"，但是许多新闻从业者认为这些术语存在问题，因为对他们来说，传播学这个领域看上去似乎人人都可以成为新闻工作者。在美国，他们的担心导致在20世纪60年代到70年代，新闻教育者和传播研究者之间发生了一场"关于共享课程的冷战"（Marvin，1983：28），许多新闻从业者都感到担心，因为这些词汇选择反映出对新闻工作者的角色——不管是作为手艺人还是专业人士——的兴趣的降低。相反，新闻工作者作为信息提供者的功利角色受到强调。

与此处论述相关的是，通过阐述新闻不是什么来标识新闻的边界。例如，公共关系作为新闻研究的一个组成部分进入建制，迫使人们进行了关于二者相似程度的对话（Tumber，2002；Cottle，2003），从而吸引了人们对新闻的边界这个探索领域的关注。

这些词汇选择都告诉了我们什么？每一个替代词都给我们思考新闻的模式带来了变化，为重大问题提供了一套对应的价值观、标准和信仰。在某些情况下，新的词汇消解了关于我们以为自己知道的共识。在其他情况下，它根据当代世界观和环境建构了早期观念并使之复杂化。但是，没有一个词汇选择是价值无涉的；也没有一个词汇选择脱离了与更广泛的观念相伴的新闻工作类型、媒体和技术类型、特定历史时期，以及每个术语的学术背景来源。甚至一个"新闻工作者"（journalist）的相关术语都暗藏着（如果不是明显地）一个"新闻工人"（newsworker）、一个"媒体从业者"（media professional）和一个"传播者"（communicator）。虽然人们一直公正地赞许说，这种演化将某些记者从在特定环境和时期与新闻工作相伴的职业神话中解放出来（Dahlgren，1992：8），但是它也强调了一种倾向，即为许多我们称之为新闻工作的普遍特性辩护。换言之，所有词汇选择都有替代词，而人们总是认为这些词与未被选中的词相悖。

这一点关系重大，因为每个词汇选择都就新闻的自然属性提出了一些特定前提，同时还代表了其他一些不相关或者不清晰的词。基于参照框架、时期以及技术和媒体的焦点，这些词对开展研究而言并不比边界标识更理想。它们表明新闻学者是谁、一位学者的研究前提可能是什么、一位学者就眼前的现象选择提出什么类型的问题。因此，学者们在选择这个词而不是那个词的时候，就表明了他们究竟是什么样的研究者。他们选择的词表明了他们的背景以及他们同意使用何种方法。但是这些选择几乎从未体现出关于新闻的所有知识。

新闻的定义维度

行文至此,大部分讨论提供了一种认知,即关于新闻的词汇选择表明我们如何对现象进行思考。然而,语义的扩展甚至超过了与新闻工作紧密相关的词汇的定义。实际上,词汇选择的多样性甚至强调了一个更加基本的事实——新闻本身是由许多相互对立的个人、维度、实践和功能组成的。

新闻工作者如何谈论新闻(journalism)

考虑到定义新闻(journalism)和新闻(news)的困难,新闻工作者在讨论何为新闻(journalism)时的唇枪舌剑就不奇怪了。新闻(journalism)作为一种叙事以及新闻(journalism)作为一种实务都有各自明确的参照体系,都是新闻工作者讨论的核心问题和学术文献的考察对象。此外,谈论新闻时的特定方式揭示出新闻从业者理解新闻的潜在方法。很多这样的口头交锋通常并没有在学术文献中得到反映,因为正如葛拉瑟和艾特玛所言,"在新闻工作者知道自己知道什么和学生被告知新闻工作者知道他们知道什么之间"存在着一个"越来越大的鸿沟"(Glasser and Ettema,1989a:18)。

然而,新闻工作者谈论新闻时有固定的方法。具有典型性的是罗伯特·帕克(Park,1940)所称的"综合知识"(synthetic knowledge)即"体现在习惯和风俗之中"而没有形成正式的核心知识体系的一种默会知识——在新闻工作指南或者说明"如何做"的手册中,以及在伴随着新闻实践的无数警句妙语中,可以发现新闻工作者如何谈论新闻的线索。根据对隐喻的研究(Black,1962;Lakoff and Johnson,1980;Lakoff,1987),这些线索可以被理解为象征性地解决了具有潜在问题且并不总是令人尊敬的新闻实践维度,如此一来,新闻从业者就可以非正式地提及那些真实然而并不一定得到专业社群尊重的经验。

当新闻工作者谈论自己的技艺时,有五个参照体系格外引人注目。

(1)新闻(journalism)是第六感——一种"新闻敏感"(news sense):

当新闻工作者讨论自己做什么、如何做时，拥有"一只新闻鼻"或者新闻工作者"闻到新闻（news）"非常重要。这种提法强调了一种基本常识和天然能力，用于描述辨认新闻的技巧，新闻工作者往往坚称一个人的新闻敏感是与生俱来的。1932 年，在英国和澳大利亚长期担任报纸主编的劳德·里德尔（Lord Riddell）写道，所有"真正的新闻工作者"都有一种传播新闻的渴望（Riddell，1932/1997：110）。新闻教育者柯蒂斯·麦克杜格尔（Curtis Mac-Dougall）认为，拥有"一只新闻鼻"极其重要，以至于他把这个表述作为他多次再版的《解释性报道》（*Interpretative Reporting*）一书中的章节标题（Reid and MacDougall，1987）。《华盛顿邮报》（*Washington Post*）主编本·布拉德利（Ben Bradlee）也以此解释自己为什么决定发表西摩·赫什（Seymour Hersh）揭露美莱村屠杀（My Lai massacre）的报道："这闻起来没错。"据传他是这么说的（转引自 Glasser and Ettema，1989a：25）。

（2）新闻（journalism）是容器：这个隐喻表明新闻（news）是一种现象，有体积、有实体、有维度、有深度，并且可能挺复杂。由此产生了无数联想：新闻业"容纳"了当日的新闻，为公众把持着信息，直到它能够对发生的事件做出评价。"新闻洞"（news-hole）的联想来自相关假定，即一个特定日子的新闻播报或者报纸必须按照日常规律填满现有空间。一本为初学者撰写的早期美国教科书这样表述："'我们在溜缝儿。'新闻主编警告说。'煮老一点。'文字编辑经常听到这个警告。新闻几乎总是比版面多。"（Neal，1933：27）新闻"独家报道"，或者在重要新闻报道中抢到第一而获得的优势同样涉及新闻（journalism）的物质维度。20 世纪 30 年代，伊芙琳·沃（Evelyn Waugh）写了一篇有一本书那么长的文章，讽刺英国的报纸行业（Waugh，1938）。她用"独家报道"作为文章名，不光是指抢在其他所有人前面发表报道是一个胜利的行动，而且这些新闻报道本身也将自己定位为新闻战胜了敌对环境的证明。新闻是容器这个观点还暗含在"新闻深度"这个观点之中，用于指称一种新闻方法，这种方法反映出某种新闻报道的复杂性，以及"存在于新闻信息之中的"一个事件或者一个特定类型的议题。

（3）新闻（journalism）是镜子：这种观点认为，新闻实践可以简化为对现实的凝视或者真实世界中发生的客观事实。新闻（news）被视为所发生的一切，没有经过新闻工作者的任何过滤。此处的警言妙句直指职业客观性的核心观念，包括"新闻（news）是观察世界的镜头""报纸拷贝"和"相机就是记者"。根据这种认知，林肯·斯蒂芬斯（Lincoln Steffens）这样回忆他在《星期六晚邮报》（*Saturday Evening Post*）的岁月："记者要像机器一样按照新闻发生的本来面貌加以报道，不带成见、不渲染、不表态。"（Steffens，1931：171）报纸和广播新闻机构均常以"镜子"命名，意为新闻是一面镜子。从"目击新闻"这样的表述或者"一切适合刊登的新闻"这样的口号到诸如哨兵、灯塔、先驱、论坛或者纪事这样特定的报纸名称来看，新闻记录真实世界事件的功能始终是其最重要的职业考量。

（4）新闻（journalism）是儿童：这种观点将新闻工作者定位为新闻（news）的看护者，它认为新闻是一种现象，需要养育、关注、监督和照料。这暗示着新闻与那些轻率、无理和难以预测的需求有所联系，并且脆弱而易碎。这种隐喻认为，新闻工作者应当采取一种不间断的家长姿态，这意味着他们有必要持续关注新闻信息。新闻业有这样的传说，即新闻信息这种需索不休的天性要为新闻工作者所谓过早的职业倦怠、高离婚率和缺席社会生活负责。有些时候新闻的儿童天性将看门狗角色强加给了新闻工作者，因此他们必须拼命看护新闻信息的形成过程。还有些时候，新闻工作者对新闻制作需要采取一种更温和的态度。与此相关的妙言警句包括"把报纸放在床上"，意为夜里合起报纸，而"坐在报道上"意为照料一则报道，直到它发表。"宠爱"或者"娇惯"一则报道则指精心编织一个"单薄"或者事实不够确凿的线索。相比之下，"突发新闻"意为新闻工作者无法控制新闻环境，还指一则报道未经加工，需要新闻工作者完成、提炼或者进一步发展。"毙掉一则报道"则指主编决定不再对某条新闻信息加以关注。

（5）新闻（journalism）是服务：意指新闻在公共利益中的服务地位和公民身份的相关需要。服务观念渗透在新闻工作者用以指称新闻的语言之中，并且同时意指对职业和社群的服务——新闻社（news service）、通讯社

(wire service)、新闻信息符合大众利益,以及公众的新闻代表"服务"伦敦、华盛顿或者北京。新闻在不同领域的服务——包括特定的报道领域或类别,还有特定的地理区划——通常是有回报的。以新闻服务命名的奖项难以计数,密苏里荣誉奖章(Missouri Honor Medal)①、宾夕法尼亚报纸协会基金颁发的G.理查德·杜新闻服务奖(G. Richard Dew Award for Journalistic Service)、威廉·艾伦·怀特奖章(William Allen White Medal)和哥伦比亚大学颁发的玛利亚·摩尔·卡波特奖(Maria Moors Cabot Prize Award)只是其中很少的一部分。

这些选择每一个都体现了新闻工作者体验自己技艺的复杂方式。他们将新闻认知为第六感、容器、镜子、儿童和服务表明,他们对从实体和变化莫测的天性上而言都十分复杂的新闻信息具有强烈的责任感。同时,新闻工作者认为,他们的工作所具有的公共维度和他们作为新闻工作者给自己的工作下的定义一样重要。

学者如何谈论新闻(journalism)

然而,新闻的定义维度并未止步于新闻从业者的讨论。尽管学者肯定会参与到关于新闻的非正式讨论中去,但是他们还是在自己的阐释共同体内深耕,提出若干种独特的定义,从而使新闻得以被识别。

在新闻学术文献中,这五种定义似乎占据主流:新闻被视为一种专业、一个制度、一种文本、一类人,以及一套实践。这些视角并不相互排斥,而且每一个都是根据对新闻的更广泛的理解而提出的。

新闻作为一种专业

首先,新闻是指一系列行为,由此一个人可以成为合格的"新闻工作者"。此处暗含着一种专业观念,这种框架在美国与新闻业的演变尤其相关。尽管在20世纪初期,将一群乱七八糟的写作者组织成统一的群体颇有助益

---

① 全称为密苏里新闻业杰出服务荣誉奖章(Missouri Honor Medal for Distinguished Service in Journalism),1930年由美国密苏里大学新闻学院开始颁发。1941年,中国的《大公报》作为新闻机构曾获此奖;2012年,财新传媒总编辑胡舒立获此奖。

（Schudson，1978；Schiller，1981），但是"专业"这个观念如今给人一种美国新闻工作者是"不成功的专业人士"的感觉（Tuchman，1978b：111）。社会学家使用一个特征清单——一定水平的技能、自治、服务定位、执照获取过程、能力测试、组织、行为规范、训练和教育项目（例如，Moore，1970）——来辨识专业，这个特征清单给那些被认为是专业人士的人赋予了地位。然而，美国新闻业和新闻工作者并没有表现出几个上述特征。用大卫·韦弗（David Weaver）和 G. 克利夫兰·威尔霍伊特（G. Cleveland Wilhoit）的话说，"当代新闻工作者属于一种专业，但不是在专业的范畴里面工作……专业主义的制度化形式似乎总是将新闻工作者排除在外"（Weaver and Wilhoit，1986：145）。

同时，除了列举或计算外部特征，"专业"还需要提出目标（Hughes，1958）。它提供一个知识体系，教导个人在特定环境下该做什么和避免什么（Larson，1977；Friedson，1986）。尤其是对美国新闻工作者而言，这已经提供了一种意识形态定位，帮助维护新闻的集体边界（Johnstone, Slawski, and Bowman，1976；Weaver and Wilhoit，1986，1996；Becker, Fruit, and Caudill，1987；Lont，1995）。到 20 世纪 20 年代，美国新闻工作者已经指望专业观念能够作为一种方法，将专业知识整合起来，使他们能够决定什么是或者不是新闻（news）。数年之后，英国和澳大利亚也全盘接受了这种观念（例如，Boyd-Barrett，1980；Henningham，1985）。此外，专业主义的定义特征一直在随着时间推移而变化，专业人员的定义经历了一定程度的解放和修正，可能比早期的定义更好地反映了新闻工作。例如，伊莱休·卡茨（Elihu Katz）通过科学探索的透镜，仔细思考了追溯新闻专业主义的可能性（Katz，1989，1992）。

在对媒体的社会学研究中已经发现了新闻是一种专业这个观念（例如，Janowitz，1975；Tunstall，1977；Boyd-Barrett，1980；Henningham，1985），这个观念在其他探索领域引起了批评。例如，詹姆斯·凯瑞（Carey，1978）指责新闻的专业定位"对当代新闻是一大危险"，主要原因是这种观念暗含的客户-专业人士关系会导致公众无法真正控制信息，从而需要依赖新闻业来获取关于真实世界的知识。专业主义争辩说报道必须客观、公正和平衡,从而被用来为新闻工作者的报道保驾护航(Schiller,1979,1981)。作为组织和机构的防火墙,专业主义被用来抵制变化、失控,以及美国新闻业各个领域的潜在内讧(Soloski,1989)。关于新闻工作者未能激励一个活跃的政治领域的讨论准确地表明,长期以来支持美国专业主义的一个论点——新闻工作者能够并且应该在政治上中立——具有局限性(Patterson,1993)。

在有些地方,新闻是一种专业这个表述被认为破坏了它作为一种技艺的认知,在英国,这个问题已经引起了格外关注。1967年,长期供职于《每日快报》(*Daily Express*)、《图片邮报》(*Picture Post*)、《新闻纪事报》(*News Chronicle*)和《卫报》(*Guardian*)的英国外派记者詹姆斯·卡梅伦(James Cameron)抱怨"关于新闻专业的讨论",成为对当时日益增加的社会学文献的经典回应:

> 新闻不是,而且从来不是一种专业;它是一个行业,或者一种职业,可以有多种多样的实务方法,但是它从来不是一种专业,因为它的实务既无标准,也无须批准……这或许是件好事,因为虽然这种灵活和放任使得很多可疑的怪人也进入了这个行业,但它同样没有排斥那些可贵而有创新精神的人。然而,为了补偿我们的不安全感就将自己称之为一种专业的成员是愚蠢的;这样做既狂妄又无用;我们是最好的手艺人,这绝对不是丢人的事。(Cameron,1967/1997:170)

在英国,新闻工作者的去技术化转向重新将新闻工作者界定为一个专业社群成员,同时也破坏了对新闻工作者的工匠定位的尊重(Bromley,1997,in press)。然而,新闻专业对准入门槛提出了特定的成文条款(比如,英国新闻工作者成立工会就是一个典型的例子),结果发现,新闻业并没有足够的职位可以容纳这样的专业化所必需的越来越多的博士。这个事实既把新闻业作为一个整体对立起来,又在新闻工作者中培养了敌对的集体主义:它创造的反专业化地位帮助新闻工作者形成了一种集体认同感,他们越来越引人注目,并明确地反对把新闻当作一种专业。随着专业化而来的其他问题在法国颇具代表性，法国新闻的学术地位和法国新闻工作者因为私有化发展而刚刚赢得的自治相互联系，产生了被一些观察家视为丑闻的无数咄咄逼人的调查性报道（Neveu，1998）。

然而，在许多新闻工作者心目中，新闻作为一种专业的理念一直占据着至高无上的地位，这意味着无论他们对采取这种理念与否愉快，它对记者都具有持续的重要性。例如，A. J. 利布林（A. J. Liebling）①从1947年开始在《纽约客》（*New Yorker*）上撰写专栏"恣意妄为的报界"（Wayward Press），对专业主义的担忧为这个专栏的撰写提供了很多动力。同样，新闻工作者专业工会的各种大事年表——举两个例子，C. J. 邦道克（C. J. Bundock）的《全国新闻工作者工会：五十年的历史》（*The National Union of Journalists：A Jubilee History*）于1957年出版，以纪念英国新闻工作者工会成立50周年，还有克莱姆·劳埃德（Clem Lloyd）的《专业：新闻工作者——澳大利亚新闻工作者协会史》（*Profession：Journalist：A History of the Australian Journalists' Association*），出版于1985年，以纪念澳大利亚专业新闻成立75周年——详细描述了对培训领域的专业关注，以及随着时间推移，与维持新闻标准的行业问题相互混合的伦理标准的创建。从1910年成立以来，澳大利亚新闻工作者协会一直用专业术语描述新闻（Henningham，1985）。

新闻专业主义这个观念也暗含在许多新闻行业文献中。诸如《美国新闻评论》（*American Journalism Review*）、《英国新闻评论》（*British Journalism Review*）、《新闻评论杂志》（*The Quill*）以及《编辑与发行人》（*Editor and Publisher*）这些内容广泛的行业期刊在讨论新闻业的丑闻、担心新闻实践共识遭破坏和不断谈论更严格的新闻伦理需要时，不约而同地寄望于新闻专业主义。例如，《英国新闻评论》——根据1989年创刊号的表述，它创办的目标是"帮助新闻工作者反思角色变化和工作问题"（*British Journalism Review*，1989：1）——在10来年的时间里已经在悲叹"一度被视为根深蒂

---

① A. J. 利布林（1904—1963），美国新闻工作者，从1935年开始和《纽约客》杂志密切合作直到他去世。

固和至高无上的专业规则"发生了改变（Goodman，2002：4）。它的回应是果断处理它认为有悖专业主义的事，例如一位记者在《英国新闻评论》上发文质疑在某些类型的新闻报道中保密条款是否属于可操作的专业标准（Martin-Clark，2003），或者一篇英国行业社论哀叹"在大规模的传播者当中，专业新闻工作者日益成为少数派"（Goodman，2002：3）。美国专业杂志同样表现出对专业主义的期待，《哥伦比亚新闻评论》（*Columbia Journalism Review*）在回顾20世纪时，以专业主义作为其隐秘的时代叙事线索，在上下文中援引了多种多样的事实，例如：在美西战争中的胡编乱造；媒体对林登伯格家族（Lindbergh family）的纠缠骚扰；20世纪50年代对一位《纽约时报》图片编辑的回应，这位编辑大肆渲染玛丽莲·梦露（Marilyn Monroe）和乔·迪马乔（Joe Dimaggio）令人目瞪口呆的接吻照片；伴随着CNN和《今日美国》（*USA Today*）的出现而产生的专业怀疑主义，尽管它们在早期都不被看好，并且遇到了技术困难，但是都幸存了下来（Evans，1999）。而新闻业的诸多尴尬事，例如错误地标榜"泰坦尼克号"（Titanic）乘客的安全抵达、沃特·杜兰蒂（Walter Duranty）[①]对苏联的报道、克利福德·欧文（Clifford Irving）[②]的霍华德·休斯（Howard Hughes）"自传"以及珍妮特·库克（Janet Cooke）[③]丑闻，都毫无悬念地激发了对专业行为失当的批评（Leo，1999）。在牵涉广泛的案例中，对隐私和言论自由的担忧被视作调整记者专业行为的边界（Mayes，2002；Hagerty，2003；Riddell，2003）。

[①] 沃特·杜兰蒂（1884—1957），美国新闻工作者，1922年到1936年一直担任《纽约时报》驻莫斯科分社社长，1932年获得普利策奖。他因为不承认苏联在1932年到1933年间发生了饥荒，特别是不承认乌克兰大饥荒而广受批评。多年后，有人呼吁撤销他的普利策奖；1932年将他的作品提交给普利策评奖委员会的《纽约时报》称，他后来否认饥荒的报道是"本报刊登过的最糟糕的报道"。

[②] 克利福德·欧文（1930—2017），美国小说家、调查记者。尽管他出版了20部小说，但是却因一部号称亿万富翁霍华德·休斯口述给他的"自传"而出名。这部虚构的作品原计划于1972年出版。休斯公开谴责并起诉出版商之后，欧文承认捏造事实并被判入狱两年半。

[③] 珍妮特·库克（1954— ），美国前新闻工作者。1981年因发表在《华盛顿邮报》的一篇报道《吉米的世界》获普利策奖。几天后该报道被发现是编造的因而奖项被追回，库克是该奖自颁发以来唯一的被追回者。

甚至最近，对英国的《赫顿报告》（Hutton Inquiry）[①] 和 BBC 记者安德鲁·吉利根（Andrew Gilligan）的不当新闻表现或是美国的杰森·布莱尔（Jayson Blair）和《纽约时报》企图为他的不道德行为开脱的强烈批评都围绕着专业主义的框架展开。

所有这一切都意味着新闻作为一种专业的观念存在着，尽管不是那么稳定。学术界很多人长期以来拒绝承认专业主义是一种思考新闻权威性的适宜方法。但是，他们同时又不假思索地将与专业主义伴生的标准、价值观和实务纳入课程体系。新闻工作者，特别是美国新闻工作者，常常将专业主义作为护身符来对抗他们集体生活中的担忧、软肋和不检点。而且，将新闻视为一种专业在学术界不断获得支持，在那里，"专业"这个概念拥有先天的重要性，例如社会学。

新闻作为一个制度

关于新闻的第二个视角假设新闻存在于一个制度化装置中，或者发挥一个制度的功能，这个制度的特点是享有社会、政治、经济和/或文化特权。从事批评和文化研究、政治经济学、意识形态研究的大部分学者和一些社会学家、历史学家采取的是这个视角，他们将新闻视为一种大规模的现象，其主要效果是行使权力，特别是形成舆论，以及控制社会中信息或者象征资源的分配。

这个制度被定义为一种装置，其特点是"建制化、被批准、往往具有永久性的行为模式"（Watson and Hill, 1994: 93）。作为思考新闻的一种方式，它是有价值的，因为它提供了一种理解新闻与公共生活的关系的方式。它还

[①] 2003年7月，BBC 的一个新闻节目引述了一位英国政府官员的话，称贝理雅内阁在萨达姆拥有大规模杀伤性武器问题上添油加醋，而没有按照情报机构所提供的情报准确向公众报告以获得公众对参与美伊战争的支持。报道这一新闻的 BBC 著名记者安德鲁·吉利根后来在一篇文章中称，贝理雅内阁的新闻官阿斯戴尔·坎贝尔（Alastair Campbell）是夸大情报的幕后黑手。英国政府完全否认了该项指控，英国议会决定任命独立检察官展开调查。事件导致 BBC 与英国政府的关系恶化。在原先怀疑是 BBC 情报来源的英国国防部专家大卫·凯利（David Kelly）自杀后，事件继续恶化，BBC 和英国政府都被指责应对凯利之死负责。在英国常任上诉法官布莱恩·赫顿（Brian Hutton）最后发表的《赫顿报告》中，吉利根和 BBC 高层都被指责对新闻处理不当。此事件导致吉利根本人、BBC 总裁和 BBC 理事会主席辞职。

经常被同时用来表示构成这种装置的行为和组织这种装置的价值观。它被包含在自己的组织内部或按照集体行为标准工作的正式团体之中。正如英国主编 C. P. 斯科特（C. P. Scott）谈论《曼彻斯特卫报》(*Manchester Guardian*) 那样，它"不仅是一个行业；它是一个制度……它可以教育、刺激、协助，或者反其道而行之。因此，和它的物质存在一样，它是具有道德的，它的品格和影响主要是由这两个因素的平衡决定的"（Scott，1921/1997：198）。将新闻视为一个制度，就是将其理解为处理新闻在社会、文化、经济和政治任务或职能范围内所产生的历史和情景偶然性。也就是说，这个观点认为，新闻如果要存在，就必须制度化地存在。

但是，新闻是一种制度的观点却为确认新闻制度的困难所局限，因为根据定义，新闻制度是看不见的。由于缺乏正式的法典或无法清晰地表达新闻机构的报道风格，导致对社会化过程中的默认规则进行分析变得至关重要，因而学者们往往努力确认制度的表象，而不是确认制度本身。这包括寻找新闻信息作为一种制度与其他制度相联系的接口，推动新闻和政府、市场、文化世界、教育系统和宗教机构之间的联系。

这种定义关系吸引了两类学者。一类是那些一直关注新闻和经济之间交叉领域的学者，交叉领域的这些问题围绕着所有权和融合模式、公司影响、放宽管制和私有化展开（Gandy，1982；Golding and Murdock，1991；McManus，1994；Mosco，1996；Bagdikian，1997）。在这个领域，新闻对物质商品和财富的生产以及分配产生的影响始终是中心。另一类是那些关注新闻和政治相交点的学者。诸如政府管理、公共领域和私人领域的联动以及公民身份的传统这样的问题（Scannell，1989，1996；Blumler and Gurevitch，1995；Miller，1998）意味着新闻以多种多样的方式影响着权力在日常生活中的行使。但是，与此同时，证明这种制度的影响存在着普遍的困难。例如，一位报纸所有人的资本家定位形成了新闻报道的写作制度，反过来又再现了资本家的意识形态，人们认为这种观念不言而喻，然而事实是几乎没有什么研究展现过这在现实中是如何达成的。

学者们采用制度陷阱处理问题并不局限于一时一地。例如，理查德·施瓦兹洛塞（Richard Schwarzlose）争辩说，真正的"奔向制度"是在美国内战期间随着通讯社的兴起而产生的（Schwarzlose，1990）。当时，城市之间的新闻采集和发布的迅速增长促使新闻业将目光投向自身之外，寻找更广泛的技术革新、公司利益和公共领域中日益增长的国际主义。反之，将新闻视为一种制度的观点在英国（Curran and Seaton，1985；Curran and Gurevitch，1991）、澳大利亚（Tiffen，1990；Schultz，1998；Curthoys and Schultz，1999）、以色列（Liebes，1997；Caspi and Limor，1999）和拉丁美洲（Waisbord，2000；Fox and Waisbord，2002）的新闻学术界得到广泛采用。采用这种制度化视角还一直是全球新闻信息的比较分析相关框架，因为制度压力因国家-政权而异，各个国家-政权都在争取更广泛的经济公司和全球关注带来的利益（Boyd-Barrett and Rantanen，1998；Morris and Waisbord，2001）。

但是，与此同时，制度声誉并不总是能保证"更优秀"或者更有效的新闻表现。1993年，得克萨斯州的韦科（Waco）惨案（在这场惨案中，FBI袭击了基督复临安息日会成员聚居的庄园，因为怀疑他们虐待儿童并导致十几人死亡）发生之后，美国广播公司的《夜线》（Nightline）节目希望其中的一名幸存者出现在该节目中。然而这位幸存者在最后时刻爽约了，出现在另一档声誉较低却付给他一大笔订金的《时事》（Current Affair）节目中。

新闻作为一个文本

新闻的第三个定义将"新闻"（news）视为一个文本。在大部分情况下，新闻文本的特性得到一致认可——对某个事件（一场火灾、一次峰会、一场谋杀）的关注、时效性或当前性，以及真实性。它们也会表现出一些不那么清晰的特性，至少在美国主流媒体中是这样的——一个匿名的第三人称作者、一段通常理性而不动声色的叙事、一个对涉及公共利益之争的问题不假思索地采取中间道路的倾向。根据大卫·哈泼斯坦（David Halberstam）的观点，这些特性"要求新闻工作者比他们实际上更加麻木和幼稚"（转引自Parenti，1986：53）。比较而言，非美国新闻文本，特别是在欧洲部分地区、中东和拉丁美洲，更倾向于政治驱动、观点鲜明并具有作者的主观色彩（例如，Hallin and Mancini，1984；Waisbord，2000；Benson，2002）。

对新闻是文本的强调考虑了文字、图像和声音的公共使用模式。此处的关键在于新闻故事观念的演变，而"故事"的焦点是解释新闻工作者在采集和呈现新闻信息时生产了什么。因而，用一篇报道、一个记录或者一段叙述这样的术语来定义新闻信息，新闻信息是什么就得以明确，从而呈现出或为书面文件或为口头故事的特征。新闻工作者经常用到的短语包括"头条新闻或重要新闻""特别报道""故事背后的故事"或"系列报道"。然而，正如瓦尔特·本雅明（Walter Benjamin）在20世纪20年代悲叹的那样，讲故事的艺术在那时已经走到了尽头，"因为史诗般的真相和智慧正在消亡"（Benjamin，1970：88）。

尽管如此，文本已经为思考新闻提供了一个有用的分析入口，因为文本作为调查对象在一定程度上是有限的、可辨识的，多多少少有着清晰的开头和结尾。诸如内容分析、架构分析（Krippendorff，1980；Gamson，1988）、社会语言学和话语分析（van Dijk，1988；Bell，1991；Fowler，1991）、符号学和文化分析（Hartley，1982，1996；Fiske，1988，1992b）这些广泛领域的学者都青睐这个角度，围绕着可以辨识的故事、报道、版次或者节目，这个定义已经推动了观点的交流。在这些选项中，学者同时使用定性和定量方法来分析文本，人们经常引用以格拉斯哥大学媒介小组（Glasgow University Media Group）为代表的内容分析和以约翰·费斯克（John Fiske）、约翰·哈特利（John Hartley）为代表的文本分析来标注二者的区别。

与此同时，学者们对于应该分析哪些新闻特性并无共识——文字通常比图片或者声音更重要。他们也无法在评估哪些文本方面——一期报纸、一档广播节目或是关于一个特定事件的所有现存报道——达成共识。例如，对"9·11"事件的新闻报道进行检视有不同的方法：搜集第一批对事件的反应（BlueEar.com，2001），研究报道的中心框架和政治、制度反应（Kellner，2003），叙述对事件的记忆（Denzin and Lincoln，2003），共同搜集和定位全球反应（*Television and New Media*，2002），研究报道这一事件新闻实务的范围（Zelizer and Allan，2002）。每一个研究都聚焦于同一个报道，但是分析的文本却都不一样。因此，同样的主题可以很容易地被剖析，而使用的方法不一定与同一领域的其他研究相一致。

新闻作为一类人

从大部分早期新闻工作开始，通过做新闻的新闻工作者来定义新闻一直很普遍。有些学者细致入微地定义了我们称之为新闻工作者的这类人的广泛特性。特别是在美国语境下，针对新闻工作者本身进行的一系列广泛调查（例如，Johnstone et al.，1976；Weaver and Wilhoit，1986；Weaver and Wilhoit，1996）为他们是谁、他们在哪里受教育、作为新闻工作者他们曾经有过什么经历这些问题提供了全面的描绘。韦弗（Weaver，1998）将这种看法扩展到了全世界，斯普理查和斯帕克斯（Splichal and Sparks，1994）则对21个国家的新闻学院在校生进行了调查，发现尽管有国别差异，但是他们对专业化水平的期待、训练的程度和质量，以及新闻学徒期的时长都有着高度相似性。

但是，人们的注意力一直主要集中在新闻从业者中不具有代表性的一小部分人身上，经常记录那些有权有名者的行为，这些人对何为新闻提出了相当狭隘的观点。通常人们会关注那些得到认可的主流精英新闻机构雇用的高层次人员。在美国，这种工作可以追溯到本杰明·富兰克林（Benjamin Franklin）、威廉·伦道夫·赫斯特（William Randolph Hearst）、詹姆斯·戈登·贝内特（James Gordon Bennett），以及最近的威廉·佩利（William Paley)①、爱德华·默罗、I. F. 斯通（I. F. Stone）和沃尔特·克朗凯特。在澳大利亚，关于马库斯·克拉克（Marcus Clarke)②、C. E. W. 比恩（C. E. W. Bean)③ 和约翰·诺顿（John Norton)④ 的传记汗牛充栋（Curthoys and

---

① 威廉·佩利（1901—1990），哥伦比亚广播公司创始人、首席执行官，将哥伦比亚广播公司从一个小型电台打造成全美一流的广播电视网。
② 马库斯·克拉克（1846—1881），出生于英国的澳大利亚小说家、新闻工作者、诗人、编辑、剧作家、杂志所有人和主编。
③ C. E. W. 比恩（1879—1968），一战期间澳大利亚战地记者、历史学家。
④ 约翰·诺顿（1857—1916），出生于英国的澳大利亚新闻工作者、主编，新南威尔士州议会议员，《真理报》（*Truth*）的所有人、撰稿人。

Schultz，1999）。有些作品是新闻工作者自己写的（例如，Rather，1977；Ellerbee，1986；Brokaw，2002）。例如，20世纪90年代末，由《星期六时报》（*Sunday Times*）前外派记者转型成为学者的菲利普·奈特利（Phillip Knightley）撰写了《一个黑客的进化》（*A Hack's Progress*），他在书里告诉读者，"新闻工作者能够产生的影响是有限的，我们所取得的成就并不总是我们想要的。重要的是战斗"（Knightley，1998：267）。

通过人来定义新闻始终有一个问题，那就是关于谁是新闻工作者的遗留分歧。这种分歧一部分源于完成新闻的实务活动在发生改变。尽管排字员在世界很多地方都已经绝迹，但是关于那些在新闻工作中主要承担技术任务的个人身份仍然是个问题。和新闻之外的这个例子一样（Becker，1984），核心工作和边缘工作的矛盾始终存在：是否将排字员、校对员和文字编辑归为新闻工作者的矛盾已经让位给是否将从事页面排版、图片设计、摄录机剪辑和事实核查的人员归为新闻工作者的矛盾。这些工作所需要的技能和天赋储备大相径庭，正如像沃尔特·李普曼（Walter Lippmann）、H. L. 门肯（H. L. Mencken）这样的专栏作家或是玛莎·盖尔霍恩（Martha Gellhorn）、多萝西·托马斯（Dorothy Thomas）和迈克尔·埃尔（Michael Herr）这样的外派记者所展示的那样，但是这一点却从来没有得到过充分的阐释。也就是说即便像马修·布雷迪（Matthew Brady）[①]、多萝西·兰格（Dorothea Lange）[②] 或者拉里·伯罗斯（Larry Burrows）[③] 这样的摄影师也从来没有成为他们本来应当成为的一流新闻人，而且，尽管摄影新闻长期存在于新闻信息之中，但是直到20世纪90年代末，外国新闻协会（Foreign Press Association）才第一次选出一名摄影师担任主席。

精英组织中的高层特权成员还广泛排斥其他新闻从业者，特别是那些往往处于底层位置的有色人种和少数族裔。这部分归因于他们作为新闻工作者

[①] 马修·布雷迪（1822—1896），美国历史上最早的摄影师之一，以拍摄内战场景著称，被认为是纪实摄影之父。

[②] 多萝西·兰格（1895—1965），美国纪实摄影师、摄影新闻工作者，以大萧条时期的作品而著称。

[③] 拉里·伯罗斯（1926—1971），英国摄影新闻工作者，以美国卷入越战的照片而著称。

所具有的代表性不均衡，直到 1998 年，比勒·安利（Beulah Ainley）的报告还显示，在英国新闻工作人员中，少数族裔仅占 1%（转引自 Allan，1999：181）。美国的数字也并不鼓舞人心，根据美国报纸主编协会的调查，1996 年，美国新闻工作者中的少数族裔仅占 11% 多一点，然而少数族裔在人口构成中占四分之一（Shipler，1998）。一种类似的矛盾一直将持有非主流政治观点的人排除在主要的新闻名人名单之外。例如，有几个名单会将安东尼奥·葛兰西（Antonio Gramsci）[①]、安德烈·马尔罗（Andre Malraux）[②]、维克多·纳瓦斯基（Victor Navasky）[③] 和约翰·皮尔格（John Pilger）[④] 指定为初入行的新闻工作者的榜样？此外，我们可能会好奇有几个名单会让我们注意到更加传奇但是难以效仿的名人，例如雷沙德·卡普钦斯基（Ryszard Kapucinski）[⑤] 和约翰·辛普森（John Simpson）[⑥]，这两位被弗雷德·英格利斯（Fred Inglis）称为一对"新闻浪子"（Inglis，2002：347-351）。针对这些问题，接踵而至的身份战争表明它们远远没有得到解决。专业组织和新闻团体之间不断爆发的战斗显示他们试图通过限制成员资格来增加威望，例如有个难忘的例子是一个女性新闻团体将埃莉诺·罗斯福（Eleanor Roosevelt）[⑦] 吸纳入会，因为她和公关人员一起撰写了一个报纸专栏（Beasley，1988）。

但是，最近随着日益增加的研究者将目光投向可预测的主流梯队之外，

[①] 安东尼·葛兰西（1891—1937），意大利共产主义思想家、意大利共产党创始人和领导人之一，其"文化霸权"理论对西方马克思主义产生了深远影响。

[②] 安德烈·马尔罗（1901—1976），法国小说家、艺术理论家、文化部部长。马尔罗的小说《人的境况》详述上海"四一二事件"，获得法国龚古尔文学奖，逝世后葬于法国先贤祠。

[③] 维克多·纳瓦斯基（1932—   ），美国新闻工作者、主编、学者，《民族》杂志的荣誉退休发行人，哥伦比亚大学杂志新闻实务荣誉退休教授。

[④] 约翰·皮尔格（1939—   ），澳大利亚新闻工作者、纪录片制作人，对美国、澳大利亚和英国的外交政策持强烈的批评态度。

[⑤] 雷沙德·卡普钦斯基（1932—2007），波兰记者、作家、摄影家和诗人，出生于现属白俄罗斯的平斯克，将自己的作品称为"报告文学"，他的流派有时被认为是"魔幻新闻主义"。

[⑥] 约翰·辛普森（1944—   ），BBC 外派记者、《世界新闻》主编。他在 BBC 工作了一辈子，报道了 120 多个国家和地区，采访了很多世界领袖。

[⑦] 埃莉诺·罗斯福（1884—1962），美国第 32 任总统富兰克林·罗斯福的妻子，从 1933 年 3 月至 1945 年 4 月罗斯福经历了四个总统任期，因此埃莉诺也是美国任职时间最长的第一夫人。二战后她出任美国首任驻联合国大使，并主导起草了联合国的《世界人权宣言》。同时她也是女性主义者，并大力提倡保护人权。

以人为对象的新闻学术已经越来越多样化了。凯思琳·豪克（Kathleen Hauke）写到了第一位被一家纽约报纸全职雇用的非裔美国人（Hauke，1999）。马特·德拉吉出版了一本书，受到了行业杂志的广泛评论，尽管事实上这本书在宣言和传记之间摇摆不定（Drudge，2001）。弗雷德·英格利斯写了一个"系列（新闻）传记"，按照定义，它拓宽了这个群体的范围（Inglis，2002：x）。越来越多的研究追踪了从事新闻工作的边缘群体代表人物的轨迹（例如，Dahlgren and Sparks，1991）。性别（van Zoonen，1988；Lont，1995；Lafky，1993；Carter，Branston，and Allan，1998）、种族（Gordon and Rosenberg，1989；Wilson and Gutierrez，1995；Dennis and Pease，1997；Gandy，1998）和族群问题（Gabriel，1998；Cottle，2000c）成为谁是新闻工作者这个持续讨论的一部分。甚至行业期刊也正在反映这些新近拓展的边界。最近，《哥伦比亚新闻评论》发表了一篇《纽约时报》记者大卫·西普勒（David Shipler）的文章，公开反对新闻编辑室中有色人种的缺位（Shipler，1998；亦见 Schultz-Brooks，1984）。

而且，甚至这些对新闻从业者个人的描述也是狭隘和自我设限的。新闻工作者的新类型和思考如何"成为"一名新闻工作者的替代模式也被遗漏在这幅图画之外。例如，出现在亚洲的新的新闻模式显然迎合的是非西方价值观，有多少努力致力于阐明这种模式？

新闻作为一套实践

检视新闻的第五个方法是将其视为一套实践。这个视角主要应用的方法是研究如何采集、呈现和发布新闻（news）。这已经在新闻工作者中产生了无数术语，例如"搞到新闻（news）""写新闻（news）""突发新闻（news）""做新闻（news）""新闻制作策略"和"新闻编辑室实践"。由于新闻已经扩大到新技术框架，因此与从事新闻工作有关的这套实践已经发生了改变。例如，印刷室的排字技巧已经让位给电脑素养需求。为了制作新闻报道而搜集信息的来源日益多样，这给新闻实践的变化提供了空间，使新闻变成更加需要集体协作的活动。例如，像事实核查这样的实践为新闻制作增加了一个合作维度，而这在过去是不存在的。

这个定义框架受到三类学者的青睐：历史学家，他们根据历史阶段来分析新闻实践（Dicken-Garcia，1989；Steiner，1992；Solomon and McChesney，1993；Nerone，1994；Hardt and Brennen，1995；Chalaby，1998）；社会学定位的学者，他们提供了广泛而全面的新闻采集实践及其更大的象征意义的输入（Tuchman，1978a，1978b；Fishman，1980，Gitlin，1980；Ericson，Baranek，and Chan，1987）；文化定位的研究者，他们利用新闻实践来质询外部世界秩序（Carey，1989c；Schudson，1995；Hartley，1996；Bourdieu，1998）。学者们一直利用这个维度考察另类新闻：耳熟能详的主流新闻传统被用作讨论小报实践的出发点（Bird，1992；Langer，1998；Lumby，1999）；同样，由于和更加中立的新闻组织实践进行了对比，所谓的对抗性新闻实践获得了理解（Eliasoph，1988；Meyers，1994）。

将新闻视为一套实践背后的价值观是这种实践同时具有实践和象征两个维度。它们不仅被认为具有实际效果，例如信息传播和议程设置，还基于经过检测的惯例、实践和采集、呈现新闻的模式，在达成共识方面扮演了关键角色。

思考新闻实践的其他替代性方法在此处亦值得一提。例如，发展新闻和调查性新闻对新闻工作者行为的分级各不相同。那些遵循扒粪主义信条的新闻工作者在通过通讯社的短消息转发自己的报道时会感受到巨大压力。

为什么这些不同的定义视角对我们思考新闻具有宝贵价值？因为正如它们所借用的更大的学科框架一样，每个视角都提示了接近和理解新闻的不同方式。每个视角都有鲜明的观点和被忽略的观点。最重要的是，没有一个定义视角能够承载我们所了解的新闻的全部。

这些用于理解新闻的定义视角和其他探索方式，例如历史学、社会学、英语语言和政治学（新闻已经在这些学科领域得到了分析），牢牢结合之后变得更加复杂。这表明，对新闻缺乏基本共识本身就是它在学术界的位置。当把不同的学科视角、记录手段和适当的分析标准组合起来时，新闻就变成了各种矛盾体的混合物。

从此处走向何方

詹姆斯·凯瑞在一篇关于新闻与新闻实践的经典论文中清晰地认识到新闻学研究的不合理现状。在讨论美国新闻中"为什么"的角色被有意识地轻描淡写时,他指出,"为什么"这个问题的答案往往被省略成"怎么样"这个问题的答案。"为什么"——甚至在新闻信息中——始终遭到忽视、误解、简化、错误编纂,甚至错误归因,以至于受众无法得到关于当前事件的真正或令人满意的解释。凯瑞建议,要么将新闻作为课程体系进行考察,因为这些课程是根据新闻报道的不同类型而成形的,要么作为语料库进行考察,因为在一个新闻组织里它的意义扩展到对一个事件的多重处理(Carey,1986a)。

凯瑞的逻辑不仅适用于新闻业,而且适用于新闻学。通过不同的课程研究新闻考虑到了新闻分析者及其从业人员的各种视角,从而更加充分地反映了新闻是什么,这种处理新闻研究的方法强调了新闻业和新闻学术的重要性。事实上,用于思考这些问题的阵地日益增多,为我们指出了正确的方向:行业期刊继续发挥重要作用,包括《英国新闻评论》《编辑与发行人》《新闻评论杂志》《美国新闻评论》《哥伦比亚新闻评论》;具有长期吸引力的学术期刊如《新闻与大众传播季刊》(*Journalism and Mass Communication Quarterly*),以及新创办的期刊如《新闻:理论、实务和批评》(*Journalism:Theory, Practice and Criticism*)和《新闻研究》(*Journalism Studies*),它们全部都为新闻研究的发展提供了场所。

关于新闻的问题多如牛毛。正如理查德·戴尔(Richard Dyer)在谈论电视时提出的那样(Dyer,1985),这些问题可能具有如下版本:我们对新闻的概念有什么意义?它们强调的是什么,是如何强调的?这幅画面中遗漏了什么?特定领域中的典型概念是什么?什么是非典型的?谁在发言,为谁发言?哪些媒介从业者、组织和机构正在照章行事,生产关于新闻陷阱的特定观念?这种概念化或者框架对我而言意味着什么?它对其他人可能意味着什么?循着这些问题设定的方向,本书探索了各种形式的新闻学术形成的过程,并邀请其他人继续始于此处的探索。

第三章 社会学与新闻

讨论新闻的社会学探索就好像在没有框架的情况下讨论新闻学术。这种新闻研究范式——聚焦于人、互动模式、组织、制度和结构——是持续不变的标准，用以评价大部分新闻学探索，以至于人们几乎已经意识不到这个框架的存在。对于发展中的新闻学术而言，社会学长期作为背景存在，尽管最近关于新闻的很多研究并不一定来源于社会学探索。

社会学探索的模型

《韦氏大字典》（*Webster's Unabridged Dictionary*，1983：1723）将"社会学"定义为"对人类作为社会群体共同生活的历史、发展、组织和问题的研究"。一旦被限定为"社会的科学"，社会学探索就为社会网络中的一些行为领域提供了阐释，反映了"对社会过程的普遍兴趣"（Williams，1983b：295）。"社会"这个术语在社会学探索中处于如此核心的位置，以至于它取代了"社区"，成为将群体进行概念化的主导方式（Schudson，1991）。

然而"社会"这个术语本身并不精确。它以程度不一的精确指代一个庞大的人类互动复合体或者互动系统（Berger，1963）。除了"一群普通人"这个概念之外，还有四个主题被认为能够概括其研究特点：（1）揭露主题——社会学看穿了社会结构的正面和后台；（2）迷恋社会中不那么受人尊敬的方方面面、组织、制度和结构；（3）对世界主义的兴趣；（4）坚持相对化（Berger，1963）。每个主题的核心都是对人的关注，特别是当他们根据系统的互动模式自我组织成为群体时。

作为一门学科，社会学起源于"现代性来临之时——传统世界瓦解，现代正在成形"（Giddens，1987：15）。社会学长期以来分裂成两派，一方面是从卡尔·马克思（Karl Marx）、埃米尔·涂尔干、马克斯·韦伯和格奥尔格·齐美尔（George Simmel）那里汲取了不同营养的功能主义倾向和马克思主义倾向，另一方面是罗伯特·帕克、约翰·杜威、玛格丽特·米德（Margaret Mead）和罗伯特·库利（Robert Cooley）创立的文化主义思考。所有的轨迹都有一个共同的目标，即"以发现的腔调陈述显而易见之事"，从而描述了一个经常被假定的前提，即大部分时候人们对自己的行为都了如指掌（Giddens，1987：2）。

多年来，这一学科基础的多样化特性导致了一定程度的不协调。根据安东尼·吉登斯（Anthony Giddens）的观点，社会学家是这样的：

> 用术语装扮他们必须要说的话，这似乎否认了我们明知自己所拥有的行动自由……［因此，社会学处于］一种双重冗余位置，它不仅对我们讲述我们已知的事物，而且掩饰起我们熟悉事物的固有性质。（Giddens，1987：2-3）

尽管有人会争辩说这种评论和吉登斯自己的社会学实践不一致，但是外行认为自己能够接近、测量和评价社会现象的程度相当显著。因此，毫不奇怪的是，绝非典型新闻工作者的理查德·罗韦尔（Richard Rovere）注意到，"我们这些在20世纪接受教育的人习以为常地以社会学术语思考，不论我们是否接受过社会学训练"（转引自Schudson，1997b：49）。

社会学家用多种方式考察社会行为。他们发挥了人类学功能，向一种文化中的人展示生活在另外一种文化中是什么样。他们在社会系统中发现复杂性，将简单和日常生活装点在复杂的框架之中，他们的目标是发现日常活动的无意识的、潜在的、偶然的后果，从而将那些后果昭告天下。这个观念——它拓展了涂尔干的假设，即我们无可逃避地生活在社会逻辑之中（Durkheim，1915/1965）——暗示我们需要继续为行为寻找其隐藏的理由。

考虑到过去对现在的明显影响，社会学家还研究制度稳定和变化的长期模式。

通过每一个焦点，社会学探索的主导功能一直是提供一个宽泛的研究背景，目标是人和人、人和他们所在的组织与制度、人和他们生活于其中的结构之间的互动。虽然社会学和其他关心"集体行为和人们如何与他人合作的问题"（Becker，1986：11）的社会科学有相似之处，但是社会学探索直接将其分析目标置于个人网络之中，主要关注复杂背景中的互动模式。

新闻社会学

有了这些前提，社会学探索在全世界都成为与新闻研究相关的学科。社会学暗示新闻工作者是现代性的代理人，从而在新闻研究中找到了途径，这与它对人的强调，对新闻工作者自我集结成为组织和制度背景的模式，以及他们所工作的环境结构、功能和效果的关注是一致的。尽管美国、英国、德国、拉丁美洲和其他地方的新闻在形式上大相径庭，但是所有新闻的社会学探索都同样强调新闻工作者之所以成为新闻工作者的系统行为、实践和互动。大量学术研究都质疑新闻工作者作为专业人士的身份（例如，Henningham，1985；Zelizer，1993a）到了如此程度，以至于伊莱休·卡茨（Katz，1989）建议用新闻工作者是科学家这个观点来代替新闻工作者是专业人士这个观点。然而，根据上述观点，新闻工作者被视为社会学的存在，他们按照模式化的方法系统地工作，从而在整体上对新闻集体的地位和形态产生了影响。

在美国，新闻的社会学探索诞生在一个格外丰茂的历史环境之中，通过举例或者比较，帮助形塑了全世界各地的学术。它的源头有两个：一是20世纪20年代以芝加哥大学的罗伯特·帕克为首的对新闻的浓厚兴趣；二是20世纪30年代社会科学作为首选学术探索模式的广泛建立和随后十年间传播学院在美国的相继出现。在后一种环境中，新闻与传播学院的最终合作往往沿着社会学研究的边界固化，显示将新闻作为一种现象进行思考是富有创意的方法。因此，作为社会科学研究的焦点，新闻的发展在很大程度上与社会学在学术界的上升联系在一起。

新闻的早期社会学研究首先朝着社会科学和人文探索相结合的方向迈进。

芝加哥学派的罗伯特·帕克和其他人将新闻作为人文社会科学的研究对象，在这个领域产生了深远影响。帕克本人早年做过记者，这段经历促使他将新闻置于社会学探索的领域进行研究，从而把新闻放在了许多美国社会学家的分析版图中。但是，在美国，主要属于社会学范式殖民地的新闻学在20世纪40年代到50年代形成了另外一种形式，即将新闻作为一种政治现象进行研究，而这种现象往往与选举过程相联系。尽管自从一战以来，人们普遍相信媒体影响的皮下注射模式这个观点，即媒体和新闻业以强烈而直接的方式无远弗届地影响着公众，但是二战之后的岁月中，学者们的研究冲淡了这个观念。威尔伯·施拉姆（Schramm，1949，1954，1959）虽然并不曾受到社会学训练，但是他做了大量工作，通过传播过程这个透镜的塑造，确立了新闻是一个系统行为的观点。保罗·拉扎斯菲尔德、约瑟夫·卡拉珀（Joseph Klapper）、查尔斯·赖特（Charles Wright）等人在战后都立刻参与了用行政科层制将新闻置于更大的世界的研究，他们在哥伦比亚大学的应用社会研究局（Bureau of Applied Social Research at Colombia University）详细绘制了新闻和公众之间的交叉区域。卡拉珀（Klapper，1949/1960）指出，新闻和媒体的效果很小，媒体暴露产生的最明确的效果是对既有观点的强化。赖特（Wright，1959）从功能主义视角提出了一个系统模板，用于思考媒体和新闻的广泛效果。拉扎斯菲尔德等在《人民的选择》（*The People's Choice*）中确认，在选举活动中新闻对于政治态度的影响经由意见领袖形成的两级传播流产生（Lazarsfeld，Berelson，and Gaudet，1944）。这个观点在伊莱休·卡茨和保罗·拉扎斯菲尔德的《个人影响》（*Personal Influence*）中得到了进一步阐发（Lazarsfeld，Berelson，and Katz，1960）。他们提出，新闻在形成公众态度方面发挥的作用并不像皮下注射模式所说的那么强大。保罗·拉扎斯菲尔德和罗伯特·默顿（Lazarsfeld and Merton，1948）列出了媒体（包括新闻）对公众产生的一系列效果，包括麻醉其面对的公众。虽然这些研究对将新闻置于更大的背景中起到了重要作用，但是却没有一个聚焦于新闻的内部工作。相反，它们将新闻视为一种对公众产生影响的媒介产品，与后来的学术分析相比，它们的分析对新闻本身的关注并不多。

这些工作引进了一个学术研究模式，从而提出了对社会学探索议程的质疑。美国的学术模式——被拉扎斯菲尔德打上了"行政化"标签（Lazarsfeld，1941）——通常意味着经验研究，服务于政府和大众传媒制度（Rogers，1997）。在接下来的数十年中，社会学研究的这种行政模式被指对窄化探索对象、理解媒体和新闻所跻身的更大世界负有责任。托德·吉特林（Todd Gitlin）在一篇重要的评论文章中对哥伦比亚大学应用社会研究局确定的研究议程提出了批评，指出拉扎斯菲尔德和他的同事寻找的是"媒体内容产生的明确的、可测量的、短期的、个人的、态度的、行为的'效果'，结论是媒体在形成舆论方面并不是太重要"（Gitlin，1978：207），从而将学术关注从媒体的持续权力引开，把资本主义所有制结构、控制和功能整合并合法化，而这些才是学者应当分析的。尽管这些问题并不仅仅和新闻有关，但是无论如何，它们明显地影响了人们对新闻在这个世界上的地位的理解。在全世界，社会学探索的发展与被称为"批判性的"研究相伴而生。更多的欧洲人追随发端于法兰克福学派的社会研究所（Institute for Social Research）和诸如马克斯·霍克海默（Max Horkheimer）、西奥多·阿多诺（Theodor Adorno）这些德国批判学者的工作，这种研究认为学术工作必须批评那些在美国正在从事十分流行的行政研究的制度。尽管到 20 世纪 30 年代这些学者中有很多都已经在美国了，而且 1944 年利奥·洛文塔尔（Leo Lowenthal）发表了一篇文章批评美国杂志新闻业中的名人崇拜，但是他们的影响在其他地方更为强烈，学者们决定追随哪种方法，往往与当时能够投稿的学术期刊种类和出版物寻找的文章类型有关。

新闻的社会学研究路径在英国的发展比在美国更为谨慎。尽管社会学在英国进入学术界的时间比在美国晚，直到 20 世纪 50 年代才在英国大学里成立了几个社会学系（Tumber，2000：1），但却是最早注意到新闻业能够提供什么东西的学术背景之一。这种路径的研究兴趣在于新闻帮助个人社会化，通过制度来维护特定的规范、价值观和信仰，因此，英国社会学家毫不费力地将新闻和教育、法律系统、家庭和宗教制度背景放在一起。虽然占主导地位的结构功能主义范式一直是社会学探索的研究路径，但是随着时间推移，对它的依赖已经放松，特别是当英国的社会学家实验了新的分析背景和替代性的方法路径后。20世纪60年代和70年代，社会学在全英国成为社会科学的化身，随之而来的是将新闻作为检验社会学问题的迅速增加的兴趣。

杰里米·滕斯托尔是这一路径的领袖，他对英国新闻工作者的研究成果长达一本书——《工作中的新闻工作者》（*Journalists At Work*），为新闻的社会学研究视角开辟了道路（Tunstall，1971）。一位学者这样评论："杰里米·滕斯托尔的丰硕成果大部分与新闻工作者的表现有关。"（Stephenson，2000：84）包括迈克尔·特雷西（Michael Tracey）和菲利普·施莱辛格（Philip Schlesinger）在内的其他学者追随着滕斯托尔的脚步开始用社会学框架阐释英国的电视新闻编辑室（Tracey，1977；Schlesinger，1978）。史蒂夫·奇布纳尔（Steve Chibnall）详细描述了警察和警事记者之间的关系（Chibnall，1977），彼得·戈尔丁（Peter Golding）和菲利普·埃利奥特（Philip Elliott）对瑞典、爱尔兰和尼日利亚的广电组织新闻编辑室进行了比较研究（Golding and Elliott，1979）。

这里的关键之处是新闻从业者和学界对于正在开展的讨论即新闻是专业还是技艺有不同的看法（Splichal and Sparks，1994；Bromley，1997，in press）。尽管后来英国的研究偏离了一位学者所称的"经验社会学的英国风格"，走向了以文化研究观照新闻探索的道路（Bromley，1997，in press），但是无论如何，社会学的早期研究促进了新闻学术研究的持续进行。

社会学在其他地方留下了不同的印记。在法国，加布里埃尔·塔尔德和罗兰·巴特的作品以及结构主义的影响将社会学探索转向人文学科，就像埃德加·莫兰（Edgar Morin）敦促法国学者在新闻研究中发展他称之为"当前的社会学"的方法（Mattelart and Mattelart，1992：22）。在德国，社会学对新闻的兴趣在世纪之交已经非常明显——当时斐迪南·滕尼斯、卡尔·克尼斯、卡尔·布歇、阿尔伯特·萨洛蒙、埃米尔·洛布尔都提到了新闻在形成公众情感中的作用（Hardt，1975；Lang，1996）——但是清晰表述此观点的人是马克斯·韦伯，1924年他在德国社会学协会发表演讲，呼吁对不同国家的新闻实践、新闻专业和新闻工作者的职业前景进行多方位的研究（转引自 Lang，1996：13-14）。20 世纪 60 年代，在拉丁美洲、斯堪的纳维亚、亚洲和中东，新闻被社会学探索占主流的传播学院收编（Marques de Melo，1988；Chaffee et al.，1990；Rogers，1997）。在每个地方，社会学探索都提供了引人入胜的方法，并往往在传播学的题目下形成新闻学研究。同样，在每个地方，新闻学研究向社会学倾斜的趋势都多多少少遭到了新闻工作者和新闻教育者的抵制，他们认为这种理论冲动影响了对新闻工作者的持续训练。

以新闻为对象的社会学研究的分量促使学者们努力将这些材料转化为连贯的组织架构。例如，舒德森（Schudson，1991）指出这种研究中的三个主要趋势——主流社会学研究、对新闻信息的政治经济研究，以及对新闻信息的文化研究路径。不过，舒德森指出的第一个趋势——主流社会学研究——才是构成这种研究的主体，它在大部分情况下被视为社会学探索，主要关注社会组织和职业社会学。盖伊·塔奇曼（Gaye Tuchman）回顾了舒德森的类型学，指出这三种类型的研究比最初被提出时更具有互补性（Tuchman，2002）。在英国，霍华德·塔姆伯（Howard Tumber）根据新闻生产过程的节点——生产、经济、消息来源和意识形态——对新闻信息的社会学研究进行了分类（Tumber，1999）。希格·哈佛德（Sig Hjarvard）开发了一个四单元格（four-cell grid）来思考新闻研究，即聚焦于选择或建构活动的研究和作为宏观层面或微观层面的分析而形成的研究（Hjarvard，2002）。在每种研究中，社会学都提供了一个有价值的方法来追踪新闻工作者在职业、组织、专业社群和制度环境中的同时存在，揭示了与他人的互动是如何限制和为他们赋权的。

一个根据时间进行的分类比现有的分类更具针对性，它揭示了在以新闻为对象的社会学探索中三次主要的时间浪潮。其中每一次浪潮都极大地拓宽了新闻学和新闻实践的研究背景，同时还坚定不移地保持着社会学探索的原则。

早期社会学探索：新闻工作者作为社会学的存在

新闻的早期社会学探索将新闻视为一系列互动和模式化行为，从而提供了一个逐渐拓宽的框架。学界之外的发展促使人们更深入地了解新闻工作,例如在英国两次召集皇家新闻委员会,一次在1947年,一次在1962年,最后组建和形成了新闻委员会和正式的新闻工作者训练系统(Bromley,1997;Bromley and O'Malley,1997)。这种早期研究迫使学者将新闻工作者视为环境的一部分,在这个环境中栖居着其他人、资源、议程、压力和利益。它始于对新闻工作中有限的、可识别的实践的思考,然后逐渐扩大到研究新闻工作者互动的大环境。

把关、社会控制和选择过程

早期的新闻研究聚焦于各自为政的新闻实践,其分析局限在能够被轻易检视的领域。美国二战期间和战后开展的把关研究就是第一批应用于新闻研究的学术领域之一。库尔特·勒温(Kurt Lewin)的社会心理学研究检视了人们是如何做出决定的(Lewin,1947),这些把关研究就追随着他的工作,将"关卡"视为人们允许或者拒绝某些信息进入特定系统的代码。第一个将把关观点应用于新闻业和新闻生产常规的人是大卫·曼宁·怀特(David Manning White),他设计了一项研究以了解通讯社编辑选择报道的过程,结果发现每有一则报道被认定具有新闻价值而入选,就有八则报道被拒绝(White,1950)。他总结道,新闻选择基于主观意志,这位编辑扮演了"把关先生"(Mr. Gates)的角色,主观地决定哪些信息可以成为新闻报道。

根据这种主要是社会心理学的解释,"把关人"成为新闻学术中家喻户晓的术语。尽管怀特本人并非心理学家,但是他的分析打开了以社会学分析新闻的大门。把关人逐渐被认为有能力屏蔽、增加和改变信息,当他们被确定为一系列决定着受众接收到什么信息的个人或者团体时,新闻实践的观念就得到了拓展。因此,把关研究打开了一扇门,人们借以思考一则新闻报道进入新闻制作的渠道后会发生什么。但是,这项研究确实还留下了一个可能性,即"把关先生"仅仅拥有一种对生活的怪异看法,其他研究者还将它与新闻环境本身联系在一起,也就是说,将这项研究社会学化。

这样的发展不久就崭露头角,社会学分析术语有助于重新定义最初被怀特指认为主观选择的过程。在接下来的岁月里,怀特的发现被重新解读,这些解读方式反映了新闻学探索对社会学框架术语的依赖逐渐增加。"主观选择"被重新定义为集体思考过程的证据,新闻工作者借此做出选择。沃尔特·吉伯(Walter Gieber;基于他早期的工作,见 Gieber,1956)使用诸如"任务导向""劳资关系"和"人际关系"这样的社会学术语,为社会控制研究的早期形式提供了证据(Gieber,1964),他发现后来的电讯编辑在评估新闻信息时运用的集体思考和"把关先生"的方法基本一致。把关人存在于新闻生产的整个链条中(McNelly,1959);"把关先生"本身被一再检视,并被发现没有改变(Snider,1967);把关研究还发现它在不同性别中表现稳定(Bleske,1991),在报纸的应用中形成了模式(Whitney and Becker,1982),在地方新闻环境中更具团体倾向(Berkowitz,1990),是更宽广的新闻实践模式的可行基础(Janowitz,1975)。在后面提到的这个研究中,莫里斯·贾诺维茨(Morris Janowitz)声称,把关行为受到专业新闻观念的限制,包括技术知识的发展、专业责任、中立、客观和平衡观念。帕梅拉·休梅克(Pamela Shoemaker)详细阐述了新闻制作中的多重把关人角色,指出这种观念可能已经得到了"充分研究",但是"常说常新"(Shoemaker,1991:4)。最终,把关研究开始把广义上的"知识控制"或"新闻控制"观点纳入自己的范畴。把关概念上的这些变化在更为广阔的意义上催生了对把关研究效果——把关控制在传播过程中如何就位、其后果是什么——的兴趣。但是,同样重要的是把关研究作为思考新闻作品的一种方式所产生的回响。因此,在思考网络新闻时,把关概念再次被引用就不足为奇了(Singer,1998)。

沃伦·布雷德(Warren Breed)的经典研究《新闻编辑室中的社会控制》(Social Control in the Newsroom,1955)使得新闻探索明显地更加倾向于社会学。布雷德是一位训练有素的社会学家,他的博士论文以新闻编辑室为研究对象,将社会学研究中使用频率最高的概念——社会控制——应用到新闻之中。"社会控制"这个术语意指一个社会运用多种方式努力将其抗命不遵的成员拉到共识行为的轨道之上,在承认没有"社会控制"就不可能存在社会的基础上,他开始专门研究在所谓的民主环境中如何实施社会控制模式。布雷德发现，虽然在理想的状态下，报纸本来应当是一个"民主政体"，但实际上发行人会制定政策，而记者会遵守政策。布雷德的结论是，新闻工作者的行为动机多多少少是为了追求无冲突的环境和形成参照群体的需要。

布雷德的论文帮助确立了这样的认知：新闻业的标准大多是不成文的，但是在形成广泛行为的过程中，新闻工作者会自愿遵守。这篇论文利用社会组织和职业社会学的文献、依靠参与式观察的方法引发了人们对新闻工作生产程序的关注，从而废除了所有的既有假设，即新闻制作是基于编辑个人的喜好。作为经典的功能分析，这项研究既有长处，也有弱点。它认为，报纸通过社会控制，既维持自己的顺利运转，也维护社会中的既有权力关系。这暗示着新闻工作者的回报和动机来自同事而非读者，同时也将新闻工作者刻画成仅仅根据规范行为开展工作的人，他们生存在一个只有其他新闻工作者的世界。因而，新闻工作者与受众——一个更广泛的外部世界或者历史——没有关联。尽管如此，布雷德的论文还是为审视新闻业的权威和权力提供了语境，引导新闻研究从反映现实的经验主义观念转向产生现实的更为批判的观念。

约翰·加尔通（Johannes Galtung）和玛丽·鲁格（Marie Ruge）的研究推进了对新闻选择过程的普遍理解（Galtung and Ruge，1965），这或许是最具说服力的单项研究。他们对把关行为和选择的研究显示，就理解新闻实践和新闻生产而言，一个看似十分简单而有局限的框架实则是"根据一些新闻价值或标准而实施的一系列选择过程，它们影响了对新闻事件的理解"（McQuail and Windahl，1982：105），直到今天，它都是非常有影响的新闻生产研究之一。在不断推进的研究过程中，有些领域滞后了，例如选择和拒绝的标准，而这项研究精确地处理了这个问题。此外，它不仅勾勒出所谓"自然的"新闻，还勾勒了被视为"文化的"新闻。

加尔通和鲁格提出，"新闻价值"观念实际上是由11条标准组成的一套复杂装置[1]，而且一个事件符合的标准越多，得到报道的可能性就越大。每个因素的存在都基于三个假设：附加假设，即一个事件容纳的因素越多，成为新闻并保持热度的机会就越大；互补假设，即一个事件的某个因素低，可由其他较高的因素补偿；排除因素，即一个事件的所有因素都低，那就不会成为新闻。尽管有人认为这个理论过于强调心理、过于依赖个人主观选择、不稳定，而且没有讨论造假的问题（例如，Rosengren，1974），但是加尔通和鲁格强调了这个选择过程的模式化和可预测属性，并提出了新闻制作的建构视角，将选择的观点引入新闻工作。

随着时间推移，由加尔通和鲁格的论文衍生出来的研究为他们最初的发现提供了支持。在英国，詹姆斯·哈洛伦（James Halloran）、菲利普·埃利奥特和格雷厄姆·默多克（Graham Murdock）将此假设应用到示威报道研究中，显示媒体是如何仅仅通过修剪照片以强调暴力行为的方式将一场英国人反对美国进驻越南的和平示威建构成一场暴力抗议的（Halloran, Elliot, and Murdock，1970）。苏菲亚·彼得森（Sophia Peterson）在不同的国家采访了支持这些标准的记者（Peterson，1979，1981），而在德国开展的同类研究得到的结果也各不相同（Schulz，1976，1982；Wilke，1984a，1984b；Wilke and Rosenberger，1994）。直到 2001 年，托尼·哈库普（Tony Harcup）和黛德丽·奥尼尔（Diedre O'Neill）发现加尔通和鲁格最初提出的假设仍然是中肯的。他们还注意到，这项工作需要保持进一步探索的空间，而不是被视为适用于所有时空的封闭的新闻价值系统。

这些早期研究帮助建立了一个入门领域，在此基础上得以开展对新闻的社会学探索。这种学术研究确立了把关、社会控制和选择过程这些观念，对理解新闻生产有重大意义，指出个体新闻工作者的思维倾向之外的一系列影响，对于构建和描述更为复杂的新闻工作环境是极具价值的基础材料。主要发源于美国并在此发展的文献具有高度的适应性，并轻易地穿越了地理疆界，给它栖身的社会学主张罩上了全球性的光环。

职业研究：价值观、伦理、角色和人口特征

从早期社会学探索开始，学者们就关注新闻工作者的职业环境，描述新闻工作者如何通过价值观、伦理、角色、行为和社会模式来打造自己的身份。广泛的研究奠定了这样的观念：首先是西方新闻工作者，主要以美国的专业主义模式为基础，围绕着诸如责任、准确、公正、平衡、客观和真诚这样的价值观确立了行为准则（例如，McLeod and Hawley，1964；Johnstone, Slawski, and Bowman，1972）。尽管大部分文献都以美国新闻工作者为研究对象（Roshco，1975；Levy，1981），但是关于新闻价值的讨论却始终吸引着全世界学者关注的目光，因为人们期望新闻工作者能适应新的语境、技术和挑战。即便此处详细描述的视角在世界各地表现不一，但是这种研究是一致的（例如，Ruotolo，1987）。除了对价值观的考察之外，还出现了大量关于新闻工作者职业环境的文献，特别是在英国。杰里米·滕斯托尔几乎单枪匹马地发展了关于新闻工作者职业生活的文献，他考察了各种专业新闻工作者——政治记者、地方新闻工作者、报纸编辑、发行经理——的职业进入和保持模式，显示无论什么专业都共享着职业和专业生活特性（Tunstall，1970，1971，1977）。安东尼·史密斯（Anthony Smith）追踪了英国新闻工作者的价值观随着时间推移而发生的变化（Smith，1978），而其他人的工作（Elliott，1972，1980；Kumar，1977；Golding and Elliott，1979）进一步发现了新闻工作者职业环境的细微差别。

同样存在于哲学和社会学中的伦理和伦理准则研究尽管不稳定，但却无时不在。在美国，这一研究盛行于20世纪30年代之前（Crawford，1924）、20世纪60年之后（Gerald，1963；Christians, Fackler, Rotzoll, and McKee，1983；Starck，2001），它的不稳定是由于实证主义在新闻实践讨论中的兴起一度将伦理关心推向学术注意力的背景（Christians，2000）。以讨论诸如信任、责任、诚实和可问责性这样的价值观为基础，主要在美国语境中开展的这类研究调查编辑和发行人对伦理困境的反应（Meyer，1983，1987），讨论新闻工作中包含的伦理价值观（Merrill，1974；Goldstein，1985），或者探讨新闻伦理实践和教学（Elliott，1986；Klaidman and Beauchamp，1987）。葛拉瑟和艾特玛用邪恶和美德的伦理准则确立了新闻工作者是道德秩序守护者的观点（Glasser and Ettema，1998）。在美国之外，卡尔·诺登斯特朗（Kaarle Nordenstreng）和席福泽·托帕兹（Hifzi Topuz）为联合国教科文组织开展了一项研究，对北美、欧洲、中东、非洲、拉丁美洲和亚洲的新闻伦理进行了调查，他们的研究收集了 10 个不同的伦理规约（Nordenstreng and Topuz, 1989）。约翰·赫斯特（John Hurst）和萨利·怀特（Sally White）考察了澳大利亚的新闻伦理（Hurst and White, 1994），安德鲁·贝尔西（Andrew Belsey）和鲁斯·查德威克（Ruth Chadwick）则研究了英国的语境（Belsey and Chadwick, 1992）。克利福德·克里斯琴斯（Clifford Christians）和迈克尔·特拉伯（Michael Traber）思考他们所谓"全球价值观"在世界不同地区的跨国应用，认为无论国别，行为的伦理准则都是以模式化的方式建立的（Christians and Traber, 1997）。

新闻研究者对新闻社区的人口特征具有持久的兴趣。特别是在美国，大规模的调查和总体的概述从各种视角追踪了新闻工作者的身份以及他们是如何进入并停留在工作场所的（例如，Lichter, Rothman, and Lichter, 1986; Becker et al., 1987）。20 世纪 70 年代中期开展的一项特别全面的调查（Johnstone et al., 1976）在随后的这些年不断被重复（Weaver and Wilhoit, 1986, 1996）。对人口特征的兴趣在不同的地理环境中均风行不绝。大卫·韦弗和 G. 克利夫兰·威尔霍伊特对美国新闻工作者的研究在 21 个国家和地区被复制，生产出一幅"全球新闻工作者"画像（Weaver, 1998）；2003 年，拉尔斯·维尔纳特（Lars Willnat）和大卫·韦弗进一步将这一调查应用到驻美的外国记者身上（Willnat and Weaver, 2003）。斯普理查和斯帕克斯（Splichal and Sparks, 1994）在欧洲、非洲、亚洲、北美、中美和南美对新闻专业学生和他们的职业轨迹进行了追踪。安东尼·德拉诺（Anthony Delano）和约翰·亨宁汉姆（John Henningham）在英国为伦敦印刷学院（London College of Printing）开展了一项全行业研究（Delano and Henningham, 1995）。亨宁汉姆（Henningham, 1993）描绘了夏威夷新闻工作者的多文化背景对他们生产新闻信息的影响。

与此相关的研究是对新闻工作者角色的认知（Cohen, 1963; Janowitz, 1975; Roshco, 1975）。其中出现了多元角色和角色认知，正如沃尔夫冈·唐斯巴赫（Wolfgang Donsbach）的研究所指出的，不同国家的记者对于哪些角色最为重要的认知是不同的，德国记者认为自己承担了民主体制中活跃参与者的任务，而英国记者和他们的美国、加拿大同行并不这样认为（Donsbach，1983）。关于新闻工作者专业化的大量文献不约而同地将专业主义编撰成新闻实践的升华——伴随着对诸如客观、公正、无偏见、准确和平衡等特定价值观的承诺——并将它确立为一种控制行为、授予地位和威望的方法（例如，Windahl and Rosengren，1978；Ettema and Whitney，1987；Soloski，1989）。用菲利普·埃利奥特的话说，"专业主义就是日常任务中表现出的技巧和能力被升华成为职业理想"（Elliott，1972：17）。当新闻工作者对专业化的兴趣也很浓厚的时候，讨论专业主义的社会学作品达到了高潮。所以，它在20世纪60年代达到了巅峰，但是在此后30年中萎缩了（Tunstall，1996）。尽管如此，直到2000年，休·斯蒂芬森（Hugh Stephenson）的研究还是探寻了英国新闻工作者的专业惯例，即使关于新闻的最佳描述是一个专业还是一门技艺这个令人不快的问题不仅仅徘徊在早期的职业研究中，而且还反映在当代的新闻讨论中（例如，Henningham，1985，1990；Bromley，1997）。这个问题的持续存在表明，在某种层面上，技艺和专业之间的早期区分并没有恰如其分地反映新闻实践的整体状况，相反，却成功地将视图切掉一部分。同时接受技艺和专业这两种观念是不可能的，这表明这种二分法实际上是多么有限。

这种探寻新闻工作者职业环境的学术和早期对新闻实践的松散研究相结合之后，一个日益复杂的框架便成形了，在此基础上人们得以想象新闻的制作。从这些文献中引出了诸如价值观、角色和伦理这样的前沿问题，人们越来越认识到，新闻工作者和其他人共同打造行为准则，而这些准则反过来又构成了新闻工作者制作新闻的方法。

规范、仪式和有目的的行为

随着新闻工作者的职业环境变得越来越复杂，如何定义新闻行为就成为试图描述新闻工作者如何工作的社会学导向学者的焦点。关于规范行为的学术是此类研究中的主流，它引入了早期对新闻实践、角色、价值观和伦理的研究成果，确定了新闻的模式化和集体属性是将其作为一种社会学现象来理解的核心。

标准化的新闻规约被视为集体规范行为的核心方式，许多讨论都源自美国的环境，尤其是围绕着美国新闻工作者专业化的问题。尽管伯纳德·罗斯科（Bernard Roshco）早先争辩说新闻价值观并不是绝对的（Roshco，1975），而且琳达·斯坦纳（Linda Steiner）也指出，职业手册和教科书往往都基于一种对"理想的"新闻工作者的暗示（Steiner，1992，1994），但是直到 2000 年，美国的新闻学教科书仍然在它们对新闻规范的讨论中使用了一个共同的专业视角（Brennen，2000）。这些规范主要来自西方（如果不是美国），其他国家的新闻工作者对于客观、准确、平衡和公正的追随并不相同（例如，Hallin and Mancini，1984），但是它们在新闻学者中却引起了相当的共鸣。与此有关的是一大批关于新闻工作者的消息来源的文献（例如，Sigal，1973，1986；Tiffen，1990；Schlesinger and Tumber，1995），它们发现消息来源和记者之间是一种共生的关系，形成了一种用信息交换公众关注的交换模式。虽然这种文献既来源于社会学，也来源于政治学，但是本书将其放在政治学那一章中进行讨论。

这些早期研究并不是都热心于新闻工作者的工作规范和职业道德。两位英国社会学家——斯坦利·科恩（Stanley Cohen）和乔克·杨（Jock Young）的研究超前于时代。他们合著的一本名为《新闻制造》（*The Manufacture of News*）的著作，对围绕着偏常行为报道及其公众影响的新闻规范、图片、实践和冲突进行了全面探寻（Cohen and Young，1973）。为了寻求对新闻工作者意识形态定位的认同，该书的结尾部分被称为"自己动手做媒介社会学"。其他做出类似成果的学者包括詹姆斯·科伦、迈克尔·古雷维奇（Michael Gurevitch），以及珍妮特·伍拉科特（Janet Woollacott）（Cohen，1972；Curran，Gurevitch，and Woollacott，1977；Curran and Gurevitch，1991），他们都从不同的视角观察新闻工作者的行为规约，而这些视角对他们采取特定的行为方式提出了复杂的解释。某些类型的新闻中正在酝酿的职业实践也得到了追踪，例如战争和恐怖主义报道（Schlesinger，Murdock，and Elliott，1983；Morrison and Tumber，1988）、调查性报道（Glasser and Ettema，

1989b，1998；Protess，Cook，Gordon，and Ettema，1991）、犯罪报道（Chibnall，1977）、社会福利报道（Golding and Middleton，1982）和驻外记者的工作（Batscha，1975；Pedelty，1995）。人们认为每一个研究都援用了与客观或者公正规约不那么相关的战略目标。

到20世纪60年代末，新闻行为的规范性解释不再是解释新闻实践的唯一方法。一个主要发源于英国的学术领域，追随着埃米尔·涂尔干（Durkheim，1915/1965）、罗伯特·博科克（Robert Bocock）（Bocock，1974）、维克多·特纳（Victor Turner）（Turner，1974）、史蒂文·卢克斯（Steven Lukes）（Lukes，1975）和其他社会人类学家的工作，开展了关于新闻工作者从事的仪式和惯例活动的研究（例如，Chaney，1972）。随着时间推移，这个研究方向变得越来越有吸引力，最终扩散到美国学者中（例如，Carey，1989a；Ettema，1990；Lule，1995），不过它的初次亮相得到关注是因为它在工业社会中对工人仪式和惯例的非同寻常的应用。正如菲利普·埃利奥特（Elliott，1980：141-142）当时指出的，虽然仪式作为一种概念似乎"没什么分析价值"，而且暗示了一种似乎是集体的社会观点，但是在一个"怀疑（如果不是世俗）的时代"，它的持久性表明，它在行使权力的过程中发挥着核心作用。在这个意义上，基于社会秩序的新闻报道展示一个民族-国家在威胁之下的稳定、战胜威胁或者通过共识工作，从而证明了最高秩序的政治仪式的制定。科恩和杨（Cohen and Young，1973）对偏常行为报道的考察也发现了类似情况。

另外一个美国主流社会学研究方向开始通过社会建构视角观察集体行为。这些学者主要受到社会学中符号互动主义和社会建构主义的影响，假定新闻工作者作为社会建构的代理人，参与了意义制造，而不是巩固影响。这个议程变成寻找新闻业制造此现实而非彼现实的原因。

这个研究方向有两个重要的成果，分别来自盖伊·塔奇曼，以及哈维·莫洛奇（Harvey Molotch）和玛丽莲·莱斯特（Marilyn Lester）。在一篇开拓性的论文《作为战略仪式的客观性：考察新闻人的客观性观念》（Objectivity as Strategic Ritual：An Examination of Newsmen's Notions of Objectivity）

中，塔奇曼（Tuchman，1972）提出，新闻工作者致力于客观性是出于战略原因，由此给学者指出了批评准则的方向。塔奇曼认为，客观性发挥的作用主要是帮助新闻工作者规避其行为后果，从而将长期以来受到崇敬的客观性转变成仅仅是为了达成战略目的而采取的一种手段。作为针对社会科学价值无涉的迷信发起的一场广泛的社会学准革命的一部分，塔奇曼的工作是一个试金石，推动学者们进一步批判性地思考新闻工作者的价值观和准则。

莫洛奇和莱斯特的《作为目标行为的新闻》（News as Purposive Behavior，1974）也是核心研究。他们在研究中引入了舒德森所称的"新闻工作的社会学组织"（Schudson，1991）概念，声称所有的新闻生产都是目标行为的结果。新闻工作者根据新闻报道的类型来工作，组织新闻事件的报道，并往往按照新闻报道适合的类型来组织报道方式。此处的核心是新闻是被建构的事实，由一些潜在的社会权力观念形塑；新闻生产过程被视为一种叙述过程，由那些媒体使用者的需要决定，并利用了推广、组合和消费的互补行为。新闻业被认为不仅反映了一个"外在"世界，而且反映了那些有权力决定他人体验者的实践。然而，莫洛奇和莱斯特的研究将大部分新闻工作者的"现实断言"都复杂化，并将新闻工作者和其他类型的工人置于同一层面，且其过于严格的解释方案没有解决基本的问题，即新闻业的一切是否如他们的研究所指出的那样具有目的性。

效果研究

社会学对新闻的兴趣产生了一个长期后果，即出现了很多从公众效果角度看待新闻实践的研究。这些研究主要源自美国，建立在早期的环境基础之上，当时新闻逐渐被视为社会学探索的合法领域。这些兴趣领域尽管与其说成为对新闻本身的探索，不如说成为大众传播课程表的鲜明特征，但还是在一定程度上通过对新闻的社会学研究逐渐成形了。新闻效果研究来自多个探索领域——稍举几例，赫伯特·布鲁默（Herbert Blumer）和佩恩基金会（Payne Fund）的电影研究、保罗·拉扎斯菲尔德早期对大众传播效果的兴趣、拉扎斯菲尔德和斯坦顿（Stanton）的受众研究、拉扎斯菲尔德和罗伯特·

默顿（Robert Merton）在哥伦比亚的共同工作，以及列奥·博加特（Leo Bogart）对报纸工业的研究。由于这些早期的研究加上其他研究，在接下来的岁月中，大量效果的产生被归因于新闻。

尽管被称为"媒体效果"而非"新闻效果"，但是关于新闻的研究追随着更广泛的学术反转——测量什么类型的效果：小或大、有限或强烈、短期或长期、直接或间接、有意或无意、潜在或明显。无论其学术联系与社会学是否有关，学者们考察新闻之后都认为它扮演着多种社会角色。

库尔特·兰（Kurt Lang）和格拉迪斯·兰（Gladys Lang）的研究具有很强的相关性，他们对麦克阿瑟日游行（MacArthur Day Parade）进行的分析显示了一个特别事件是如何被新闻媒体报道的，从而将注意力聚焦于新闻在确定集体边界中发挥的作用（Lang and Lang, 1953）。他们详细阐述了新闻的"无意识偏见"，即为电视观众提供了比现场观众看到的更为激动人心的场面，从而说明电视如何制造了一个麦克阿瑟及其政治活动广受支持的错误印象。跟随着这个研究方向，詹姆斯·哈洛伦、菲利普·埃利奥特和格雷厄姆·默多克（Halloran, Elliot, and Murdock, 1970）对伦敦的一次反越战集会进行了类似的详细分析，发现它被呈现的样貌与那些参与者的经历迥然有异。多年后，丹尼尔·戴杨（Daniel Dayan）和伊莱休·卡茨确立了一个广泛的类型学，将媒体偏见的逻辑延伸到记录不同文化背景下庆典、征服和竞赛的新闻事件的建构上（Dayan and Katz, 1992）。通过考察不同背景下的媒体事件的功能，他们拓展了关于在这种环境下媒体如何工作的观念。

同样具有相关性的研究是伊莱休·卡茨涉猎广泛的学术研究，他从自己早期和保罗·拉扎斯菲尔德共同进行的两级信息流研究出发（Katz and Lazarsfeld, 1960），扩展到思考一个由新闻形成和哺育的效果库。卡茨和杰伊·布鲁姆勒（Jay Blumler）认为新闻在使用与满足研究中发挥了作用。他们指出，新闻大致上和媒体一样，在一系列私人和公众行动中发挥了最低限度的作用（Blumler and Katz, 1974），尽管使用与满足传统在强调新闻的相关性中始终居于重要地位——正如伯纳德·贝雷尔森（Bernard Berelson）的经典研究《没有报纸意味着什么》（What Missing the Newspaper Means,

1949)所展示的那样。这项研究考察了1945年纽约市主要报纸停业罢工的影响，发现公众与报纸之间存在着深远联系——但是这个较晚的使用与满足研究为思考新闻的广泛效果搭建了舞台。这个理论还迂回地传播到了全世界，例如杰伊·布鲁姆勒、罗兰·卡罗尔（Roland Cayrol）和米歇尔·萨福伦（Michel Thoveron）对选举的调查将当时在美国盛行一时的使用与满足研究介绍到了法国（Cayrol and Thoveron，1978；Neveu，1998）。

在这些早期工作的指引下，对新闻作用于公众的兴趣自然而然地成为新闻社会学探索的一部分。其他研究展示了新闻工作者如何以"议程设置"之名确立公众议程（McCombs and Shaw，1972）、形塑学习过程（Greenberg，1964；Robinson and Levy，1986）、缩小知沟（Blumler and McQuail，1968）、构建现实（Lang and Lang，1983）、在政治环境中制造沉默的螺旋（Noelle-Neumann，1973）、培育某些现实观念（Gerbner and Gross，1976），以及凸显庆典和社区的特殊时刻（Dayan and Katz，1992）。从公众效果的角度思考新闻的余波甚至出现在一些通常与效果研究传统并不一致的文献中。例如，舒德森较近的作品——关于新闻社会学的专著讨论了他所称的"信息效果、灵韵效果和构建效果"（Schudson，2002：62）。

这种研究确立了思考新闻在现实世界中的影响和地位的路径。尽管随着时间推移，人们逐渐认为它是对更具普遍性的媒体而非新闻的探索，但是它仍然在对新闻的思考中留下了印迹。同样重要的是，这种研究进一步确立了社会学作为一种背景透镜的作用，通过它来思考新闻的陷阱。但是，它同时也受到不少社会学家的严厉批评，指责其未能充分关注到权力和控制问题（例如，Gitlin，1978；亦见Rogers，1997）。

所有这些对新闻的早期社会学研究说明了什么呢？简单地说，它为接下来的社会学探索搭建了舞台。在后来的岁月中，这些研究引入了很多引人注目的批判性成果，展示了一个更为复杂的新闻图景。这幅图景最初形成于把关研究和社会权力问题，之后由主要在英国开展的职业研究进行了详细描画。然而，与此同时，此处提供的解释性框架是有局限性的，这主要是因为人们对新闻业如何运作的阐述是（有意或无意）高度指示性和概括性的。

中期社会学探索：对新闻的组织研究

从20世纪60年代末以来，社会学驱动的探索开启了第二阶段，它将广泛的组织环境视为考察新闻工作者之间互动模式的方法（例如，Ettema and Whitney，1982；Bantz，1985）。尽管早在1937年，列奥·罗斯腾（Leo Rosten）就在《驻华盛顿记者》（*The Washington Correspondents*）一书中通过社会学透镜考察了新闻工作者的工作环境，但是此时，组织理论，特别是工作场所的民族志研究成为学者们思考新闻实践和新闻业时青睐的视角，尤其是在美国。

这些研究使新闻业更类似于其他社会环境，它们将新闻信息视为一种和其他人造商品一样的人造组织产品。一旦新闻工作者在组织环境中被社会化，个人偏好、价值观和态度就变得无足轻重。舒德森（Schudson，1991：143）认为，"在自由社会理解新闻的核心问题〔是〕新闻工作者的职业自治和决策权力。从这个视角出发尝试理解新闻工作者的工作努力受到组织和职业惯例的约束"。

此处对组织约束的强调开始替代对个人价值观、伦理、角色和规范的关注，同时社会建构及其组织功能的必然性作为大部分研究概念而被接受。

组织理论

这一方向最早的研究将社会控制作为一种方法来解释组织环境中的新闻互动（Warner，1971；Sigelman，1973）。爱德华·爱泼斯坦（Edward Epstein）的《来自乌有之乡的新闻》（*News from Nowhere*，1973）率先部分地使用了组织理论，对新闻进行了广泛的研究。爱泼斯坦的分析最初是提交给哈佛大学的政治学研讨会的论文，他提出组织和技术约束管理着新闻制作。爱泼斯坦以组织理论支撑自己的断言，争辩说大部分被我们视为新闻（news）的东西源自与新闻生产有关的组织张力。所谓的新闻规范需要通过组织惯例实现，例如，把新闻报道区分成不同的类型（诸如最新消息或延迟消息）来解决时间偏向，而对突发新闻的偏向依赖于日常事件报道（比如新闻发布会）。由此形成了关于这个世界的特定合成图景：加利福尼亚被认为是怪诞、奇异、不可预测的，主要是因为将报道迅速传递到纽约市的运输困难使得包括来自西海岸的新闻都变成不受时间影响的"持续兴趣"报道，而这在经济和技术上都是更加可行的选项。

爱泼斯坦的研究反驳了许多盛行的对新闻实践的规范性解释，其价值在于成功地将新闻工作者定位于特定环境中的工作人员（Epstein，1973，1975）。但是，与此同时，就新闻如何运作这个问题，组织理论引入的观点多少有些偏颇，它主要将新闻工作者定位于组织角色，并通过技术的特定透镜过滤新闻工作，而这些是随着时间推移迅速改变的。

其他追随着爱德华·爱泼斯坦确立的方向开展研究的有伯纳德·罗斯科（Roshco，1975）和查尔斯·班茨（Charles Bantz）（Bantz，1985），他们探寻了行为规范及专业标准通常需要以何种方式适应组织的需求。在英国，菲利普·埃利奥特（Elliott，1972；Golding and Elliot，1979）和菲利普·施莱辛格（Schlesinger，1978）考察了电视生产中的组织动机。比早期工作更进一步的是，他们的组织研究展示了社会学研究中行政驱动和批判驱动之间更广泛的差异。在美国语境中开展研究的罗斯科显然对新闻工作持有更为同情的观点，而戈尔丁和埃利奥特则对英国公共服务广播的自治受到的威胁表达了担忧：

> 我们认为，此处呈现的证据有力地支持了这个观点：广播新闻是对社会系统性的不平衡解读，是对广播工作公司中立性要求的令人不安的解读，特别是对我们关于政治和社会观点如何形成的理解。（Golding and Elliott，1979：1-2）

尽管如此，不论是在美国还是在英国的环境下，这项工作都拓展了新闻学探索的领域，显示新闻工作者如何按照组织环境施加给他们的价值观和优先任务工作。这项研究的基本逻辑在当代学术中占据了上风，并进入了更受欢迎的新闻讨论中。例如，以社会学眼光写作的新闻工作者提供了组织的视角，展示政治选举中新闻工作者如何迎合各种各样的组织压力（例如，Greenfield，1982；Rosenstiel，1993）。

新闻编辑室里的民族志研究

从20世纪70年代到80年代早期，新闻的社会学研究进入了黄金时代，特别是在美国和英国。虽然有价值的信息根据新闻工作惯例、工作价值观和组织约束继续得到汇编，但是美国的学术日益采取民族志的形式，从而提供了一种途径，将参与-观察方法拓展成探索新闻业的脚踏实地的工具。这些研究号称为新闻编辑室提供了人类学研究，并从民族志中借鉴了大量技巧和概念词汇，其目的是解决一些现实问题，试图通过新闻从业者的视角观察世界，主要探寻关于谁、如何和为什么决定何为新闻价值的决策过程。

民族志发展成为有价值的新闻研究方法并非偶然。起源于20世纪30年代美国芝加哥学派的城市民族志研究，像罗伯特·帕克、W. I. 托马斯（W. I. Thomas）和欧内斯特·伯吉斯（Ernest Burgess）这样的学者对新闻工作者开展了不同类型的研究，为民族志学者确立了简单的指南，强调民族志学者和新闻工作者之间的相同之处。罗伯特·帕克对民族志学者说，只是"写下你的所见所闻，就像报纸记者那样"（转引自 Kirk and Miller, 1986：40）。埃弗雷特·C. 休斯（Everett C. Hughes）提请人们注意一个专业在何种条件下可以被认为是在演化，将专业研究的焦点从对所有环境的假设转移到那些促使假设发生变化的条件，并显示民族志能够成为开展实证研究和思考专业生涯的有用方法（Hughes, 1958）。20世纪70年代到80年代，诸如约瑟夫·古斯菲尔德（Joseph Gusfield）、欧文·戈夫曼（Erving Goffman）和埃利奥特·弗里德森（Elliot Friedson）这样的学者和诸如詹姆斯·克利福德、乔治·马库斯（George Marcus）和克利福德·格尔茨（Clifford Geertz）这样的人类学家重新燃起的兴趣进一步强调，民族志研究为理解复杂的社会生活提供了不同的方法，从而产生了对特定群体赖以生存的法律、规则和实践的详细叙述。

这对新闻研究而言具有特别的价值。在英国，菲利普·施莱辛格

(Schlesinger，1978) 对英国新闻的制作进行了一项广泛的民族志分析，他借鉴了英国实证媒介社会学的健康传统，复兴了对新闻组织的研究。菲利普·埃利奥特 (Elliott，1972) 花了四个月的时间追踪一个英国电视纪录片制作团队，汤姆·伯恩斯 (Tom Burns) 在 BBC 进行了长期的参与观察研究 (Burns，1977)。但是，这一方向的主要成果来自美国。美国这期间发表了三个主要的新闻编辑室民族志研究成果，分别来自盖伊·塔奇曼、赫伯特·甘斯和马克·费什曼 (Mark Fishman)。他们采取了一种后来被约翰·范马嫩 (John van Maanen) 称为"现实主义故事"的形式，在成稿中近乎彻底地剔除了作者的在场，是一种纪录片风格，为研究对象——实践——提供了精细却往往不起眼的细节，并试图引出参与者的观点和一个全能的阐释工具 (van Maanen，1988：47 - 48)。

盖伊·塔奇曼的《做新闻》(*Making News*，1978a) 和一系列相关期刊论文 (Tuchman，1972，1973) 是一项长达 10 年的漫长工作的成果。[2] 她对新闻的被建构属性及其目的性行为的定位颇感兴趣，着手说明新闻惯例实际上是新闻工作者服务于战略目标所必需的技能。塔奇曼认为，新闻是建构社会世界的常规框架，她的目的是展示新闻工作者在学会适应组织和其他工作约束后所使用的建构手段。

塔奇曼的工作在重构对新闻实践的学术理解中发挥着重要作用。她不但拒绝从表面上接受公认的新闻学观点，而且提出了一种将新闻实践置于其使用环境之中的思考方法。主要的新闻实践——新闻分类、核查事实、支持客观性——被视为新闻工作者的实际竞争，例如，硬新闻或者软新闻的区别并不在于它们反映了新闻的内在属性，而在于它们使得日程安排更具预见性、更易管理。尽管塔奇曼的类目并不互斥，但是它们作为连续分类实践的定位对于制定新闻惯例仍然有所帮助。她运用类似的逻辑指出，事实核查只是用于迎合截稿期的实践行为 (Tuchman，1973，1978a)。

在塔奇曼分析的每一个案例中，新闻信息都被定义为适应组织约束的结果。她对新闻网的详细分析并将其描述为战略行为给新闻研究留下了深刻的印迹。无论是对新闻工作者及其组织的研究，还是对新闻建构的研究，这些印迹和早期工作的勾连都使塔奇曼的研究成为新闻探索中的标志性成果。学者们认为塔奇曼将战略仪式和组织惯例的概念引入新闻制作领域极具价值，在引用时最常强调的便是其战略行为概念（例如，Reese，1990；Lule，1995）。

在一项同样投入了很长时间的民族志研究中，赫伯特·甘斯的《什么在决定新闻》（*Deciding What's News*）一书则采取了多元化的视角，巩固了新闻制作的一系列核心主题——报道的组织、消息来源和新闻工作者的关系、与价值观和意识形态有关的问题、与盈利和受众有关的问题，以及政治审查（Gans，1979）。历经断断续续的 10 年研究，甘斯总结到，新闻工作者通过对现实生活的外部偏好声明来工作，他将其命名为"新闻价值观"。[3]他坚称新闻工作者没有这些价值观就无法工作，断言他们使用这些价值观决定什么是新闻、构建他所称的"准意识形态"（paraideology）——一种既保守又革新、完全接受从 20 世纪早期的美国开始的进步运动（Progressive movement）价值观的新闻世界观。

甘斯的学术研究将意识形态问题引入新闻的社会学研究，改变了社会学探索的焦点。他不仅将新闻考察调整为具有自己价值观、实践和行为标准的工作环境，而且还给其他研究者指出了价值观建立和维护的问题（Entman，1989：344）。他的成果还展现了主流媒体中的中上阶层偏见，显示新闻反映了上层或者中上层白人男性的社会秩序（Bird，1990：383）。但是，在梳理意识形态所涉及的复杂因素时，他没能走到本应当走到的那么远，他暗示了存在多元的价值观，而对于这些价值观并没有充分考虑到它们相互矛盾的社会地位。

另外一项新闻编辑室的民族志研究来自马克·费什曼，他和盖伊·塔奇曼同时就教于一所研究生院。费什曼的《制作新闻》（*Manufacturing the News*，1980）关注的很多问题与塔奇曼的《做新闻》相同，其动机来自 1976 年纽约市的犯罪潮，当时大部分记者都对是否存在这股犯罪潮表示怀疑，但是仍然继续报道。在对加利福尼亚的一份小型报纸开展了两年的民族志研究后，他发现该报将报道人员组织成不同的条线（包括犯罪在内）是一种科层制和组织需要，从而使政府消息来源合法化。新闻工作者从这些政府消息来源获得了大部分新闻，形成了一种整齐划一的方式，与新闻制作的条条框框共同协作，由此呈现了这个世界。费什曼刻画了一个科层制建构的新闻世界，在这个世界里，科层需要决定了新闻工作者如何在一个条线领域中行动、他们如何曝光新闻来源、如何决定自己的见闻和报道事件的可行时间、如何确定一个陈述是真是假、如何辨别谬误和争议。当有疑问时，新闻工作者假定事务运转顺利，而新闻之所以具有意识形态属性，是因为其生产程序使得这个世界与或明或暗的意识形态框架保持一致。这项研究将社会权力的概念拓展到新闻环境的组织结构中。费什曼还提出新闻信息中的建构主义的重要性，强调了新闻业与其他领域之间本质上复杂而混乱的关系。

最近的研究既回应又质疑了早期新闻民族志研究的进程。对抗式新闻的运作吸引了一些晚近的民族志学者（例如，Meyers，1994）。尼娜·伊利亚索菲（Nina Eliasoph）指出，晚近研究和早期民族志研究应用了同样的规则，但是目的不同（Eliasoph，1988）。最近的批评更多地指责民族志研究在学者中引起的持续反响，而不是它们在多大程度上有效地再现了其成文时的现实。西蒙·科特尔（Simon Cottle）在为其有限的普遍性辩护时哀叹道，它们在新闻研究中确立了一些正统观念，而这些正统观念已不再是当代生产实践的特征（Cottle，2000a）。他指出，当代新闻业的形成更多地取决于企业的存在、卫星和有线传输系统、新闻工作的多样特性和当代新闻业的标准化，而非新闻编辑室的民族志所描述的那些情况。他还争辩说，民族志学者通过一个随着时间流逝已不再具有说服力的狭窄镜头看待新闻工作，因而无法区分新闻工作和新闻组织的类型；未能充分关注诸如民族、种族和性别的问题；详细阐述了大部分（如果不是全部）新闻工作者已经不再买账的规范。他所提到的局限实际上是针对当代新闻研究者本身的：一直以来没有人更新这些新闻民族志以应对新闻实践中的许多变化，这一事实为它们长期以来在新闻学术中占据的中心位置提供了一个令人费解的尾声。

这些新闻编辑室民族志的发现具有多少代表性？它们相似的关注来自其结构的根本相似之处。运用相同的参与访谈法、在大致同时的20世纪70年代到 80 年代完成研究、考察的都是大都市中心的组织环境（有两例是在纽约市）。它们都利用新闻组织来考察价值观和实践的关系，都强调——无论是宏观社会学还是微观社会学——模式化行为，都全神贯注在一个分析焦点上——往往是新闻编辑室——目的是详细描述发生于其中的实践活动。这些相似之处至关重要，因为它们在表面上强化了研究的普遍性，然而，这些研究在多大程度上反映了新闻业的普遍性是一个尚未解决的问题。

同时，到目前为止，这些民族志研究肯定为思考新闻实践设置了一些过度使用的框架。或许最为明显的例子就是"新闻编辑室"作为新闻实践的隐喻长盛不衰，而这一盛行主要归因于使用新闻编辑室来替代更广泛的新闻业图景的研究。尽管对于民族志学者而言，着重将新闻编辑室作为研究背景情有可原，但是自此之后，它被推广到了远远超出新闻制作相关范围。没有几家（如果有的话）新闻组织还在它们早年所展示的"经典"新闻编辑室的相同基础上运作，而在更加多样的地点——现场、互联网或电话交流、社交聚会、发行会议——做出的决定不应当被排斥在图景之外。由于过分强调某些环境，此处倚为证据的东西逐渐变得狭隘。

方法论问题也困扰着民族志学者。新闻工作者自己界定新闻信息的类别吗？或者说这种类别仅仅是学术分析的人为现象？为什么这种类别通常是按照常规维度而不是非常规维度构建的？常规受到强调是因为研究非常规过于困难吗？尽管塔奇曼处理了其中一些问题，但是有两项研究——塔奇曼的"好一个报道"（what a story）和甘斯的"哎呀报道"（gee whiz story）——开发了剩余的类别以弥补现有分类方案中的漏洞（亦见 Berkowitz，1992），这个事实值得深思。此外，由于这些研究仅仅从新闻工作者接触到某一个事件的那一刻才思考新闻工作，因此每项研究都是有缺陷的。

但是，新闻编辑室的民族志研究确实给新闻探索的演化留下了深刻的印迹，它们巧妙地质询了关于新闻工作的许多盛行的常识性假设，指出新闻现实往往是以诸如实际工作成就的名义构建的。此外，此处提出的新闻业与其他在新闻工作中发挥作用的结构之间的联系为对意识形态进行卓有成效的思考铺平了道路。一定要记住，新闻民族志的最初目标并不是提出关于新闻制作的广泛普遍性，而是为了展现特定环境得以构建的精确规划。将民族志的学术权威过分普遍化到超出它最初的定位，结果它们绘制的具体图景代替了关于新闻业如何运作的更为普遍的阐述，这既是对这种探索演变的阐述，也是对民族志自身的阐述。或许我们尚未发现这样一种方式，它将新闻编辑室民族志构建成社会学探索新闻不可或缺然而又受限制的一部分。

晚近的社会学探索：新闻制度和意识形态

新闻民族志学者提出的框架为新闻环境和更大的社会文化背景之间的关系提供了一个不完整图景。为了弥补这种不足，某些新闻学研究者开始围绕制度和意识形态问题规划自己的工作。这些研究对媒体和新闻实践采取批评的观点，在新闻业之外找到了意识形态定位的力量，而新闻业在这种背景下与其他制度密切合作。因此，新闻工作者逐渐被认为是外在于新闻世界本身的主导意识形态秩序的代理人。

这一学术的主要特性是它显著地将新闻分析框架复杂化的能力。早期的社会学研究专注于新闻编辑室环境下的选择行为，中期的社会学研究则将新闻视为一种主要在新闻组织框架内进行的社会建构，而如今的社会学研究强调的是新闻环境、惯例、实践、文本和它们周围的组织背景之间的关系。虽然某些中期的研究（例如，Gans，1979）将社会学探索转向了这个方向，但是晚近的研究在确立新闻业和外部世界之间的持续联系方面具有至关重要的作用。

新闻制度

尽管到 20 世纪 60 年代中期对新闻制度的兴趣已经催生了一些学术成果（例如，Gerbner，1964，1969；Burns，1969），但是当社会学家意识到有必要拓宽自己思考新闻的分析领域时，对新闻组织的广泛研究基本上还处于起步阶段。准确地说，偏好批判的社会学者将制度和制度产生的问题——例如媒体所有权和控制——视为对新闻的社会学探索产生的行政研究（特别是在美国）的一种纠偏。在英国，第三个皇家新闻委员会的成立（1974—1977）不但加剧了改革的压力，而且调整了对新闻业及其制度环境之间共生关系的兴趣。

专注于制度领域的学者在政治学和经济学之间摇摆不定，试图将新闻工作者与其所处环境的广泛联系作为研究目标。尽管这种研究来自新闻探索过程中的其他学科，但是它无疑保留了社会学的特点。关于媒体所有权、广告和商业主义的学术研究（Altschull，1984；Bagdikian，1997）伴随着对政党报刊在商业驱动下衰落的思考。例如，汉诺·哈尔特（Hanno Hardt）考察了公司权力的利益代替政治独立的过程，提出了关于美国新闻业的观点（Hardt，1996）。遍布欧洲的媒体集中问题受到学者的广泛讨论（例如，Picard，1988；Sanchez-Tabernero，1993；Sparks，1996）。布莱恩·麦克奈尔（McNair，1998）最近的著作《新闻社会学》（*The Sociology of Journalism*）包括五个部分，其中两个部分集中论述了新闻业的政治和经济环境问题。

欧洲特别是拉丁美洲的研究通过社会学问题考察了新闻工作的政治维度。例如，柯林·西摩-乌尔（Colin Seymour-Ure）付出了艰苦的努力，对英国政府圈和舰队街的交叉领域进行了调查（Seymour-Ure，1974），帕蒂·斯坎内尔（Paddy Scannell）则研究了战后的英国电视（Scannell，1979）。法国媒体学家塞尔日·哈利米（Serge Halimi）讨论了"新媒体看门狗"的出现，这些新媒体看门狗是与市场心理主导的媒体协同发展起来的（Halimi，1997）。杰伊·布鲁姆勒和迈克尔·古雷维奇为英国和美国的政治记者正在经受的制度压力提供了一个全面的观点（Blumler and Gurevitch，1995）。政府和全球对信息的管理被看作严重侵犯了新闻生产结构（Curran, Gurecitch, and Woollacott，1977；Curran and Gurevitch，1991；Boyd-Barrett and Rantanen，1998；Curran，2000a）。关于新闻流动的研究促进了对更广泛的全球语境的理解，而新闻业恰是在这一语境下形成的（Varis and Jokelin，1976；Gurevitch，1991；Hjarvard，1999）。阿芒·马特拉（Armand Mattelart）系统地考察了拉丁美洲新闻业的政治动机之间的细微差别（Mattelart，1980；

Mattelart and Schmucler，1985），此后，伊丽莎白·福克斯（Elizabeth Fox）、杰西·马丁-巴勃罗（Jesus Martin-Barbero）和西尔维奥·韦斯伯德（Silvio Waisbord）也从政治动机的角度进行了类似的研究（Fox，1988；Martin-Barbero，1993；Waisbord，2000；Fox and Waisbord，2002）。东欧也开展了思路相同的研究（例如，Nordenstreng，Vartanova，and Zassoursky，2001），跨国新闻频道的出现引起了学术界的强烈关注（Volkmer，1999；Robinson，2002）。值得注意的是，这些方面的研究往往基于以下不同学科的原则进行梳理：在美国语境下，大部分研究基于政治学而非社会学（例如，Bennett，1988；Entman，1989），而英国的一些研究则更多倾向于直接归为哲学（例如，Keane，1991）。

围绕着新闻业的经济维度进行的研究出现了类似的发展。本·巴格迪基安（Ben Bagdikian）在他开拓性的作品中表明少数几家公司拥有大部分美国新闻业（Bagdikian，1997），而其他学者的作品详细阐述了对新闻管理和公司在场的理解（例如，McManus，1994）。罗伯特·皮卡德（Robert Picard）对内在于民主新闻业的经济压力提供了详细的观点（Picard，1985），罗伯特·麦克切斯尼（Robert McChesney）领导了一场关于新闻业独立于公司结构的广泛讨论（McChesney，1993，1999）。在《富媒体 穷民主》（*Rich Media，Poor Demorcracy*，1999）中，他指出，新闻业并不像人们长期以来认为的那样"给人们他们想要的"，相反，它没能完成公共服务的任务；媒体需要一场有组织的改革以复兴它自身的民主。

虽然这些工作大部分都直接来自早期对新闻编辑室和新闻组织的研究，但是它们的单一维度和高度的功能主义特点促使许多研究者寻找一个学科术语来指示一种更广泛的现象，这种现象或许有助于解释新闻业的制度环境。这个术语就是"意识形态"。

意识形态作为新闻探索的部分

虽然早期的研究中暗含着一些意识形态观念（例如，Epstein，1973；Tuchman，1978a；Gans，1979），但是意识形态分析成为探索的驱动力量主要出现在晚近的研究中。学者们通常将"意识形态"定义为阶级社会中具有意义的社会关系,例如知识和意识(例如,Thompson,1995),或者是关于现实的矛盾立场被"产生、部署、管制、制度化和抵制"的方式(O'Sullivan,Hartley,Saunders,and Fiske,1983:110)。但是长期以来,"意识形态"这个术语在应用中缺乏准确性。"意识形态"这个术语在 18 世纪晚期随着启蒙运动而逐渐得到普遍使用,它最初在德语中只是指"对观点系统的研究",但是,当卡尔·曼海姆(Karl Mannheim)考察了它的运作之后,它就逐渐变得复杂起来。19 世纪中期,卡尔·马克思和弗里德里希·恩格斯(Friedrich Engels)用它来指统治阶级对自己利益的维护。甚至到今天,在援引这个术语时,其规定性和描述性之间的紧张关系仍然是其特征。

或许雷蒙德·威廉斯第一个描述了在援引意识形态时出现的属性变化。他指出,意识形态可以被描述为一个"生产意义和观点的普遍过程",与作为信仰或作为虚假意识的意识形态形成对比(Williams,1983b)。这个概念将此术语从假想的静态思维框架推向不断发展的实践,在新闻学探索中格外有用,因为它假设意识形态是不断变化而非静止不动的,不存在自然意义,但始终是社会建构和社会导向的(例如,与诸如种族、性别和族群这样的指标相结合),而且意识形态是根据特定的属性运作的。其他关于意识形态的陈述——它的运作是靠将某些集团的利益凌驾于其他集团之上并神秘化、普遍化,将所有的历史背景自然化,推行霸权,并使得混乱看起来连贯一致——提供了特别丰富的方式来思考意识形态(LaCapra,1985)。正如多米尼克·拉卡普罗拉(Dominick LaCapra)指出的,意识形态批评的宗旨是"揭示意识形态的奥秘……以及对实践的暗示"(LaCapra,1985:140)。根据当代观点,意识形态被视为"服务于权力"(Thompson,1990:7)。

但是,正如意识形态观念让位于替代性的霸权观点(Gramsci,1971),意识形态批判提供了一个思考新闻的成功方法。"霸权"被定义为对权威的自愿服从,这个观念的引入将新闻工作者置于意识形态代理人的地位,他们保证以共识的方法达成一致,而非被迫服从(例如,Gitlin,1980)。这个将新闻业和更广泛的制度环境连接在一起的框架被证明是具有说服力的。霸权分析还提供了一些术语，从而明确了新闻业模糊不清的制度边界。

随着英国社会学者将意识形态归因于一种"社会过程的常识意识"，英国的学术引领了将意识形态和霸权结合进社会学探索新闻的方法（Glasgow University Media Group，1976：13）。权力被指称为一种定义常态和设置议程的方法。因此，新闻并没有发展成为一种对"'外部'世界事件的反映，而是成为那些用以选择和判断社会的集体文化符号的表现形式"（Glasgow University Media Group，1976：14）。

20世纪60年代末70年代初，意识形态和霸权研究的主要来源是设于伯明翰大学（University of Birmingham）的当代文化研究中心（Center for Contemporary Cultural Studies）。其中最著名的学者或许是斯图尔特·霍尔（Stuart Hall），他尝试明确新闻工作者是如何辨识和制作新闻的。霍尔不同意多元主义提出的未经检视的假设，他坚持认为，当共识观念开始瓦解，人们越来越认识到诸如"越轨""亚文化"这样的标签是一种建构时，现实本身就被视为一种定义模式，而非一套给定的事实（Hall，1982）。这一变化用一种批判研究代替了对多元模式或者行政模式的批判研究，新闻权力模式作为一种为偏颇而挑剔地描述世界的方式争取普遍有效性和合法性的行动，必然要考虑到整个意识形态环境的塑造。这意味着20世纪60年代以降，意识形态逐渐被视为赋予某些描述以有效性和合法性的方式，尽管它们并不具有代表性。对意识形态过程如何运作的关注、感知意识形态在社会形成中与其他实践的相关性的能力引起了对这种探索的长久兴趣：除了占主导地位的意识形态，还有什么是可以被再生产的呢？人们逐渐认识到，现实并非一套既定的事实，而是定义那些事实的特定方式的结果。霍尔（Hall，1982）看到新闻工作者是如何运用权力以特定方式表现事件的，他对此格外感兴趣，并对自己所称的"现实效果"进行了分析，指出这种意识形态效果抹去了自身，而显得自然而然。媒体的这种意识形态效果将想象中的一贯性加诸具有代表性的单位之上。霍尔（Hall，1973a）还反驳了那种新闻生产的意识形态看似中立的观点，并说明各种层次的编码如何建构新闻图片中的意义。根据霍尔的观点，即便新闻价值观看似是一套中立、常规的实践，新闻选择也是来自正式的新闻价值观和意识形态处理的交集。同时，霍尔开启了一个研究流派，考察协商式解码和对抗式解码的条件（Hall，1973b）。他对与主流读物同时出现的下滑现象的认识为人们提供了一个新的方式去了解受众，即受众根据自己的身份轮流对新闻进行解码（例如，Morley，1980）。

在对新闻的意识形态边界进行的一流研究中，格拉斯哥大学媒介小组完成的一系列研究成果占有一席之地。这个小组的项目被称为"坏新闻"（Bad News），它并不仅仅是社会学分析，而且融合了组织理论、意识形态批评和语言研究，对英国电视的劳资关系报道进行了口头和视觉分析。这个小组受到委托，在英国社会学研究委员会电视新闻分会（British Social Science Research Council on Television News）的资助下，揭示电视新闻是否在劳工争议中插入了偏见，它集中研究了一年的英国矿工罢工报道。和同时代的其他研究不同，该小组使用了一个研究团队和多样的研究方法，最初完成的两卷成果强化了在新闻中保持中立立场的困难（Glasgow University Media Group，1976，1980）。该小组指出，一系列社会制造的信息承载了许多社会文化主导的假设，它断言，在报道罢工和劳资争议时，电视新闻制作者通过各种手段（包括采访技巧、镜头长度、词语选择和视觉角度）维护了对这种罢工的主流解读。工人的观点被认为不那么可信，或者仅仅是被看到的机会比管理层少。

格拉斯哥大学媒介小组对新闻社会学探索的影响是显而易见的。到目前为止，这个集体已经出版了卷帙浩繁的研究成果（Glasgow University Media Group，1976，1980，1982，1986；Philo，1990，1999；Eldridge，1993；Miller et al.，1998）。虽然该小组的早期工作集中于英国的电视新闻，但是它晚近的研究却面向更广泛的问题，例如艾滋病的再现、儿童性虐待和精神健康（Eldridge，2000）。最近，布莱恩·温斯顿（Brian Winston）描述了对该小组1975年研究的回访，指出当时的基本发现仍然有效（Winston，2002）。

美国学者也贡献了专注于意识形态的作品，在那里，媒介理论在20世纪

50 年代左右开始和"意识形态"的观念产生松散的联系。但是，与英国学术界不同，这一研究方向的接受过程相当缓慢。或许研究新闻意识形态环境最知名的美国成果就是托德·吉特林的《新左派运动的媒介镜像》（*The Whole World is Watching*，1980），它跨越了美国 20 世纪 70 年代的民族志和后来逐渐明确的意识形态研究之间的桥梁。吉特林本人作为一名激进主义分子被嵌入他选择讲述的媒体故事当中。他曾经是"学生争取民主社会"（Students for a Democratic Society）的领导成员，结合自己的回忆、对主要激进主义分子和记者的采访、电视新闻联播的脚本，他分析了 CBS 和《纽约时报》在反战运动早期的报道，从而支持了他个人长期以来一直感兴趣的研究——美国新闻受到"霸权"（一种非强迫的统治阶级控制）统治。在考察 20 世纪 60 年代媒体和新左派之间的关系时，吉特林发现主流媒体和社会中的霸权结构串通一气。它们提供的反战运动报道只是给既定秩序带来了刻板的挑战，它们刻画左派团体的方式使其看上去十分愚蠢。就这样，新闻通过将新左派描绘成暴力、越轨和没头脑的人而完成了对统治阶级的支持。吉特林发现，霸权在新闻中的运作方式主要有两种：通过新闻编辑室的结构和通过新闻报道的形制。换言之，新闻价值观稳定到足以维护霸权，然而又灵活到足以给人一种开放的感觉。

与吉特林的研究有关的是新闻在社会运动形成和维护中日益显现的重要性。吉特林的工作为关于和平运动和越南战争这样的议题打下了基础，指出新闻媒体报道这一运动时使用的框架既推动了它的发展，又损害了它，与此同时，世界各地的学者也表现出同样的兴趣。在加拿大，罗伯特·哈克特（Robert Hackett）用三个案例研究——冷战语境下的人权报道、温哥华一年一度的"和平散步"（Walk for Peace）和 1986 年美国突袭利比亚——讨论加拿大媒体对和平运动的处理（Hackett，1991）。通过这个研究，他就新闻媒体如何对待社会运动提供了一个比吉特林更为乐观的预测。在法国，埃里克·内维（Erik Neveu）考察了社会运动的新形式，包括媒体在终结暴力中的角色和激进分子行为的其他变化（Neveu，1996）。其他人（Molotch，1979；Kielbowicz and Sherer，1986；Gamson，1988）检视了不同文化中社会运动所使用的媒体战略。

还有一些学者也从社会学视角看待新闻的意识形态因素，因为意识形态开始被认为是新闻决策中更为重要的一部分（例如，Hackett，1984；Soloski，1989）。在加拿大，理查德·埃里克森（Richard Ericson）、帕特里夏·巴兰克（Patricia Baranek）和珍妮特·陈（Janet Chan）（Ericson, Baranek, and Chan, 1987, 1989, 1990）将意识形态观念结合进他们对参与新闻生产过程的所有职员进行的大规模考察中，而斯蒂芬·里斯（Stephen Reese）对社会主义者肯特·麦克杜格尔（Kent MacDougall）长期受雇于《华尔街日报》引起的意识形态紧张进行了深入分析（Reese, 1990）。这些尝试都是为了改变新闻的思维定势，使它不再认为自己是现实的反射器。

但是，在英国和美国兴起的对新闻意识形态因素的兴趣并没有受到全世界的欢迎。吉特林和格拉斯哥大学媒介小组的研究在1982年引起了雷蒙德·威廉斯的注意，他多少有些尖刻地写道，虽然批评"新闻变坏了"已经成为时尚，但是把新闻视为一种文化产品本身就是一种"主要的智力收获"这一点一直遭到忽视。新闻学者对社会学进入意识形态批评感到不适，威廉斯对此表示遗憾。他指出，无视新闻工作者所称的"学术牢骚"（记者中存在的愤怒的专业主义精神）和新闻学自身对理论和实践的严格区分破坏了人们对社会学考察意识形态的浓厚兴趣的欣赏。同时，威廉斯批评吉特林和格拉斯哥大学媒介小组将对意识形态的兴趣从人身上转移到文本上，无视为文本赋予意义的文化实践。威廉斯的观点是明确的——学术界尚未开发出一个场所可以轻松分析意识形态的所有运作，特别是在新闻业中的应用，而且他的担忧成为后来由社会学家发展起来的大部分文化研究的凝聚点。

新闻的社会学探索的意识形态思路很有价值，因为它表明事物并不总是看上去的那样。它为思考关于再现、途径和权力等重大问题打开了大门（例如，Cottle, 2000b）。对于那些被人们视为理所当然的前提，例如客观和中立，它促进了有益的讨论，发现它们是对美国和英国新闻生产环境发生变化的回应（Allan, 1997）。但是关于在哪里找到意识形态的证据、如何就其存在和力量达成一致、如何使其保持长时间的稳定以便于分析等问题始终悬而未决。通常而言，人们强调的是意识形态定位的潜在后果，而不是明确后果，而且意识形态运作的功能性视角盛行一时。此外，由于对非西方新闻业的关注不足，许多新闻意识形态研究所提供的关于新闻业可以以及应该如何发展的视野在某种程度上都是狭隘的。作为新闻实践的一部分，人们对意识形态的兴趣也没有给同时思考构成新闻业的现实生活事件留下多少空间。随着意识形态批评日益将新闻探索转向建构方向，一种无限的倒退似乎开始出生，这种倒退导致相对化严重到如此程度，以至于认为我们可以长久地接近处于新闻业核心的"事实"。如何回到现实——这个新闻世界的专用术语之一，仍然是个有待解决的难题。

新闻政治经济学

对新闻社会学探索的进一步阐述融合了对政治领域的兴趣和对新闻社会学、新闻经济学的关注。这种学术被称为"新闻政治经济学"，将新闻生产与新闻组织的经济结构相勾连。政治经济学者提出，一个占统治地位的资产阶级控制着主编和记者在他们的报纸中刊登的报道（例如，Garnham，1979）。从这个意义上说，大部分新闻组织被视为单纯的制度维护者，任何敌对或抵抗的新闻实践都遭到统治精英的广泛干涉。此处，人们假定新闻的形成出于要么是保守政府、要么是大型企业的心血来潮，这二者都是新闻的限制力量（Golding and Murdock，1991；Curran，Douglas，and Whannel，1980；Gandy，1982；Mosco，1996）。

爱德华·S. 赫尔曼（Edward S. Herman）和诺姆·乔姆斯基（Noam Chomsky）撰写了一部看起来与政治经济学的兴起相同并接受其大部分核心信条的著作《制造共识》（*Manufacturing Consent*，1988）。在该书中，他们提出了逐渐为人熟知的"新闻宣传模式"，认为新闻是为了动员人们支持政权和私人活动背后的特殊利益。在一次争论中，赫尔曼和乔姆斯基援引葛兰西之前的意识形态观念，断言在资本主义单一民族国家中，新闻不可避免地服务于既定和公认的权威。维护权力是不可避免的，因为新闻是由一个营利企业集中的行业生产出来的，而这个行业反映了现状。赫尔曼和乔姆斯基的宣传模式的核心观念是，财富和权力的分配不平等，而这种分配需要新闻媒体的维护。他们指出，媒体通过五种过滤机制将异见边缘化，并纵容政府和个人利益作恶，只有通过这些过滤机制的素材才能成为新闻。[4]

这个政治学、社会学和经济学的分支将自由社会的媒体描绘得专制独裁，产生了独一无二的交叉学科混合体。尽管新闻政治经济学对新闻业的"大图景"进行了有力的考察，但是这种研究的特别价值在于它对规范冲动——新闻业"应该"通过其公众做得更好的观念——进行了批判性思考。根据舒德森的观点（Schudson，1991），虽然主要是在观察资本主义民主，但是将民主当作理所当然的想法实际上忽略了政治。尽管如此，在这一学术研究中规范和批判声音的结合凸显了跨学科新闻研究的价值。然而，就在政治经济学家助力研究新闻的广泛维度之时，却未能说明新闻业的日常惯例和广大社会政治经济学之间的模糊领域。

今天的社会学探索处于什么位置

尽管新闻社会学探索开了一个好头，但是当代新闻研究不再来自社会学本身。虽然人们对社会学研究的中心一直争论不休（Gans，1972），但是平心而论，它被广泛认为是新闻研究的开端，不仅在美国，在世界各地都是如此，而且社会学始终是新闻探索默认背景的很大一部分。

然而，社会学新闻研究的发展道路并不平坦。虽然拉扎斯菲尔德和他的同事在早年短暂地将社会学的新闻探索制度化，20 世纪 70 年代到 80 年代，围绕着塔奇曼、甘斯、莫洛奇和莱斯特、费什曼、舒德森和吉特林的作品又产生了一批主要为民族志社会学的研究，但是最近的学术并没有产生对新闻的持续兴趣。事实上，在新闻研究中，社会学中心不再确定。根据英国的一种观点，"媒体研究对于今天的社会科学来说就像 20 世纪 60 年代到 70 年代的社会学一样：位于知识前沿、激进而富于挑战、对于理解现代社会如何运作十分重要"（McNair，1998：vii）。当代许多关于新闻文化维度的研究与最初社会学探索的地位是一致的。

但是也有例外，特别是在晚近。在过去这几年中，三位声名卓著的社会学家——赫伯特·甘斯、托德·吉特林和迈克尔·舒德森——都以新的作品重访了新闻探索。甘斯的《民主与新闻》（*Democracy and the News*，2003）悲叹公众对新闻工作者的评价降低和当代民主的衰落。甘斯考察了私人企业在公共政策中的参与、公民猜疑的蔓延，以及民主机构的削弱，指出新闻业的"收缩"和新闻受众的下降可以通过广泛的经济和政治手段，包括更为民主的经济和选举程序、更多样的新闻编辑室和更积极的政治游说得到最佳补偿。吉特林在过去几年花了很多时间研究诸如《异议》（*Dissent*）和《调和》（*Tikkun*）①这种公共论坛上的新闻。在《媒体无限》（*Media Unlimited*）中，他从多个角度攻击当代新闻业及其无休无止的信息洪流，警告说公众不再接收到发挥民主集体作用所需的信息（Gitlin，2002）。吉特林呼吁在信息传递中对边界问题进行更谨慎的思考，希望借此抵消更多、更快的信息——媒体无限的竞争——这已经成为当今时代的主要支柱。在《新闻社会学》（*The Sociology of News*）中，舒德森对新闻业中仍需要社会学调整的问题进行了广泛的概述（Schudson，2002）。在政治之外，新闻还与市场、历史、文学等外部世界相联系，舒德森调查了这些领域的广泛交集，发表了不那么悲观但却同样尖锐的分析，指出新闻工作者聚集权威发布新闻文字和图片的环境往往内部矛盾重重，并且总是复杂难解。每位作者提出的观点虽然都与社会学探索长期以来的原则保持一致，但是，重要的是，每位作者也都调整和延伸了社会学重新思考新闻与政治、新闻与经济、新闻与技术、新闻及其公众的边界。即便社会学边界的扩展可能并不会一直如此得到详细阐述，但是就新闻工作者的使命而言，它始终是大部分持续的社会学对话的标志（特别是见 Katz，1989，1992）。

新来者也留下了自己的印迹，仅举几例，尼娜·伊利亚索菲（Eliasoph，1988）、约书亚·加姆森（Joshua Gamson）（Gamson，1998）、罗纳德·雅各布斯（Ronald Jacobs）（Jacobs，2000）和罗德尼·本森（Rodney Benson）

---

① 《异议》和《调和》都是美国的另类人文杂志。

（Benson，2002）的研究反映了社会学对新闻的浓厚兴趣。埃里克·克莱恩伯格（Eric Klinenberg）对1995年芝加哥热浪报道的分析表明新闻工作者在报道超出他们专业知识的事件时是多么有限、呆板，而且常常应付不了（Klinenberg，2003）。人类学家马克·佩德尔蒂（Mark Pedelty）和乌尔夫·汉纳兹（Ulf Hannerz）在研究驻外记者时都使用了社会学探索的前提作为框架（Pedelty，1995；Hannerz，2004），媒介批评家埃里克·奥尔特曼（Eric Alterman）探索性地思考了新闻偏见（Alterman，2003）。在法国，皮埃尔·布尔迪厄（Pierre Bourdieu）在《论电视与新闻》（*On Television and Journalism*）中有感于电视的支配地位及其娱乐节目和喋喋不休的脱口秀的教唆，因而扩大了对新闻业普遍存在的"结构性腐败"的批评（Bourdieu，1998）。他的论点在很大程度上颠覆了他早期作品中对大众品位价值的赞美，不仅斥责了新闻的民粹主义冲动和肤浅，还批评它对讨论科学、艺术和哲学的新形式构成了一种威胁。考虑到他的研究与新闻的关系，他学生的文章最近被收集并编撰出版（Benson and Neveu，in press）。但是，在某种程度上，广泛的新闻环境看起来不再激起社会学家的好奇心，起码没有达到几十年前的研究中展现出来的程度。

无论如何，社会学已经使我们了解到新闻运作的大部分情况。在此处讨论的三个社会学研究框架中，有关新闻的问题可以通过将它们与塑造复杂社会生活的实践联系起来进行解释。社会学将新闻业和新闻制作描绘成潜在的冲突环境，参与者在其中努力保持均衡。这种从组织、制度和结构角度考察新闻的观点提示新闻工作者主要寻求的是在新闻环境内外与他人保持一致。

但是，社会学研究也夸大了某些看待新闻的方式。关于新闻业如何运作的不同版本被过度普遍化，超出了它们在真实的新闻世界中的应用。认为新闻工作者是为了响应其环境而采取行动的战略参与者分散了学者们对新闻实践非目的性、非战略性一面的关注。此外，新闻的社会学解释所描绘的新闻生产过程是片面的。在新闻工作者与新闻业生存的所有环境——文化、历史、政治、经济——进行协商之前，新闻（news）就已经开始了。换言之，社会学探索将新闻工作者简化为一种环境中的参与者之一。要丰富这个图景还要依赖其他学科框架。

注释

[1] 它们包括频率（事件的时间跨度）、门槛（事件的规模和重要性）、明确（事件的清晰性）、意义（事件的接近性和相关性）、协调（事件的可预测性）、意外（事件在有意义和协调的语境下出乎意料地发生）、持续（连续的报道）、合成（平衡排版或者在头版）、涉及精英人物或者国家（主要是北美、日本、欧洲和俄罗斯）、个性化（事件被刻画成个人的行为）和负面（坏新闻就是好新闻）。

[2] 从1966年到1969年，塔奇曼每周在一家电视台观察一天。从1967年到1968年，她又在一家报社额外观察了六个月。1975年，她在纽约市访谈记者。从1975年到1976年，她又对派驻纽约市政厅新闻发布室的记者进行了另外三个月的观察。

[3] 甘斯的民族志基于1965年到1969年之间在四家新闻组织中各自度过的若干个月和1975年在每个组织又另外进行了一个月的观察，以及1978年开展的大量访谈。他还花了一年多的时间进行了大量内容分析。他指出的新闻价值观包括民族中心主义、利他的民主、负责任的资本主义、小城镇的田园主义、个人主义和温和主义。

[4] 包括组织的规模和精英集中所有权在内的这些过滤机制使得利润导向成为新闻组织青睐的管理模式、依靠广告作为主要收入来源、依靠政府和行业成为信息来源、利用批评——诸如读者来信、请愿书和法律诉讼等负面反应——来使新闻组织保持正道、将反共作为动员民众反对"敌人"的方式。

第四章 历史学与新闻

历史学探索为新闻研究提供了时间纵深。历史跨越了与通常被称为"历史视角"的应用有关的广泛问题,将新闻置于这样一种语境之下:看似无法解释的新闻维度汇聚在一个框架之中,这个框架由于演化、时序以及某种程度的因果关系而变得更有意义。历史学探索往往被描绘为"新闻工作者为争取新闻自由而进行的英勇且富于激情的斗争,这一创见光耀了他们的职业和它致力于维护的民主"(Golding and Elliott,1979:20),但实际上,历史学探索关注的内容要多许多。它将大大小小的问题置于这种语境之中,穿越时光将事件、议题和人物编织进叙事之中,旨在将新闻业的过去描绘成一个针脚细密的现象。

在它的实施者看来,历史学探索是一种挖掘过去的工艺或者技巧,提供了看似无限的历史领域,将其作为一个蓄水池,从中选择一些细节,为新闻中有待解决的维度赋予意义。此处的核心始终是,那些历史研究挑战了关于新闻的某些正统观念,展示了历史学探索在当代研究中的价值。从对水门事件集体回忆的研究(Schudson,1992)到殖民地时代报纸角色的评价(Clark,1994)和再访辉格报业史(Curran and Seaton,1985),历史学探索最具价值之处就在于纠正过去的假设。因此,毫不意外,新闻的历史学探索一直在跨越时空和诸多大师缠斗。它从不确定自己是否受到欢迎,在打磨自己的故事时始终用一只眼睛盯着自己的邻居们——一直被贴着"新闻史"标签的研究、历史学探索的普遍模式和这个领域的非历史学探索模式。

历史视角的形成

从事新闻历史学研究并不需要在心中存有一致认可的探索界限。历史学探索的形成基于一个人对历史的定义,这意味着历史学研究最终与关于"研究"历史究竟意味着什么的持续争论结合在一起。

然而,定义历史学探索并非易事。简单来说,"历史学探索"被定义为考察过去事件的探索,根据雷蒙德·威廉斯的观点,它是两个观点的融合——"探索"和"陈述"(Williams,1983b:146-148)。但是,两个与历史有关的发展在某种程度上改变了这种定义。首先,"历史"并不总是与过去的事实编年史联系在一起,而是与"想象事件的陈述"有关(Williams,1983b:147)。15世纪,欣赏基于事实的知识取代了早期对虚构编年史的关注。其次,在18世纪早期,人们开始将历史视为抽象的实体。它不再仅仅被看作关于过去的有组织的知识,而逐渐被认为是进步的,与人类的自我完善有关。历史制作开始变得专业化(Stone,1987)。从这一观点出发,历史被概念化为一个持续而连贯的抽象过程,对集体的发展至关重要,并得到一个被称为"历史学家"的群体的守护。

根据雷蒙德·威廉斯(Williams,1983b)的观点,当代对历史学探索的理解来源于以下三个主要前提:

(1)一种相对中立的研究方法,以历史事实和当前事件之间的蛛丝马迹为基础。

(2)有意强调不同的历史条件和语境,通过这些历史条件和语境,所有特定的事件都必须得到解读(例如,马克思主义历史观和所谓的历史阴谋论)。

(3)敌视所有的解读形式或者通过历史规律做出的预测(例如,那种涉及历史发展的一般规律并反对未来可能性观念的学术)。

威廉斯指出,当代历史观转向了第三个前提,尽管它们丝毫没有局限于此。同时,20世纪的历史前提作为一种普遍过程借鉴了其他各种历史理解框架,这种方式导致其缺乏精确的定义。

随着时间推移，试图普及历史的努力也获得了动力，将从 15 世纪到 18 世纪一直被边缘化的历史制造角度重新融合在一起。20 世纪 30 年代早期，卡尔·贝克尔（Carl Becker）这样恐吓他的同事：他在美国历史协会发表了一个演说，争辩说每个人都有能力成为一名历史学家。在他眼里，历史是"想象的创造物，由个人所有，我们每个人——人人先生（Mr. Everyman）都基于自己的个人经历塑造它，使其符合自己的实际或情感需要，装饰它，使其适合自己的审美品位"（Becker，1932，in Winks，1968：13）。其他人也有同感，成为一名历史学家仅仅需要搞清楚一个问题：如何"处理……证据问题"（Winks，1968：xiii）。罗宾·温克斯（Robin Winks）指出："历史学家必须搜集、解读，然后解释自己的证据，这些方法与侦探所采用的那些技巧并无明显不同。"（Winks，1968：xiii）

将历史保留在少数特权者的领土中和开放给大众消费之间的张力为"研究历史"实际上所包含的复杂因素增加了变数。这种复杂因素甚至包括最基本的问题：一个人如何得知某事为真。正如温克斯所问的那样，他们之所以知道某事，是否因为他们这样认为：

> 报刊或一篇文章、一个朋友、一位家长、一本百科全书说某事在何时、何地、如何发生，因此它就发生了？换言之，职业历史学家总是会努力判断一个目击者的可信性，尝试评估一个同时代的事件参与者对事件的描述中呈现的偏见，而外行的读者也同样会评价一份印刷记录的可信性，比较一本书的记录与另一本书的记录。这两种评估的水平都涉及证据问题。（Winks，1968：xiv - xv）

那么，从基本层面上而言，一直徘徊不去的问题就是历史学探索的精确定义和轮廓了。

谁的新闻史

这类问题的提出强调了——往往是损害了——历史学探索在新闻研究中

的定位。由于历史学探索和新闻学术、传播学术、媒介史的关系不清晰,而且和其他类型的社会、文化、经济、政治机构的历史学探索之间的关系也不明确,导致问题复杂化,以至于对新闻业过去的研究始终要兼顾它在这个领域内外的学术邻居。

首先,搜集历史的目的各有不同,这些分歧始终处于新闻历史学探索的核心。长期以来,人们普遍认为,历史就是搜集关于过去的证据,目的是得到关于过去事件的多多少少客观而有距离的描述(Novick,1988),这一发展来自历史领域的专业化。这个过程始于 19 世纪,当时,英国的牛津大学设立了一个历史学教席。此后,德国在德国历史决定论先驱利奥波德·冯·兰克(Leopold van Ranke)的带领下继续投入大量努力,历史学家开始在档案馆工作,发展出一套成熟的技巧评估有关过去的文件——"随着历史作为一门以'科学'为基础的学术学科的建立",出现了"开创性的研究"(Scannell,2002:192)。这催生了不少保卫历史边界的尝试,关于内部人士、外部人士的关注也成为讨论的焦点(Scannell,2002)。历史学家发展出研究历史的正确方法——他们鄙视来自这一学科之外(例如新闻史)的学者与他们产生交集,接触这类学者私下里(如果不是明显地)会受到阻碍。随着时间推移,历史学家开始主要为彼此写作,并"自称为一个新的历史种类,一个自我合法化的子集——学术人(*homo academicus*)"(Scannell,2002:192;亦见 Stone,1987;Bourdieu,1988)。此外,由于将自己分割成不同的兴趣区域,历史学领域往往忽略了职业历史,而将其留给了职业学院(例如新闻学院)来记录自己的过去。结果是新闻业的历史研究自成一家,和普遍的历史叙事迎头相撞。

此处的关键在于新闻史——与新闻工作者息息相关的新闻实践史——的生产主要在新闻学院内完成,旨在使新闻学成为一个合法的探索领域。这些作品的写作往往怀有激情和私心,通常伴随着对他们个人职业生涯的纪事,产生了一种经常是夸张的记录模式,与理应中立的历史记录模式不符。尽管这赋予新闻史一个与众不同的任务,即提出了个人如何心平气和地看待自身合法化的问题,其他探索新闻业过去的模式并不承担这个任务,但是新闻学院并不是唯一写作新闻史的地方。它们身边既有媒介史（给予新闻业借以运行的某一媒介以特殊地位，例如广播或者报纸），又有传播史（将新闻业的过去融入一个关于传播在不同时间运作的更为广泛的体系）。每一种历史记述模式背后往往都有不言自明的历史研究指南（以及这种研究的目的），都必定隐藏着历史记录的普遍线索。

所有这一切使得人们更容易对偏离"研究历史"标准的行为产生怀疑。对于许多历史学家而言，新闻史始终被视为"历史专业的一潭死水"（Schudson, 2002: 65），既不均匀，也不易懂。1959 年，艾伦·倪文思（Allan Nevins）提出的批评被广为引用，至今余响不绝。谈到新闻史的"单薄"和"污点"，他抱怨道：

> 除了过分强调编辑个性和将观点与记者和新闻分开，它还有一个引人注目的缺陷。整体而言，它的批判精神少得可怜，而且有些还不诚实。（Nevins, 1959: 418）

倪文思写道，一名典型的报纸历史学家"是一个厚古薄今之辈①，只把一尘不染的亚麻布挂在绳子上"（Nevins, 1959: 419）。对于新闻史学家而言情况有所不同，他们有目的地记录自己职业存在的历史，这与历史学家期待他们持有更中立的视角有所冲突。由于他们的新闻史是在新闻教育向着学术课程体系高歌猛进的时间节点上精心构思的，这些历史为新闻工作者和新闻业的集体认同提供了急需的深度，因此，他们的写作目标是，在面对更广泛的历史学探索领域时，去除它们的合法性。此外，新闻史学家和其他新闻学者筛选出来的信息往往是一般的历史学家所未触及的，这些历史学家将报纸作为资料库来挖掘，但是未能充分考虑到新闻成其为新闻的过程。

因此，人们在历史证据搜集的有效性和普遍性上产生了分歧，从而阻碍了历史作为一个学科领域有助于理解新闻的观念。简而言之，新闻史研究伴随着参差不齐的历史研究兴趣和如何最好地开展此类研究的共识的缺位。新

---

① 原文为拉丁文：*laudator tempus acti*。

闻史学家在某种程度上和他们的传播学、媒介研究同事互不往来，和广义史学家更加疏远。例如，在美国，许多传播学院的社会学研究偏好导致了对历史学方法是否可信的疑问，而这又伴随着一个更宽泛的矛盾，即谁是"合格的"历史学家。这些问题挑战了新闻历史解释的相关形式以及历史学家在多大程度上落后于历史和非历史研究的潮流。大体上来说，一般的历史、传播与媒介史和典型的非历史领域传播与媒介研究中的趋势都将新闻史拉向不同的方向，使其成为一个冷漠大家族中的继子。

而且，关于应当如何研究历史、谁来研究、为谁研究的问题始终悬而未决。历史记录在 20 世纪找到了新方法——值得一提的是，1929 年由马歇尔·布洛克（Marcel Bloch）、吕西安·费弗尔（Lucien Febvre）和费尔南·布劳岱尔（Fernand Braudel）创立的法国年鉴学派（Annales School）提出质疑，认为实际上是个人和事件塑造了历史，从 20 世纪 50 年代开始的历史研讨会运动（History Workshop movement）强调"底层的历史"，将其作为一种方法来解释人们如何形成对过去的看法——历史学家逐渐开始多样化。但是在美国语境下，它的发展不够迅速和广泛。尽管如此，仍然有无数呼声要求超越围绕着新闻史的紧张态势，进而复兴新闻史。

詹姆斯·凯瑞第一个呼吁以不同的方式研究新闻的过去，在他关于这一主题最早的一篇论文——发表于《新闻史》（*Journalism History*，1974）第一期的《新闻史的问题》（The Problem of Journalism History）——中他为新闻文化史而辩。他注意到目前的"新闻史研究有些尴尬"（Carey，1974：3），故而提倡一种方法，学者们可以用这种方法探索人们如何思考他们正在记录的历史事件。凯瑞断言，"我们对自己的行业界定得过于狭隘和谦逊，结果限制了我们的研究范围和对自身知识的要求"（Carey，1974：4），他批评人们过多强调了制度的历史，而未能真正研究其中的人。他反对将历史看作一个进步的轨迹，即自由和知识的扩大在不同的发展阶段直线进步，相反，他呼吁对过去的观念进行研究——探讨事件中的思维模式，包括在事件进行时参与者如何理解行为的含义，特别是新闻工作者如何理解自己的技艺。用他的话来说，新闻"为受众提供了行为和感知模式，包括快速对形势做出判断的方法，它与所有的文学行为具有同样的特点"（Carey，1974：5）。[1]凯瑞的呼吁立刻引起了其他定义新闻史的尝试（Jowett，1975；McKerns，1977）。14年后，大卫·保罗·诺德（David Paul Nord）明确指出，凯瑞评论中的人类学基调并没有反映出随着凯瑞所盛赞的社会历史的崛起而出现的历史与社会学之间的联系（Nord，1988）。根据诺德的观点，通过更加趋向社会学、提供更加详细的制度历史从而进一步理解激发历史敏感性的结构，新闻史可以从中获益良多。

在接下来的十年，其他人继续呼吁，美国历史学家约翰·内罗内（John Nerone）就是其中一位。他指出，这个问题部分源于历史学探索的广泛缺陷（Nerone，1993）。他批评说，历史学家对理论的关注不足，试图"以自己的术语讲述过去"，历史学家仍然将自己"视为蓝领工人，在档案中挖掘，打造叙事"，他们的职业发展基础是接受批判性的、非政治的距离，反对理论和推理方法（Nerone，1993：148）。内罗内争辩说，历史学家采取宏大的历史叙事，创作出仅适用于特定事例的非理论故事，从而向局外人封锁了历史领地的边界，阻止公众和其他学者进入。[2]迈克尔·舒德森（Schudson，1997a）是另外一位，他敦促新闻历史学家多接触历史研究的其他领域。舒德森呼吁他们放弃自己的媒体中心主义、对商业力量腐蚀了新闻业的坚持、用技术和经济解释复杂事件的偏好，以及新闻业服务于大众需要的假设。他争辩说，新闻史需要提出比"这个神圣职业过去发生过什么"更大的问题（Schudson，1997a：474）。20世纪90年代末，数不清的呼吁让许多新闻史学家筋疲力尽，他们感到新闻史已经快僵化了：

> 新闻史学家可能感到无论他们做什么，他们的行为都会遭到批评。结果，我们的趋势就是固化我们的位置——一成不变、墨守成规、刻板定义学术和历史，进而限制了我们的视野。（Blanchard，1999：107）

按照玛格丽特·布兰夏德（Margaret Blanchard）的观点，复兴新闻史的持续呼吁是数据；他们要求这个领域向新定义、新方法和新评价标准开放，从而和当前学术界保持一致。

尽管这些讨论发生于美国语境，但是它们却反映了一个更大范围内关于新闻史是什么的持续讨论。因此，毫不意外，由新闻史学家讲述的过去始终受到他们传播史同事的怀疑。总体而言，传播史演化的源头主要有两个：要么是人文主义，即对特定媒体机构的非合成叙述，例如报纸或者广播；要么是对过去大规模系统力量的更为概括的叙述，例如在德国，新闻史始终聚焦于新闻的政治维度（Schulz，1997）。传播史学家也被批评器量狭窄、领地意识强、见识有限——哈尔特和布伦南（Hardt and Brennen，1993：131）指出："传统的传播史通常包括以经验为基础，按时间顺序对事件、危机、破裂和灾难进行解释，并将它们判定和解释为对连续性规范的偏离。"人们批评历史学家固守历史的宏大叙事版本，几乎完全没有交叉叙事的辩论（Nerone，1993）。这些情况与新闻史学家的情况不同，人们往往认为新闻史学家的纪事是过时的，"对传播的社会过程不那么感兴趣，更感兴趣的是个人和机构的详细故事，这些故事在过去的某个时候曾经传播过"（Nord，1989：308）。在美国语境中，传播史学家嘲笑大部分作为新闻史创作出来的学术研究是按照新闻工作者想听到的内容裁裁剪剪，这证明"盛行的制度历史模式在辉煌而渐进的孤立中被铸造"（Marvin，1983：25）。

新闻史教科书也被类似的回应包围：在美国，被广泛使用的《美国报业史》（*The Press and America*）一直用过时的、神话式的定义解释新闻的运作，它有些乐观地提出主张，明显无视相反的研究发现——"报纸并没有创造新闻；而是新闻创造了报纸"（Emery and Emery，1999：7）。美国新闻史学家被看作顽固的人文主义者和反理论遗老，结合进步主义或辉格主义观点解释过去，而这主要是因为大部分美国新闻学院在20世纪20年代到30年代创建时，历史学家曾经以其作为最主要的解读模式（Carey，1974；Marvin，1983；Nord，1989）。大部分新闻史学家并没有受过历史学训练，他们还被批评以自我为中心、未能充分参考广义史学作品、将媒体的影响力夸大地解读为历史解释（Schudson，1997a）。他们还被批评对传播本身，特别是传播理论没有兴趣。虽然近年来，新闻史吸引了其他历史学者的关注（例如，Schudson，2002），但是它仍然是二等公民。

考虑到这些情况，新闻史学家的努力从普通的传播学者那里收获的不是认可而是批评就不足为奇了。然而，普通的传播学者自身的工作又被批评为"缺乏历史、缺乏自我反思，从而强化了理论和实践的反历史、反批判性现状"（Hardt and Brennen，1993：130）。尽管随着时间推移，情况有所改善，但是新闻史在传播研究中仍然是附带项目，在专业组织、期刊和会议中始终处于边缘位置，这从关于"历史"的研究论文或者会议文章标题——《对……的历史观察》《对……的历史调查》或者《殖民地时代的报道》中便可窥见一斑。大部分新闻史学家和传播与媒介研究学者之间的制度性隔膜加深了这种不均衡，新闻史学家的位置往往在新闻学院、美国研究系或者英语系，他们隶属于诸如美国新闻史学家协会（American Journalism Historians' Association，AJHA）或者新闻与大众传播教育协会（Association for Education in Journalism and Mass Communication，AEJMC）的历史分会这样的组织，而传播史学家和媒介研究学者往往受雇于传播系，隶属于传播组织，例如国际传播协会（International Communication Association，ICA）、全国传播协会（National Communication Association，NCA）和国际大众传播研究协会（International Association for Mass Communication Research，IAMCR）。但是，这种隶属关系并不均衡，国际传播协会中还没有传播史分会。此外，这种距离导致了研究同一个学术领域的不同方法。例如，正如帕蒂·斯坎内尔（Scannell，2002：198）最近指出的，因为电影和电视都诉诸视觉而将二者当作相似的媒体结合起来的简单尝试实际上导致广播成为媒介研究中的"灰姑娘"，即便广播和电视新闻相互影响深远。这种分界直接影响了新闻历史研究的演化，以及传播和媒介史学家可以在多大程度上将新闻视为一个独立于其他类型的媒介事物的领域。

因此，新闻史的归属问题一直处于阐释的核心。有趣的是，关于新闻史地位的紧张局势提出了一些基本问题，即如何最有效地拓展一个学科，以及学者们能够在何种程度上将视野放宽到家门口之外的领域，以便使自己的专业合法化。在某种程度上，对新闻历史学探索的每一个批评都在为理论的价值争辩，主张将历史语境置于某种更大的图景之中，并将历史与其他学科领域联系起来,从历史制作的传统模式中脱身。值得注意的是,拓宽这一领域的呼声不仅来自那些"做新闻史"的学者,而且来自那些对更加跨学科的历史学探索有兴趣的学者。根据定义,当混合学科的标准成为规范时,维护学科完整性及其价值的能力就会引起人们对于在何种条件下外部合法化成为拓宽特定探索领域的首选方式的关注,这也表明,反复引用社会科学作为判断和评价历史学探索的尺度和标准对新闻学历史研究的定位产生了影响。

将历史学探索归入新闻学

浩如烟海的文献已经研究了新闻的过去。和其他研究领域一样,历史学探索促进了它自己作为新闻学术的形象的发展,并在不同的地理环境中选择性地讲述新闻的过去。在美国,大部分历史研究认为主要的都市报基本上都是在东北部大城市发行的,而普遍将半都市、市郊或者乡村的新闻组织排除在外,直到最近还把另类报纸和专业报纸排除在外。在英国,舰队街上的老牌主流新闻环境得到偏爱,而外省报纸或威尔士报纸却不那么容易得到考察。在中东,大部分历史学术聚焦于和以色列相关的新闻环境,周边的民族国家遭到忽视,而在以色列,对新闻的研究重点也放在这个民族国家建立之后。澳大利亚的学术更积极地聚焦于殖民地时期和新南威尔士地区,而非其他时期和地区。在拉丁美洲,现有最全面的研究聚焦于墨西哥、阿根廷和巴西,仅仅反映了这个地区新闻生活的一小部分。在各种情况下,小报、对抗性和地区性新闻环境都没有得到学界关注。因此,作为一个视角,现有研究对新闻过去的刻画不全面,焦点非常单一。

然而,人们对恰当的新闻历史学术是什么样子争论不休,为了应对这些争论而出现了各种各样的分类方案。这些分类法和更大的知识获取模式保持一致(Lakoff, 1987),使得新闻史学家能够从学术界的某些(如果不是全部)领域取得共识,从而参与到纳尔逊·古德曼(Nelson Goodman)所描述的"寻找匹配点"中去(Goodman, 1978:21)。

但是,分类法和以其为基础的阐释工作发生了变化。历史学家——和其他公共抄写员一样——受到了他们写作时代的影响，他们面对着将要挖掘的新材料，并遇到了新的研究工具，以便随着时间的推移发掘过去。随着新的计算机技术、数据库技术以及对无法正式访问的文件的其他解密途径的兴起，人们对重做"旧的"学术研究产生了兴趣。然而，思考过去的不同阐释方案中存在的差异取决于历史上的从属定位。对于在特定的历史时期哪种阐释方案恰如其分的问题——包括新闻如何生产、谁参与新闻生产、新闻生产包括什么内容——取决于在特定历史时期发挥作用的习惯、传统和技术。这一点破坏了一个不言而喻的假设，即大部分新闻探索都具有普遍性，而这往往暗示着新闻在所有地区、所有时期都始终如一。

这一切意味着在任何合并了历史和新闻的探索中，以下问题都始终切中要害：

● 新闻的历史学探索时间：从哪个时期进行分析？它始自何时？终于何时？回看过往，考察新闻，对新闻的历史想象在某种程度上造就了一定程度的进化或者编年的视角，它既是探索框架建构的一部分，也是探索目标的一种属性。

● 新闻的历史学探索空间：从哪些地理区域着手，历史最有可能产生关于新闻工作的广泛成果？欧洲新闻史和美国新闻史显然大相径庭。那么，如何以一种有意义的方式将它们结合在一起？

● 新闻的历史学探索焦点：研究谁？研究什么？焦点是新闻工作者个人、新闻组织，还是新闻制度？研究在形成其焦点时——例如一个特定事件的新闻报道或者一种新技术的采用——是否使用了更广泛的范畴？

虽然提出这些问题轻而易举，但是对任何一个问题，我们都无法给出清晰的答案。我们对大部分问题的主题都不具备基本的知识。为了理解这些断言，我们只需要思考这一个例子：如果不将黑人媒体包含在历史分析中，美国人权运动报道看上去会怎样？正如我们有很多方法为新闻学术领域划出边界，我们也有很多方法将一个事件的历史定位合法化。白人、特权阶层和男性视角的优势定义了如此多的领域，以至于创造了一个光环，通过这个光环，其赋予显得自然而合乎常理。女性、少数族裔和工人阶级通常不被允许参与到集体定义的持续过程之中，他们的声音在哪里？既然新闻史领域的塑造取决于做出定义的人，上述人群的缺席就值得思考。

面对必须处理的大量材料，对新闻的过去感兴趣的学者却往往发现，与其他类型的学者相比，他们的工作更难组织，因而也更难合法化。由于这一任务的性质令人却步，没有几个人跟随迈克尔·布罗姆利（Michael Bromley）和汤姆·欧玛利（Tom O'Malley）在编撰他们称之为"（英国）新闻史读者"的著作时的脚步（Bromley and O'Malley, 1997: 1）。相反，研究新闻过去的学者无论本身是否与新闻史、传播史和媒介史或者广义史有关，都倾向于将他们的学术时间按照一系列空间嵌套的框架进行划分。作为一种分析的组织原则，过去的框架在规模上存在差异但并不互斥，它们的范围从极个别例如个人回忆，到极宽泛例如民族国家。在每种情况下，不同种类的编年史，包括逸事式的叙述和案例研究，都被用来处理过去的材料，因此，某种熟悉的框架提供了一种方式来确立以特定方式讲述故事的连续合法性。

微缩新闻史：回忆录、传记、组织史

将个人和个体组织的过去建构成新闻史一直是组织过去材料的宝贵方法。此处讨论的其他材料中最特别的是这些作品：回忆录、自传、传记、内部记录，以及特定新闻组织的历史。这种作品主要隐含了这样一种假设：对个人过去的详细描述支撑或者体现了更为普遍的原则，以便在更为广泛的层面上理解新闻史。

大部分回忆录和自传的主要内容是按照时间顺序记录的逸事，它们长期以来一直是理解过去的流行方法。这些纪事因新闻环境和民族国家而异，其作者通常是充当历史学家的前新闻工作者，他们回忆自己的经历，赞颂或诋毁某个新闻组织或制度。正如汉诺·哈尔特（Hardt, 1995: 5）指出的，它们的流行意味着"第一批新闻史学家中"许多都"有着专业根基，他们既没有受过历史训练，也没有受过社会科学训练；相反，他们经常离开新闻职业，而从未讲述过自己的故事"。

例如，在英国，由"记者和主编"撰写的回忆录描述了"他们早期的生活、如何进入新闻业……以及如何转向舰队街的工作",这些回忆录有助于研究不同时期的新闻工作者如何应对工作中的两难处境和压力(Bailey and Williams, 1997: 352)。报业的核心历史是五卷本的《泰晤士报史》(*The History of the Times*)(匿名,1935—1958),主要由行业中的从业者(而非职业历史学家)撰写,关注"重要人物……以及他们那个时代的政治"(Scannell, 2002: 199)。在英国,回忆录和自传作为解释性文本似乎始终拥有非同寻常的力量,早期的回忆录和自传(Payne, 1932, 1947; Reith, 1949; Jones, 1951; Fienburgh, 1955; Cameron, 1967)继续为当代的新闻回忆录书单增光添彩(例如,Boyce, Curran, and Wingate, 1978; Curran and Seaton, 1985)。同时,更多的当代回忆录——哈罗德·埃文斯(Harold Evans)的《好时光,坏时光》(*Good Times, Bad Times*, 1994)详细记录了他在《星期日泰晤士报》(*Sunday Times*)的岁月,约翰·皮尔杰(John Pilger)在《每日镜报》(*Daily Mirror*)工作时的故事(Pilger, 1986)——提供的追忆受到了同样的欢迎和赞誉。

在澳大利亚,新闻史比较晚才成为新闻探索整体的一部分(Henningham, 1988; Curthoys, 1999),早期的回忆录出现并得到重印(例如,Gullett, 1913, 转引自 Curthoys, 1999),经过一段时间的盛行,为人们整体看待 19 世纪到 20 世纪初的新闻业提供了一定的透明度(Curthoys, 1999)。20 世纪 60 年代以来,人们努力在新闻的历史学术中引进更具批判性的声音,出现了劳埃德·达马斯(Lloyd Dumas)和西塞尔·爱德华兹(Cecil Edwards)的回忆录(Henningham, 1988),还有约翰·道格拉斯·普林格尔(John Douglas Pringle)的《手中有笔:出发旅行》(*Have Pen: Will Travel*, 1973),详细记述了他在《卫报》(*Guardian*)、《泰晤士报》(*Times*)的生涯和在《悉尼先驱晨报》(*Sydney Morning Herald*)的编辑工作。其他澳大利亚新闻工作者的回忆录——埃塔·巴特罗斯(Ita Buttrose)的《早期版本:我的前 40 年》(*My First Forty Years*, 1985)和菲利普·奈特利的《一个黑客的进化》(*A Hack's Progress*, 1998)——也在 20 世纪 80 年代晚期出现。

在美国语境中,回忆录和自传往往呈现出交替的特点,更新的书籍受到青睐；关于当代人物的书籍往往会代替关于早期人物的书籍，例如本杰明·富兰克林（Parton，1864）、林肯·斯蒂芬斯（Steffens，1931）、爱德华·默罗（Murrow，1941）和哈里森·索尔兹伯里（Harrison Salisbury）（Salisbury，1983），目的是突出诸如弗雷德·弗兰德利（Fred Friendly）（Friendly，1967）、琳达·艾勒比（Linda Ellerbee）（Ellerbee，1986）、沃尔特·克朗凯特（Cronkite，1997）和汤姆·布罗考（Tom Brokaw）（Brokaw，1998）的个人回忆录，详细描述他们在电视网的经历。这些回忆录拥有早期纪事必然缺失的即时性，随着技术进步飞速发展，新的回忆录能够描绘出与理解当代新闻越来越相关的图景。正如丹·拉瑟（Dan Rather）的著作封底推荐词中所称，"本书是他的一手报道，来自最惊人事件第一线——JFK①被杀那天的达拉斯、水门事件、越南丛林、马丁·路德·金（Martin Luther King）之死"。当代新闻回忆录继续受到大众的欢迎，同时人们对新闻权威最近的变化也在不断质疑。CBS前记者伯纳德·戈尔德贝格（Bernard Goldberg）的《偏见：CBS内部人士曝光媒体如何歪曲新闻》（*Bias：A CBS Insider Exposes How the Media Distort the News*，2001）大获成功，该书追踪了30年来他看到的电视新闻对自由主义偏见的处理，凯瑟琳·格雷厄姆（Katharine Graham）的自传详细描述了《华盛顿邮报》的起起落落（Graham，1998），同样高居畅销书榜单之首。

在拉丁美洲，新闻工作者的回忆录和自传主要搜集的是退休新闻工作者的追忆（例如，Dines，1986；Abramo，1989）。与其他地区相比，这些书作为历史学术的一部分发展较晚，其中许多书讲述了新闻工作者生活中的悲剧和胜利，这些新闻工作者往往与政治气候或他们工作的制度格格不入。克劳迪奥·阿布拉莫（Claudio Abramo）详细讲述了通过左翼政治视角编辑一份保守报纸的不寻常处境（Abramo，1989）。阿尔贝托·迪内斯（Alberto Dines）回忆了他在《巴西日报》（*Jornal de Brasil*）长期担任总编辑的工作（Dines，1986），贝尔纳尔多·库辛斯基（Bernardo Kucinski）详细讲述了他

---

① 即约翰·F. 肯尼迪总统。

在毫不掩饰政治倾向的巴西另类报纸《新闻报道》（*jornalismo de causa*）中的经历（Kucinski，1991）。但是，总体而言，拉丁美洲的回忆录主要是不带批判性的文献，从某个角度来看，始终"没有标准，……纯粹由简单、缺乏语境的专题构成"（Marques de Melo，1988：406）。

在任何情况下，这些回忆录和自传的价值都是有限的。它们唤起了"新闻业的怀乡病，认为新闻业遭到经济、政治和技术变革的威胁"（Curthoys，1999：3）。毫不意外，甚至连行业文献也通过纪念周年或者其他特殊场合而在发表回忆录中发挥了作用，例如1971年11月《新闻工作者》（*The Journalist*）用于纪念澳大利亚新闻工作者协会成立60周年而发行的特刊（Curthoys，1999）。

一个与历史叙述有关的模式是大量重要新闻名人的传记，这些传记为历史学术提供了一个重要维度，但是往往只比自传和回忆录多一点点批判性。一方面，"至少到20世纪80年代早期"，这些书籍"构成了新闻历史研究中最重要的类别"，当时，社会历史走上了舞台（Hardt，1995：7）。探索目标可以预见：在美国语境下，关于约瑟夫·普利策及其子（Ireland，1969；Pfaff，1991）、威廉·阿道夫·赫斯特（Nasaw，2000）、爱德华·默罗（Kendrick，1969；Sperber，1986；Persico，1988）、I. F. 斯通（Cottrell，1993）、鲍勃·伍德沃德和卡尔·伯恩斯坦（Havill，1993）的传记相继出现。20世纪80年代，美国开始出版两个系列传记，反映出人们对建立一个全面的传记库的持续兴趣，新闻业可以称之为自己的速写。在英国，传记作家写了诺思克利夫勋爵（Lord Northcliffe）（Ryan，1953；Thompson，2000）和伊芙琳·沃（Sykes，1977）；在澳大利亚，出版了关于鲁珀特·默多克（Rupert Murdoch）（Munster，1985）、詹姆斯·哈里森（James Harrison）、威廉·梅拉芬特（William Mellefont）、约翰·盖尔（John Gale）（Henningham，1988）的书籍，还有一个"日益壮大的行业，专门研究澳大利亚最有影响、最被牢记的新闻工作者——C. E. W. 比恩（C. E. W. Bean）"（Curthoys，1999：4）。有些书结合了大量传记速写，例如弗雷德·英格利斯的《人民的目击者：现代政治中的新闻工作者》（*People's Witness：The*

Journalist in Modern Politics，2002）考察了"这一类型中的巨头们"。该书作者同时也是一位新闻媒体批评家，他将历史和传记写作结合起来，但有时仍然保留了对其所描述的人物惊人的颂扬。

这方面的一些工作提供了对新闻组织的批判性理解，其方式通常是由学者们通过自传或传记来更广泛地阐述新闻。例如，琳达·斯坦纳对美国女性新闻工作者的自传进行了分析，以此为基础讨论她们职业生活中的性别基础（Steiner，1996，1997），而迈克尔·舒德森（Schudson，1988）对比了林肯·斯蒂芬斯和哈里森·索尔兹伯里的自传，用以讨论不同时代的新闻思维模式。

这些纪事叙述了不同时期发生的事情，作为历史记录十分宝贵，因为它们为一个复杂的组织或制度背景提供了第一人称视角。与此同时，从证据的角度来看，它们的作用又有限，因为它们的视角十分主观、单一，并且高度个人化。

第三类小规模记录新闻业过去的历史叙述是对个体新闻组织的案例研究。历时性地考察特定新闻组织的案例研究往往也因民族国家而异。英国的学术按时间顺序记录了《金融时报》（*Financial Times*）（Kynaston，1988）、《卫报》（*The Guardian*）（Ayerst，1971）、《新政治家》（Hyams，1963）、《太阳报》（*Sun*）（Chippendale and Horrie，1992）和《每日电讯》（*Daily Telegraph*）（Burnham，1955；Hart-Davis，1991）的创办。在美国，学者们研究了《华盛顿邮报》（Roberts，1977，1989；Bray，1980）、《纽约时报》（Davis，1921/1969；Berger，1951；Diamond，1995；Tifft and Jones，2000）和《巴尔的摩太阳报》（*Baltimore Sun*）（Williams，1987）以及其他媒体的历史。加里·保罗·盖茨（Gary Paul Gates）从 CBS 新闻撰稿人这一岗位上离职之后撰写了 CBS 的编年史《播报时间：CBS 新闻内幕》（*Airtime: The Insider Story of CBS News*，1978），记录了他在这家电视网 15 年的经历，受到广泛赞誉。在每种情况下，新闻组织都提供了一个有限而可识别的过滤器，可以通过这个过滤器来更广泛地考察新闻的演化。两位《纽约时报》前记者的作品——大卫·哈泼斯坦的《媒介与权势》（*The Powers*

That Be，1979）和盖·特立斯（Gay Talese）的《王国与权力》（*The Kingdom and the Power*，1978）对一些主要的新闻帝国进行了深度的比较研究，将内部人士的权威观点和丰富而具有批判性的细节结合在一起，得到人们的赞扬。

借助所有上述情况——回忆录、自传、传记和个体新闻组织的个案历史——这一历史学术体系建立了一个基础，在此基础上，理论上更加复杂和深奥的历史得以被打磨成形。特别是这一学术与存在已久的历史研究前提保持一致，这些前提使个别环境、个案研究或者实例代替了它所代表的更为广泛的领域，对于在新闻研究地图上确定历史学探索的地位十分宝贵。同时，它对新闻业的巅峰往往不加批判地赞颂，从而揭示了许多与新闻业的表现共同存在的矛盾和问题。

中型新闻史：时期、主题、事件

历史学术的第二个模式提供了一个更大规模的探索，在一些更广泛的冲动下，为学术关注的分散目标赋予了语境。在上述作品关注的个体焦点和其他人提供的更大规模的语境之间，将过去置于上下文中是一条中间道路，写作"中型"新闻史的学者用各种方式——根据时期、根据主题以及根据事件组织自己的研究路径。这里的研究对从事非新闻历史学探索的学者格外有价值，因为它暗示了更广泛的解释机制，可用以理解正在研究的具体事例。同时，这种研究一直受到两种影响：一种是较小规模的学术，一种是被列入更大规模的新闻史的民族国家。换言之，中型新闻史是由个体历史和民族国家的历史形成的。

根据时间段来研究新闻一直是新闻学者的选择框架，但是它似乎吸引了新闻教育者的特别关注，他们按照阶段来教授新闻史符合新闻学院提供的专业课程。用时间段来划分新闻，将研究置于指定的、熟悉的时间段、年代或者世纪之中，这样的分类往往导致大部分此类研究（例如，Smith，1977）都将统一的阶段性强加给不同的实践。例如，在美国语境下，提到殖民地时期的新闻，人们马上就会想到17世纪到18世纪的报纸起源。同样，便士报被一再置于特定的年代,而毫不顾及便士报的许多实践超越了它们的年代这个事实(Nerone,1987)。阶段性的历史反映了更为广泛的、由共识驱动的历史时间段——例如美国的革命报刊和美国革命时期,或者大英帝国和维多利亚英国的维多利亚报刊。通常产生出最广泛的学术的时期往往反映了新闻实践演化中的关键局面。就此而言,便士报始终是美国新闻阶段史中被研究最多的主题。

学者们在围绕一个特定时间段架构自己的学术研究时,也倾向于采取更为明确的时期划分,如一段特定政治管理时期的新闻。例如,在美国,人们说到新闻时会将其与艾森豪威尔政府(Allen,1992)或者肯尼迪时期(Watson,1990)联系起来。有时候,学者们会制定一个与特定时期相关的名人名单,这样一来,殖民地时期的新闻研究就不可避免地注意到本杰明·富兰克林。事实上,按照时间顺序讲述新闻工作者个人的行为在殖民地时期的新闻中很突出,因为在有关美国新闻业的主流神话中,有一部分考察了富兰克林所代表的个体新闻工作者的崛起。

按照时间段进行建构促使人们将对新闻过去的点点滴滴所做的缜密观察组织起来,这种方法放松了它们与现在的比较。查尔斯·E. 克拉克(Charles E. Clark)在讨论殖民地时期报刊时同时指出了报刊出版的工艺维度和商业维度,并说明报刊如何同时既发挥着英国化又发挥着美国化的作用(Clark,1994)。在这一方面,它开创了一个社区建设的先例,这个先例在殖民地时期之后仍然长期存在。杰弗里·帕斯利(Jeffrey Pasley)对杰克逊时期(Jacksonian era)[①] 托马斯·杰斐逊(Thomas Jefferson)如何使用报刊的讨论颠覆了很多关于报纸政治起源的传统观念(Pasley,2003),正如迈克尔·麦吉尔(Michael McGerr)在思考政治投票下降时,将其归因于内战后政治风格的变化(McGerr,2001)。黑泽尔·迪肯-加西亚(Hazel Dicken-Garcia)的《19世纪美国的新闻标准》(*Journalistic Standards in Nineteenth Century America*,1989)积极探寻了内战时期前后的报刊标准、报道和评

---

① 指美国第七任总统安德鲁·杰克逊(Andrew Jackson)。

论,她的分析有助于思考其他的战时标准(Schwarzlose,1989,1990)。乔伊斯·霍夫曼(Joyce Hoffman)分析了白修德(Theodore White)25年的新闻从业经历,指出他从新闻工作者到政治内幕人士的转变反映了当时美国新闻的巨大变化(Hoffman,1995),她的分析同样为思考当代的内幕新闻奠定了基础。

但是,这种类型的历史研究往往要借助对时间段的任性划分,新闻被割裂开来并以此为界限反思每一个历史阶段。例如,在美国语境中,这样的尝试(Sloan,1991)包括革命时期的新闻(1765—1783)、党派或政党报刊(1783—1833)、边疆报刊(1800—1900)、内战前的报刊(1827—1861)、工业报刊(1865—1883)和新式新闻(1883—1900)。最后这个类别是黄色新闻的不同名称,强调煽情主义、鼓吹改革,约瑟夫·普利策的《世界报》(*World*)和威廉·阿道夫·赫斯特的《纽约日报》(*New York Journal*)是其中的典型。在研究最近的过去时,这种界限的固有弱点似乎得到了最生动的反映。在某种程度上,当代分析任性地将现代新闻(1900—1945)从当代新闻(1945年至今)中割裂出来。前者包括记录扒粪运动(1901—1917)、各种各样的新媒体(广播的崛起),以及战时媒体(第一次世界大战和第二次世界大战),后者则更广泛地关注新闻作为一个专业的持续壮大、经济结构的发展、诸如互联网这样的媒介技术变化,以及更加敌对的政府-媒体关系倾向。两个时间段过分承载了如此广泛的话题,不仅反映出区分二者的困难,而且反映出越接近当前,历史学探索步伐越减缓的广泛倾向。

就定义而言,根据时期区分新闻因新闻发展的国家背景而异。例如,在法国,罗伯特·达恩顿(Robert Darnton)讨论了法国革命之前的报刊,提供了另外一个视角来观察报刊在调节官方敏感性方面的作用(Darnton,1985),杰里米·波普金(Jeremy Popkin)详细阐述了在同一时期新闻业用于与公众联系的实践手段(Popkin,1980;亦见 Popkin, Kaplan, and Baker,1990)。波普金将他的分析延伸到法国革命时期的报刊(Popkin,2001),确定了当时的报刊为诸如工人、女性和中产阶级成员这样的边缘人群塑造新身份的方式。在英国,时间段的划分基于与英国史有关的历史时期:露西·

布朗（Lucy Brown）的分析限定于维多利亚报刊（Brown，1985），阿利德·琼斯（Aled Jones）关注的是19世纪的英国报刊（Jones，1996）。乔治·博伊斯（George Boyce）、詹姆斯·科伦、波林·温盖特（Pauline Wingate）按照以下历史时期来划分附录在他们英国报刊研究后的参考文献：1780年以前、1780年至1850年、1850年至1914年、1914年至1945年，以及1945年之后（Boyce，Curran，and Wingate，1978）。这再次表明，最近的时期似乎是最难达成共识的时期。其他研究，例如约瑟夫·弗兰克（Joseph Frank）对英国报纸开端的分析，限定了探索时期——在弗兰克的例子里，是短短40年（1620—1660）（Frank，1961）。马修·恩格尔（Matthew Engel）的《逗弄公众》（*Tickle the Public*，1996）是关于英国小报的编年研究，其副标题是"大众报刊100年"（One Hundred Years of the Popular Press）。

但是，即使时间标记唾手可得，如年代或世纪，也不能保证对所涉时期的统一看法。例如，近30年的便士报时期（1833—1861）——人们认为在这个时期美国报纸走向现代报刊，走向更廉价、更大众化、更煽情的报纸——受到学者们的不同分析，对于它的规律性特征，既有人支持，也有人反对。虽然主流新闻史学家认为便士报的出现和"普通人"的崛起紧密关联（例如，Emery and Emery，1996：121；亦见Mott，1941/1962），但是像迈克尔·舒德森和丹·席勒（Dan Schiller）这样的修正主义历史学家却主张对它的价值进行更细致的、不那么值得庆贺的解读（Schudson，1978；Schiller，1981）。将近10年之后，约翰·内罗内（Nerone，1987）提出了一个更具批判性的视角，责备大部分研究便士报的顶级学者，认为他们在判断和解读方面存在错误，夸大了那个时代的真实情况。作为回应，一些学者公开反驳内罗内的断言，指责他错误地将主流历史学家和修正主义历史学家混为一谈，低估了便士报独有的特征，未能看到他们学术中的批判锋芒。甚至在今天，许多相同的兴趣再次出现在改编过的叙事之中（Mindich，1998）。此外，很多此类作品被弱化为与可识别的时期的简单化联系，例如，人们在引用舒德森的《发掘新闻》（*Discovering the News*，1978）时总是和便士报联系在一起，尽管事实上，该书研究的是20世纪20年代。

按照主题建构新闻业的过去为中型新闻史提供了第二种方式。这样的历史通过事先确定的主题兴趣、借助对新闻业如何运作的广泛理论理解,将过去置于语境之中,为组织新闻史材料提供了有用的解释机制。人们提出了各种各样的主题,例如新闻实践如何顺应技术发展,或者特定的新闻实践如何演化以应对市场压力,正如威廉·所罗门(William Solomon)和罗伯特·麦克切斯尼(Solomon and McChesney, 1993)的讨论,多年来,新闻形式的边缘化挑战了一个被普遍接受的观点,即在新闻环境中资本主义和民主相互依存。例如,迈克尔·华纳(Michael Warner)运用批判理论和结构方法解释殖民地时期印刷的意义(Warner, 1993),阿尔伯特·克雷林(Albert Kreiling)考察了非裔美国报刊为回应商业主义而不得不采取的不同新闻模式(Kreiling, 1993)。有些问题受到所有人的关注,例如针对报刊的暴力(Nerone, 1994)、女性历史和新闻(Steiner, 1997; Beasley, 2001),以及宗教和新闻的相互作用(Nord, 2001, in press)。托马斯·莱纳德(Thomas Leonard)重新思考了随着时间推移人们是如何利用新闻的(Leonard, 1995)。尽管日报数量及其读者人数下降、报纸所有人的数量减少、其代表的政治观点变窄,但是,个人根据自己的喜好选择新闻的权力随着时间推移而增加,从而使围绕着新闻的不同阐释共同体和环境重新焕发了活力。

其中一些历史研究在主题上追踪了某些特定新闻实践的演变(例如,Schwarzlose, 1989, 1990; Baldasty, 1999),将它们置于一个更加广泛的语境之下解释其发展。在这方面,一位澳大利亚人的著作可能最有名,那就是菲利普·奈特利。他是《星期日泰晤士报》的前战地记者和调查记者,后来转型成为新闻史学家(Hobson, Knightley, and Russell, 1972;亦见Knightley, 1998),但是人们通常认为他的著作整体而言是新闻的深度编年史。他的《第一个受害者》(*The First Casualty*, 1975)一书仍然是谈及战时新闻史时被广为征引的作品。这里另一批著名作品是关于客观性概念的研究。迈克尔·舒德森(Schudson, 1978)在《发掘新闻》中对便士报以来的新闻写作实践进行了全面而富有洞察力的分析。他通过社会学透视历史学探索,研究了公共标准的变化,指出美国新闻业倾向于用这些标准进行自我建构。

舒德森将这些标准定位在记者的思维模式中，而不是在要求专业化的外部压力下，他绘制了一幅复杂的地图，描绘了便士报来临时所精心采用的新闻实践中相互矛盾的紧张关系。据此，他确立了客观性实践的历史，成为评价无数其他作品的标准（Smith，1978；Schiller，1981；Nerone，1987；Hackett and Zhao，1998；Mindich，1998）。

其他新闻实践的演变，例如扒粪运动（Shapiro，1968）、另类报刊（Kessler，1984）、赛马式新闻（Littlewood，1998），或者报纸设计（Barnhurst and Nerone，2001），也吸引了学界关注。某些背景被有计划地作为一种解释新闻实践随时间变化的方式，如19世纪美国报刊商业主义的崛起（Baldasty，1992）、新闻自由早期形式的打磨（Smith，1988，1999），以及新闻中行业实践的兴起（Kielbowicz，1986）。此处，战时新闻史引发了一股学术狂潮，即讨论每一个战争时期如何发展出自己的新闻学著述。在英国，克里米亚战争和马岛战争期间的新闻实践在研究历史背景的学者著述中占有一席之地（Knightley，1975；Harris，1983；Morrison and Tumber，1988；Lambert and Badsey，1997）；在美国，学者们对越战（Braestrup，1977；Hallin，1986；Arlen and Thompson，1997）、五角大楼文件（Sheehan，Smith，Kenworthy，and Butterfield，1971；Rudenstine，1996）和海湾战争（Gerbner，Mowlana，and Schiller，1992；Kellner，1992；Denton，1993；Moore，1993；Bennett and Paletz，1994；Taylor，1998）进行了类似的研究。要么通过讨论战争中遍布各地的军事前线和随军记者（例如，Schwarzlose，1989，1990），要么通过分析诸如摄影（Moeller，1989；Zelizer，1998b）和军方报刊（Cornebise，1993），二战中的新闻业得到了考察。有些研究的关注范围比较狭窄，比如对摄影史和战时的研究（Lewinski，1978；Taylor，1991；Brothers，1997），这种研究为战争新闻提供了广泛分析，但是极少和非战争新闻实践联系起来。

基于这一背景，出现了大量通过技术进步主题来研究新闻业过去的作品。这里发表的研究追踪了新闻史的大致轮廓，重点在于其技术和那些使用其设备的所谓伟大人物。这些纪事追随着大量的传播学研究成果，为理解实践提出了技术决定论，采用了通常被称为宏大叙事的方法，描绘了新的新闻媒体从洞穴绘画时代以来的发展方式（例如，Streckfuss，1998）。此处最重要的作品是米切尔·斯蒂芬斯（Mitchell Stephens）的《新闻的历史》（*A History of News*，1988），其副标题是"从手鼓到卫星"（From the Drum to the Satellite），提供了一个涵盖广泛的新闻史之旅，强调了促使新闻业从早期发展至今的持续推动力。有些作品通过讲述媒介历史而非新闻本身的历史研究了技术进步，讨论了特定的大规模技术环境和它们影响新闻业的方式。例如，戴蒙德（Diamond，1975）和史密斯（Smith，1998）为批判性地思考电视这个媒体如何挑战、塑造和改变更为传统的新闻形式打下了基础。在澳大利亚、英国和美国，新闻摄影的历史得到了考察（Carlebach，1992；Griffin，1994）。同样，技术主题也塑造了对报刊的前身（Frank，1961；Schaaber，1967）、通讯社（Boyd-Barrett，1980b；Blondheim，1994）和广播（Douglas，1987；Smulyan，1994）的考察，尽管关于互联网的研究（例如，Borden and Harvey，1998）尚未产生它自己的历史思考。

最后，通过关注一个事件或者一系列事件（这些事件反映了更广泛的新闻实践问题），新闻业的过去得到了研究。在这方面，通过一个事件过滤过去，将广泛的讨论限定在一个可以识别的、某种程度上有限的焦点上，从而有助于提炼范围广阔的讨论。这种研究往往聚焦于一个特定民族国家的重要转折点或者公共事件，例如战争、政治变革、社会经济秩序的变化和政治丑闻。因此，有人通过麦卡锡主义（Bayley，1981）、水门事件（Schudson，1992）或者肯尼迪遇刺（Zelizer，1992b）来透视美国新闻史。有时候，一个国家得到分析是因为它对另外一个国家产生了影响，例如英国报刊如何报道美国革命（Lutnick，1967）。有时候，人们也通过对有争议的公共议题、政治运动、战争或者道德恐慌的报道来透视新闻。例如，莱奥·查韦斯（Leo Chavez）全面考察了美国新闻界在35年的时间里对移民的报道（Chavez，2001）。

这种对历史学术进行分类的方法界定了一种特定的时间逻辑，人们据此认为新闻的运作分为不同的时期。但是，它的局限显而易见。它制造了一种任性的划分,将新闻的阶段性发展与其他领域的发展割裂开来。例如,在殖民地时期的新闻业及其对报刊起源的强调中,小册子和单张文献——有人认为它们实际上是最初的媒体——从分析焦点中消失了。此外,这种方法给每个时代都提供了一种统一的分析,导致这个时代过度独立于更加漫长的历史周期。采用一个事件、一段时期或者一个主题作为一种建构策略在研究历史时起着某种合法的作用,因为它避免了建立一个要求他人同意的分析框架的需要。也就是说,这种策略的价值在某种程度上受限于其分析的特殊性。

当新闻史学家将注意力转向新闻的内部细微差别之时,精心制作中型新闻史就吸引了人们的兴趣,这在新闻的社会史中尤为普遍。用博伊斯、科伦和温盖特(Boyce, Curran and Wingate, 1978:13-14)的话来说就是,"人们感知新闻界角色的方式、受众对受众的期待、报人的价值观和信仰、精英对新闻界的态度,所有这一切都有助于我们理解"新闻的"本质和发展"。借助进化的透镜关注一个议题、一个问题或者一个概念使得学者们能够通过分散的、可理解的分析目标对新闻进行广泛的讨论。

大型新闻史:民族国家

研究新闻史的长期动机之一是它与民族国家的发展息息相关。在这方面,有相当数量的文献追寻了与国家历史相关的新闻史。这些著作往往是为了教育目的而在新闻学院写就,内容涉及从自然主义的、通常是对过去的非理论回顾到对新闻业如何与国家建设的更大目标结合形成的批判性反思。显然,这一学术成果包含了此处所讨论的各种选择的最广泛的探索框架,对新闻和民族国家之间的制度性联系进行了大规模的考察。

第一批将新闻的历史和民族国家的历史联系起来的研究认为新闻承担了与国家建设有关的任务。在英国,报纸的历史可以追溯到19世纪中期,当时亚历山大·安德鲁斯(Alexander Andrews)发表了他两卷本的《英国新闻史》(*History of British Journalism*, 1859),探究了报刊在建设英国社会中的作用。随着时间推移,类似的研究也接踵而至(例如,Fox Bourne, 1887,

转引自 Boyce, Curran, and Wingate, 1978; Morision, 1932; Stutterheim, 1934; Williams, 1958; Taylor, 1961), 为英国报刊的创办和战后年代的维持绘制了一幅详细的制度环境图景 (Seymour-Ure, 1991)。后来, 这个环境成为讨论其他新闻制度的基础, 例如广播(例如, Briggs, 1961 – 1995)。但是, 二者之间的区别显而易见, 正如詹姆斯·科伦 (Curran, 2002c) 比较了英国成功的广播改革和失败的报刊改革后所指出的那样。亨利·迈耶 (Henry Mayer) 的《澳大利亚报刊》(*The Press in Australia*, 1964) 是澳大利亚报刊研究的重要著作, 在出版后的相当一段时间里仍然是里程碑式的研究, 原因在于这样一个事实, 就像作者在前言中抱怨的那样, 在那个年代, 对新闻的历史研究远远不够: "我一直不得不在这个自己并不具备特殊才干的领域里从事费力的基础工作。"(转引自 Curthoys, 1999: 4) 后来, 其他学者, 比如 R. B. 沃克尔 (R. B. Walker)、罗德·柯克帕特里克 (Rod Kirkpatrick) 和约翰·亨宁汉姆在 20 世纪 60 年代提供了一些令迈耶深感不易的额外细节 (Walker, 1980; Kirkpatrick, 1984; Henningham, 1988)。雷蒙德·库恩 (Raymond Kuhn) 的《法国媒体》(*The Media in France*) 全面考察了 1945 年以来法国媒体的演化, 着重关注新闻与国家的关系 (Kuhn, 1995; 亦见 Frenczi, 1993)。

与此相关的是一种自然主义历史模式, 它遵循与国家建设各阶段相关的不同历史阐释流派的原则。在美国语境下, 六个历史阐释"流派"——民族主义的、浪漫主义的、发展的、进步的、共识的和文化的——将讲述历史和当时国家盛行的神话结合起来, 被认为是讲述过去的相关方式 (Startt and Sloan, 1989; 亦见 Sloan, 1991)。尽管这些阐释流派从来没有自觉意识到阐释的形式, 但是它们一起构成了一系列阐释性立场, 按照新闻对美国民族国家发展的影响来讲述新闻过去的故事。在每种情况下, 阐释流派都随着历史学探索趋势的改变而改变, 例如, 当社会历史成为一种常态时, 它们就表现出更多的对社会语境的兴趣。[3]

因此, 例如, 将新闻的过去当作专业主义进行考察的著作在大型新闻史上名列前茅。弗雷德里克·哈德逊 (Fredric Hudson) 的《美国新闻业: 从

1690 年到 1872 年》(*Journalism in the United States, From 1690 to 1872*, 1873) 广受赞誉，它的出版是为了回应 19 世纪早期便士报的兴起 [特别是 1833 年《纽约太阳报》(*New York Sun*) 的兴起]，将一套对新闻的替代性期待介绍到美国的新闻学院，这些期待与专业主义相关观念联系在一起；但是，哈德逊本人并不是历史学家，而是《纽约先驱报》(*New York Herald*) 的总编辑。另外两个框架相似的学术典范是詹姆斯·梅尔文·李 (James Melvin Lee) 的《美国新闻史》(*History of American Journalism*, 1917) 和威拉德·布莱耶的《美国新闻史的主要趋势》(*Main Currents in the History of American Journalism*, 1927)。女性进入这一行业为一个里程碑式的早期文本的出版奠定了基础，伊莎贝尔·罗斯 (Ishbel Ross) 的《新闻界的女士们》(*Ladies of the Press*, 1936) 考察了女性作为新闻工作者希望达到的发展目标。但是，在美国，按照这些思路创作的经典文本还属弗兰克·路德·莫特的《美国新闻业——美国 250 年报纸史：1690—1940》(*American Journalism: A History of Newspapers in the United States Through 250 Years: 1690 - 1940*)。该书最初写作于 1941 年，此后多次重印 (Mott, 1947, 1950, 1953, 1962, 2000)，围绕着"进步"这一概念，将新闻的发展与更大的专业主义进步进而与民族国家和民主制度联系起来。这些主题在包括美国新闻学院院长协会 (American Society of Journalism School Administrators) 在内的新闻教育者组织的基本原则中产生了反响。例如，1958 年一位新闻教育者写道：

> 半个世纪中，本国的新闻教育已经从笨拙的婴儿期、不确定的儿童期发展到了青春期，其标志是人们惊讶地发现它的权力正在日益强大。如今它正在进入一个成熟期，一个值得注意的成熟期，因为它具有努力追求进步的内省式的自我批评和自我意识。（转引自 Sloan, 1991：219）

在此背景下，诸如弗雷德·弗兰德利 (Friendly, 1967)、A. M. 斯珀波尔 (Sperber, 1986) 和约瑟夫·佩西克 (Joseph Persico) (Persico, 1988) 等人的著作都确立了一些前提，并基于这些前提，以专业主义及其与民主自由的联系的名义来评价特定的个人、组织和制度。

将新闻史与民族国家史联系起来的另外一种备受青睐的方式是进步主义，其观点是在社会中工作的新闻工作者引起的变化是民主得以改善的核心。在这里，媒体所有人、商人、实业家，或者任何有钱有势的人都是坏人，因此新闻界的发展被视为一种改革机制。奥斯瓦尔德·加里森·维拉德（Oswald Garrison Villard）的《某些报纸和报人》（Some Newspapers and Newspapermen，1923）批评美国发行人的物质主义，认为他们为了财务目标而牺牲了新闻制作的质量。同样，哈罗德·伊克斯（Harold Ickes）的《美国上议院》（America's House of Lords，1939）和乔治·塞尔迪斯（George Seldes）的《新闻自由》（Freedom of the Press，1935）反对大企业对新闻界的控制及其对新闻自由的潜在破坏。大部分当代新闻批评史都在精神上（如果不是名义上）采用了进步主义的原则。按照威廉·斯隆（William Sloan）的观点，他们从自由主义经济视角写作，其目标是批判性地评估新闻界的短处，这些短处与媒体所有人的经济动机相关。例如，芭芭拉·马图索（Barbara Matusow）指出，电视主播认为电视的弱点源于它在经济上依靠广告商和逐利（Matusow，1983）。同样，乔治·博伊斯、詹姆斯·科伦、波林·温盖特对英国报刊史的精彩考察旨在说明与"资本所有制、生产系统、劳工部门和知识体制化"相关的问题（Boyce, Curran, and Wingate, 1978：13）。

对于新闻与国家之间的联系，还有其他一些由共识驱动的解读，包括一项追踪新闻业在维护团结中所扮演的角色的系统工作。此处的例子包括伯纳德·贝利林（Bernard Bailyn）的《美国革命中的小册子：1750—1776》（Pamphlets of the American Revolution，1750-1776）。贝利林的著作成书于1965年，两年后，当他的《美国革命的意识形态起源》（The Ideological Origins of the American Revolution）获普利策奖时，该书得到了重印（Bailyn，1967）。根据他的观点，革命是一种意识形态斗争，而非阶级斗争，而小册子是表达舆论的论坛。一个最近的例子是乔治·H. 道格拉斯（George H. Douglas）的《报纸的黄金时代》（The Golden Age of the Newspaper，1999），该书追踪了新闻界在130年间如何将其服务对象——公众组成一个集体。道格拉斯审视了新闻业巨头——詹姆斯·戈登·贝内特、查尔斯·达纳（Charles Dana）、阿道夫·奥克斯（Adolph Ochs）——并做出总结：新闻界在 20 世纪 20 年代已经达到了巅峰，当时，新闻工作者和他们的公众之间产生了一种由私人纽带形成的亲密关系。当民族国家遇到麻烦时，共识性新闻史往往会激增。例如，在战争时期，持这种视角的研究会大量出现，人们将媒体所有人看作为社会做出贡献、具有高标准的个人，研究人员则考察了诸如战争时期的表现和审查这样的紧迫问题（Larson，1940；Moffett，1986）。当民族国家正在经历动荡时期或者一定程度的不稳定时也往往会出现共识性解释，这一点我们在以色列、中东各处、拉丁美洲部分地区和非洲地区的新闻中都可以看到。

将新闻业的过去与民族国家的出现和发展联系在一起讲述时，宏大叙事是一种广受青睐的方式。例如，重印了无数次的《美国新闻史》（*The Press and America*）（Emery and Emery，1999）讲述了从殖民地时期和美国革命的早年岁月到 19 世纪至 20 世纪的变革时期的美国新闻界的发展故事。每个版本的结尾都对当代技术的挑战进行了略有不同的讨论。罗杰·斯特莱特曼特（Roger Streitmatter）的《笔锋胜剑：新闻媒体如何塑造美国历史》（*Mightier Than the Sword：How the News Media Have Shaped American History*，1997）将新闻业的高峰和低谷娓娓道来，高峰是成功地扭转舆论、反对奴隶制和抨击市政腐败，低谷是尴尬地将广播作为论坛提供给反犹太人论调和催生了后来被称为"脱口秀选举"的节目。斯特莱特曼特争辩说，笔锋胜剑（此为标题之由来），媒体自身在这方面做了很多工作。用他的话来说，"新闻媒体塑造了历史。毫无疑问。显而易见。引以为荣。热忱如火。意义深远"（Streitmatter，1997：234）。在澳大利亚，格雷姆·奥斯本（Graeme Osborne）和格兰·刘易斯（Glen Lewis）考察了新闻媒体、电影和广播，展示了国家建设、文化影响和社会控制的广泛功能是如何不同程度地发展的（Osborne and Lewis，1995）。

但是，作为塑造探索过去的一种模式，宏大叙事因为将复杂而微妙的环境简单化而受到批评。例如，一个英国新闻史综述指出，宏大叙事往往是以牺牲对潜在结构特征的阐释为代价的:"太多的报纸历史是从'伟大人物'的角度来写的,而不是用塑造新闻界的社会和经济力量来写的"(Boyce, Curran, and Wingate, 1978: 13)。或者,像彼得·戈尔丁和菲利普·埃利奥特所说,"历史漫漫,伟人寥寥"(Golding and Elliott, 1979: 7)。

因此,毫不奇怪,批判性更强、不那么自然主义的历史学术出现了,这一学术探讨了民族国家和新闻之间的联系。大部分此类著作来自文化领域,例如社会学家罗伯特·帕克的经典论文《报纸的自然史》(The Natural History of the Newspaper, 1925)和《新闻作为知识的一种形式》(News as a Form of Knowledge, 1940)争辩说,新闻是它随着时间推移与周围的文化互动的结果。在美国语境中,西德尼·科布里(Sidney Kobre)推进了这一研究。他在一系列著作中指出,理解媒体的历史不能不考虑到环境影响。在四分之一的世纪中,科布里的五部著作——《殖民地报刊发展》(Development of the Colonial Newspaper, 1944)、《美国新闻业的基础》(Foundations of American Journalism, 1958)、《现代美国新闻业》(Modern American Journalism, 1959)、《黄色新闻与镀金时代新闻业》(The Yellow Press and Guilded Age Journalism, 1964)和《美国新闻业的发展》(The Development of American Journalism, 1969)——考虑到了诸如城市发展或者广告媒体的商业需要等影响因素。在英国,艾伦·J.李(Alan J. Lee)的《英国大众报刊的起源:1855—1914》(The Origins of the Popular Press in England, 1855-1914, 1976)探讨了大众报刊的环境影响。

这种学术引入了大量批判性历史研究,从不同框架考察了新闻和民族国家的关系。毫不意外,很多这类大型历史都紧紧围绕着新闻和政治领域的关系进行组织。例如,人们认为,对历史的辉格式阐释是讲述英国新闻史的盛行主题,它提供了一个模式化的陈述,讲述了一个"自由"的政治新闻界出现的故事,它的出现战胜了政府的审查和控制(Curran and Seaton, 1985: 5-113)。詹姆斯·科伦和吉恩·西顿(Jean Seaton)引用广为流传的斯蒂芬·科斯(Stephen Koss)的历史著述(Koss, 1981, 1984)作为这种观点的主要阐述者,断言市场发挥了积极作用,因为它同时保证了公民自由和新闻自治。相比之下，科伦和西顿指出，真正的时代"英雄"是 19 世纪初受到压迫的激进报刊，而市场是坏人，它破坏了政治报刊的生存能力（Curran and Seaton，1985；亦见 Scannell，2002）。广告帮助改写了报刊的财务基础，而这样做助推了激进报刊的衰落。

这种研究往往追溯了一个特定新闻媒体和一个民族国家的共同演化。例如，弗朗西斯·威廉斯（Francis Williams）的《危险阶级》（*Dangerous Estate*，1958）追溯了英国新闻界 300 年的历史。广播在全球如在英国（Smith，1973，1998；Scannell and Cardiff，1991）、美国（Diamond，1975；Hilmes，1997）、法国（Meadel，1994）和澳大利亚（Inglis，1983；Johnson，1988）吸引了广泛关注。有些此类研究体现了赫拉克勒斯般的努力（Herculean efforts），涵盖了所有相关细节。埃里克·巴尔诺（Eric Barnouw）出版了关于美国广播史的三卷本著作（Barnouw，1966 – 1970），即使其缩写版收获了更多赞誉（Barnouw，1975）。英国历史学家奥萨·布里格斯（Asa Briggs，1961 – 1995）创作了一流的英国广播制度史，历经 35 年的时间出版了五卷著作，第六卷委托吉恩·西顿完成（Scannell，2002）。正如帕蒂·斯坎内尔所说，布里格斯面临的问题是历史性的：

> 他想要撰写一部"完整的"历史，涵盖 BBC 活动的方方面面……当他的叙事逐渐向着所有一线推进，组织和梳理叙事的真正困难就出现了：国内广播、海外广播、广播和后来的电视。撰写一部制度史困难重重，可能导致"自上而下的历史"。……存在只见树木不见森林的危险……最后是视角的问题。（Scannell，2002：200）

因此，布里格斯希望他的历史是确凿无疑的，事实上他提供了"一个历史学家的历史"，允许后来的研究者"不必重新搭建布里格斯建造的房子"就能从事学术研究（Scannell，2002：201）。甚至其他国家的广播系统历史学家都表示欠布里格斯的债（例如，Dahl，1976；亦见 Scannell，2002）。但是，与此同时，作为后来者的学术榜样，布里格斯的原创作品中对威尔士或者苏格兰媒体的关注相对较少。

新闻与国家之间的联系产生了它自己的关于新闻业过去的具体叙事。在英国，反对"知识税"（taxes on knowledge）①的长期斗争促使人们讨论自由报刊和自由主义理想的胜利（Curran and Seaton，1985），即使第四权力的概念受到来自维多利亚时代的证据的挑战（Boyce，1978；Curran，1978）。在许多发达的资本主义社会，包括法国（Belanger，Godechot，Giral，and Terrou，1969-1974）和英国（Hoyer，Hadenius，and Weibull，1975；Murdock and Golding，1978），人们认为新闻所有制模式和经济规范的演化是一种常见的对新闻自治的共同挑战。研究1890年以后诺思克利夫在英国的"革命"（Catterall，Seymour-Ure，and Smith，2000），英国报刊的进一步普及及其与市场经济、公共领域的联系（Williams，1978；Conboy，2002），20世纪末小报化的发展（Engel，1996）的著作提供了另外的例子，对新闻和国家之间的联系提出了质疑。

同时，学者们挖掘出了一种不言而喻的共识，就是在许多现有的历史学术中，某些将新闻与国家联系起来的特定做法被视为理所当然。例如，吉恩·查勒比（Jean Chalaby）指出，新闻业本身是"盎格鲁-美利坚的发明"，因此美国和英国以信息和事实为中心的观念在法国并不能得到支持（Chalaby，1998）；他还提出了强有力的可能性，即欧洲新闻工作者对文学理想趋之若鹜，占据了美国新闻工作者被职业理想填充的"心理空间"（Chalaby，1996）。

关于历史与新闻的争论

用三个嵌套框架的其中一个来建构关于新闻业过去的探索为其赋予了合法性——如此一来，历史被缩写为回忆录、自传和组织历史；按照时代、主题和事件进行组织，写成中型历史；按照与国家民族的关系写成大型历

---

① 1712年，英国国会在托利党人操纵下通过法案，规定对所有报刊一律征收印花税，同时对报刊使用的纸张征收纸张税，刊登的广告征收广告税，以及后来出现的报纸副刊税等，这些税种被统称为"知识税"。

史——使得新闻史更易接近。这种做法不仅提供了一个相对容易的方法扫描浩瀚的文献记录，而且其历史演化的紧密逻辑给相互矛盾的数据提供了梳理方法，否则它们就是一团乱麻。有时候，历史学探索将人类的面孔置于千篇一律的社会力量和结构之后。有时候，它提供了一个重要的故事来理解复杂且往往相互矛盾的程序和实践，但也显示了为了叙事衔接而简化复杂性和平息矛盾的弊端。因此，新闻史往往与它们想要讲述的故事的环境偏离太多，有时甚至超出了所考察的具体事例，无法推而广之。

因此，此处的观点是，目前尚不清楚谁能够对过去做出断言。关于谁有资格讨论历史、如何评价那些讨论者、哪些证据可以得到最好的利用和以什么为目标，以及如何将历史学家归类并区分彼此，学者们对这些问题还未达成共识。换言之，正如罗宾·温克斯（Winks，1968）指出的，除了以证据为基础，学者们尚未有其他方法进行评价。但是，那些证据的价值往往不易评估。

在这个背景下，关于新闻历史研究的基本观点仍然存在。历史学探索不仅属于传播和新闻学术的内部讨论，也属于关于历史学探索形式的更大讨论。这种双重敲打将新闻史定位在一个奇特的位置上，并且使人们认识到其不确定性视角的缺陷，即人们是否能够确切地知道正在争论的内容是否重要。尽管如此，历史学探索的优势还是清楚的，特别是涉及新闻学术的时候。历史学探索为急需它的领域提供了深度，并通过建立随着时间推移而变化的实践模式来加深理解。本质上，这里的基本假设是历史学探索给其他类型的探索提供了什么。它不仅深化了这个领域，而且，根据玛丽·曼德尔（Mary Mander）的观点，"它提供了语境——与意义密切相关的现象"（Mander，1983：11）。她指出，没有它所提供的历史维度和社会语境，就不能充分地理解传播行为的意义，而历史学著作"可能成为迷人时代的文艺作品"（Mander，1983：11）。

因此，简而言之，和其他的学科视角一样，历史只有在有限的视角下才可能是好的或者是坏的。它给新闻研究带来了时间上的优势，要求在新闻学术的广阔世界中获得承认，拥有一席之地。但是，与此同时，历史学探索总是片面的，因此它依赖于合法化机制，通过这些机制，作为学者的我们支持或者反对它所提供的对过去的阐释。

注释

[1] 凯瑞的呼吁既获得了支持（例如，Marzolf，1975；Ward，1978），也遭到了反对（例如，Nord，1988），他们叹息说凯瑞的建议无法实施，而他提出的变化业已存在多年。然而凯瑞的声明一直是新闻史上最具煽动性的事件。事实上，随着时间推移，作为新闻的历史学探索的模板，它在其他新闻研究中得到了再现。

[2] 从很多方面来看，内罗内的哀叹描述了历史学家和新闻工作者之间的相似性。新闻工作者在19世纪循着与历史学家类似的路线发展成为一个职业共同体。特别是在美国，新闻工作者和历史学家一样，基于普通的方法开展工作、通过明确接受客观性教义发展成为专业人士、努力按照其本来面目讲述昨天或者今天的世界、依赖记叙文和叙事学，以上种种虽然没有在实践中明文规定，但无论如何都有助于新闻制作规范的发展［见研究者对历史学家的讨论（Novick，1988）］。

[3] 斯隆（Sloan，1991）认为，这些流派有如下区别：19世纪早期发展起来的民族主义的阐释流派将新闻媒体看作为民族国家的发展做出贡献的工具。他们关注的观点包括新闻自由或者新闻工作者作为民族主义爱国者在美国语境中的定位（Thomas，1810），以及在英国对新闻史的辉格式阐释（Sloan，1991：3；亦见Curran and Seaton，1985）。民族主义的阐释往往出现在民族国家需要来自环境的支持之时，例如当国家不稳定或者不安全的时候。18世纪晚期发展起来的浪漫主义的阐释流派为人类的进步提供了一个个人化的怀旧视角。它们往往将自传、回忆录和传记结合起来，将历史看作主要由闲暇之人——熟悉自己笔下人物的印刷商或者出版商——打造的文学艺术（例如，Parton，1864）。这一流派在水门事件之后再次出现（例如，Halberstan，1979），当时"发生在那十年和20世纪60年代的迷人事件可供作者们思考"（Sloan，1991：336）。就像斯隆所说的，"许多作者在写到电视时都会使用激

昂、新奇、理想化的词汇……高于生活的词汇"。发展的阐释流派从20世纪早期开始作为专业主义者出现于美国，专业主义成为思考新闻的一种方式；新闻史被视为新闻实践、规范和原则的演化；新闻界本身被视为一种环境，通过这种环境，新闻专业得以持续演化。这些纪事强调的是新闻界如何成为新闻工作者用以提高自己专业身份的工具（例如，Hudson，1873；Lee，1917；Bleyer，1927；Mott，1941/1962，2000）。发展的阐释流派在水门事件之后的岁月中得到了复兴，当历史被视为媒体与诸如宗教、政府和大企业这样的既有体制（Startt and Sloan，1989）之间的冲突时，发展的阐释流派在讨论战时的新闻自由、媒体在日益严峻的国家安全形势中的自治中重新出现，所有这些都被编纂成与民主的存在有关的专业问题（例如，Braestrup，1977）。进步的阐释始终是受到讨论最多的阐释模式，主要是因为我们今天所知的美国新闻业大部分都发端于进步年代，使其成为讲述新闻业过去故事的明显候选者。进步的阐释出现于1910年左右的美国，它援引自由、民主、平等和国内改革等观念，为倾向于改革的历史学家——这些历史学家受到广义历史学家如弗雷德里克·杰克逊·特纳（Frederick Jackson Turner）或者查尔斯·彼尔德（Charles Beard）的影响——提供了一个使新闻工作者反对上层阶级的机会。在这里，意识形态冲突被视为核心，而且在经济方面也经常出现。这一流派的编年史记录者并不总是职业新闻工作者，相反，他们往往是毕业于新闻系的历史学家，开始更多地将历史学探索视为科学而非艺术，其部分原因是历史学家自身变得更加专业了（Villard，1923；Seldes，1935；Ickes，1939）。共识的阐释流派作为对大萧条和第一次世界大战的回应而于20世纪上半叶开始发展，当时某些历史研究者试图通过他们的纪事来产生共识而非冲突。一般来说，新闻工作强调一致和团结，从而被视为实现国家统一和帮助政府的工具。共识的历史学家赞扬媒体所有者作为企业家在这场战争中表现出色（Bailyn，1965；Douglas，1999）。最后一个阐释流派是文化的阐释流派，它的发展前提是媒体运作与其环境密切相关。在这里，媒体被视为社会的一部分，受到媒体外部因素的影响，文化历史学家主要对社会如何影响媒体感兴趣，而非相反。这一流派提倡消除"伟人"纪事，支持把个体视为他们工作的大文化框架代理人，而不是那么强大或重要（Kobre，1944，1958，1959，1964，1969；Carey，1974；Lee，1976；Schudson，1978）。阐释方法流派的局限性体现在它的头衔上：学者们采用一个特定的"阐释流派"，将一种先验的统一分析强加于所描述的事件。尽管这无疑产生了高度连贯和统一的历史事件记述，但是也往往使它提供的解释给人一种单一的感觉。

第五章　语言研究与新闻

在探索新闻的世界里，对新闻语言进行考察还是一个相对新奇的现象。尽管语言是新闻的核心，但是学者们只是在最近30多年间才显示出对考察其语言的持续兴趣。语言的正式特征例如语法、句法和词汇选择，以及不那么正式的特征例如讲故事的框架、语篇模式和模式化叙事，二者相结合创造了一个信息传递的多层次系统。随着新闻业不仅拥有了印刷媒体，还拥有了广播、电视、有线电视和新媒体，它的复杂性也一直在增加。如今，声音、静止图片、移动视觉效果和互动模式都已成为新闻工作者用以提供信息的语言的一部分。随着新闻业面向日益复杂的信息传递系统发展，什么构成了新闻语言的观念也同样在增长。

语言研究来自这样一个观点：新闻讯息并不透明，也不简单，它对关于生活形态的更大讯息进行编码，而不仅仅是构成新闻事件的一系列行动。在任何地方显然都不存在对文本的简单阅读；相反，阅读文本总是意义建构的社会偶然性和协商过程的产物。阅读必然涉及对一个文本是否适合更大的认知、社会、文化、政治和/或经济语境的微妙考察。语言研究摆脱了对世界的某种经验主义偏见，即那种"所见即所得"的立场，新闻工作者很容易用这个立场来吹捧自己作为现实仲裁者的自我呈现，提供了一个内容广泛的规则，用以考察处于不同的、往往相互矛盾的语境中的语言。这个规则将新闻作品的微观分析维度和宏观分析维度相联系，其关键之处是先验地接受新闻涉及建构这个前提。

语言研究

随着全世界学术界的广泛发展，特别是传播学、社会学、人类学和语言学领域的学者在20世纪60年代末70年代初开始独立拓展他们关于语言的分析层次，对新闻语言的探索逐渐成形。根据托伊恩·梵·迪克（Teun van Dijk）的说法，有四个历史性的进展为更具创造性、更完整的跨学科语言研究铺平了道路（van Dijk, 1987）。在语言学中，主要的语法分析单元从"句子"转移到"语篇"或者"话语"。人类学家对言谈民族志产生了兴趣，从而推动了对语言在社会文化语境中的使用的研究（例如，Hymes, 1972）。社会学家开始对微观社会学感兴趣，这种兴趣受到两个方向的吸引：（1）面向政治社会学传统，主要是英国社会学家开始通过马克思主义倾向考察阶级和其他权力分配问题，而马克思主义倾向将他们推向语言（例如，Lukes, 1975）；（2）面向日常互动的规则和方式，在美国通常被公认为会话分析和民族方法学（例如，Sacks, 1972）。最后，认知心理学的发展进一步引领学者们转向社会心理学：他们从主要从事实验研究的语篇理解（关注正式的语法规则、阅读和学习）转向基于语境的实践战略研究，这种实践伴随着信息处理过程。在英国，弗洛伊德和拉康将语言之于人类主体性的中心地位理论化，从而形成了一场平行的运动。

在语言研究中找到一席之地的理论和方法主要起源于欧洲并广为传播，尽管在美国也有学者进行了一些努力。符号学、话语分析、批判语言学、叙事分析、修辞学和内容分析只是试图研究语言的学者们所采用的研究视角中的一小部分。每个视角的核心都结合了三种基本语言方法——结构主义、文化主义或者功能主义中的一种或多种。

典型的结构主义将语言视为一个自治的抽象系统，存在于与现实的任意关系中。根据这一观点，语言结构遵守自己的一套独立于当前语境的规则，基于这种普遍性可以对语言做出预测。文化主义有时候也被称作语言的"人类学视角"，它提出了一个观点，即不同的文化为感知现实而发展出了不同的语言。这种观点是萨丕尔-沃尔夫（Sapir-Whorf）假说的延伸，它所提出的视角——语言随着使用语言的文化而变化——普及了语言相对性和语言决定论这一对假设。社会语言学家和民族方法学家都采用的功能主义认为语言的使用取决于它在使用者身上实现的功能。这种观点为特定的语言学特征和社会语境的各方面提供了关联。

典型的新闻语言分析结合了这些不同的语言使用视角。因此，每种方法都认为语言是建构的结果，使语言成为分析的焦点，每种方法都削弱了新闻工作者是现实的镜子这个主张，与新闻工作者的自我呈现格格不入。研究新闻语言的热情伴随着对新闻实践背后建构工作的渐进认知。与此同时，这一假设与带有强烈批判性和意识形态研究的语言研究结盟，因此将新闻工作者视为意识形态秩序的代理人。

对语言的强调同时注重形式主义和不那么形式主义的属性，这些属性可重复、模式化，由于它们具有看似静止和稳定的特征，因此易于分析。被动语态或者主动语态的使用，以及性别术语的分化时涌现出的差异逐渐被视为理解新闻工作者和新闻思维模式的有用信息，由于这些原因，语言逐渐被视为一种独一无二的分析背景。例如，社会学探索对新闻文本相对缺乏兴趣，而它弥补了这方面的不足。反之，社会学探索的最强项——强调群体之间的互动——则超出了大部分从事语言研究的学者的兴趣。

基于这个背景，对语言和新闻的探索在全球无数地方发展起来，越来越多地使用计算机进行搜索也促进了它的确立。诸如律商联讯（Lexis-Nexis）这样的工具、在报纸上查找某个短语或者词汇的搜索引擎，以及其他帮助学者搜索特定词汇组合的软件使得追踪新闻中的语言使用变得更容易。语言研究主要出自对英语新闻的分析，尽管有些学者也分析了德语（Burger，1984）、意大利语（Mancini，1988）、法语（Brunel，1970）、汉语（Scollon，1998）、荷兰语（van Dijk，1988）和希伯来语（Roeh，1982；Blum-Kulka，1983；Nir，1984）新闻。有些学者提供了跨民族国家和语言的比较分析（例如，van Dijk，1988）。例如，莱特纳（Leitner，1980）比较了两种官方的广播谈话——BBC英语和德国广播语言（Deutshe Rundfunksprache，德国广播的指定语言）——发现社会政治结构决定了哪些社会语言学类别能够成为指定的新闻语言。在所有的情况下，研究新闻的口头和视觉语言时都会以如下方式对三种学术体系中的部分或者全部进行不同程度的援引：

● 定位于新闻文本传播语言的非正式属性：这种属性包括从一个词或者短语被提及的次数到一张新闻图片或者头版标题的隐含意义之间的联系。此处的典型方法包括内容分析和符号学。

● 定位于新闻文本的形式主义方面：包括其语法、句法、结构、语义学、词汇意义和语用学。此处的典型方法包括社会语言学、批评语言学、话语分析和新闻视觉属性的形式主义研究。

● 定位于新闻语言的语用学使用：这种学术的例子包括聚焦于讲述故事的行为及其叙事方案、讲故事的传统，聚焦于修辞，以及将新闻用作框架装置。此处的典型方法包括各种叙述分析模式、修辞分析，以及框架研究。最近，这类学术研究特别吸引了那些对新闻叙事的另类类型比如小报和视觉叙事感兴趣的人。

新闻和非正式的语言研究

和其他学科视角的焦点相比，对新闻语言的兴趣很晚才进入新闻探索。新闻学者最初是在 20 世纪 70 年代中期开始认识到，语言作为新闻的一部分从未得到过系统研究。他们做出了一些努力，但是大体上彼此隔绝、互不相关。正如格拉斯哥大学媒介小组（Glasgow University Media Group，1976：21）指出的，"在语言学、文学和语篇的文体批评，以及社会学的内容分析这个破布袋之间几乎完全没有交集"，这一切使得新闻语言分析格外不受欢迎。可是，内容分析和符号学加上后来的框架研究在新闻探索中出现越来越多而且往往相互竞争，开始迫使语言相关性问题走向前台，为思考语言作为新闻的一部分如何发挥功能提供了发散性的选项。尽管这些方法中没有一个提出形式主义语言分析类型（这个类型是和后来更偏向语言学驱动的分析视角一起到来的），但是内容分析将语言置于一个既定的位置，值得学术界普遍关注。随着时间推移,这些方法促使人们认识到语言是一个复杂而模式化的场所,值得分析和关注。

内容分析

尽管内容分析并不考虑新闻语言本身的正式属性,但是它对新闻文本的关注使得语言无可避免地成为新闻研究的中心。克劳斯·克里彭多夫(Klaus Krippendorff)详细描述了做出推论的精确步骤和如何在文本及其语境之间转移的概念框架,从而以最纯粹的形式对内容分析做出了最广泛的阐明(Krippendorff,1980/2004)。简单而言,它包括统计一个现象——一个词、一个短语、一个故事或者一个图片——在文本中出现的次数,按照事先确定的类目给每个现象归类,并为它们的出现模式提供潜在或者显明的解释。尽管克里彭多夫的模板既详尽,又展示得十分精心,但是,事实上沿着他建议的思路展开的研究最终却很少给自己贴上"内容分析"的标签(Krippendorff,1980/2004;Rosengren,1981)。随着时间推移,他所建议的许多程序——这些程序将一个现象与其所代表的更大的世界联系起来——被简单地排除在分析之外,当代内容分析的例子往往倾向于仅仅统计一个特定现象出现的频率。

对媒体进行内容分析的早期尝试在 20 世纪之交的欧洲和美国就已经出现了,早于其他语言方法的应用。例如,库尔特·兰(Lang,1996)罗列了当时的大量研究,其中有 1900 年美国的一项研究,分析了新闻内容的不同类型;1902 年法国的一项研究,考察了巴黎和外省的日报;1910 年德国的一项研究,检视了 30 家柏林和外省报纸。克里彭多夫(Krippendorff,1980/2004)还提到另外一项研究,通过建立一个簿记系统(bookkeeping system)来监测某些新闻主题报道的栏目数量,试图以此揭示"关于报纸的真相"(Street,1909)。最多 30 年之后,当宣传在二战前后的岁月里成为令人担心的问题时,社会科学研究者们开始运用他们自己的分析工具来系统研究新闻报道的内容模式(Simpson,1934;Kingsbury,1937)。例如,朱利安·伍德沃德(Julian Woodward)认为它是一种意见调查技巧,反映了社会科学方法论可以如何应用（Woodward，1934）。研究主题包括《纽约时报》对俄国革命的结束进行的灾难般的乐观报道（Lippmann and Merz，1920）、共产党的宣传（Lasswell and Jones，1939）和战争报道的普遍模式（Foster，1937）。哈罗德·拉斯韦尔（Lasswell，1941）在考察新闻社论中政治象征的传播时援引了这个视角的某些原则。

随着时间推移，研究变得日益复杂。既然这个视角包括对现象的统计和求和，它就被视为一种经验研究方法，应当被社会科学领域的学者认可，并且迅速成为一个选择视角，为他们提供一种方法，用以解释一个现象随着时间推移、地理区域或者议题的不同而发生的变化。诸如伯纳德·贝雷尔森、伊塔亚·德·索拉·普（Ithia de Sola Pool）和奥利·霍尔斯蒂（Ole Holsti）这样的学者运用内容分析法对政治生活进行了广泛的描述（Berelson，1952；Pool，1959；Holsti，1969）。1959年，威尔伯·施拉姆的《世界报刊中的一天》（*One Day in the World's Press*）运用内容分析法展示了14家世界主要报纸折射出的意识形态如何影响了对两个国际危机即在苏伊士运河危机（Suez Canal Crisis）期间欧洲和以色列军队袭击埃及、苏联坦克开进布达佩斯（Budapest）的报道。

这些早期研究使用的方法简单、易于理解，毫无疑问推动了对新闻语言的强调。然而，它们含蓄地假定，如果新闻工作者在自己的新闻报道中对一个现象进行了特定的陈述或者引用，那么那种陈述或者引用就是该现象存在的充分证据。此处的大部分研究者都没有考虑到隐含在语言形成中的选择和建构工作，相反，他们假设，对现象的清晰描述主要是相关性问题。此外，它们也没有考虑到语言使用中的大量隐含维度，例如它的社会定位、语气、风格以及其他情感特征。因此，语言被视作一个中性的载体，一个在公共领域阐述事件的渠道。

这种简单的逻辑对更广泛地理解新闻如何运作产生了影响。一个经常通过内容分析来考察的议题是新闻偏见。理查德·霍夫施塔特（Richard Hofstetter）首次分析了政治运动报道中的偏见——它在很大程度上被简化为故意选择支持或者反对某个候选人的语言学证据（Hofstetter，1976）此后几十年，内容分析成为大量类似新闻研究所采用的方法（例如，Robinson and Sheehan，1983；Moriarty and Popovich，1991；Kuklinski and Sigelman，1992；Kenney and Simpson，1993；Patterson，1993；Dickson，1994；Domke et al.，1997）。研究考察了全国和国际语境中口头报道和视觉图片的偏见，每次都至少部分地依赖于一个特定短语或者主题被提到或者一张特定图片出现的次数。尽管自那以后，偏见作为一个既定观念在新闻实践和话语中始终复杂难解（例如，Hackett，1984；Zelizer，Park，and Gudelunas，2002），但是反复的研究表明，偏见在新闻中存在和缺席的程度建立在值得一提的特定语言或视觉标记出现的数量和频率基础上。它们的盛行生动地说明了对语言的普遍依赖，但是却没有恰如其分地考虑到影响语言形成的因素。换言之，许多早期的内容分析研究将语言作为一个经验现实来对待，使它成为用于考察新闻作品的既定工具，却没有考虑到促使它形成的特点是什么。

20 世纪 70 年代以降，采用内容分析法进行的某些研究帮助确定了新闻中的意识形态倾向。格拉斯哥大学媒介小组将内容分析视为其核心分析方法的一种。利用当时可以获得的最精密的技术——录像机和软件系统 SSPS——该小组发现自己重新评估了内容分析所需的时间和精力，并利用验算的结果来支持有关英国电视新闻中存在反劳工偏见的调查发现（Glasgow University Media Group，1976，1980）。其他研究将内容分析和访谈结合起来考察英国报纸书评的编辑的工作模式（Curran，2000b）。

尽管以列举一个既定现象在新闻中的出现频率为主的方法仍然被用于研究，但是人们一直在批评内容分析过于简化了其研究对象的复杂性（例如，Schroder，2002）。用一位当代媒体批评家的话来说，"按照人们对'科学'内涵的普遍理解"，大部分研究"都不'科学'。许多只是伪科学，伪装成客观的意识形态"（Alterman，2003：15）。尽管内容分析做了大量工作，使得学者们关注语言与新闻探索的相关性，而且随着计算机的使用越来越频繁，它的重要性也越来越突出，但是其他以语言为基础的新闻研究方法的兴起创造了一个更加复杂的新闻语言研究潮流。

符号学

符号学进入新闻探索迫使我们重新思考语言中的"所见即所得"这个经验主义观念。在所有语言方法中，符号学（semiology），也称符号论（semiotics）①，或许是将新闻语言研究转向在语境中思考文本的首要原因。追随着费迪南德·德·索绪尔（de Saussure，1916/1965）、克洛德·列维-斯特劳斯（Lévi-Strauss，1958/1968）、罗兰·巴特（Barthes，1957/1972，1967）、查尔斯·皮尔斯（Peirce，1893-1913/1998）、翁贝托·艾柯（Eco，1976，1984）和托马斯·西比奥克（Sebeok，1964，1979）的研究，符号学家（semiologists）亦称为符号论学家（semioticians）提出了这样一个观念：讯息的形式和它的内容同样重要。一方面利用索绪尔所称的符号（signs）和现实世界之间的任意关系以及列维-斯特劳斯对神话消除自然和文化差异的能力的关注，另一方面利用来自哲学和逻辑学的符号科学的兴趣，这些学者开始挖掘新闻文本中各种各样的符号系统（Leach，1976）。新闻文本提供了一个迷人的语料库，新闻学者由此发现有机会进一步加深对新闻的现有理解。

符号学与新闻的相关性在巴特那本广受关注的文集《神话学》（*Mythologies*，1957/1972）中已经表现得很明显。在该书中，他分析了政客们的照片、阿尔及利亚战争（Algerian war）期间的新闻语言和政客们的政治演讲，以此作为揭示公共话语中符号模式的一种方法。运用他后来发展成为叙事分析的方法（Barthes，1967），他考察了法国媒体如何战略性地操纵表意符码，同时又声称并不存在这样的符码。然而，正是他的著作在新闻摄影中的应用——伯明翰学院（Birmingham School）的斯图尔特·霍尔（Hall，1973a）在一篇文化研究研讨会论文中如是说——直接激起了学者们对解释新闻语言

---

① Semiology 和 semiotics 通常都译为"符号学"，但是它们代表了符号学在美国与欧陆两条不同的发展路径。Semiology 是由瑞士语言学家、现代语言学之父费迪南德·德·索绪尔（Ferdinand de Saussure）提出的，后来为罗兰·巴特等欧陆理论家继承发展，代表了符号学发展的语言学一路，他们出于对索绪尔的尊敬而采用 semiology。Semiotics，也译为符号论，是 19 世纪末由美国哲学家查尔斯·皮尔斯（Charles Peirce）从逻辑学角度提出的，后经美国逻辑学家 C. W. 莫里斯（C. W. Morris）等进一步发展。在英语世界，尤其是美国，人们出于对皮尔斯的尊敬，一般采用 semiotics。

既表意又影响更大的权力结构的双重能力的兴趣。到伯明翰学院在 1980 年出版《文化、媒介、语言》（Culture，Media，Language）（Hall，Hobson，Lowe，and Willis，1980）的时候，语言研究已经开始被视为理解媒体意识形态定位的重要分析入口。

美国哲学家查尔斯·皮尔斯（Peirce，1893-1913/1998）早年进行的类似研究发展了符号学研究的第二个源流，它聚焦于由逻辑衍生出来的符号哲学。皮尔斯区分了一个符号的再现、它所指的对象和对该符号的阐释版本，他感兴趣的是包含在阐释中的认知行为是如何产生一个被称为"指号"（semiosis）的持续过程，由此符号的阐释继续产生其他的阐释。随着时间推移，人们将指号作为一个有用的基础来支持广泛的传播过程理论，即便皮尔斯的研究被应用于新闻学的过程相当缓慢。翁贝托·艾柯（Eco，1976）在意大利奠定的学术拓展了皮尔斯的研究，进一步描述了区分新闻中自然和文化意义符码的重要性。在美国，托马斯·西比奥克（Sebeok，1964，1979）率先将符号论介绍到更为传统的语言分析模式中。

到 20 世纪 70 年代末 80 年代初，英国和澳大利亚研究者开始采用符号学进行独立研究，以期理解新闻语言。这些学者关注语言在帮助解释意义是如何在社会中产生而不是孤立建构时发挥的作用，以及意义如何从属于权力关系，从而发展了这样一个观点，即新闻由符号（signs）和符码（codes）组成——前者指意义生产的任何项目，后者指它们如何与周遭的社会和文化秩序协力组织起来。

在这个范式之中，两个最著名的文本分别是约翰·费斯克和约翰·哈特利的《阅读电视》（Reading Television，1978）以及约翰·哈特利的《理解新闻》（Understanding News，1982）。二者都助力向那些研究新闻的人介绍了一系列的焦点和分析术语，这些术语极大地改变了人们对新闻语言中心地位的理解。在《阅读电视》中，费斯克和哈特利出于分析目的复制了完整的电视新闻简报以供分析，从排列、词汇选择、口语和视觉顺序的角度对其进行了点对点的考察。他们争辩说，新闻工作者的主要功能像游吟诗人，为公众提供并选择性地建构社会知识，从而取代了那些早年间发挥同样功能的个人——牧师、族长、知识分子。一位学者称哈特利的著作《理解新闻》"对于将符号学概念还原为新闻再现理论至关重要"（Fowler，1991：223），该书将《阅读电视》的工作延伸到对新闻口头和视觉维度的广泛思考。立足于符号学——符号和符码、内涵和外延、范式和语段、神话和偶像——该书提供了基本概念的简单定义，通过详细描述新闻语言成形所借助的广泛文化符码，将符号学的基本前提运用到新闻之中。哈特利争辩说，受众不仅从他们获取的信息中学习，而且还用他们从新闻中学到的符码来解释世界。

在后来的研究中，哈特利和费斯克继续运用符号学来挖掘新闻，将它延伸成为文化分析的一种广泛模式。随着时间推移，由于它的广泛应用和最初假定所有读者基本上都以同一种方式解码而遭到批评（例如，McGuigan，1992）。费斯克（Fiske，1988，1996）在宽泛的新闻事件中考察了新闻工作者和新闻业的意识形态定位，包括O. J. 辛普森（O. J. Simpson）的庭审和安妮塔·希尔-克莱伦斯·托马斯听证会（Anita Hill-Clarence Thomas hearings）①。哈特利（Hartley，1992，1996）着重思考了新闻的视觉维度，运用符号学考察了摄影在新闻中的功能和角色。

格拉斯哥大学媒介小组在一些晚期的语言研究中也采用了符号学视角（Glasgow University Media Group，1980），但是在思考视觉新闻时使用更为直接（Glasgow University Media Group，1976，1980）。该小组将重点放在电影逻辑及其同步音频评论改编的结合上，展示新闻中呈现的线索如何引导观众评估他们所听到的内容的合法性。其他聚焦在视觉上的作品有泽利泽（Zelizer，1990b）对广播电视新闻中的视觉符码如何传达了主播和事件之间的一种虚假接近感的研究。尽管稍后，其他学者的研究利用了符号学确立的许多前提，特别是对文化符码的强调，但是这些稍后的研究中许多都被归为文化研究（例如，Allan，1998），诸如意义和权力问题成为研究文本的核心

---

① 克莱伦斯·托马斯从1991年开始担任美国最高法院大法官。1991年他被老布什总统提名时，一名他的原助手安妮塔·希尔指控其性骚扰。事件过后，托马斯声誉虽然受损，但仍然得以就任大法官，而安妮塔·希尔的动机一直遭到不少人的诟病。这场听证会彻底改变了美国人对性骚扰问题的回避态度、保护受害者权益及现代种族歧视问题。自2017年美国的"Me too"运动开展后，托马斯再次受到指控。

动机。

其他具有符号学倾向的研究在法国发展起来，学者们继承了巴特的遗产，关注媒体中的语言，格外注意政治话语（例如，Dayan，1999，2001）。献给"政治语言"的评论《文字》（*Mots*）的创刊探讨了隐含在新闻与政治交界处的语言的不同维度，包括政治演说、政治漫画、政治评论和政治修辞。例如，20 世纪 80 年代中期的社会主义话语开始反复提及新闻中的现代化，揭示了与法国社会民主相关的术语选择的变化（Neveu，1998）。此外，学者们指出，新闻将外国人再现为"移民劳工"，将他们与法律和秩序话语联系起来，或者一个法国政治脱口秀的场景构建是为了反映一个模拟下议院，在那里政治嘉宾的空间划分以政治忠诚为依据（Neveu，1998）。

随着时间推移，许多新闻符号学研究不再被这样称呼，即便它们继续采用符号学的特定原则，特别是在批判文化学术研究崛起的情况下——该学术研究坚持对新闻的反应要比符号学最初允许的更广泛。无论如何，符号学对新闻文本的关注、对新闻语篇和语境特征之间细微交界之处的关注引入了重要的焦点，为其他新闻语言研究所采用。

新闻语言的这种非正式研究非常重要，因为它为语言成为新闻探索的宝贵分析场所确立了背景。尽管内容分析和符号学并没有对新闻语言的细节特征进行深入分析，但是，二者都从广泛地将自己定位为具体现象（如内容分析）或文化意义（如符号学）的证据中获益，它们在新闻探索中的定位促进了其他以语言为基础的新闻研究方法的发展。

新闻和正式的语言研究

对新闻语言的正式探索在学界引起了越来越广泛的兴趣。自 20 世纪 60 年代以来，主要从西欧、澳大利亚和新西兰发展起来的对句法学、形态学、音系学和词汇学的兴趣被用于在语言研究中分析更大的意义单元。根据一位新闻学者的观点，"对于我们的研究而言，语言学最重要的发展就是社会语言学作为一个正式的研究领域……语言研究作为建立、维护和调整社会关系的方法出现了"（Glasgow University Media Group，1980：126）。与社会语言学一起，批判语言学分析、话语分析和新闻的视觉属性共同构成了一个广泛的分析背景。此外，它的主题还延伸到了新闻业的广泛表现，例如对体育广播的语言分析（Kuiper，1996）、对广播 DJ 谈话的研究（Heritage，1985）、对新闻的视觉形式的分析（Barnhurst，1994；Barnhurst and Nerone，2001），甚或是欧文·戈夫曼（Goffman，1981）在会议上对广播谈话的讨论。

社会语言学

这主要是一种功能主义的语言方法，它通过使用语言的人所完成的功能来研究语言使用，主要考察语言特征和社会语境方面的相互关系。美国学者威廉·拉波夫（William Labov）指出，发音的变化和说话者的社会经济阶层相一致（Labov，1972）。追随着他的研究，这种研究考察了在社会语境中整个 20 世纪 70 年代的新闻语言。它延伸出两个主要分析路径：（1）对话分析和民族方法学（Garfinkel，1967；Sacks，1972）；（2）口述民族志（Hymes，1972；Bauman and Sherzer，1974）。

大部分对新闻感兴趣的社会语言学家都认为，格拉斯哥大学媒介小组的研究最积极地提升了新闻语言的突出地位。通过向人们展示新闻总是从一个特定的角度报道，该小组确认新闻"从根源上将一种价值观、社会和经济结构强加于它再现的任何事件；因此新闻无可避免地和任何话语一样，建构性地模仿了它所讲述的内容"（Fowler，1991：4）。该小组成功地确立了研究新闻工作的建构主义视角，这对新闻的语言学探索是一个必要的出发点。

格拉斯哥大学媒介小组毫不讳言它与社会语言学的联结。它将第一卷著作题献给会话分析家哈维·萨克斯（Harvey Sacks），它关注与会话分析——连续的发言是如何组织起来的、谁控制谈话、发言者如何协商顺序——密切相关的问题如何应用于新闻的中介语言。运用萨克斯的一致性规则，即发言者的类别以他们的谈话规则为特点，该小组证明了有脚本的新闻谈话旨在"建立优先听证会，邀请有能力的听众以中立的态度来聆听谈话……［关闭］

任何关于证据和生产的问题……［基于］未经检验的因果推论"（Glasgow University Media Group，1976：25）。该小组借鉴了威廉·拉波夫关于不同社会阶层中语音变化的观点（Labov，1972）以及巴兹尔·伯恩斯坦（Basil Bernstein）对限制性符码和详制性符码的区分——前者对特定群体发表讲话，后者则提供了更普遍的事件框架——来分析英国电视新闻，指出新闻语言发挥了限制性符码的功能（Glasgow University Media Group，1980）。这些特征具有高度可预测性、公共事件的简化框架和高度冗余水平，它们鼓励受众与群体的一部分保持一致，而不是表达个人差异。换言之，语言本身强调维持现状。

其他研究以同样的活力追随会话分析和民族方法学的原则。学者们关注口头交流的微观力学，主要考察了广播电视新闻。他们的研究范围从对新闻中的口音和发音模式的考察——例如马丁·蒙哥马利（Martin Montgomery）讨论BBC英语频道和英国广播电视中更广泛的口音类型之间的紧张关系（Montgomery，1986a）——到采访、脱口秀、广播DJ谈话和体育广播中展示出的广泛谈话模式（Bell，1982；Crow，1986；Montgomery，1986b；Heritage，1985；Kuiper，1996）。新闻的社会语言学研究在过去十年增长格外迅速。帕蒂·斯坎内尔编撰了第一部广播电视谈话研究合集（Scannell，1991）。阿伦·贝尔（Allan Bell）和彼得·加勒特（Peter Garrett）追踪了新闻语言分析中的关键问题，在他们编辑的著作中每一章都研究了新闻语言中的一个不同方面，例如话语结构、社论中的词汇选择以及头版的版面设计。约翰·赫里蒂奇（John Heritage）和大卫·格雷巴奇（David Greatbatch）分别运用会话分析进行研究，又一起分析了英国的新闻采访（Heritage，1985；Greatbatch，1988，1997；Heritage and Greatbatch，1991）。菲利普·贝尔（Philip Bell）和西奥·范·利文（Theo van Leeuwen，1994）结合社会语言学的不同方法来思考新闻采访。史蒂文·克莱曼（Steven Clayman）展示了采访的国际风格如何传递到印刷媒体（Clayman，1990）。芭比·泽利泽（Zelizer，1989）运用戴尔·海梅斯（Dell Hymes）的传播民族志框架（Hymes，1972）考察了美国广播新闻中的新闻引用实践和微分地址概念。

新闻社会语言学研究在新西兰格外受欢迎,在该国,新闻工作者阿伦·贝尔对广播新闻语言进行了最广泛的考察。追随着威廉·拉波夫(Labov,1972)的研究,贝尔(Bell,1991,1994)思考了在新闻作品的各种语言特征中显而易见的理解力水平。贝尔从社会语言学的角度——因为它不允许共同在场的听众影响会话流——维护了媒介话语的独特性,表明新闻语言展示出一组既典型又不同于其他会话背景的特征。

批评语言学

批评语言学发展于20世纪70年代末,当时东安格利亚大学(University of East Anglia)的英国和澳大利亚语言学家对中介语言特征的兴趣日益增加。这种方法寻求在媒体文本语言和意识形态生产之间建立联系,相应地反映了使不平等长期存在的社会秩序的再生产。由罗杰·福勒、鲍勃·霍奇(Bob Hodge)、冈瑟·克雷斯(Gunther Kress)和托尼·特鲁(Tony Trew)共同发展起来一个系统的语言模板,用于分析新闻语言。这个小组出版了一系列著作,详细讲述语言的词汇和句法选择在体现意识形态意义中的重要性。使用诸如"语言与控制"(Language and Control)(Fowler, Hodge, Kress, and Trew, 1979)和"作为意识形态的语言"(Language as Ideology)(Hodge and Kress, 1979)这样的标题表明,这种路径将语言广泛而模式化地运用于所有制度环境中。

有一部著作有效地展示了批评语言学与新闻的潜在关系,它研究了对南非种族紧张关系的新闻报道,展示了语言变化如何形成人们对新闻中社会暴力的感知,从而运用语言来批评媒体报道中的差异(Trew, 1979a)。特鲁在著作中指出,语言变化鼓励了公众对世界的某些看法而非其他看法,他强调,新闻工作者在描述社会暴力时青睐的方法导致人们认为那些遭遇暴力者似乎罪有应得。在《语言、图像、媒介》(Language, Image, Media)(Davis and Walton, 1983)中,学者们调查了受到语言影响的制度背景之间的相似之处,其中克雷斯研究了语言和意识形态的配对,这是新闻报道修改过程的特征。同一个小组(Kress and Trew, 1978;Trew, 1979b)完成的其他著作进一步阐述了新闻界的话语特征，同时还扩展到了许多个案研究（例如，Hodge and Kress，1988）。

这些学者关注"充斥在语言中的固定的、隐形的意识形态"（Fowler，1991：67），他们从对语言的建构性和意识形态定位的先天认知转向对句法、词汇、语义、语用和语篇特征的描述，这些特征使上述一切成为可能。批评语言学家相信语言的风格至关重要，因为它是意识形态的编码器。由于语言使用的每一个选择——无论是句法、语法还是词汇选择——都反映了某种更广泛的意识形态定位，因此语言结构的方方面面都被认为携带着意识形态意义。风格是意识形态最明显的体现，提供了新闻工作者和读者之间的基本联系，他们通过共同熟悉某些社会和话语实践来编码和解码。

例如，福勒（Fowler，1991）考察了意识形态重要性在关于性别群体的话语中如何被编码。他指出，对个性化的依赖——以及对个体和个体细节的强调——隐藏了新闻话语中对分类的更基本的推动力，通过将人、事物和活动分别归入从文化角度组织起来的类别中，为歧视性做法提供了话语基础。话语允许这些类别自由交换，而歧视话语强化了成见。对它进行考察十分重要，因为它的影响：被归入歧视类别的个人比其他人享受到的权力更少。

批评语言学还被应用于新闻视觉。尽管《阅读图像：视觉设计的语法》（*Reading Images: The Grammar of Visual Design*）并没有直接以新闻为重点，但是，在该书中报纸摄影实际上被作为视觉语法的例子广泛使用（Kress and van Leeuwen，1996）。在其他著作中，这两位作者对报纸头版进行了挑衅性的阅读（Kress and van Leeuwen，1997）。西奥·范·利文考察了电视新闻采访中的空间关系学（proxemics），或者空间符码（spatial codes）。

在每种情况下，批评语言学都提供了一个系统而广泛的新闻语言研究模式。这个视角坚持意识形态定位并认为语言体现了意识形态，从而吸引了那些想要找到一种工具来证实意识形态存在的新闻学者。但是，与此同时，对于那些对新闻"大图景"感兴趣的学者来说，它对微小的、离散的语言特征的关注限制了其适用性。

话语分析

另一种研究语言和新闻的方法是由许多欧洲研究者在话语分析的基础上发展起来的。这些尝试沿着大致平行的轨迹建立起来,在将语言与其社会环境联系起来方面取得了重大进展。

荷兰文本语言学家托伊恩·梵·迪克(van Dijk,1983,1987,1988)在这方面起了带头作用。他运用从语言学、文学研究、人类学、符号学、社会学、心理学和口语传播中筛选的工具,对中介语言的话语特征进行了可能是最为系统的探索。他的方法发展于20世纪60年代末70年代初的荷兰,为研究语言和语言使用提供了高度跨学科的理论和方法论路径,主要关注新闻中以群体为基础的不平等形式。托伊恩·梵·迪克着重于探索新闻文本支持社会中不平等的权力分配的方法,并争辩说,在语言中可以找到阶级、性别、民族、种族,或与地位、统治和权力相关的其他指标。

对于梵·迪克而言,话语意指伴随着社会行为的语言模式和人们在现实环境中互动的方法。在尝试融合对社会现象的微观分析和宏观分析之时,话语分析旨在表明社会关系和过程是如何通过日常实践在微观层面上达成的。梵·迪克在包括《作为话语的新闻》(*News as Discourse*,1987)、《传播种族主义》(*Communicating Racism*,1989)和《新闻分析》(*News Analysis*,1988)在内的一系列著作中,结合文本语言学、叙事分析、文体学和修辞分析来帮助解释社会不平等的基本正当性。按照他的观点,话语分析不能从更大的世界中分离出来,而有必要与生活在既定文化中的人们所了解、相信和珍视的东西相联系。

新闻话语分析研究发展中的另外一位核心人物是英国学者诺曼·费尔克劳夫(Norman Fairclough)(Fairclough,1992,1993,1995)。费尔克劳夫提供了一个语言使用模型,认为语言的概念嵌套在他所认为的话语和社会实践的结合中。根据对来自其他语境的文本的依赖,例如政府报告或者新闻通稿,他考察了新闻传递的特定类型,例如采访或者新闻报道。费尔克劳夫指出,这些不同类型的文本构成了一个混合环境,在这个环境中非正式谈话和口头表达的传播有助于将人们看待世界的某些方式合法化（Fairclough，1996，1998；Chouliaraki and Fairclough，2000）。这种研究比其他方法更加强调互文性的核心地位，认为它是接受某些世界观的一种方式，因而，它受社会认知理论的影响比受那些文化理论的影响要小。

其他学者发展了话语分析和新闻的补充版本。罗恩·斯克伦（Ron Scollon）通过对汉语和英语新闻的分析，将新闻话语概念化为社会互动的一种形式（Scollon，1998）。他认为应当更多关注形成新闻语言的社会互动，因为它们反映了新闻所支持的各种话语认同。某些学者（Deacon，Pickering，Golding，and Murdock，1999）结合梵·迪克和费尔克劳夫的研究方法对英国报纸语言进行了分析。有些人格外专注于词汇选择、语态或时态，以此来建立关于新闻的更广泛的意义，例如报纸对骚乱的陈述（Potter and Wetherell，1987；亦见 Potter，1996）；其他人则运用在某种程度上更为广泛的话语观念来考察谈话中的话语特征，无论这种谈话出现在新闻中还是其他任何地方（例如，Billig，1995）。

近年来，"话语理论"被用来描述像于尔根·哈贝马斯（Jurgen Habermas）、厄内斯特·拉克劳（Ernesto Laclau）、尚塔尔·墨菲（Chantal Mouffe）、斯拉沃热·齐泽克（Slavoj Zizek）等形形色色的学者的研究，在一定程度上模糊了对话语分析的认知，即它是一套用于语言分析的独特的方法工具。后来的研究者中没有一个从事此处提到的话语分析家所热衷的这种集中的语言分析。

新闻信息的视觉属性

与此相关的是关注新闻视觉方面的文献在增长，这些文献将视觉定位为一种语言，展示了一种研究视觉的正式属性的方法。但是，学者们对于是否称视觉为一种语言仍有分歧。

这个领域的著作内容广泛，包括新闻信息的版面、设计和视觉建构方面的文献。引领印刷新闻视觉属性研究的是凯文·巴恩赫斯特（Kevin Barnhurst）的著作（Barnhurst，1994），近年来巴恩赫斯特和内罗内（Barnhurst and Nerone，2001）又出版了一本关于报纸设计演化的书。两本书都按照时间顺序记录了不同的报纸在报道新闻时所采用的细致入微的手法；在第二本书中，头版设计和某些城市的自我形象之间的联系提供了一个引人注目的方法去思考视觉语言在新闻信息中的重要性。其他学者的研究关注新闻信息中特定的视觉类型，例如地图（Monmonier，1989）、照片（Schwartz，1992；Griffin，1999；Newton，2001），甚至是量化信息的可视化展示（Tufte，2001）。在每个研究中，学者们都全面列出了新闻从视觉上精心制作信息的属性。某些研究关注新闻报道特殊事件时使用的图片，例如西奥·范·利文和亚当·贾沃斯基（Adam Jaworski）分析了英国和波兰新闻界报道巴以冲突时使用的图片（Leeuwen and Jaworski，2003）。其他研究考察了视觉作为信息传递的必要工具所具有的更广泛的功能，尽管这种观点并不总是被接受（例如，Stephens，1998）。

网络新闻的视觉维度特别吸引人们的兴趣。从网页设计到电脑制图等广泛的问题来看，新闻的视觉领域特别重要，大量文献从专业角度追踪了视觉设计和视觉传播问题（例如，Lester，1995；Harris and Lester，2001；Holland，2001）。在这一方面，许多网站如"新闻页面设计家"（www.newspagedesigner.com）和专业组织——包括新闻设计协会（Society for News Design，在美国、拉丁美洲和斯堪的纳维亚都有分会）和出版设计协会（Society of Publication Designers）——纷纷成立，用于分享新闻设计技巧。在"没有事实，只有阐释"的标题下，作为讨论新闻视觉方面的资源网站Visualjournalism.com在欧洲创办。在英国，皇家摄影协会（Royal Photographic Society）成立了一个新的小组，称为"视觉新闻"（Visual Journalism），根据它网站上的附加说明，"除了报纸、杂志、书籍，当然还有今天的互联网之外，还有电视新闻和电影纪录片"。

伴随着对新闻视觉属性的关注，视觉领域事实上是否发挥了语言功能还是个问题。虽然某些研究者明确采用了语言学术语（例如，Kress and van Leeuwen，1996），但是对于许多对视觉新闻感兴趣的学者来说，这个问题仍然悬而未决。

对新闻语言的正式研究至关重要，因为它全面而系统地描绘了新闻工作者在制作新闻时对某种口头和视觉工具的依赖。它表明，无论语境、议题还是国界，语言建构中的固有选择都提供了一个关于世界如何运作的高度战略性观点。这些研究或许比其他类型的研究更加强烈地抵消了新闻报道如实反映了世界这个流行观念。由于它对语言学和其他与语言相关的细节的密切关注，非语言学学者往往难以理解，但是新闻语言的正式研究对探索新闻起到了关键作用，为新闻工作者在新闻制作过程中所能做出的选择以及有关新闻文本的典型决策模式绘制了一幅全面而多样的画面。

新闻和语用学研究

第三类基于语言的新闻研究——研究讲故事时对语言的使用，如修辞或者框架——在近年来吸引了广泛关注。这种研究考察新闻工作者如何通过故事、叙事、修辞、框架来结构报道，利用语言来影响信念或者服务于一个特殊目的。基于语言的其他类型学术都以建构主义冲动为基础，而语用学研究体系以语言在多种环境中的广泛用途为基础，为新闻文本提供了更广泛的适用性。这种对语言使用的熟悉——对广泛语境的熟悉，包括历史、家庭背景甚至《圣经》——使得新闻看起来更像其他类型的公共表达，也使新闻工作者更像其他的公共发言人，例如牧师或者政客。语用学方法作为思考新闻研究的可行方法日益受到欢迎，对于新闻工作者来说，要求置身事外变得更加困难，比如围绕着客观性或真相而精心制作的故事、修辞或框架。

亚里士多德（Aristotle）的著作《诗学》（*Poetics*）强调了讲故事和修辞的重要性，根据这种观点，语言提供了一种方法来制作跨越时间和空间的事件连贯顺序，它的传递是指使这些顺序发挥作用的行为所涉及的过程。这种研究借鉴广泛，特别是盛行于美国和欧洲的民俗学、文学、修辞学和人类学等学科，研究俄国形式主义和相关学术的学者著作（Propp, 1930/1984;

Hjelmslev，1943/1963；Jakobson，1962-1966；Todorow，1978）、美国的戏剧理论（Burke，1945，1950），以及在法国格外流行的欧洲文学批评模式（Barthes，1977）。在每种情况下，学者们都聚焦于语言如何被用于建构——通过叙事、修辞和框架——对世界的更广泛的理解。

叙事和讲故事

对叙事和讲故事的研究假定，二者都为了解世界提供了基本的认识论方法。对叙事感兴趣的理论家将某些关于语言的特定观念推到前台，指出我们需要同时考虑形式和内容。从茨维坦·托多洛夫（Tzvetan Todorov）关于叙事均衡的观念（Todorov，1978）到弗拉基米尔·普罗普（Vladimir Propp）关于叙事平衡和功能的观点（Propp，1933/1984），叙事学家们表现出对社会秩序的再现如何强行终止了对世界的理解的关注。罗兰·巴特（Barthes，1977）讨论了叙事中的意指（signification）或者意义（meaning）的五个基本符码即阐释符码、能指符码、象征符码、行动符码和文化符码，它们共同反映了作者和读者之间必不可少的相互作用。西摩·查特曼（Seymour Chatman）主张，叙述"什么"（故事）和叙述"方法"（话语或者这个故事的传递方法）之间存在差别（Chatman，1978），同时无所不在的形式和内容之间的差别又将叙述"方法"从叙述"什么"中分离出来（Kozloff，1992）。叙事理论家对叙事的可重复或公式化维度产生了学术敏感性，区分了叙事相似性和叙事差异，并为叙事平衡和保真的程度争论不休（Kozloff，1992）。此处也出现了话语观念，用于指涉社会和文化权力的广泛分配，例如，一份青少年新闻杂志如何将关于青少年犯罪、城市生活和大学的话语编织在一起，为它的读者制作出有意义的故事。

思考新闻叙事和讲故事的核心问题是一种更加广泛的张力，这种张力源自新闻工作者如何看待自己的工作。特别是在美国语境下，学者们追踪了讲故事的演化过程，将那些把新闻看作"信息"的人和那些把新闻工作者看作故事生产者的人区分开来（例如，Schudson，1978）。正如文化批评家瓦尔特·本雅明所说，对于新闻工作者而言，坚定地提供"信息"而非"故事"

是一种高度战略性的形式选择：它"要求迅速地核实"，并且"贯穿着解释"（Benjamin，1970：89）。聚焦于新闻的信息方面而非叙事方面强调了"事件的原因而不是意义"，在传递过程中移除了"震惊和沉思"，而用"报道澄清"来代替它们（Inglis，1990：11）。但是，随着时间推移，人们逐渐认识到，信息和故事这两种选择都构成了叙事风格的对等选择（Manoff and Schudson，1986）。但是，即便如此，对叙事重要性的认识还是充满矛盾，因此，毫不意外，引用杰克·卢莱（Jack Lule）的话："我们如此经常地把'新闻故事'（news story）这两个词放在一起，以致它们的意思都被搞糊涂了。"（Lule，2001：3）

在美国，对新闻叙事的兴趣于20世纪80年代呈现出质的增长，对叙事的兴趣从那时开始进入传播学。1985年，《传播学刊》（*Journal of Communication*）出版了一期题名为《叙事人》（Homo Narrans）的特刊，强调讲故事和叙事范式在传播中的核心地位。在这个论坛上，学者们讨论了讲故事作为一种潜在的解释性隐喻来解释传播实践的相关性和有效性。约翰·卢卡茨（John Lucaites）和塞莱斯特·康迪特（Celeste Condit）特别主张叙事的功能性（Lucaites and Condit，1985）。沃尔特·费舍（Walter Fisher）对论坛进行了总结，指出叙事在确立有效传播方面至关重要。根据他的观点，人类基本上都是故事讲述者，人们选择一组故事来详细讲述他们的生活经历（Fisher，1985；亦见 Fisher，1987）。

当叙事学者转向新闻研究时，更加传统的新闻传递形式是他们早期的分析目标。早期研究关注的是新闻叙事与新闻自我意识最接近的属性。硬新闻被确立为思考叙事参数的背景设置，人们认为新闻内容应当及时、重要、有趣和新奇。在美国语境下，人们期望大部分新闻报道的形式都采取对公共事件简短、主题化和具体的陈述，期望语言排除形容词或者描述性短语，并依赖全知、权威的第三人称语态。罗伯特·达恩顿（Darnton，1975）和迈克尔·舒德森（Schudson，1982）对美国新闻的公式化叙事属性进行了详细阐述，展示了新闻叙事的模式、可预见性和系统性。玛丽·曼德尔观察到，新闻叙事的形成是为了给新闻中的事件确立一个全知和预言式的道德秩序

（Mander，1987），而杰克·卢莱（Lule，1995）和罗纳德·雅各布斯（Jacobs，1996）关注新闻叙事的仪式方面。W. 兰斯·班尼特（W. Lance Bennett）讨论了新闻工作者如何将公共事件个性化、戏剧化、碎片化和规范化，变成他们讲述的故事。芭比·泽利泽（Zelizer，1990a）指出，记者利用借代、省略和个性化等叙事技巧来集结个人和集体的专业权威。西奥多·L. 葛拉瑟、詹姆斯·艾特玛（Ettema，1993）和艾扎克·罗伊（Itzhak Roeh）（Roeh，1982，1989）展示了充斥在新闻叙事中的讽刺。

有关新闻叙事的学术研究一定程度上是在新闻从业人员和传统新闻学者的反对下确立的，因为从一开始，新闻的叙事特性就被新闻工作者视为伪问题。斯蒂夫·巴尔金（Steve Barkin）率先指出，讲故事的行为不能和报道行为对等比较（Barkin，1984）。尽管海伦·休斯（Helen Hughes）的《新闻和人情味报道》（*News and the Human Interest Story*，1940）是第一批将讲故事从硬新闻背景中区分出来的尝试之一，但是事实上，在研究硬新闻的讲故事和其他新闻的讲故事之间存在分歧，因为硬新闻应该是对现实世界的真实而不带有风格的陈述。成为一名优秀的故事讲述者意味着一个人不是优秀的新闻工作者，因为人们认为，报道越客观，也就越缺乏可读性。因此，叙事风格被编码为中立新闻报道生产过程的对立面，优秀的新闻工作者消灭了自己身上存在的故事讲述者（Barkin，1984；Bird and Dardenne，1988）。

与此同时，叙事分析能够很好地解释新闻实践的多样性。尽管并非新闻工作者自我呈现的一部分，但是新闻工作者的大部分权威不在于他们做了什么，而在于他们如何呈现他们所知的信息。那么，叙事就是一种了解新闻工作者如何建构自己权威的方法（Zelizer，1990a，1993b），对新闻叙事的广泛研究开始展示这是如何实现的。在一次重要的讨论中，伊丽莎白·博德和罗伯特·达内（Robert Dardenne）断言，所有类型的新闻都对现实生活中发生的事件和讲故事使用的符码和规则负有责任。他们认为应当将"有趣/重要"这个两分法搁置一旁，提出新闻报道作为一种特殊的神话叙事，"自身拥有能够被受众辨识的象征符码"，有必要被视为一个由不同部分组成的整体（Bird and Dardenne，1988：72-73）。同样，詹姆斯·凯瑞（Carey，1986a）做出了进一步讨论，认为故事的形式给某些通过新闻了解世界的方式赋予了特权。他指出，这种新闻形式弱化了新闻背后的"怎么样"和"为什么"，而将焦点放在描述和没有必要的辅助性细节上。在美国之外，讲故事这个观点似乎没有引起新闻从业者的尖锐反应，学者们关注通常被用于建构新闻的另类叙事模式（例如，Chalaby，1996，1998；Benson，2002）。

对于那些超越了将新闻看作叙事的专业阻力的叙事分析者而言，叙事分析显示，所有类型的新闻都是同一个家庭的一分子，它们之间的差异是程度上的差异，而非类别上的差异。因为它假定，新闻叙事是在不同的创造性表达之间进行选择，叙事分析有必要在不同类别的新闻光谱——硬新闻和软新闻、精英和小报、主流和对抗、电视和报刊、广播和互联网——中考察讲故事。从历史的角度来看，新闻工作者自己坚持"高等"新闻和"低等"新闻的分界。随着时间推移，这个分界从小报和主流媒体变成电视和印刷媒体、电视新闻杂志和日常电视节目、小报化电视和电视新闻杂志、有线电视和互联网之间的分界。他们的抵抗有一种熟悉的特点，那就是不断地区分信息与娱乐、实质与风格、公共利益和商业主义、责任和煽情。在每种情况下，他们都倾向于将比较中的较低端从评价中驱除出去。但是，叙事分析强迫对二者都进行比较。

新闻学者在三个主要研究领域——主流报刊，电视新闻和诸如小报新闻、电视真人秀和网络新闻的另类新闻形式考察了新闻叙事。每个领域都存在关于新闻叙事的特权和非特权形式的问题。这些研究大部分是在美国学者中发展起来的。

主流报刊讲故事

主流报刊中有很多叙事形式。正如斯图尔特·亚当（Adam，1993）列举的，仅仅在英国语境中，17、18世纪的新闻就有很多形式，例如简讯、文学随笔、辩论文章和立法报道。

但是，最常提到的讲故事技巧，即新闻的讲述方式，是经常被引用的硬新闻和软新闻之间的区别。如前所述，在便士报崛起期间，讲故事的实践是区分告知类新闻和煽情性新闻的关键（Schudson，1978）。有时候，至少在美国，非特权形式的发展更容易与讲故事联系起来，至少新闻从业者认为硬新闻无论如何不涉及叙事技巧。

所谓较软的形式着重于戏剧性或者扣人心弦的故事、道德责任和引人入胜的情节。这部分地反映了人情味报道的叙事特征，芝加哥大学罗伯特·帕克的学生海伦·休斯（Hughes，1940）第一个注意到，对报纸头版简短而不动声色的记录而言，人情味报道是一种必要而重要的偏离。20 世纪 30 年代便士报中的花絮报道，即人情味报道，是以一种易于接近的、往往是情绪化的方式处理个人和社区生活事件的形式。休斯将这种人情味报道看作引领大众进行阅读的历史演化过程的一部分，认为其在促进大众（masses）向公众（public）转型中发挥了必要的民主和关键的作用。讲故事也和其他选择联系在一起，通常是主流报刊中的软叙事形式。文学新闻，也称"新新闻"，被那些有远见的人描述为一种强调新闻的叙事风格而非其讲述的故事内容的方式（例如，Pauly，1990；Sims，1990；Sims and Kramer，1995）。

但是，随着叙事分析在范围和兴趣方面的扩大和增加，主流新闻中的硬新闻吸引了叙事分析家的兴趣。此处考虑的语言是一个观察者所说的"朴素风格"（Kenner，1990）。按照 G. 斯图尔特·亚当的观点，它所借助的简单和明了，其属性如下：

> 报纸和新闻杂志上的故事讲述者往往隐藏在一个匿名的第三者装置后。这个第三者可能是发行人，这个隐藏在作者心中的人物以权威的口吻写道，战争已经结束或宣告开始，或者选举活动开始或投票清点完毕。（Adam，1993：33）

根据亚当的观点，这种朴素风格是一致而连贯的，它以一种"程式化的、发表的、常规化的声音"和通常是官方的语气发布。在每种情况下，新闻工作者都"在场，带领读者读完整个故事。他或她展示、讲述和解释"。最终，"新闻叙事者使用的手段是所有讲故事的人都会使用的：'情节、人物塑造、行动、对话、排序、戏剧化、因果关系、神话、隐喻和解释'"（Adam，1993：33 - 34；亦见 Roeh，1982，1989）。

直接探讨主流新闻叙事的首发文章之一是罗伯特·达恩顿的《写新闻和讲故事》(Writing News and Telling Stories，1975)。达恩顿对新闻工作者的工作环境如何影响新闻叙事感兴趣，他利用自己早年在《纽约时报》做记者的经验考察了各种各样的因素，例如新闻编辑室的空间安排、记者与初级和二级参考群体的关系、记者的职业社交模式，以及讲故事的技巧。达恩顿(Darnton，1975：189)争辩说，新闻形式和新闻内容都有预先确定的类别，他指出，"这个故事"最终涉及"对标准化图像、陈词滥调、角度、倾向和场景的操纵，它们在编辑和读者的脑海中引发了一种传统的反应"。例如，丧事报道有一种特定的"丧事引语"。新闻工作者在写作时致力于一种"搜寻和发现"过程，从而支持了标准化和成见。

其他学者很快照做。英国社会学家菲利普·埃利奥特(Elliot，1980)推进了这一观念，即主流报刊中的报刊仪式发挥着民间文学的功能。在《叙事形式的政治》(The Politics of Narrative Form，1982)中，迈克尔·舒德森考察了叙事符码对于事实再现的影响。尽管舒德森对于讲故事的兴趣可以追溯到《发掘新闻》(Discovering the News，1978)，他在该书中指出了两种类型的新闻记录——信息和故事，但是在此处，他将叙事形式作为理解美国新闻实践的一种方法进行了专门研究。他争辩说，新闻最大的权力基于它断言现实的形式，他追踪了200年来对美国总统国情咨文的报道，展示了诸如概括性导语和倒金字塔这样的报道惯例、将美国总统作为最重要的表演者进行强调、关注单一事件而非连续事件、突出政治演说以及介绍政治行为的来龙去脉如何将新闻工作者从报道事件转向解释事件。新闻工作者以政治世界的分析专家身份出现，而不是政治派别的党羽，因而逐渐被看作政治事件的解释者，而不仅仅是报道者，因为政治事件的意义不在于事件本身，而在于参与者的政治目的。这篇文章的核心观点是：叙事形式对新闻内容具有重大影响，它相应地又直接改变了新闻之所以被视为新闻的形态。

在其他地区，大部分关于新闻和讲故事的研究都指出，新闻工作者根据确定的叙事模式塑造故事。菲利斯·弗鲁斯(Phyllis Frus)详细阐述了新闻与文学之间的历史差异，并总结道，当前新闻内部的运动是更加开放地接纳讲故事的叙事形式（Frus，1994）。约翰·哈特索克（John Hartsock）梳理了19世纪末以来的文学新闻演化过程，他指出，随着时间推移，它特定的讲故事形式在公众中引起了共鸣（Hartsock，2001）路易斯·伍德斯托克（Louise Woodstock）反思了公共新闻叙事中关于它自身的治疗元素（Woodstock，2002）。到20世纪90年代中期，甚至新闻从业者也经历了作为主流新闻一部分的写作兴趣的重生（例如，Clark，1994）。

此处相关的是，大量关于主流媒体视觉语言的作品，关于摄影、摄像和新闻摄影的作品吸引了对叙事有兴趣的学者的广泛学术关注。虽然巴特（Barthes，1967，1977）、皮尔斯（Peirce，1893－1913/1998）和霍尔（Hall，1973a）论述摄影权威的图像（iconic）、指示（indexical）和象征（symbolic）维度的著作已经存在多年，但是直到叙事作为一种理解文本的方式的出现，再加上文化研究所青睐的备选分析领域，这项研究才得以立足。例如，对新闻摄影的普遍模式的研究（Schwartz，1992；Perlmutter，1998）和对特定环境下新闻摄影的作用的研究（Taylor，1991，1998；Brothers，1997；Moeller，1989；Zelizer，1998）。

同样相关的是对于新闻叙事的神话因素进行的延伸研究。约翰·保利（John Pauly）和米丽萨·埃克特（Melissa Eckert）提出，在美国新闻中有一种"地方神话"（myth of the local）（Pauly and Eckert，2002），而卡罗琳·基奇（Carolyn Kitsch）审视了美国新闻杂志中具有神话色彩的各种叙事元素（Kitsch，2000，2002）。杰克·卢莱思考了神话在新闻中发挥的普遍作用（Lule，2001）和"9·11"之后在主流社论版中发挥的作用（Lule，2002）。按照他的观点，每日新闻仍然是"我们这个时代主要的神话载体"，七种主要神话——受害者、替罪羊、英雄、好妈妈、骗子、另一个世界和洪水——为受众理解周围事件提供了模式化的方法（Lule，2001：19）。

电视新闻讲故事

其他学者思考了电视新闻中的报道，着重于它的叙事结构（例如，Hartley，1982）。詹姆斯·莱特（James Lett）描述了电视新闻节目的叙事特征，例如迎合讯息的视觉维度，或者强调报道冲突的两面性（Lett，1987）。丹·

尼莫（Dan Nimmo）和詹姆斯·库姆斯（James Combs）讨论了三家美国电视网危机报道的叙事风格，发现每个电视网都有自己讲述危机故事的风格：CBS 是阐释性的、官方的，ABC 聚焦于危机中的普通人，NBC 则把目光放到危机带来的混乱之外（Nimmo and Combs，1983，1985）。有些学者在更加广泛的意义上关注电视风格（例如，Griffin，1992；Postman and Powers，1992；Griffin and Kagan，1996）。例如，贾斯汀·刘易斯（Justin Lewis）指出，电视新闻实际上在叙事符码缺位的情况下发挥作用，导致它具有分离性和无效性（Lewis，1994）。他说，电视新闻的叙事结构更像是"一份购物清单，而不是一个故事"（Lewis，1991：131）。叙事风格在不同类型的新闻报道中得到了考察。凯瑟琳·弗莱（Katherine Fry）观察了电视对自然灾害的再现（Fry，2003），马修·埃尔利希（Matthew Ehrlich）考察了查尔斯·库尔特（Charles Kuralt）为 CBS 新闻制作的《在路上》（On the Road）电视报道（Ehrlich，2002）。芭比·泽利泽（Zelizer，1992b）考察了美国电视新闻对约翰·F. 肯尼迪遇刺的转播。

电视新闻杂志和时事节目格外吸引对叙事感兴趣的学者的关注（例如，Nichols，1991）。在《〈60 分钟〉与新闻》（*60 Minutes and the News*，1991）中，理查德·坎贝尔（Richard Campbell）提出，讲故事帮助电视新闻杂志确立了权威，这种节目形式在 20 世纪 60 年代末作为杂志——而非报纸或电影——在电视上的应用发展起来了。虽然叙事风格与支持中立报道的记者格格不入，但是坎贝尔坚称，《60 分钟》作为一个新闻节目比其他新闻节目对叙事更感兴趣。个人报道风格及其戏剧性与节目的受欢迎程度和报道的事实一样密切相关。因此，该节目战略性地发展出特定的公式化叙事惯例，通过这种惯例，观众可以理解这个世界：记者不是角色就是叙述者、故事情节复杂多样、戏剧张力被调和以建立叙事冲突、镜头框架受到某种方式的控制，以便让记者控制报道。坎贝尔识别出四种新闻框架即神秘、治愈、冒险和仲裁——该节目就是通过这四种框架构建世界的——并坚称，通过它们，《60 分钟》始终支持着美国中产阶级的道德。在其他地区，学者们（Fiske，1988；Postman and Powers，1992）关注电视新闻杂志强化或者弱化电视新闻节目基本属性的方式。

另类新闻形式讲故事

最近，大量的研究工作集中在仍在发展中的、不太明显的新闻传递模式中的叙事因素。特别是随着文化研究工作的开展，新闻自身设定的一些界限被强行打破（例如，Dahlgren and Sparks，1992），在描述日益扩展的新闻形式所具有的公式化特征方面，叙事和讲故事的相关性变得明显起来。用不那么值得庆祝的词语来说，正如电视时代到来时所预言的那样，这些体裁显示出"有组织的新闻已死"（Altheide and Snow，1991：51）。这种另类形式包括小报新闻、电视真人秀、体育和天气新闻，以及网络新闻。

小报化的讲故事形式长期以来是全世界新闻的一部分。根据不同的语境和历史时期，哪些新闻实践能够结合在一起组成"小报"也有所不同。例如，关于小报化这个问题，柯林·斯帕克斯主张有五种类型的新闻，即严肃媒体、半严肃媒体、严肃-大众媒体、报摊小报媒体和超市小报媒体，每一种都提供了不同版本的特征，这些特征被认为是所有小报形式的特色（Sparks，2000）。与此同时，小报新闻是一种普遍的存在。

在美国语境下，随着19世纪30年代便士报的出现，90年代普利策和赫斯特的煽情报纸帝国的崛起，20世纪20年代爵士新闻（jazz journalism）①、超市小报和当今小报化电视的盛行，新闻的小报版本呈井喷之势（Bird，1992），尽管有人争辩说，美国对犯罪、八卦和性的迷恋从16世纪持续至今（Stephens，1988）。在英国，小报的历史更加悠久、持续，可以追溯到19世纪中期义务教育引入时期（Engel，1996）。在其他地区，小报和更广泛的文化中大众化的本土模式有关，例如澳大利亚（Lumby，1999）、匈牙利（Gulyas，2000）和德国（Klein，2000）。有些地方情况有所不同，例如在墨西哥，小报化主要是一种电视现象（Hallin，2000）。不过，在每一项分析中，小报叙事相当一致：更加煽情、通俗易懂、火爆刺激，语气是大众化的、文本是支离破碎

---

① 爵士新闻是继黄色新闻之后的新闻时期，大约从1919年至1924年。爵士新闻倾向于报道诸如好莱坞、性、暴力和金钱等主题，强调摄影而不是写作，大小通常是普通报纸的一半。

的，关注的是奇观和独家讯息。它们的功能是为集体知识提供党派来源，教读者学习利用新闻叙事中的矛盾质疑他们阅读或者观看的材料（Fiske，1992b）。

或许 S. 伊丽莎白·博德提供了关于小报新闻叙事的最清晰的讨论。在一系列著作中，博德（Bird，1990，2000）探讨了主流媒体和小报媒体共有的讲故事特征，从而对小报的形式进行了讨论。在《询问思想》（*For Enquiring Minds*，1992）中，她展示了小报的叙事特征——时效性、高度的道德说教、政治保守主义、可预测性和个人主义——如何与口头传统的轨迹结盟。典型的小报充斥着关于自然灾害、异常分娩、预兆和谋杀的新闻，关注人类的血腥、名人的八卦和人情味。博德还展示了新闻价值观例如客观性和可信性如何通过小报和主流新闻工作者的平行实践得以实现。

其他学者调查了主流新闻和小报新闻的分野中存在的额外差异。马修·埃尔利希（Ehrlich，1997）发现，小报与它们的主流伙伴们之间的差异几乎可以忽略不计，讲故事的方式最终反映了它们所借用的各种文化生产模式。凯文·格林（Kevin Glynn）考察了小报的一般功能和历史功能，指出小报电视独特的一般形式成为 20 世纪 80 年代到 90 年代媒介环境的核心推动力（Glynn，2000）。此处叙事是关键。正如约翰·兰格（John Langer）所说，小报新闻需要精确考察，因为——而不是尽管——它独特的叙事特点："它对讲故事的承诺、它公式化的特点，以及它对视觉冲击的追求。"（Langer，1998：6）与那些"可以被描述为'更单纯'的政治文化形式"的新闻类型相比，小报形式从试图"追寻和讲述'凡人琐事'"中获得了最大的利益（Langer，1998：7）。它们始终是"其他新闻……剩下的新闻，顺带看看，但是为了全神贯注于人们认为更加严肃和紧迫的新闻事件，它们就被晾在一边"（Langer，1998：8-9）。

此外，有时候被称作"断言式新闻"（assertion journalism）的新闻脱口秀（新闻工作者在这种节目中煽动矛盾而不是呈现所谓的深思熟虑的分析）或者人民之声秀（vox pop shows）①（在这种节目中受众代替了新闻专家）进

---

① 一种流行的具有人情味的广播节目，内容包括采访、猜谜等。这类广播节目于 1932 年由美国休斯敦的 KTRH 广播电台率先播出，当时该台的广告销售人员带着便携式麦克风走上街头和人们讨论正在进行的总统大选。

一步阐述了小报的大众化和个人化主题。此处相关的是广播公司——和一些学者——更愿意称之为真人秀的节目。这种新闻形式指从警察秀到小报脱口秀等一大批节目类型，人们认为它们处在公认的新闻实践的边缘（例如，Fishman，1999；Friedman，2002）。然而，相同之处是实实在在的。在美国，诸如《时事》（A Current Affair）、《硬拷贝》（Hard Copy）、《全美通缉令》（American's Most Wanted）和《内部版本》（Inside Edition）都通过主观处理、使用配乐视频和再现真实，提供了个性化的道德失序和越轨故事——这一切长期以来被认为与主流电视新闻格格不入，但是这一切都为它们的受众提供了所谓的真实世界再现。这种新闻广播、长期连续播放的电视节目、纪录片、警察秀和家庭剧的混合体叙事形式在诸如《老大哥》（Big Brother）、《幸存者》（Survivor）和《改头换面》（A Makeover Story）这样的节目中得到了进一步发展，为新闻的可能性提供了新的版本。同样，体育新闻和天气新闻给关于新闻的目的这个传统观念带来了持续的复杂性（例如，Hargreaves，1986；Rowe，1999；Miller，2002）。

随着网络新闻越来越成为新闻工作不可分割的部分，网络叙事作品也开始吸引人们的兴趣。艾伦（Allan，2002）详细阐述了互联网给传统的新闻叙事观念带来的持续问题：缺乏编辑、相关内容即时回放、新闻工作者的权威削减、新闻偏好的个性化加工，以及互动性。在其他地区，学者们（Hauben and Hauben，1997）推断，随着网络新闻的不断扩张，叙事潜力可能会得到发展。人们非正式地将网络新闻叙事看作一种合作新闻，认为它为传统新闻报道方式提供了另外一种选项，因此，它们采用的讲故事属性具有特别的价值。

修辞

修辞学者提供了一套独立的分析工具，通过这套工具可以思考新闻的权威和权力。修辞研究是迄今为止可供文本分析的最早的思路，它从亚里士多德和柏拉图的著作中广泛汲取灵感。修辞研究与说服有关，它将文本与修辞传统所确定的演讲准备五步骤——修辞发明（收集和概念化主题内容）、组织（架构一篇演讲）、风格（赋予一篇演讲以语言学表达）、记忆（记住演讲）和表达（发表演讲）——放在一起思考，从而形成自己的分析。这一学术还从更加当代的肯尼斯·伯克（Kenneth Burke）（Burke，1945，1950，1978）作品中汲取营养，伯克将语言视为行动的观念为新闻文本的分析提供了卓有成效的起点。伯克关注动机的归因，发展了"戏剧五位一体"（dramatistic pentad）观念，认为要将行为、场景、人物、手段和目的放在一起来解释人类行为，以及"辞屏"（terministic screen）观念，认为行为的某些方面极其引人注目，而其他方面则被落在后台。这两个观念和伯克作品的广泛涉猎一起促进了与语用目标相结合的语言使用研究。

对新闻语言的修辞分析主要发展于美国，大部分处于修辞或英语系的边缘。由于权力和权威概念逐渐被认为是新闻的产物，修辞逐渐被视为与新闻特别相关，格外吸引了对政治传播感兴趣的学者。从这个意义上说，修辞学者详尽阐述了将新闻看作一种修辞行为的方式。采访者或者主播被认为是通过以某种方式而不是其他方式构建论辩，从而传递新闻权威的。哪些言论可以列入哪些类型的讨论都是战略和模式化选择，从而支持了新闻工作者在公共领域的定位。

大量学者运用伯克的前提来理解媒体在语言形成中的作用，反之亦然（例如，Edelman，1964；1985；Duncan，1968；Combs and Mansfield，1976）。例如，伯克（Burke，1978）的辞屏观念被认为与关于新闻工作者在报道中使用过滤方法的广泛讨论有关。塞莱斯特·康迪特和J. 安·赛尔策（J. Ann Seltzer）对一次谋杀案审判的新闻报道进行了研究（Condit and Seltzer，1985）。布鲁斯·格龙贝克（Bruce Gronbeck）运用伯克的观念考察了地方新闻广播（Gronbeck，1997），而巴里·布鲁梅特（Barry Brummett）结合伯克对公共行为的理解考察了新闻的大众化（Brummett，1989，1991）。卡罗尔·威尔基（Carol Wilkie）在讨论对替罪羊布鲁诺·理查德·豪普曼（Bruno Richard Hauptmann）[①]的审判前曝光时援引了伯克的观点（Wilkie，

[①] 布鲁诺·理查德·豪普曼（1899—1936），出生于德国的美国木匠，被指控绑架并谋杀了飞行员查尔斯·林登伯格（Charles Lindbergh）20 个月大的儿子。对豪普曼的审判被称为"世纪审判"，尽管他自始至终坚称自己无罪，但还是被迅速判决并处决。他死后，很多证据表明对他的审判是不公正的，他很可能是一个替罪羊。

1981），约翰·马利尔（John Marlier）分析媒体对奥利弗·诺斯（Oliver North）①证词的报道时同样引用了伯克的观点（Marlier，1989）。但是这些研究很少将对报道的讨论和对新闻惯例的理解联系起来。此外，他们考察的很多事件都是有争议的，而且对它们的思考形成于一种制度背景之下，例如法庭。

由于修辞格外关注说服，因此大部分研究都在更广泛的新闻框架背景之下聚焦于政治传播行为。因此，凯瑟琳·豪·贾米森和罗德里克·哈特（Roderick Hart）的著作关注选举报道为政治候选人确立特定修辞权威的方式（Jamieson，1984，1988；Hart，1987）。其他学术关注新闻文本的视觉维度，例如罗伯特·哈里曼（Robert Hariman）和约翰·卢卡茨对标志性照片的研究（Hariman and Lucaites，2002，2003，in press）。

这里的某些学者对修辞的定义较为宽泛，他们关注新闻的修辞维度，其方式不一定要追溯到该领域的早期起源，但却明确了修辞的权威。杰克·卢莱在分析"挑战者号"失事（Lule，1989a）和大韩航空007号班机遭击落事件（Lule，1989b）时宽泛地引用了伯克的观点。艾扎克·罗伊（Roeh，1989）讨论了不同语境下的新闻，包括对黎巴嫩战争的报道（Roeh and Ashley，1986）、夜间电视新闻播报（Roeh，Katz，Cohen，and Zelizer，1980）和报纸标题（Roeh and Feldman，1984）使用的修辞模式。在《新闻修辞》（*The Rhetoric of News*，1982）中，瑞详细阐述了新闻如何借用讽刺，并指出新闻语言发挥了他称之为"客观性修辞"——新闻工作者以一种修辞的方式来使用客观的讲话模式——的作用。

框架

最近的一种以语言为基础的新闻研究方法是框架研究。欧文·戈夫曼和

---

① 奥利弗·诺斯（1943— ），美国政治评论员、电视主持人、军事历史学家、作家，退役美国海军陆战队中校。诺斯在20世纪80年代后期的政治丑闻伊朗-反对派事件（Iran-Contra affair）期间担任国家安全委员会工作人员，这起丑闻涉及向伊朗非法出售武器，以鼓励释放当时在黎巴嫩境内的美国人质。诺斯制订了计划的第二部分，但是获得了免予起诉的有限豁免权以换取他在国会中就该计划作证。对他的指控在1991年全部取消。

格里高利·贝特森（Gregory Bateson）的早期研究认为，所有的公共生活都由框架组织，个人通过这些框架来感知周围的行动（Goffman，1974；Bateson，1972）。框架研究借鉴了他们的观点，提供了一种方法，即通过模式选择、强调和呈现来理解系统的、往往是预先决定好的新闻报道组织类型（Gitlin，1980；亦见Gamson，1989）。

托德·吉特林（Gitlin，1980：7）称框架研究是一种方法，"既为报道世界的新闻工作者也在某种更重要的程度上为依赖于他们报道的我们来组织世界"，它为新闻学者提供了一种方法来考察过滤机制，这种机制使新闻对新闻工作者和公众都有意义。框架研究主要受到美国的政治学者和政治传播学者的青睐，它构成了一种解释新闻缺乏中立性的方法，并为"美国新闻受众接收到的大部分信息"提供了"一套标准的主题和价值观"（Price and Tewksbury，1997：174）。框架研究经常和议程设置、铺垫研究一起被引用，它关注报道呈现为解释新闻的一种方式（Iyengar and Kinder，1987；Iyengar，1991）；根据罗伯特·恩特曼（Robert Entman）的观点，"框架就是从一个被感知到的现实中选择一些方面并加以突出"（Entman，1993a：52）。与此同时，框架被认为是与它所针对的公众共同存在的。从这个意义上说，它与其他语言使用方法不同。

随着时间的推移，框架被定义为"提供了意义的中心组织思想或者故事线索"（Gamson and Modigliani，1987：143）和"存储在脑海中的观点群，用于指导个人处理信息"（Entman，1993a：53），新闻工作者逐渐认为它在文化上和认知上都起作用（Reese，2001）。框架利用了大量语言工具包括隐喻、典型（或者历史教训）、名言警句、描绘，以及视觉形象如图标（Gamson and Modigiliani，1989：3）。通过这种方式，框架被认为既反映了新闻对事件的解释，又反映了使它们具有意义的语境，即新闻工作者为受众解读新闻设定了参考框架（Gamson，1992；Neuman，Just，and Crigler，1992）。大部分框架研究侧重于确定新闻传播框架的系统性效果，或者用文森特·普莱斯（Vincent Price）和大卫·蒂克斯伯里（David Tewksbury）的话说，侧重于明确"议题-框架效果——媒体报道改变人们在形成观点时使用的各种考虑因素的能力"(Price and Tewksbury, 1997: 175)。

最近关于框架研究的大部分文献都集中在新闻报道的话语类型模式上，例如尚图·耶加（Shanto Iyengar）讨论了电视中的政治报道或者对特殊议题或事件的报道（Iyengar, 1991）。关于后者的文献囊括了关于危机的讨论（Hornig, 1992）、1987年底爆发的以色列占领区的巴勒斯坦人暴动（Cohen and Wolfsfeld, 1993）、反核运动（Entman and Rojecki, 1993b）、海湾战争（Iyengar and Simon, 1993）、环球航空800号班机空难（Durham, 1998）和欧洲接受欧元（de Vreese, 2001）。其他人则使用框架研究比较了不同类型的新闻事件（例如，Gerstle, 1992）。

与此同时，学者们以各种各样的方式援引框架，以至于罗伯特·恩特曼（Entman, 1993a）称其为"破碎的范式"。潘忠党和杰拉尔德·考茨基（Gerald Kosicki）争辩说，其他构造如主题、图示、脚本与框架一样具有许多相同的功能（Pan and Kosicki, 1993）。马克斯维尔·麦库姆斯（Maxwell Mccombs）、唐纳德·肖（Donald Shaw）和大卫·韦弗（Mccombs, Shaw and Weaver, 1997）坚称，框架是第二层议程设置，将新闻报道的显著特征与受众对它们的解读联系在一起。其他人则质疑框架是否构成了一种方法、一种理论，或者两者都不是。例如，斯蒂芬·里斯、奥斯卡·甘迪（Oscar Gandy）和奥古斯特·格兰特（August Grant）调查了框架研究中产生的一系列理论和方法问题，包括它与议程设置、公共协商和后现代主义的关系（Reese, Gandy, and Grant, 2001）。按照某种观点，这些文献的破碎特性并没有随着时间推移而得到改善（例如，Scheufele, 1999）。

无论如何，框架为思考语言的使用和新闻工作者及其公众之间的交集提供了一个重要路径。在这方面，它比许多其他研究新闻语言的领域更广泛地强调了语言在学科中的中心地位，在这些学科中语言不一定是显而易见的分析对象。因此，通过这种做法，框架研究显著地扩大了语言研究和新闻的领域。

对新闻语言的语用学研究值得注意，因为它不仅使学者能够通过它最明显、最经验证、最模式化的表现形式之一——语言——来思考新闻，而且还通过将新闻与更广泛的语言使用相联系来帮助人们理解新闻工作。关于新闻叙事、修辞和框架的学术还在帮助学者们将注意力集中在构成新闻的插曲和事件之外发挥了重要作用。新闻叙事、修辞和框架研究提供了一种新闻工作者在制作大多数类型的新闻时都会用到的便利的、模式化的模板，从而促使人们认识到新闻工作具有系统性建构的本质。对此，新闻工作者自己在讨论新闻业时都不愿意承认。

语言研究与新闻的核心

从更广泛的意义上来说，新闻的语言研究为新闻探索贡献了什么？从一开始，它对新闻文本的强调展示了与语言研究相伴的优缺点。这种学术提供了一个新闻文本看起来什么样的长期而详细的观点，同时还强调了在更大环境中的文本和新闻制作的过程。就此而言，语言研究抵消了许多其他学科视角对文本的相对漠视。

与此同时，语言研究并没有为新闻制作的所有方面提供相等的学术关注。这种路径缺乏对生产、受众、新闻的历史语境和历时维度，以及新闻工作者本身的思考。事实上，与某些学科研究一样，这种学术观点基本上还是乏人问津的，文本的塑造和分析都有点脱离现实。因此，新闻的语言研究将新闻语言与新闻形成的大环境隔离开来，夸大了新闻语言的作用。

此外，语言驱动的新闻研究仅仅关注特定类型的文本，概括了语言在这种环境下是如何发挥作用的。在这种视角下，人们对不同的新闻文本进行了高度集中的观察，但是并没有超越本应超越的那些文本的界限。这种扩展可以包括对不同种类的新闻片段、不同种类的新闻文本（例如贸易文献）以及新闻组织内外各种互文模式的考察，从而有益于现有研究。例如，大部分主流叙事研究形成于美国，因此对美国主流新闻十分熟悉，但是这与其他地区对其他叙事形式的关注并不匹配。相比之下，对小报新闻的叙事研究在不同民族国家的新闻中似乎影响要大得多。

与其他微观分析研究一样，这些基于语言的新闻研究更加广泛、系统和全面。但是，同样和大部分微观分析研究一样，这种类型的探索所产生的详细资料并没有带来许多重复的尝试，因为它的细节具有高度特殊性，非常集中，而且很难与新闻分析更广泛的方面联系起来。例如，援引广播新闻评论的时态来说明新闻工作者对新闻事件的接近需要对语言的重要性具有一种先验的敏感，而大部分新闻学者都并不具备这样的特征。实际上，事实似乎恰恰相反，那些没有投入新闻语言探索的学者对与语言相关的研究结果的关注程度参差不齐。

然而，语言研究对新闻探索产生了决定性的影响。每一项新闻语言研究都基于这个信念：考察文本的建构本质有助于详细阐释新闻运作的维度。聚焦于文本本身，将其作为广泛理解新闻的出发点，这对其他探索模式确立的对人的过分强调而言是一个有用的替代方法。在转向与新闻的工艺和流程有关的更普遍问题之前，新闻的各种"文本"属性需要在多大程度上被描述和考察，这一点仍然存在疑问。同样，对于如何最好地找到新闻语言中隐含的意识形态定位的证据，各方仍存在争议。然而，所有这三种语言研究路径——非正式的、正式的和语用的——都以语言是意识形态为前提，这一事实提供了一个关键的反假设，不仅对主流新闻学术，也对新闻从业者声称新闻反映了现实的说法提出了反驳。其他的研究领域使用这些概念时超越了语言研究，将它们更广泛地应用到新闻世界其他方面。

第六章　政治学与新闻

与其他关于新闻和新闻实践的学术视角相比，大部分政治学者提供的视角毫无疑问是规范性的。这一学术属于"利益相关研究"，通常通过政治世界中的既得利益来考察新闻。主要考虑到政治系统要依靠新闻来发挥最佳作用，它的思考源自人们长期以来对新闻媒体在民主国家扮演政府第四权力角色的期望。关于"以媒体为中介的民主"（Orren，1986；McNair，2000a）、"媒主"（mediacracy）①（Taylor，1990）、"以媒体为中介的政治现实"（Nimmo and Combs，1983）、"媒体政治"（Arterton，1984；Bennett，1988）以及"媒体是否在统治"（Iyengar and Reeves，1997）这样一些问题在此处是关键，它们源自一个假设，即在某些类型的政治体制中，政治和新闻世界相互依存。在这方面，那些从事新闻政治学研究的学者往往站在公共利益提倡者的立场上，主要根据在民主和资本主义社会中运作的前提，致力于解决新闻如何才能更好地为公众服务的问题。

大部分这种研究的根本规范性问题——主要集中在美国，在英国的政府部门和政界也有相同的问题——是人们可以期待新闻媒体如何在周围的政治环境中运作，为公民服务。新闻业的政治角色问题非常重要，可以追溯到沃尔特·李普曼（Lippmann，1914，1922/1960，1925）的早期作品。李普曼认为，现代民主的危机就是新闻业的危机，他号召新闻工作者在传播更多的

---

① "媒主"是指政府的一种情况，即大众媒体有效控制着选民。与美国政治体制中的媒体角色理论密切相关，它认为媒体和新闻组织对选民评估候选人和政治议题有着极大的影响力，因此有效控制着美国政治。

公众所接收的信息时扮演专家角色。正如丹尼斯·麦奎尔（Denis McQuail）观察到的那样，规范性理论质疑了"如果要遵守或者获得某些社会价值观"，一个制度"应当如何运作"（McQuail，1987：4），这种关注反过来又影响了公众能够并且应该从新闻媒体中期待什么，或者弗雷德·英格利斯所称的"研究世界是怎样的以及它应当是怎样的"（Inglis，1990：110）。此处的研究主要是由大规模的观察驱动，其结论往往是对新闻改革的实践建议，如此一来，某一媒体系统的效能可以预期得到改善。它考察新闻世界应当如何与特定的政治体制共同运作，强调新闻是否、如何、在何种程度上影响选举和决策过程，还有政策。从这个意义上说，仅仅是将其焦点降低到新闻与政治的交叉领域，而不是局限于新闻内部，新闻政治学研究就抵消了菲利普·施莱辛格（Schlesinger，1990）所说的按照其他学科框架开展的大部分新闻研究中存在的"媒体中心偏见"。

新闻政治学研究的演化

尽管政治学作为一个学科主要出现于半个世纪之前的美国，但是对政治行为的期待要回溯到柏拉图和亚里士多德时代。政治学被定义为对政府和其他政治体制及其过程的研究，它具有社会科学和人文学科的两面性——前者对政治取向、价值观和行为进行了大规模的调查，后者探寻了政治世界中道德和伦理行为的愿望。政治学被非正式地称为"谁何时和怎样得到了什么"研究，用政治学家汉斯·J. 摩根索（Hans J. Morgenthau）的定义来说，政治学长期以来关心的是"在各级社会交往中权力的性质、积累、分配、行使和控制，特别强调国家的权力"（Morgenthau，1948/1985）。在这个意义上，政治学探索的目标是那些在民族国家互动过程中影响政治行为的制度、特征和议题。

对新闻业在世界上发挥政治功能的集体期待并不新鲜：阿历克西·德·托克维尔（Alexis de Tocqueville）是最早勾勒出报刊在法国和美国对舆论的影响（Tocqueville，1900）的学者之一，加布里埃尔·塔尔德（Tarde，

1898，1901/1969)、斐迪南·滕尼斯（Tonnies，1923/1971)、约翰·杜威（Dewey，1927/1954）和沃尔特·李普曼（Lippmann，1922/1960）分别针对新闻界、公众和政治组织进行了研究。塔尔德注意到报刊对舆论的影响，认为新闻推动了对话，使民主行为成为可能，尽管他并没有指出新闻工作者和政客之间存在的问题重重的联系（Blumler and Gurevitch，1995)。滕尼斯认为报刊是政府用于形成舆论的一种工具，而杜威和其他实用主义者将新闻视为一种手段，以保证公共社群和情感的自治和活力。按照一个更加现代的构想，对新闻业政治角色的期待来自新闻是政府的第四权力的观念，这个观念在18世纪末随着现代民主形式的演化被提出，当时人们认为报刊是作为民主的守护者和公共利益的保卫者而存在的（Carlyle，1905)。更为现代的评论者将第四权力解读为对其他三种权力形式——行政、司法和立法的监督和平衡（Cater，1959)。与第四权力观念密切相关的还有"舆论"这个观念和对政治决策中公众讨论的核心地位的强调（Boyce，1978；McNair，1998；Splichal，1999)，每一个都伴随着新闻与政治世界不断发展的联系。从共和国早期政党毫不掩饰的所有权到新闻官员的不断出现，再到新闻工作者和政客在通常被称为"原声片段时代"（sound-bite age）错综复杂的关系，政治和新闻呈现出一种持续的相互定位。因此，毫不意外，关于民主的观念不断发展和变化，导致对新闻的期待也在同样发展，特别是在政治利益日益复杂的环境中那种被认为有能力保护公众的新闻。虽然有些学者走得太远——质疑我们为什么不"称新闻工作者为政治演员"（Cook，1998：1)，但是新闻和政治使命的交织是长期存在的，这是由新闻实践带来的。在美国，政治学家热衷于在这个领域分析新闻工作。

但是，在世界的其他地区，考察政治与新闻领域的增效协作关系并不一定要通过政治学的学科框架，至少不一定采取美国的形式。其他学科——社会学、传播学、哲学、符号学和文学研究、国际关系——在形成学者关于新闻和政治生活的思考方面发挥了重要作用。例如，在英国，尽管对政治权力问题的兴趣相当可观，但是这种问题往往以社会学的术语来描述，即便受到政治学训练的学者也拒绝声称英国社会是多元的，相反，他们采取了社会学探索的前提，从而促进了对新闻政治维度的批判性剖析（例如，Morrison and Tumber，1988）。在德国，"大众传播"（Publizistik）这一术语——"政治新闻"的传统说法——最初在紧接着二战后的几十年间附加在几乎所有大学教职和研究机构中，政治或公共传播在德国传播课程中始终是不言自明的核心（Schulz，1997）。法国的新闻与政治研究同样是一方面在符号学和文学研究领域、另一方面在政治学中发展的（Neveu，1998）。在法国和英国，哲学在考察新闻的政治维度中发挥了作用（Ellul，1965；Keane，1991；Sfez，1993）。关于全球化和新闻的某些研究，特别是在中东，被建构为国际传播，并部分地借鉴了国际关系领域的成果（例如，Mowlana，1996）。此外，有些政治学家对政治学所青睐的学科对话提出了大量批评，因为它们将相互竞争的前提、利益和地理位置抛在了一边（例如，Downing，1996）。

然而，在美国，由于新闻被社会科学吸收作为其核心兴趣的一部分，政治学遂在相关学科名单中名列前茅。政治学可以追溯到沃尔特·李普曼的舆论研究（Lippmann，1922/1960，1925）和哈罗德·拉斯韦尔（Lasswell，1927/1971，1941，1948）一战后对宣传的探讨以及二战后媒体的"羊群行为"（herding behavior）研究。从20世纪以来，政治学一直将新闻工作者想象成政治世界中潜在的强大有力、影响深远的角色。研究宣传的影响，特别是在二战后的时期，将新闻工作者推向分析的前沿。尽管政治学家对于新闻在政治中发挥作用的程度并不总是意见一致。例如，近至20世纪90年代中期，斯蒂芬·赫斯（Stephen Hess）提出新闻的特征仅仅是"另外一个公共政策体制"（Hess，1981，1996），而托马斯·帕特森（Thomas Patterson）争辩说，新闻媒体显然是美国政治中有权势的捐客——新闻和政治之间被假定为相互联系，而不是争论和质疑（Patterson，1993）。这种联系和各种各样的假设不仅为政府和新闻之间的联动提供了早期的理解，而且为之后的许多政治学研究定下了调子。

新闻与政治的发展强化了新闻的政治角色。很多观点都认为，美国的政治过程实际上是通过对新闻界的复杂依赖完成的（例如，Davis，1992）。由于政治行动者和公众都依赖新闻来提供和扩散关于政治世界的信息，政治体系被认为利用新闻对公众迅速而广泛的接触来帮助人们理解主要政治党派的削弱和去中心化、民族政府重要性的强化和所谓现代总统时期（modern presidency）① 的崛起。从这个意义上看，许多新闻政治学探索的调门是负面的，展示了布莱恩·麦克奈尔（McNair，2000b）所称的在发达资本主义和自由民主社会中新闻与政治的关系"无所不在的悲观"。在理论上投入了相当大的力量之后，新闻工作者及其制度环境因他们未能提供的内容而受到批评。借用杰伊·布鲁姆勒和迈克尔·古雷维奇（Blumler and Gurevitch，1995）的话，发达资本主义持续不断的"公共传播危机"被视为对民主本身的威胁。

新闻政治学探索发展出三个主要方向，每一个都在新闻实践的不同层面提出了一个基本规范和抽象的观点。每一个探索路径的核心都是新闻如何与新闻应当如何的问题。正如蒂莫西·库克（Timothy Cook）巧妙表述的那样，"大部分新闻批评，不论来自行业内外，都建立在这样一个心照不宣的假设上：只要我们能让新闻工作者改变他们的工作方式，新闻就能得到大幅度改善"（Cook，1998：173）。追求理想和完美的政治学发展了广泛的陈词滥调工具，想将新闻的实际状态扭转为更完美的事业。

这三个研究方向在范畴和规模上各不相同。第一个关键的系统性问题是新闻世界的"最小图景"——这体现在新闻工作者与消息来源的互动上。尽管关于采集实践的文献是从社会学探索领域发展而来的（例如，Gans，1979；Fishman，1980；Ericson, Baranek, and Chan，1989），但是它也反映了社会学对新闻与党派政治之间存在的交集的担忧，这一点是在将记者和消息来源联系起来的互动中发现的。因此，这是在政治学研究领域的名义下进行讨论的。在这个小范围的视角中，还有关于新闻模式和角色的学术研究，通过抽象的概念，可以建立起最佳的新闻实践。

新闻政治学探索的第二个方向是中等范围的思考，研究新闻与政治世界的交集所发挥的作用，考察了将新闻工作者与政治行动者和受众联系起来的广泛环境。这个领域包括对新闻工作者、政治行动者和受众在政治运动中的

---

① 由富兰克林·罗斯福于 20 世纪 30 年代开创，指在宪政框架内积极有为的总统。

研究，以及最近的公共新闻研究。

新闻政治学研究中最知名的是大范围互动类型的创建，它尝试描述在不同的政治秩序下新闻业都具有哪些可能的运作特征。这种类型被不断修正，为评估全世界不同政治环境中的新闻制度效率确定并维持了一个抽象的标准。与此同时，政治学还是一个与其他新闻学术研究领域建立联系的场所。此处的核心是政治语言的学术研究及其对关联新闻与政治的交集的影响。

政治学与小范围新闻实践

尽管看上去，政治学家对小范围新闻实践的兴趣和他们对大范围媒介体系及其与政治世界联系的兴趣并不一致，但是已经出现了大量研究致力于辨识个体新闻工作者用以与政治机构相联系的具体实践。例如，美国语境中的学术提供的研究包括华盛顿记者团或者竞选中的新闻工作（Rosten，1937；Crouse，1973）、新闻工作者与重要政治人物例如美国总统的关系（Pollard，1947；Watson，1990；Allen，1993；Liebovich，2001），以及在显而易见的政治报道领域的工作，例如白宫（Grossman and Kumar，1981；Hertsgaard，1988）、国会（Blanchard，1974）和众议院（Cook，1990）。一项数量较少的研究关注新闻界与市政厅（Gieber and Johnson，1961；Kaniss，1995）。大部分这类学术的核心问题是小范围的新闻与政治交集的形成，它将新闻政治维度的广泛问题转化为有限的、可识别的背景或者一系列互动行为。

采集实践

从政治学对新闻产生兴趣之初，无数学者就追随着社会学的脚步和早期的新闻编辑室研究，开始聚焦于最小范围的新闻互动背景——消息来源-新闻工作者关系。正如沃伦·布雷德将对新闻的广泛关注缩小到对新闻编辑室的实地考察，其他学者——美国的利昂·西盖尔（Sigal，1973）、斯蒂芬·赫斯（Hess，1981，1984）和赫伯特·斯特伦茨（Herbert Strentz）（Strentz，1989），英国的杰里米·滕斯托尔（Tunstall，1970）和柯林·西摩-乌尔

(Seymour-Ure，1974）以及澳大利亚的罗德·蒂芬（Rod Tiffen）（Tiffen，1990）——同样聚焦于新闻工作者和消息来源的联系，以此作为一种方法，思考关于新闻权力和自治的广泛问题。将每个人或一组人作为各自制度背景的具体体现，有助于具体说明政治与新闻之间联系的抽象性质。有些学者认为，采集实践反映了官员和政客的心血来潮和内心渴望（Cohen，1963），另一些学者则声称记者地位更高或者更有掌控能力（Hess，1984；Press and Verburg，1988）。

但是，随着时间推移，关于采集的学术研究确立了一个广泛的共识，即采集实践源自一个共生的、两厢情愿的过程，此过程中的双方都从新闻制作中获益良多（Sigal，1973；Gans，1979；Fishman，1980）。采集实践反映了一种相互依赖和互利的关系（Blumler and Gurevitch，1981；Ericson，Baranek，and Chan，1989；Schlesinger，1990）。消息来源-记者的联系被视为讨价还价或者相互交换的一系列行为，其中大部分涉及政治记者和政府或者行政职员。交换的材料始终不变——用媒体曝光交换信息。

某些模式在学术中反复被发现，暴露了这种交换的主旨。利昂·西盖尔（Sigal，1973）指出，《纽约时报》和《华盛顿邮报》头版中引用的消息来源有一半都是美国政府官员，这强化了对精英的根本倾斜。赫伯特·甘斯（Gans，1979）表明，消息来源被不平均地区分为知情和不知情，显示消息来源-记者的关系取决于可操控的、互利的交换，即用正面曝光交换有用或者重要的信息。芭芭拉·匹菲芝（Barbara Pfetsch）聚焦于政府官员的新闻管理模式（Pfetsch，1998）。这些研究通常在美国开展，几乎全部聚焦于全国记者和华盛顿特区或纽约市的官僚政治。

其他地方也展现出类似的消息来源-记者互动模式，通常是与不同的民主和资本主义制度中既有的主流和精英官僚新闻环境相结合。例如，在英国，维斯特敏斯特-白厅（Westminster-Whitehall）① 的院外游说制度是众多研究

---

① 白厅是伦敦市中心威斯敏斯特市的一条公路，是从特拉法加广场向南走向议会广场的主干道。该街道被认为是英国政府的中心，并设有众多部门，包括国防部、骑兵卫队和内阁办公室。因此，"白厅"这个名称被用作英国公务员和政府的转喻，也被用作周边地区的地理名称。

的对象（例如，Tunstall，1970）。托马斯·帕特森（Patterson，1998）展示了不同国家不同类型的新闻工作者如何允许消息来源在彼此的互动中拥有不同程度的独立：英国新闻工作者在采集实践中既被动又中立，美国记者保持中立，但是积极尝试塑造他们接收到的信息，德国新闻工作者的功能是社会和政治分析家，瑞典新闻工作者在交换行为中积极而中立——所有这些都暗示着西方新闻工作者在与消息来源的关系中扮演着不同的角色。在世界其他地区出现了另外一些差异。例如，在拉丁美洲，消息来源倾向于利用新闻工作者来打击他们自己的政治对手，其他地区的消息来源则不如他们那么咄咄逼人（Waisbord，2000）。在墨西哥，政府消息来源往往付费给记者以发表有利于他们的报道（Benavides，2000）；而在以色列，由于许多消息来源和记者在社会上相互认识这一基本事实，这些消息来源往往表现出一种长期的消息来源-记者关系（Goren，1979；Roeh et al.，1980；Liebes，1997；Wolfsfeild，1997；Caspi and limor，1999）。在日本，正式的新闻工作者协会——记者协会（Kisha Clubs）决定记者能够接近哪些消息来源（Feldman，1993）；在荷兰，新闻工作者在更加个人化并且通常是原子化的环境中工作，在激活与消息来源的关系时并不均衡（Cohen，1995）。

随着学者们更加密集地观察消息来源被激活的不同环境，采集实践研究开始多样化。考察犯罪报道的学者们（Hall, Critcher, Jefferson, Clarke, and Roberts，1978）注意到新闻制作中的"首要定义"效果，即新闻工作者及其有权势的消息来源之间结构性的关系使得消息来源成为媒体报道主题的首要定义者。但是，这个观点受到菲利普·施莱辛格（Schlesinger，1990）的质疑，在对犯罪报道进行了独立研究之后，施莱辛格和霍华德·塔姆伯争辩说，新闻工作者和消息来源之间的协商是持续不断的，而非事先决定的（Schlesinger and Tumber，1995）。地方新闻机构对新闻采集的观念也同样复杂，比如美国和英国的学者都展示了一种随环境变化而变化的层级效应（Cox and Morgan，1973；Berkowitz，1990；Kaniss，1991，1995；Franklin and Murphy，1997），对抗式新闻的研究也得出了同样的结论（Eliasoph，1988）。人们对诸如文化、体育和天气新闻等新闻报道新领域的兴趣与日俱增

（例如，Allan，1999；Rowe，1999；Miller，2002），这拓宽了对政治背景以外消息来源的搜索。

学者们还考察了具体的采集实践。诸如权威意见者（Hirsch，1991；Nimmo and Combs，1992）、公关专家（Heffer，1995；Jones，1995；Kurtz，1998；Schlesinger，Miller，and Dinan，2001）、政治顾问（Sabato，1981）等出现在流行话语中，反映出公众开始越来越熟悉一些关键的采集实践。电视新闻研究将谈话头像（talking heads）、合影和原声片段作为消息来源-记者关系的具体结果加以强调（Adatto，1994；Hallin，1994，1997；Rosenbaum，1997）。雷蒙德·库恩和埃里克·内维在盎格鲁-美国领域之外，包括意大利和泰国追踪了这些实践（Kuhn and Neveu，2002）。当极右翼新民粹政治党派成为积极的政治行动者时，吉安皮特罗·莫索莱尼（Gianpetro Mazzoleni）、朱莉安娜·斯图尔特（Julianne Stewart）、布鲁斯·豪斯费尔德（Bruce Horsfield）对八个地理位置上出现的消息来源-新闻工作者关系的新形式进行了思考（Mazzoleni，Stewart，and Horsfield，2003）。随着互联网中心地位的加强，学者们注意到网络新闻工作蕴含着更加民主和平等的推动力，因此，关于采集实践的讨论在态度上发生了进一步的变化（Borden and Harvey，1998；Davis，1999；Pavlik，2001；Anderson and Cornfield，2002）。例如，迈克尔·康菲尔德（Michael Cornfield）认为，政治候选人的动态网站标志着政治家们认识到，要想赢得竞选，对公众进行持续的接触是必要的（Cornfield，2002）。进一步说，这极大地改变了新闻在这个过程中的角色。

与此同时，公众对采集实践的讨论也明显变得更富于批评性。随着学者们寻求解释新闻工作者为什么"密集地、往往过分地、有时失控地"报道事件，公众在谈论新闻和政治世界之间的联系时亦大量使用诸如"投喂疯狂"（feeding frenzy）①、"攻击新闻"、"灌木林中的男孩"（the boys in the bush）这样的术

---

① 指通过新闻媒体像鲨鱼一样无情地攻击已经受伤的政客。这些伤口可能是自找的，政客可能罪有应得，但是新闻工作者在这个过程中占据中心位置，制造新闻、报道新闻。

语（Sabato，1991：6）。事实上，拉里·萨巴托（Larry Sabato）列出了一系列形容词，在公众讨论新闻业如何出色地完成其公共使命时，这些形容词通常被加诸新闻业上，并显得活灵活现：血腥运动（bloodsport）、贱招（cheap-shot）①、抓住把柄（gotcha）②、溜锁眼（keyhole）③、狗仔（paparazzi）、一击毙命（jugular）、垃圾、偷窥狂（Sabato，1991：2）。这些词没有一个是值得赞美的。这个事实表明，在某种层面上，关于消息来源-记者联系行为的假设——新闻工作者如何获得他们的信息——引发了公众更加强烈的反应，因为他们对新闻业承担的更广泛的公共角色有所期待。

关于新闻工作者采集实践的学术研究消解了新闻工作者权力无限的天真观念。它将新闻工作者置于一套可以识别的与其他世界的人的互动中，并将新闻业置于其他机构的语境下。某些研究聚焦于一类消息来源，如政府新闻官员（Hess，1984）或者国会记者（Blanchard，1974），其他研究则聚焦于隐含在消息来源与记者之间平衡行为的模式上。记者和官员之间的联系吸引了学术关注，因为它体现了对于新闻在民主政体中如何运行的更大关注，使得新闻与政治官僚体系变得个人化、具体并可以理解。由于隐含在采集行为中的信息交换也依赖于一种既定的交换关系，因此这种研究提出需要探索采集所处的更广泛环境就可以理解了。但是，非正式的采集场所（例如非正式的网络或者俱乐部）和涉及其他相关互动的同步实践（例如记者和编辑之间）则被排斥在分析之外。

新闻模式和角色

由于许多新闻政治学探索都是在规范环境下形成的，因此，相当大比例的学术研究开发出新闻与政治领域之间联系的原型也就不足为奇了。在某些情况下，它们以模式的形式出现，或者抽象地描述了在受控制的环境下新闻与政治的交集会是什么样子。在其他情况下，学者们聚焦于角色，或者对特

---

① 指恶意诽谤。
② 指专门揭人疮疤的新闻。
③ 指报道内幕的新闻。

定类型新闻行为的规范性抽象。

此处的模式是在不同类型的政治体制中当新闻工作者迎头遇上政治世界时可以预期的交集的基调。舒德森（Schudson，1999）借鉴了美国历史，讨论了民主体制中新闻的三种模式——市场模式（新闻工作者给公众提供他们想要的）、倡导模式（新闻工作者传达政党观点）和信托模式（新闻工作者为公民提供参与民主所须知的新闻）。在其他地区，有人提出新闻界和政客之间存在一种分裂模式（McQuail，Graber，and Norris，1998），同时，学者们还认为在法国、意大利、英国和拉丁美洲"观点新闻"盛行（Mancini，1992；Chalaby，1998；Waisbord，2000）。在一种政治体制中，相互竞争的冲动经常受到考察，就像两种民主新闻模式政治化和客观化的并行发展一样：前者常见于北欧国家，将新闻看作"代表对立党派的政治化"，同时依赖于积极参与且意识形态方面坚定的公众；后者常见于美国，依赖于受众兴趣和对生存的关注（McQuail et al.，1998：252）。人们发现新闻专业的学生渴望三种新闻模式——新闻用于启蒙、新闻用于行使权力、新闻用于娱乐（Splichal and Sparks，1994）。发展新闻这种实践模式的出现是为了解决围绕着发展中民族国家媒体的需要，它批评传统新闻的价值观和标准。发展新闻的支持者直接聚焦于社区和新闻工作者激发集体感的功能，认为自己在提倡一种与西方新闻制作模式根本不同的新闻类型（Gunaratne，1998）。"亚洲价值观"是遍布亚洲和东南亚的一种威权主义的、家长式的新闻方式，在过去10多年中流行起来，用以描述一系列新闻实践，现在主要盛行于新加坡和马来西亚。早些年，该地区的很多新闻业都具有这个特征（Gunaratne，2000）。坚持亚洲价值观的新闻业从一场旨在解释亚洲经济成功环境的关于亚洲价值观的辩论中被挑选出来，其倡导者认为它维护秩序和权威、新闻自由和责任相辅相成、国家利益凌驾于个人利益之上，而新闻业则被用来实现国家发展的目标（Xu，1998）。批评者争辩说，这种新闻工作根本的威权主义特性妨碍了有效的新闻实践（Masterton，1996；Lee，2001）。

尝试描述新闻实践模式的学者反映了特定的地域环境，例如"新闻的圣战模式"（the jihad model of journalism），这个词用以指称新闻工作者对伊斯兰教的反应（Karim，2000：158）。在拉丁美洲，尽管历史上没有出现过扒粪运动，但是新闻工作者发展出自己的监督新闻，迫使拉丁美洲新闻工作者承担起新的道德和政治角色（Waisbord，2000）。试图权威地报道拉丁美洲的新闻工作者被建议应紧抓当地的现实，比如 gracetilla（大意是"阅读通知"，墨西哥版本的政治广告）（Benavides，2000）或者 mestizaje（大意是"异族通婚"）概念，作为在整个地区宣示身份的方式（Martin-Barbero，1993）。在非洲，新闻工作者在报道非洲社会与文化时被规劝要考虑 ubuntu（大意是"人性"或者"集体责任"）（Blankenberg，1999；亦见 Scannell，2002）。亚洲新闻工作者的工作环境受到广泛的东方行为的指导，包括儒教、佛教、算命和相面（Ramanathan and Servaes，1997；Servaes，2000；Sim，2000）。

相关研究聚焦于新闻角色的奠定。伯纳德·科恩（Bernard Cohen）是最早创立类型学从而将"中立"角色从"参与"角色中区分出来并进行早期社会学研究（例如，Janowitz，1975）的学者之一。追随着他开拓性的研究，角色这个观念为思考新闻工作者在更广泛的政治环境中的定位提供了有价值的方式。从这个意义上说，新闻政治学探索往往提供了一些抽象的规定——新闻工作者既是记者，又是公民，以及如何最好地适应作为新闻工作者工作时遇到的政治压力、利益和议程，这是一个持续存在的问题。

追随着这条推理思路，一些持续进行的新闻工作者调查和概述（特别是在美国）将科恩区分新闻工作者类型的早期版本进行修订后应用于新时期和新环境（例如，Johnstone et al.，1976；Weaver and Wilhoit，1986，1996）。瑞内特·克歇尔（Renata Kocher）以英国和德国的新闻工作为例比较了新闻工作者的角色（Kocher，1986）。托马斯·帕特森（Patterson，1998；亦见 Patterson and Donsbach，1996）和欧洲学者沃尔夫冈·唐斯巴赫、保罗·曼奇尼（Paolo Mancini）、杰伊·布鲁姆勒和肯特·埃斯普（Kent Asp）合作考察了五个民族国家的新闻工作者对意识形态或党派利益的不同依附程度，从而详细地阐述了角色的概念化。他们对 1 300 名新闻工作者进行了调查，询问关于他们党派意识、客观性和批评性视角的程度，发现尽管关于新闻工作者的政治行动者定位一直存在分歧，但是西方社会中的新闻工作者通常表现出一种更加积极的新闻政治角色倾向。然而，这项调查中的国家选择——全部都是发达的工业化民主国家——导致新兴民主国家和非民主政体中不同的新闻-政治关系未得到考察。

相比之下，其他研究广泛考察了东欧国家（特别是后苏联时代）的新闻角色。格拉斯诺斯特防御基金会（Glasnost Defense Foundation）[①] 对俄罗斯地方报纸和电视的1 200名新闻工作者进行了调查，发现在新闻与政治世界的交集中存在复杂的关系，因为政治组织经常付钱以得到报道（Glasnost Defense Foundation，1995）。艾伦·密茨凯维奇（Ellen Mickiewicz）显示了后苏联时代向新东欧政治体制的转型如何迫使人们重新思考旧的新闻实践和标准（Mickiewicz，1997，1998）。用她的话说：

> 与老牌民主国家相比，对于正在剥离威权主义过去的国家来说，对新闻报道的客观性理解有所不同。对许多人来说，主观报道新闻是向准确报道迈出的大胆的第一步，也为国家主导的信息提供了一种替代性意义。（Mickiewicz，1998：52）

其他研究则集中在民主德国（Boyle，1992）、俄罗斯（McNair，1991；Mickiewicz，1997）、波兰（Curry，1990）、捷克斯洛伐克共和国（Wilson，1994）以及遍布中欧和东欧境内（Splichal，1994；Paletz，Jakubowicz，and Novosel，1995；Downing，1996）的新闻工作者政治化或者非政治化的细微差别和问题上。卡洛尔·雅库波维奇（Karol Jakubowicz）发现，波兰的新闻工作者在苏联控制下曾经是党的政委，在后共产主义时代则受到私营发行人的驱动（Jakubowicz，1995）。

还有其他研究集中于拉丁美洲（Fox，1988；Skidmore，1993）。迈克尔·萨尔文（Michael Salwen）和布鲁斯·加里森（Bruce Garrison）考察了新闻工作者的日常工作如何受到两方面的影响：一方面是不稳定的经济和政

[①] 俄罗斯非营利组织，创立于1991年，旨在保护记者和言论自由。

治条件,另一方面是诸如职业杀手集团和恐怖组织这样的半政府组织(Salwen and Garrison, 1991)。胡安·科拉迪(Juan Corradi)、帕特里夏·费根(Patricia Fagen)和曼纽尔·加勒顿(Manuel Garreton)研究了威权规则下的生存问题,以及恐惧如何渗透到公共行为的方方面面(Corradi, Fagen, Garreton, 1992)。西尔维奥·韦斯伯德追踪了看门狗新闻如何作为对拉丁美洲政治世界特性的回应而发展演化(Waisbord, 2000)。

大部分这种研究强调新闻工作者如何适应更广泛的政治环境以及可以如何适应得更好,并以此作为第一要义。除了大量思考新闻工作者在政治世界内外进行协商的小规模实践之外,还有一个持续的轨迹,这个轨迹推动了许多此类讨论朝着更优化的新闻业运作方向发展。在这个方面,阻碍新闻与政治交集发挥作用的那些方面在这里常常被认为是有问题的。

政治学和中等规模新闻实践

其他关于新闻政治维度的研究以一系列中等规模新闻实践为代表,在这里通过它们对政治组织和政治过程的影响来进行观察。这一领域的研究仍然以规范性研究为主,尽管有一个批评性的分支为新闻与政治的交集提供了另外一种视角。新闻的规范性研究和规范-批评分支研究均密切关注那些对阻碍新闻发挥政治效果的问题的抽象阐释。

此处的相关研究是关于言论自由的大片学术领域。在美国,这项研究与宪法第一修正案相伴而生,并有效运用新闻政治学探索的许多前提来研究言论自由和新闻自由的标准(Mill, 1859; Lippmann, 1925; Chafee, 1941; Allen and Jensen, 1995; Hensley, 2001; Baker, 2002, Magee, 2002)。在其他地区,言论自由问题被编织到更广泛的民主讨论之中,新闻自由和言论自由被共同视为公民自由的主要保护措施。在发展中国家,新闻的角色往往与信息的自由流动联系在一起,在这些环境中,它被视为民主有效发挥功能的一部分。因此,新闻工作者和新闻工作者支持的组织处理了许多培养和维持言论自由的问题,通过机构的存在,试图纠正世界各地侵犯言论自由的问题。

此处没有明确表达但是处于核心地位的观念是新闻界可以作为一种不为党派利益和政治宣传目的而存在的传播媒介。这种对新闻与政治联系的认识主要存在于美国,在西欧、中欧或者东欧的很多地方,拉丁美洲或者其他很多政治党派接受公共资金的地方并不支持这种认识。但是,它坚持这种默认背景,并在此基础上从政治学视角思考中等规模新闻实践。

中等规模实践的规范性学术研究

中等规模新闻实践的规范性讨论建立在一系列前提的基础上。这些讨论将对新闻工作者如何在政治环境中发挥最佳功能的关注应用于对环境本身的讨论。新闻界、公众和政治组织这三驾马车在此处最为重要,因为讨论从新闻工作者的具体行为扩大到了那种行为的广泛效果和影响。这些讨论大多数都是在老牌或者新兴的民主政府体制框架下进行的。正如多丽丝·格拉贝尔(Doris Graber)、丹尼斯·麦奎尔、皮帕·诺里斯(Pippa Norris)阐述的,这一点值得思考,因为"公共政策日程——发生在政治生活中的事情——受到新闻媒体的影响"(Graber,McQuail,and Norris,1981:1)。因此,人们期望新闻工作者遵守特定的行为规则、不受政治胁迫、有可信证据支持自己的报道。在政治世界中,是选择做一名不偏不倚的观察者,还是特定利益的倡导者,抑或是要求评价表现的看门狗,是这里的核心,因为每种选择所隐含的意义都被视为极大地影响了周边民主世界的要义。

和关注消息来源与新闻工作者联系的小型新闻实践研究十分相似,这里有太多学术研究聚焦于民主体制和新闻体制之间不断发展的纽带。尽管在早期的极权政体下可能存在着不充分的联系(例如,Ellul,1965),但是到了20世纪80年代初,许多学者假设,政府和媒体的发展会改变政治过程,认为一种"媒体民主"会改变两种背景的要义。新闻业将取代"政治党派的重要功能,并[进入]政治体制中心;政治和政府的机构与实践将[适应]大众媒体(特别是电视)的中心角色"(Pfetsch,1998:70)。在这种情况下,人们要求媒体民主为与大众政治及其带来的制度、风格和战略变化相联系的缺陷和不足负责。人们认为，各种各样的负面效果，包括社会信任的下降（Putnam，2001）、政治有效性的破坏（Sabato，1991），以及信息在形成新闻时的战略过程（Jamieson and Waldman，2002）都是由所谓媒体民主的兴起造成的。

这个领域的许多研究都试图证明新闻未能确保一个可行的民主公共生活（Graber，1984）。在《新闻：幻象的政治》（News: The Politics of Illusion）中，兰斯·班尼特（Bennett，1988）指出，新闻媒体未能为人们参与公共生活创造必要的条件。由于三个行动者群体——政客、新闻工作者和公众——系统地创造和使用政治信息，这些信息是可理解和可信的，但对民主和公民权并不是特别有用，公众始终是其他群体创造的新闻周期的囚徒。那么，在最好的情况下，新闻业提供的新闻是碎片化、戏剧化、规范化的，其提供方式往往蚕食掉了在民主国家中公民所需的全部信息。

罗伯特·恩特曼的《没有公民的民主》（Democracy Without Citizens，1989）展示了类似的思考。班尼特批评新闻业未能促进公共生活的发展，恩特曼扩展了这一批评，攻击新闻业对市场经济的依赖。他争辩说，美国的市场竞争阻碍了新闻工作者提供能够培育高级公民身份的新闻，导致观点的自由市场成为一个无法达成的目标。新闻工作者和利己主义精英争夺新闻的控制权，美国精英用最少的信息交换最大量的正面报道，而新闻工作者则从能够带来上级表扬的报道中提取信息。这对美国的民主制度产生了令人遗憾的影响，因为在美国，"有规律、有见识地参与其中的人形成了明显的少数派"（Entman，1989：28）。新闻最重要的产品不是观点，而是新闻，指望新闻工作者既是市场驱动、利益导向组织的一部分，又担任有自主权的公共生活记录者，这是可望而不可即的，这使得经济竞争培育了观点市场的观念站不住脚。

其他学者在公众对新闻与政治交集的反应中探查到更多的细微之处。例如，塞缪尔·波普金（Samuel Popkin）争辩说，公众并没有像其他学者所宣称的那样，因为新闻对政治世界的报道而处于不利地位（Popkin，1991）。罗素·纽曼（Russell Neuman）、马里恩·扎斯特（Marion Just）和安·克里格勒（Ann Crigler）提出证据表明，公众在解释新闻时扮演着比通常人们所认为的更加积极的角色（Neuman，Just，and Crigler，1992）。他们发现，无力感往往加剧了公众对全国和国际事务的冷漠，导致公众对同样事务的兴趣参差不齐。

在这里，新闻如何影响民主过程也吸引了人们的关注，学者们思考新闻业作为一个整体对议程设置的影响（Iyengar and Kinder，1987；Iyengar，1991；Brosius and Kepplinger，1992）、对精英工作和信仰的形成的影响（Lichter et al.，1986），以及对政治组织的影响（Paletz and Entman，1982）。托马斯·帕特森（Patterson，1993）指出，当代新闻界实际上从政客和公众处绑架了选举活动。在考察了公众对美国政治的讽刺和冷漠之后，凯瑟琳·豪·贾米森和约瑟夫·卡珀拉（Joseph Cappella）认为新闻业负有责任，并提出要改进新闻的日常报道，从而为公众对政治组织的态度赋予活力（Jamieson and Cappella，1997）。多丽丝·格拉贝尔、丹尼斯·麦奎尔、皮帕·诺里斯（Graber，McQuail，and Norris，1998）将新闻的形成视为政客和公众的中间人，而迈克尔·詹韦（Michael Janeway）对长期以来人们抱怨新闻媒体导致公众对美国政治机构失去了信心进行了调查（Janeway，2001）。蒂莫西·库克（Cook，1998）称，新闻媒体实际上已经成为名副其实的政治机构，与政府的日常政治功能融为一体。在《新闻界的效果》（*The Press Effect*，2002）中，凯瑟琳·豪·贾米森和保罗·沃尔德曼（Paul Waldman）指出，在 2000 年到 2002 年期间，美国新闻界令公众失望。贾米森和沃尔德曼称，新闻工作者采用的框架满足了他们以为公众想要的功能，而不足以效仿的报道——对 2000 年选举、选举后最高法院的跟进、政府对 2001 年"9·11"事件的反应的报道——则反映了新闻的局限。加迪·沃尔夫斯菲尔德（Gadi Wolfsfeld）调查了新闻在中东和北爱尔兰和平谈判中发挥的作用，发现新闻工作者的新闻价值观和和平谈判的本质相互冲突，导致新闻工作者难以在和平进程中扮演有效角色（Wolfsfeld，2003）。

此处最重要的是对选举活动数量众多、规模浩大的分析。这些研究被松散地归为"选举研究"，对创建关于公众选举倾向、行为和态度的宝贵数据至关重要，对选举过程的研究是通过创办机构设置来进行的，其目的是追踪历年的选举。在美国，全国选举研究（National Election Studies，NES）的时间序列（time series）① 涉及 23 个地点，对总统和中期选举年进行调查。全国选举研究于 20 世纪 50 年代发端于密歇根大学（University of Michigan），70 年代以来得到全国科学基金会（National Science Foundation）的支持，汇编了关于对选举过程的期望、选举活动中的利益和政治价值观评估等问题的广泛数据。英国大选研究（British General Election Study，BGES）追踪了 1964 年以来人们如何以及为什么投票（例如，Butler and Stokes, 1969; Evans and Norris, 1999）。在欧洲，诸如杰伊·布鲁姆勒、让-雅克·拉比尔（Jean-Jacques Rabier）、卡尔海因茨·赖夫（Karlheinz Reif）和赫尔曼·施密特（Hermann Schmitt）这些学者率先支持成立的欧洲选举研究（European Election Studies，EES）采取了调查、竞选分析和媒体角色分析的形式（Reiff and Shmitt, 1980; Blumler, 1983; Reiff, 1985）。在接下来的 35 年间，这个群体不断扩大，包括了来自波罗的海各国和中欧的学者，他们分析了公众参与选举的广泛图景（例如，Schmitt and Thomassen, 1999, 2000; Perrinau, Grunberg, and Ysmal, 2002）。该群体成员还进行了其他的独立研究，例如杰伊·布鲁姆勒、罗兰·卡罗尔和米歇尔·萨福伦（Blumler, Cayrol, and Thoveron, 1978）在法国进行的影响深远的研究。其他群体也出现了，在"西半球民主——选举研究"的题目下，其他学者与私人资助的战略与国际研究中心（Center for Strategic and International Studies）合作，追踪了拉丁美洲的选举倾向和行为（例如，Grayson, 1994）。20 世纪 90 年代初，德国的弗里茨·泰森基金会（Fritz Thyssen Foundation）追踪了东欧的 13 个新兴民主国家的选举过程。到 2000 年，从事选举研究的学者们开始质疑这些研究是否已经达到了能提出有用问题的极限（Franklin and Wlezien, 2002）。

---

① 时间序列是一组按照时间发生先后顺序进行排列的数据点序列。通常一组时间序列的时间间隔为一恒定值（如 1 秒，5 分钟，12 小时，7 天，1 年），因此时间序列可以作为离散时间数据进行分析处理。

尽管几乎没有人对规范性实践在更广泛的政治环境中如何变化进行比较视角的研究，但是有些学者开始向着这个方向拓展了。阿基巴·科恩（Akiba Cohen）和同事（Cohen，1987；Cohen，Levy，Roeh，and Gurevitch，1996）、托马斯·帕特森（Patterson，1998）追踪了广泛的全球新闻实践对不同民族国家的当地居民产生的影响。在以色列，加迪·沃尔夫斯菲尔德（Wolfsfeld，1997）对以色列新闻媒体报道不同政治事件——示威、抗议、战争和恐怖行动——进行了比较研究。此外，科恩和沃尔夫斯菲尔德（Cohen and Wolfsfeld，1993）追踪了报道第一次巴勒斯坦大起义的媒体。

中等规模实践的规范-批评学术研究

然而其他政治学研究者在自己的研究中不太拘泥于规范性影响，尽管广泛的、主要是抽象的对新闻业有效运作的兴趣仍然驱使着他们。这些研究者主要聚焦于新闻业努力追求的状态和它们的实际状态之间的差距。如此一来，他们提供了新闻业中那些没有达到他们预期标准的方面的清单。

于尔根·哈贝马斯（Habermas，1989）的研究在这里至关重要，他的公共领域观念使得关于新闻业如何服务其公众的长期观念变得复杂化。哈贝马斯将新闻与对话视为民主的必要成分，反对技术官僚的理性，主张在一个社区的框架内重新定位公众（Dahlgren and Sparks，1991：16）。哈贝马斯描述了18世纪的英国，当时公共领域在社会与国家、公众之间斡旋，在新闻工作者的帮助下将自己规划成为舆论的仲裁者。他哀叹道，这种情况再也不存在了。相反，由于新闻与广告、娱乐和公共关系的交织将这些领域融入舆论的发展中，因此它无法有效地产生理性的舆论。那么，再也不能指望目前的其他情况，例如由图书馆、新闻界、出版社以及社会参与场所（例如咖啡馆、剧院和图书馆）证明的社会交流的基础设施，有助于发展出经过理性思考的公众讨论的机会。而没有经过理性思考的公众讨论，人们就再也无法通过阐述自己的观点来影响政府（Habermas，1989）。

其他对新闻角色感兴趣的学者们继承了哈贝马斯的衣钵。他提出的讨论和异议精神被视为民主的关键（Poster，1995），在关于新闻表现的批评辩论中，他的观点成为焦点，随之，学者们开始按照哈贝马斯的公共领域观念重新思考新闻的角色（Garnham，1986；Tiffen，1990；Keane，1991；Glasser and Salmon，1995）。在早期，他一度将公共领域理想化为纯粹的形式，并争辩说在19世纪，当新闻界反映的是国家经济利益而不是公众的信息需求时，公共领域就衰落了。随着网络新闻的兴起，博客、邮件列表和其他网络新闻传递形式提供了公共讨论的空间，哈贝马斯的观点呈现出越来越强的相关性。例如，在法国，多米尼克·沃尔顿（Dominique Wolton）和让-路易斯·米斯卡（Jean-Louis Missika）的研究帮助人们将电视视为一种环境（Wolton and Missika，1983），为哈贝马斯的公共领域观念创造了条件，从而抵消了长期以来人们对公共领域已经遭到根除的悲叹。根据埃里克·内维（Neveu，1998）的观点，法国媒体期刊《赫尔墨斯》（*Hermes*）的诞生主要与这些方向的研究有关。但是，随着时间推移，哈贝马斯观点的抽象本质使其难以具体地适用于新闻，某些学者修正了他们的评价，称他的公共领域观念"只不过是一个理想化的提示：我们手头有一个未解之题"（Katz，1996：3）。

此处，在规范性研究中处于核心地位的新闻界、公众和政治组织这三驾马车也提供了一个分析基础，而每一个术语都因学者的引用变得复杂。例如，约翰·唐宁（John Downing）在讨论俄罗斯、波兰和匈牙利的新闻业时，详细阐述了"社会组织"和"公共领域"这两个核心术语在词汇和语义上的不精确如何使得在这些民族国家中应用政治学概念变得困难（Downing，1996）。从更广泛的意义上说，人们只需要考虑一下"公众"和"政治组织"这样的术语在引号之间放置的频率，就能得出类似的结论。这些术语之间的边界也被认为是可渗透的，而且是不断变化的。引用詹姆斯·凯瑞（Carey，1999：53）的话，"新闻、公众和政治三者相互构成；它们创造了彼此之间的空间和角色，当任何一方选择脱离这种共生关系时，它必然会解体"。

然而，这种规范-批评研究恰好能够对政治与新闻的联系所造成的影响环境进行持续的批评。丹尼尔·哈林（Daniel Hallin）借鉴新闻政治学和新闻社会学探索开展了广泛的研究，在对新闻与政治如何交织的现有理解中注入了关键的细微差别（Hallin，1986，1994）。在《没有审查的战争：媒体与越南》(*The Uncensored War：The Media and Vietnam*，1986) 中，他驳斥了那些认为这场起居室战争（living room war）构成了生动的日常暴力展示以及电视对美国政策一贯持负面态度的说法，从而消解了人们对电视在报道越南问题上起到所谓负面作用的普遍理解。他对战争期间近 10 年的新闻报道进行了研究，显示新闻与政治体系之间存在高度的相互依赖，并指出电视在最初的战争报道中是爱国的，只有当政治气候改变了，它才发生了变化。哈林的研究至关重要，因为它建立在采集实践和新闻生产社会学的早期研究基础上，利用关于新闻的内部研究前提来考察大众如何理解一个超出新闻业自身边界的事件。

在后来的学术研究中，哈林遵循着类似的道路。在《我们让美国保持在世界之巅》(*We Keep America On Top of the World*，1994) 中，他援引了更广泛的观念，即现代社会——特别是自由资本主义社会——歪曲了政治对话，展示了新闻业如何将技术知识作为报道新闻的模式，降低公众在新闻中的参与。新闻的专业化缩小了政治话语的性质，削弱了人们长期以来的期望，即新闻业将充当新政治秩序诞生的助产士。哈林和保罗·曼奇尼（Hallin and Mancini，1984）共同考察了美国和意大利记者在电视上刻画总统大选的不同方式，在其他研究中（Hallin，1992），他哀叹高度现代主义在美国新闻中的消亡，而在这个过程中记者们能够顺利克服他们职业中相互矛盾的方面。当代新闻工作者不再既拥有权势又欣欣向荣、既独立自主又具有公共精神，他们既缺乏政治共识又缺乏经济保障，并且越来越多地被要求填补其他重要的辩论和解释机构留下的真空，例如总统和政党。近年来，哈林和曼奇尼（在报刊中）比较了全球不同民族国家媒体的同质化倾向，指出公共领域变得更加开放或者更不开放：由于某些地区取消了政治限制，公共领域变得更加开放；由于商业需求的上升所施加的限制，公共领域变得更不开放。

其他关于新闻工作者中等规模新闻实践的规范-批评研究展现了同样广泛的评价基调。在《新闻与民主》(*Journalism and Democracy*)（McNair，2000a）和接下来一篇关于新闻与民主状态的概述文章（McNair，2000b）中，布莱恩·麦克奈尔采取了更为积极的策略，指出新闻和政治领域正在发生的变化亟须对它们之间的关系进行更为乐观的评估。他认为人们对当代新闻业期望过高，并对此表示反对，争辩说在好几代人的接触中，新闻业已经改善了与公众的联系。他提出，通过拓宽一个人的视野——新闻业的不同类型、作为回应公关专家的反公关、在评论驱动的文化中维护公正的困难——能够看到新闻业在联系公众方面发挥的作用并不像人们通常认为的那么糟糕。

随着全球化进驻新闻业的日常现实，大量聚焦于政治与新闻交叉领域的批评研究将讨论转向民族国家对权力的争夺以及新闻业在这场争夺中的角色。约翰·唐宁（Downing，1996）集中研究苏联、波兰和匈牙利之后提出，在后苏联时代，诸如保密和监视这样的复杂问题以出乎意料的方式搞乱了新闻媒体的运作。门罗·普莱斯（Monroe Price）对美国、东欧和西欧的新闻自治进行了详细的分析——既包括电视的监管，也包括伴随全球化而来的更深远的政策要求（Price，1995，2002）。其他人（例如，Mohammadi，1997；Sreberny-Mohammadi, Winseck, McKenna, and Boyd-Barrett，1997）详细观察了全球化如何影响不同地区，包括亚洲、欧洲、中东和拉丁美洲的新闻业和政治。

关于公共新闻（public journalism）的学术研究

在过去十年，研究中等规模新闻实践的学者对新闻的许多批评在美国被引导到为了公众而重新定义新闻和新闻实践的方向。这一学术分支通常被称为"公共新闻"或者"公民新闻"，源自 20 世纪 80 年代中期美国政治运动之后公众对新闻媒体产生的绝望感。人们认为公共新闻既关注公众又关注投身于其中的新闻工作者，这为一种替代性的新闻实践模式提供了论据。知名学者杰伊·罗森（Jay Rosen）认为，公共新闻既可以被称为一场论争、一个实验、一场运动、一次辩论，也可以称为一场冒险，它提供了一种方式，让一套令人疲惫的新闻实践重新焕发活力，同时也为公众提供了一种参与新闻制作的方式（Rosen，1994，1999）。尽管美国的公共新闻运动与英国的第三条道路（Third Way in the United Kingdom）有相似之处，但是前者的发展使其与后者截然不同，它反映了迈克尔·舒德森（Schudson，1999）所说的保守的改革运动——

这是在进步时代（Progressive Era）① 美国社会改革的传统中形成的。

重振美国新闻与公众联系的运动是从广义上演变而来的，借用詹姆斯·凯瑞的话，"公众"是新闻的膜拜对象，或者合法性概念（Carey，1995）。如果说新闻根植于什么的话，那就是公众。然而，关于公众是谁、是什么、在哪里这些问题却矛盾重重。此外，公共社区生活需要一种新的形式，通过这种形式，新闻工作者和公众将聚集在一起，形成一种全新的集体归属感。

公共新闻的新兴特征被视为信托新闻模式的一种变体（Rosen，1996；Schudson，1999），大量著述对其进行了描述（Charity，1995；Rosen，1996，1999）。即便是遵循公共新闻宗旨但并没有明确以其为名撰写的作品（Fallows，1996）也帮助设定了一些前提，使人们能够从其他角度思考新闻如何更好地服务公众。这些前提包括新闻打破老常规的意愿、"重新联系"公民的渴望、对严肃讨论政治基础的强调，以及对公民是参与者而非旁观者的关注（Rosen，1996；Merritt，1995）。公共新闻被定义为服务公众的新闻，亚瑟·查理提（Arthur Charity）称其为一种"使公民尽可能容易地做出关于公共事务的明智决定"（Charity，1995：2）的新闻业。

因为公共新闻明确表达了许多新闻政治学探索率先提出的规范性前提，因此吸引了那些对新闻的政治角色感兴趣的学者。它被称为"朝着正确方向迈出的明确一步"（Cook，1998：176），被广泛视为"为了减少主流新闻中的煽情主义和明目张胆的政治操纵而开展的出发点良好的尝试"（McChesney，1999：300）。此外，它的理想在世界其他地区引起了共鸣。谢尔顿·古纳拉滕（Shelton Gunaratne）将其与发展中国家普遍存在的发展新闻联系起来，指出两种新闻都从社会中吸取经验，帮助新闻工作者发挥更积极的作用，支持社会变革（Gunaratne，1998）。1999年，世界信息与传播新秩序（New World Information and Communication Order，NWICO）的提出被认为强调了发展中国家新闻工作者协调公民行动的各种模式，因此学者们将其描述为依托"基于社会组织的各种网络中的一种网络"（Vincent，Nordenstreng，and

---

① 指1890年至1920年期间美国的社会行动主义和政治改良纷纷涌现的时代。

Traber, 1999：x；亦见 Pauly, 1999a）。

但是公共新闻也面临批评。西奥多·L.葛拉瑟和斯蒂芬妮·克拉夫特（Stephanie Craft）主张修正公共新闻的一些原则（Glasser and Craft, 1998）。在论文集《公共新闻的观点》（*The Idea of Public Journalism*）中，一些学者认为人们对公共新闻投入的关注程度不足，并对此提出了批评（Glasser, 1999）。约翰·彼得斯（Peters, 1999）和迈克尔·舒德森（Schudson, 1999）都声称，公共新闻所支持的"民主""公共"观念很难实现。约翰·保利（Pauly, 1999b）对新闻成为一个民主机制的不可能/可能进行了思考，芭比·泽利泽（Zelizer, 1999）则认为公共新闻记者在将运动转化为行动时忽略了一大批"邻居"——新闻史、其他类型的新闻、公众和政客。坦尼·哈斯（Tanni Haas）和琳达·斯坦纳提出，在匆忙普及这项运动的过程中，公共新闻始终未能充分理论化，结果阻碍了它实施、自辩和评估自身实践的尝试（Haas and Steiner, 2001）。

无论如何，公共新闻吸引到的关注表明它引起了共鸣，将注意力聚焦在当代新闻实践需要解决的问题上。或许政治学所体现的规范性冲动仍然是许多新闻实践思考的核心，就此而言，公共新闻关注了很多新闻学探索和新闻实践的未解之题。

大部分中等规模新闻研究的驱动力来自把事情做好的关注——在政治组织中、在公众中和为了公众，以及在新闻业中。这是新闻政治学探索的特征。但是，最终的问题仍然是一个古老的问题，就是沃尔特·李普曼在20世纪初阐述的："新闻界的问题令人困惑，因为批评者和辩护者都希望新闻界……弥补民主理论所未曾预见到的一切。"（Lippman, 1922/1960：31-32）尽管出现了很多善意的学术研究，但是，与新闻政治学探索早期一样，聚焦于新闻界、公众和政治组织这三驾马车解决了谁的福利这个问题始终悬而未决。

政治学和大规模新闻体制

作为二战的直接后果，美国开始质疑新闻可以如何最大效率地服务于法西斯政府的妄想和权力的问题,于是新闻与周边政治体制之间的大规模关系成为新闻研究的一部分。由于战争的直接影响,学者们开始着手研究民主环境中政府与新闻关系的最佳形态。

互动的类型学

在大规模的政治与新闻研究中,最盛行的一类涉及在这两个领域之间建立所谓的联系类型。在很多情况下,这些努力被认为是一种描述理想联系的方法,以便与更大的规范性冲动保持一致。

第一个尝试描述新闻媒体最佳功能的努力来自三位先驱——弗兰克·西尔伯特(Frank Siebert)、西奥多·彼得森(Theodore Peterson)和威尔伯·施拉姆,他们在新闻学发展成为一个学术领域的过程中扮演了核心角色。他们的著作《传媒的四种理论》(*Four Theories of the Press*,1956),甫一出版就受到了热切赞誉。该著作是新闻研究领域的经典之一,用彼得森的话说,它是"偶然"的产物(转引自 Merrill and Nerone,2002:134)。该著作认为,媒体呈现的形式取决于它们运作于其中的周边社会与政治结构。不同的媒体体制反映了更大的社会控制体制,因而最终要通过周边政治环境的基本信仰来解释,理解不同媒体体制的差异最终成为哲学和政治差异问题。

西尔伯特、彼得森和施拉姆根据主导的政治管理方式为新闻媒体体制分类。在此基础上,他们提出了四个基本的新闻界理论:威权主义方式,即君主的绝对权力通过皇家特许来限制媒体使用;自由至上方式,即理性主义和自然权利(由洛克、弥尔顿和密尔的作品发展而来)的普遍哲学期望新闻媒体支持真理的自我修成过程和观点的自由市场;苏联共产主义理论,即通过实施监控来控制新闻;还有社会责任理论,即结合职业伦理、社区意见和公开冲突的能力来共同评价新闻。新闻媒体功能的变化与政治体制的多变特征保持一致。

《传媒的四种理论》是一项里程碑式的研究,其最重要的价值在于描述了将新闻业与政治环境联系起来的特征。这些特征包括管理模式、所有权、审查制和许可制。在此过程中,它列出了某些相关特征,以便人们在理论上将新闻置于更大的世界时加以思考。与此同时，它提供的模式更多地假设了世界观之间的区别，而不是实际情况。正如丹尼斯·麦奎尔（McQuail，1987：110）指出的，大部分媒体体制实际上应用了"来自不同理论的不同（甚至是矛盾的）成分"。即便是在民主体制中也存在新闻控制、印刷许可和对新闻界不同意见的打击，与威权主义模式并无二致。此外，这一路径对政治体制观念的稳定和静止十分依赖，因此急需持续更新。约翰·梅里尔（John Merrill）和约翰·内罗内（Merrill and Nerone，2002：135）提出，尽管该书可读性强，且勇于"自信地讨论大问题"，但是基本上是意识形态的而非科学的，是乐观主义的而非现实主义的，完全受到二战及其后果的影响。因此，该书强烈的吸引力同时也是它的弱点，因为它的信心和研究重大问题的单一维度方法在某种程度上使其在哪怕稍有不同的情况下都难以适用。

毫不意外，该书开启了一长串应用研究，它们采用了该书的基本观点，将其应用到越来越多、越来越广泛的政治体制中。发展中国家的新闻对新闻界的这些理论提出了特别挑战，因为没有任何一种理论能恰如其分地解释新闻在塑造和促进发展方面的角色。发展新闻被称为"新闻、传播和社区的三角互动"，延续了丹尼尔·勒纳（Daniel Lerner）和白鲁恂（Lucian Pye）[①]的研究，在民主、资本主义、工业化社会中考察了新闻在政府与新闻界关系之外运作的情况（Lerner，1958；Pye，1963）。由于四种理论在发展中国家的适用性是有限的，因此，基于联合国教科文组织的《麦克布莱德报告》（MacBride Report，International Commission for the Study of Communication Problems，1980）确立的前提，一种新闻的发展理论得以创立。但是，这种模式的应用需要在发展中国家进行彻底的解释。它不仅不加鉴别地呼吁媒体要通过草根的参与在国家发展中扮演积极角色，而且根据麦奎尔的观点（McQuail，1987：110），它不具备发达的大众传播体系所必需的条件，例如专业技能或者传播基础设施，却仍然这样做——结果需要依靠发达国家

[①] 白鲁恂（1921—2008），美国政治学家、汉学家、麻省理工学院教授。他出身于派驻中国的公理会传教士家庭，出生在中国山西省汾州。其研究主要关注文化差异在第三世界国家政治现代化发展中的特殊作用，被认为是政治文化概念最早的实践者和提倡者。对美国几代政治学家有较大影响。

获取缺乏的技术或者技能。其他的应用试图更加有效地解释发展中国家的需要：赫伯特·阿特休尔（Herbert Altschull）提出了新闻界的三种形式——第一世界，或曰自由-资本主义国家的"市场"新闻业；第二世界，或曰苏联-社会主义国家的"马克思主义"新闻业；第三世界，或曰发展中国家的"进步"新闻业（Altschull，1984）。这些不同的结合在第一种形式中粗略地指一种自由至上和社会责任的混合物，在第二种形式中指集权主义模式，在第三种形式中指发展理论。但是，当东西方冲突让位于南北紧张局势，模式的相关性对于发展中国家而言变得有问题，因为它假定不同地区和不同政治制度之间的权力联系与那些长期存在的新闻实践模式采用的前提有所不同。

《传媒的四种理论》的其他应用包括将不同理论的特点重新结合进其他当代应用。例如给自由至上理论重新打上"自由新闻理论"的标签（Rivers，Schramm，and Christians，1980；Curran and Seaton，1985），其基本主张为发表自由是其他基本权利——集会、观点和表达——的延伸。再比如结合自由至上主义和社会主义的成分创造的民主参与媒体理论，亦称民主社会主义理论（McQuail，1987）。这一应用肯定了横向传播的价值和一个积极接受者在公开的政治社会中的地位，反对商业主义和媒体私有制垄断、中央集权、公共广播机构的官僚化，主张使用互动媒体和接近相关信息的权利（McQuail，1987）。另外一种理论是"新闻界的革命模式"（Hachten，1981），即新闻界被视为推翻权力系统的力量。詹姆斯·科伦（Curran，1991）主张要区分新闻界的自由主义、马克思主义和共产主义激进民主理论。

毫不奇怪，新闻界这些千变万化的理论产生了一个稳定的话语潮流，既支持又反对其适用性。卡洛尔·雅库波维奇（Jakubowicz，1998/1999）指责这些理论"给世界媒体强行穿上了束身衣"。卡尔·诺登斯特朗呼吁区分规范性理论和真正描述媒体体制实践的理论（Nordenstreng，1997）。在最流行的一篇评论中，丹尼斯·麦奎尔（McQuail，1987）提出，适用于这些理论的评价标准是通用的，同时在不同的模式中有不同的定位：这些标准包括自由和平等问题（通常根据所有者和经理对诸如主编这样的高级别传播者和他们对下属的控制程度来衡量）、秩序和团结问题（社会及其组成群体的融合，由个体自下而上地形成）、多样性和接近途径问题（被视为新闻的目的，往往由独立媒体的数量来衡量）、客观性和信息质量问题（作为新闻独立的相关因素）。在每种类型的讨论中，这些问题都成为争论的焦点：新闻和媒体所有权、意见的多样性和获得信息的机会、跨国经营和政治主权。

最近一部关于《传媒的四种理论》的讨论——《最后的权利：重访传媒的四种理论》（*Last Rights: Revisiting the Four Theories of the Press*，1995），由内罗内主编，作者来自该书的起源地——伊利诺伊大学的现任和前任学者，追踪了该研究的漫长轨迹，把自己的中心思想集中在许多当代关于大规模新闻实践的思想上。这些作者赞扬了原书在学科课程中的中心地位和在帮助学者们解决古典自由主义的矛盾方面的有效性。同时，他们争辩说，原书所面向的世界被冷战困扰，而冷战现已不存在，并指出它对自由前提的援引导致它从一开始就提出了错误的基本问题："它似乎成功地绘制了所有的规范性理论，因为它绘制的模板只有一个"（Nerone，1995：184）。

追随着《传媒的四种理论》奠定的方向，上面讨论的每一种类型都具有一般类型学的优势和弱势。他们对眼前现象的研究充其量只是片面的，而且直接依赖于新闻和政治世界之间可识别的相互作用的假设，这些类型之所以有价值，是因为它们在一个特定类别的不同成员之间进行了比较——此处即指不同政治制度下的新闻界。但是，出于同样的原因，盛行于此的比较维度简化了每一种被考察的类别成员之间显而易见的微妙而复杂之处。新闻仅仅被视为与政治体制的交集，这里所倡导的角色与其说是可验证的理论，不如说是对如何构建新闻界与政府关系的描述。在假定媒体和政府之间存在可识别的相互作用时，证据往往遭到简化，仅仅支持预期中的相互作用。换言之，类型学在提供比较方面比在考察每一个被比较的现象方面做得更好。

政治、新闻和语言

新闻的政治学探索还推动了另外一个研究领域，从定义上说，由于它对政治和新闻语言的兴趣，这个领域已经融入了其他学科范围。具体而言，这一研究强调新闻以及新闻对政治修辞和政治语言的影响。

该学术的一个领域最初来自对总统演讲的持续兴趣（例如，Campbell and Jamieson，1990）。主要以修辞学者凯瑟琳·豪·贾米森和罗德里克·哈特为代表，着重于修辞批评和政治学的结合。通过这种方式，贾米森在《包装总统》（*Packaging the Presidency*，1984）中审视了政治广告和新闻的历史联系，指出政治候选人需要广告来说服公众，证明自己的候选人资格是有价值的。哈特在《领导之声》（*The Sound of Leadership*，1987）中考察了新闻工作者在鼓励他所称的美国政治领袖的"原声片段文化"中所发挥的作用。在《电子时代的雄辩》（*Eloquence in an Electronic Age*，1988）中，贾米森考察了政治演讲艺术随着广播和电视的崛起而发生的变化，例如一小时的演讲缩短到原声片段，以及电视通过视觉辩论吸引受众的能力。

关于政治叙事和讲故事的研究也进入新闻的政治学探索领域。在兰斯·班尼特和默里·埃德尔曼（Murray Edelman）的《面向新政治叙事》（*Toward a New Political Narrative*，1985）中，叙事方法被用作理解政治新闻本质的一种方法。他们关注的是导致短期乐观主义和长期政策失败的叙事周期，追踪将新闻当作真相加以报道的意识形态含义，认为叙事促进了意识形态理解的自然呈现。政治叙事展现了一种非此即彼的特征，将新闻生产者和读者分别置于意识形态分歧的一边（富有 vs. 贫穷，南方 vs. 北方），政治辩论的复杂性遭到简化，并且"相互排斥"（Bennett and Edelman，1985：158）。如此一来，政治体系的持续性有赖于其新闻叙事所具备的有效说服力。同样，埃德尔曼（Edelman，1964，1988）指出，政治基本上是一个模棱两可的文本，本质上具有象征意义，新闻工作者生产的新闻信息是按照关于政治世界的特定信仰建构的。班尼特（Bennett，1988）考察了新闻信息中的语言偏向和战略传播如何迫使某种新闻得以传递。在《虚假信息的政治》（*The Politics of Misinformation*）中，埃德尔曼、班尼特和罗伯特·恩特曼（Edelman，Bennett，and Entman，2001）思考了社会中权力的运用如何帮助产生了一种以形象为基础的、简单化的、模糊的、情绪化的、具有误导性的、中介化的语言，导致新闻业未能完成自己的使命——向公众提供关于政治组织的明确信息。

每一个研究都考察了新闻业对公众的使命，正如通过新闻业在新闻中的语言生产所表达的那样，新闻政治学探索强调的是使命（Neveu，1999）。在这里，人们认为语言体现了新闻业实现与政治世界联系的更大的不平等，这些研究者指望将语言分析作为一种强调那些不平等的方式。

新闻的政治学研究与其他学科方法有何不同？政治学披着更为传统的外衣，始终醉心于新闻的大图景，尽管它并没有得出在一些历史学研究中常见的确定性观点。在大部分情况下，这种大图景突出了距离和公正的观念——新闻工作者可以并且应该公正的观念或者至少是在为公共利益工作——而不是依恋和意见，它假定新闻和政治世界之间存在一种持续的、有点孤立的、大体上是共生的联系。这种联系有助于解释新闻如何报道世界。就此而言，新闻被视为一种工具，用以服务更大的政治目的；它不仅是它自己的一个指标，也是一个它要么支持、要么破坏的更大系统的指标。

这一观点的另一面揭示了新闻与政治交集的局限。因此，毫不奇怪，政治学提供的图景缺失了大量的新闻维度，这些维度处于记者、公众和政治组织之间的联系之外。很大程度上，新闻文本本身、新闻史、新闻工作者可以为自己工作的观念以及新闻工作者有自己的公共获知方式这一事实被遗漏了。

重要的是要注意到，政治学为进行学术研究而依赖的定义与学术界其他领域提出的定义存在很大差异。在其他领域，重新概念化新闻和新闻实践的努力（例如，Manoff and Schudson，1986；Carey，1997）在很多基本方面挑战了这一探索主体，提出了关于政治学探索新闻的基本问题。例如，在大部分此类研究中，对什么是"政治"的定义很狭窄，通常仅限于硬新闻，尽管在政治学之外大量文献已经确定了其他新闻类型——小报（Bird，1992）、人情味新闻（Hughes，1940）、电视杂志（Campbell，1991）、网络新闻（Davis，1999），这些新闻帮助公众了解政治世界。关于什么是"新闻"的定义也很狭窄，它采用了新闻业的自我职业感觉作为许多论点发展的关键。这意味着嘲笑新闻缺乏公正或者未能服务公众是基于新闻工作者对自己的职业期望而制定的立场，并没有反映新闻工作者如何运作的广泛图景。

新闻政治学探索的未来

作为一种对新闻世界具有实际意义的展望，新闻政治学探索时起时落。尽管人们认为，新闻与政治之间的共生关系有利于某些政治体系的运作，但是在当代，政治与新闻世界之间联系的变化所带来的压力表明，可能有必要对此处详细描述的某些原则进行重新修订。

将丹尼斯·麦奎尔、多丽丝·格拉贝尔、皮帕·诺里斯的观点扩大，从政治学的视角来看，新闻业根本没有兑现它的承诺。这既有积极影响，又有消极影响；用他们的话来说，"无论新闻媒体的目的或者期望是什么，它们似乎从来没能做到恰如其分地告知，至少不足以满足正式的充分性标准。"此外，"来自……广告、公共关系、意见调查报告和宣传的混合讯息往往和政治新闻混为一谈"。然而新闻工作者试图躲避这些其他领域的负面影响，"新闻不可避免地在某种程度上受到操纵（manipulation）的玷污"（McQuail, Graber, and Norris, 1998: 253-254）。

这意味着用现有的方法来解释政治和新闻世界如何相交可能并没有捕捉到完整的新闻运作图景，即使它们在描述新闻应该是什么方面已经出色地完成了任务。关于媒体如何运作的现代主义假设和媒体应当如何运作的规范性冲动掩饰了这样一个基本观点，即政治"似乎比以往任何时候都更像是一项小众化的运动，它并非所有人都感兴趣的独特而难以抗拒的主题"（McQuail, Graber, and Norris, 1998: 255）。至少，这要求我们更仔细地考察新闻政治学探索中"三头分析"的相关性。

与所有学科观点一样，大部分此类研究都将自己的偏见带入了对新闻的描述。它基本上仍然荒无人烟。借用约翰·唐宁的话，政治学探索"把政治行动者当作棋盘上的哑巴（尽管是精明的哑巴），从而从社会现实中产生出一种非常古怪的抽象，这是十分危险的"（Downing, 1996: 17）。此处对于权力高层的侧重未能充分关注到对抗的和新兴的政治冲动。尽管这种探索已经推进到世界各地，但主要阵地还是在美国，对政治与新闻交集的其他类型的考察主要通过美国经验进行渗透。

第七章　文化分析与新闻[1]

新闻探索最肥沃的一个领域是与新闻文化分析协同发展的。由于标题种类繁多——包括新闻工作者发挥新闻工作者功能的总体知识（Park，1940）、新闻的"文化学"维度（Schudson，1991）、对"新闻作为大众文化"的考察（Dahlgren，1992）——这种探索类型产生了一条富有成果的学术路线，将新闻中凌乱而粗糙的素材——它的象征、仪式、传统和故事——与形成新闻更大的世界联系起来。新闻的世界，在这里不仅仅是记者的职业行为准则或记者和编辑的社会安排，在新闻文化分析中它被视为所有从事新闻者的复杂而多维的意义框架，"一个象征、故事、仪式和世界观的工具包，人们用它在各种各样的环境中解决不同的问题"（Swidler，1986：274）。

显而易见，新闻文化探索是跨学科的、自我反思的，它利用多样的研究视角和学术工具，习惯于将新闻广泛地视为一种文化。"文化"本身具有很多含义，并不是都相互排斥。一方面，它指一种协同行为现象，即利用传统的理解，以共识的方式带领集体成员行事。从这个意义上而言，文化是新闻工作者的资源之一，用以协调自己作为记者和编辑的行为。另一方面，新闻本身被视为一种文化，最终与参与新闻制作的团体和个人的既定目标相关联。

文化探索通过跨越一个两边有点不相容的分析轨迹来研究新闻。它既通过新闻工作者自己的眼睛看待新闻，考察成为这个社群的一部分对他们意味着什么，又质疑新闻工作者的自我呈现。新闻文化分析强调"广泛的文化表征系统产生的约束力，无论组织和职业惯例的细节是什么"（Schudson，1991：143），因此，毫无疑问与对新闻业如何运作的明显而传统的理解逆向而行。长期以来，新闻从业者对自己的实践和在世界上的地位都有明确的认识，而文化探索则假定，新闻工作者利用集体的、通常是默会的知识成为这个群体的成员，并随着时间的推移保持自己的成员身份（例如，Goodenough，1981），然而又认为，明确而清晰的知识可能并没有反映出新闻是什么并努力成为什么的完整图景。因此，文化探索走上了一条不平坦的新闻研究之路，这条道路与它自己的原则格格不入，同时又给予了这个原则以更广泛的关注。

此处的分析认为，新闻工作者使用意义、表征、表征系统、仪式和惯例来维持他们作为公共领域事务发言人的文化权威。学术界其他领域——哲学、社会学、人类学和语言学——的研究有助于将文化兴趣合法化，将其作为一个镜头，通过它来思考新闻。这伴随着两种文化研究——美国的和英国的——帮助确立了新闻研究中的文化焦点。在英国，新马克思主义、精神分析、女性研究、批评理论、文学理论、符号学和民族志的结合构成了英国早期文化研究，美国对实用主义、象征互动理论、文化人类学和文化社会学的兴趣对其形成了补充。虽然这些领域为研究新闻文化维度提供的广泛分析模板肯定在某种程度上受到了其他学科的新闻研究方法的攻击，但是从文化研究视角来看，关于新闻的特定议题——表达的主体性、事件意义的建构特性、身份构建的政治以及实践中每一个前提的基础——至关重要。

这些基本原则提供了广泛的分析视角，认为新闻的工作方式与许多更加传统的学术方法所理解的工作方式不同。首先，人们认为，文化的既定环境以模式化的方式将新闻工作者与虽非新闻工作者但是同样参与多样的文化辩论、表达、再现和生产的人们联系在一起，这表明新闻工作者与电影制作人、诗人和政客之间存在基本共性，而不是差别。其次，为了使新闻的中心有别于它的边缘而在学术界其他领域使用的变量——例如，使新闻区别于小说、使主流新闻区别于小报新闻、使新闻工作者的口头报道区别于他们使用的视觉图片——在这里被重新定位成连接分歧的桥梁，从而将新闻呈现为一个完全不同、往往自相矛盾的整体。新闻的不同工具、新闻的不同类型以及新闻与外部世界的相同之处被聚合在一起，在所有的可能性中阐明新闻细微而致密的特征。最后，新闻文化分析不仅将新闻工作者视为信息的传送者，而且视为文化的生产者，因为他们传递了关于世界上何为好和何为坏、何为道德和何为非道德、何为适当和何为不适当的偏向性陈述。他们创造并传递关于世界如何运转的观点，而他们的受众理解新闻的方式反映了自己的政治身份，这二者的定位密切相关。

因此，毫不奇怪，这一取向促进了对新闻各个方面的考察，而这些方面通常没有得到其他学术视角的考察。其中包括一种世界观（这种世界观以某些方式支撑着对世界的理解）、形式与内容之间的内在联系、"事实"和表征之间通常至关重要但又一直在变化的关系、新闻工作者将自己强行插入新闻报道的方法、参差不齐而又往往无法预料的图片功能、集体记忆以及新闻的成见。当新闻被看作对这世界上可获得的意义和表征的更大限制的一部分时，即使是新闻工作者对于自己在看到新闻时如何知道那是新闻的模糊描述也呈现出明显的微妙味道。与此同时，这些更大的限制并没有像其他学科视角所采用的许多分析类别那样，列入新闻工作者的自我呈现之中。这是因为在这里，坚持认为意义制造是重要的行动明确挑战了新闻探索的两个方面：大部分既有新闻研究的规范性基础和新闻工作者自身的专业观念。从定义上说，对新闻的文化思考否定了传统新闻研究的世界观，否定了新闻工作者的职业意识形态，否定了两者都赖以存在的排他性地位。

新闻文化探索的产生和持续来自自身的战略失调。关于新闻的传统看法被有意搁置，以便研究那些超越了被现有新闻研究或职业记者认为理所当然的实践、价值观和态度。文化探索迫使人们检视新闻如何看待自己和他人如何看待新闻之间的张力，将新闻传统、惯例和实践看作是动态的，且视情境和历史环境而定。

这一切表明，新闻文化研究战略性地、清晰地质询新闻和新闻实践的明确基础，而这些基础在学术界的其他地方可能被认为是理所当然的。如此一来，它就弥补了新闻探索的短视行为。用斯图尔特·艾伦（Stuart Allan）的话来说，文化分析超越了过去的推断，即"每个人都知道"，新闻的功能是"折磨掌权者……抚慰受苦者"，因为它"严重限制了……我们可以就社会中的新闻媒体提出什么类型问题"（Allan，1999：2-3）。在大部分这类研究中，学者们致力于消除将娱乐和快感当作信息对立面的信息偏见，拓展传统新闻研究的特定领域，反对彼得·达尔格伦（Dahlgren，1992）讨论过的那种狭隘、"转喻"的新闻概念。就此而言，新闻文化探索在很大程度上使新闻研究与当代新闻的发展保持同步，而这种发展无视新闻研究变化的缓慢步伐。因此，通过文化这个镜头观察新闻和新闻业是有价值的，因为它对从事新闻工作的人最近发生的变化表现出明显兴趣，这些变化包括互联网、博客、网络沙龙、新闻组、脱口秀和新闻杂志。

新闻文化探索的变化

从一开始，对新闻文化维度的兴趣就是新闻探索的一部分。社会学领域的文化社会学研究、哲学领域的建构主义兴趣、人类学和民俗学向象征和象征形式的转向、语言学的民族志运动、文化史和文化批评研究的欣欣向荣全都凸显了将文化视为一种分析中心的兴趣。通过延伸，这扩展了考察新闻文化维度的模板。

因此，对新闻文化方面的兴趣来自多学科的学术研究。在美国，早期实用主义研究（Dewey，1927/1954）和集体生活的象征性一面（Durkheim，1915/1965）通过坚持集体知识符码和人们理解世界的信仰体系，帮助建立了对新闻文化维度的关注。在关于文化与新闻的思考中，罗伯特·帕克（Park，1925，1940）的作品跻身于最有价值的学术专著之列，在社会学的芝加哥学派早期，他主张考察新闻工作者通常用以建构世界的集体知识符码。作为一名前新闻工作者，帕克对社会和文化变化过程的兴趣来自他在芝加哥大学受到的训练，他在促进被他自己看作新闻知识的过程中发挥了重要作用，这些知识是发展关于新闻实践的思考方式所必需的（Park，1940）。此外，他相信，新闻的观察与记录技巧可以被用作学术探索的基础，因此他帮助奠定了许多定性研究的基础，这些研究后来被用来解决美国新闻的思维模式问题。诸如人文社会学（Berger，1963；Wuthnow and Witten，1988）、象征互动主义（Blumer，1969；Goffman，1974；Becher and McCall，1990）和文化人类学

（Geertz，1973；Rabinow and Sullivan，1979）这些领域的发展以不同方式促使人们认识到文化是理解新闻的一种途径。例如，克利福德·格尔茨认为，文化既是思想框架，又是模式化行为，这种观点同时考虑到了新闻工作者的世界观和行为标准。同样，文化社会学研究将学者们转向思考文化过程和文化产品的不同类型（例如，Becker，1984）。例如，迈克尔·舒德森（Schudson，1989）注意到，文化产品的效能由它的修辞力量、可恢复性、共鸣性、机构保持力和决心决定，所有这些都在新闻研究中发挥了作用。

在美国之外，特别是英国，也包括澳大利亚、拉丁美洲和世界其他地区，人类学和社会学研究引导人们将新闻视为一种文化（例如，Bocock，1974；Lukes，1975；Leach，1976；da Matta，1991）。此外，马克思主义研究赋予新闻研究一种实用主义武器，它与结构主义结合后，就迫使人们同时思考它的内部与外部标志。与此同时，文化批评研究（Williams，1978；Eagleton，1995）因为对新闻的文化维度进行了批评性思考而在学术界占有了一席之地。

这些研究的核心建立在关于世界如何运作的内部思维模式和社会生活得以就绪的外部安排之间的联系之上。事实证明，这种联系对当代新闻思考产生了明显的影响，因为它使许多学者不再支持长期以来人类学对文化优先于人的认知，而将文化视为一种由人产生的现象（Becker，1984）。从定义上来说，这种分析透镜的应用拓宽了新闻研究范围，因为它通过调节内部紧张关系，将目标对准了新闻的文化维度。再也没有必要与新闻的实质和规范是什么模样以及别人希望它是什么模样保持一致了。

这种将新闻作为文化的广泛兴趣，以及对这一视角所涉及的内部紧张关系的认识，与雷蒙德·威廉斯的研究是一致的。威廉斯主张文化的三重性，坚称对文化进行分析不仅需要通过它理想主义的一面和它记录或纪实的一面来分析——或者更简单地说，它对标准的渴望和应用那些标准所产生的作品——还需要通过社会安排和文化背景得以确立的环境来分析。从定义上说，这将新闻探索同时转向了新闻文本、新闻实践和新闻工作者本身——在此处他们作为集体成员拥有自己独立的定位。

文化研究与新闻

在学术界，或许没有哪个领域像两种主要的文化学术研究那样对新闻给予了如此大的文化兴趣，这两种主要的文化学术研究与美国和英国的经验存在松散的联系。[2]

在美国方面，新闻始终是一个相当连贯的探索领域。早期那些具有远见卓识的学者——约翰·杜威、罗伯特·帕克和托斯丹·范伯伦（Thorsten Veblen）——发出的召唤引领了文化研究潮流的发展，这些研究涉及意义、群体认同和社会变革等问题（Jensen and Pauly，1997）。这一学派主要由伊利诺伊大学的詹姆斯·凯瑞领导，形成了后来被称作"文化研究的伊利诺伊流派"。它认为，美国学术界将社会科学定位为获取知识的首选模式具有一种内在的危害，并且将批评实证主义视为美国文化研究的责任。此处发展起来的学术没有以马克思主义为核心来考察社会问题，而是将新闻媒体定位为经验的传递者和定义宽泛的文化体系的塑造者。在文化研究领域，新闻成为思考文化如何运作的一种关键共鸣。

凯瑞的研究占据着核心地位，因为它将对新闻的讨论编织到更大的社会和文化结构中，囊括了对政治、技术和公众的关注。他主张恢复新闻作为一种文化形式而非职业的地位，并在许多语境中提出这一论点（Carey，1969，1986，2000），每一个语境都表明了新闻文化世界的复杂性。根据凯瑞的观点，新闻文化生活有对话性和规范性的一面：

> 它需要一种模式来理解行为和动机，这种模式不是从心理素质或生理条件而言，而是一种基本文化倾向的表现形式，以一种既立即令人愉悦又在概念上似是而非的象征形式来表达经验，从而为身份的感知和有意义地理解现实提供基础。（Carey，1997a：11）

伊利诺伊大学的其他学者追随着凯瑞的道路。阿尔伯特·克雷林曾在20世纪70年代早期完成了一部重要的博士论文，他利用非裔美国媒体来研究中产阶级身份的形成（Kreiling，1993）。在凯瑞和克雷林的带领下，主要由凯瑞的学生构成的第二代学者——例如乔里·詹森（Joli Jensen）（Jensen，1990）、玛丽·曼德尔（Mander，1983，1987，1998）、卡罗琳·马文（Carolyn Marvin）（Marvin，1983，1988，1999）、约翰·保利（Pauly，1988）、诺尔曼·西姆斯（Norman Sims）（Sims，1990；Sims and Kramer，1995）、琳达·斯坦纳（Steiner，1992，1998）——用数量可观的研究强调了新闻制造意义的能力。这种文化研究类型在今天依然存在，其原则在大卫·伊森（David Eason）（Eason，1984，1986）、理查德·坎贝尔（Campbell，1991）、伊丽莎白·博德（Bird，1992）、托马斯·康纳利（Thomas Connery）（Connery，1992）、斯图尔特·亚当（Adam，1993）的著作中得到了具体体现，但并非唯一体现。与此同时，来自文化社会学的迈克尔·舒德森（Schudson，1978，1995，2002）对新闻的文化领域也产生了同样的兴趣，这也得到了他的学生们的进一步发展（例如，Boyle，1992；Waisbord，2000）。

在英国，对新闻的兴趣更成问题。文化研究经历了一场漫长的革命，它从一个来自不同学科的特殊而不平衡的文化研究转变为一个拥有自己的期刊、院系和关键人物的可辨明、可识别的项目，长期以来一直被誉为美国和英国文化研究的出生叙事。尽管并非总是如此表述，但在这种出生叙事中，随着它在全球范围的广泛传播，英国文化研究接管并引领了很多后来被认为是文化研究的默认设置（例如，Hartley，2003；Johnson，1986/1987）。在跨越时间和空间将文化研究进行合法化的过程中，出现了侧重偏向并占据了主导地位，而原本是次要的或附属物逐渐发展成为半自主的子领域。几乎是一夜之间，对没有得到承认的抱怨就变得比对与他人分享承认的抱怨更令人关注（Nelson and Gaonkar，1996）。在其强劲增长的同时，忽视、误解和疏漏这些流连不去的问题在新近扩大的默认设置中扎下了根。

英国文化研究早期，新闻业和新闻工作是伯明翰大学当代文化研究中心（Centre for Contemporary Cultural Studies，CCCS）的主要侧重领域，20世纪70年代早期，大部分开创性的工作都通常以硬新闻的形式明确地涉及新闻。由于英国文化研究的出现是对马克思主义的形式主义及其在文学理论中的共鸣的回应，因此，英国学者把阐明英国工人阶级状况作为他们的任务。

在这个范畴内，许多早期英国文化研究的经典著作都以新闻为基础。当代文化研究中心主任斯图尔特·霍尔本人早年就担任过《新左派评论》（*New Left Review*）的主编，并经常为《今日马克思》（*Marxism Today*）和《新时代》（*New Times*）撰稿，因此，他影响深远的文章《编码/解码》（Encoding/Decoding，1973b）用新闻信息来代替其他文化生产模式就不令人惊讶了。这篇被誉为"英国文化研究的转折点"（Fiske，1992a：292）的文章逐渐被视为经典文化研究，阐释了生产与受众之间形成的交集，其提供的受众解码立场奠定了不同内容拥有不同受众的认识，体现了活跃的受众范式（Deacon，Fenton，and Bryman，1999）。霍尔的《新闻照片的决定》（The Determination of News Photographs，1973a）受到了同样的欢迎，这篇文章明显是罗兰·巴特在1967年关于照片图像研究的延伸。这两篇作品都坚定地立足于新闻分析，但启发了一大批非新闻文本分析。例如，夏洛特·布朗斯顿（Charlotte Brunsdon）和大卫·莫利（David Morley）对《举国上下》（*Nationwide*）的新闻受众研究延伸了霍尔的思路，成为一个重要的文本，用于思考受众对不同中介化讯息的不同反应（Brunsdon and Morley，1978；亦见 Morley，1980）。

其他早期作品遵循着同样的思路（例如，Hall，1972；Hall，Connell，and Curti，1976）。斯坦利·科恩和乔克·杨的《新闻制造》（*The Manufacture of News*，1973）被贴上了这样的标签——"对媒体构建现实的最早的'标准化'批评研究"（Turner，1990：88），通过思考新闻对待犯罪和越轨的方式以及理解媒体在道德恐慌中的角色，吸引人们关注象征建构。《监控危机》（*Policing the Crisis*）（Hall et al.，1978）和迪克·赫伯迪格（Dick Hebdige）对亚文化风格的研究《亚文化：风格的意义》（*Subculture：The Meaning of Style*，1979）、《躲入光亮》（*Hiding in the Light*，1988）将新闻作为背景来思考更为普遍的文化生产模式和社会、文化权力的分配。因此，毫不意外，一部关于英国文化研究演变的著作——格雷姆·特纳（Graeme Turner）的《英国文化研究导论》（*British Cultural Studies：An Introduc-*

tion，1990）使用了奥利佛·诺思（Oliver North）和费迪南德·马科斯（Ferdinand Marcos）[①]的新闻图片来阐释文化的广泛运作。有一种观点认为，这一学术研究的大部分实际上"捍卫了新闻的重要性"，因为在英国学术界，它第一次严肃对待了新闻（Hartley，1999：23）。

英国文化研究延伸到伯明翰之外的机构中后，一种对新闻的默认观点就得到了进一步共鸣。卡迪夫大学新闻研究中心（Center for Journalism Studies at Cardiff University）的建立尽管被定位为一个"为数量有限、精心挑选的学生提供培训……注定要在《泰晤士报》和英国广播公司谋得一份职业"的中心，但是它给新闻制造了"在人文学科学习的表象，却［暗示］它是'科学导向'的研究"（Hopkinson，1982；Bromley，in press）。在第一任领导——前新闻工作者也是《图片杂志》（*Picture Post*）的前任主编和英国第一位新闻学教授汤姆·霍普金森（Tom Hopkinson）的带领下，该学院直到1996年才与一个专门研究英国文学和语言、文化批评、哲学、批判和文化理论并在20世纪70年代中期出版了著名的新闻文化作品的学术团体建立了联系。1996年，它成为一个新联盟的组成部分，这个新联盟的名字新闻、媒介和文化研究学院反映了它的主旨（Bromley，in press）。在附近的威尔士理工学院（Polytechnic of Wales），约翰·费斯克和约翰·哈特利以提倡将符号学作为阅读电视和新闻的方法而格外著名（Fiske and Hartley，1978），他们援引新闻作为默认案例来理解文化权力、文化生产和文化与媒介对受众的影响。同样，创建于1966年的莱斯特大学大众传播研究中心（Centre for Mass Communication Research at the University of Leicester）也吸引了人们对新闻文化维度的关注，对媒体报道政治示威活动进行了开创性的研究（Halloran et al.，1970），为思考新闻在形成公共事件中的角色设定了分析参数。在伦敦大学金史密斯学院（Goldsmiths' College University of London），詹姆斯·科伦领导的新闻研究部（Unit for Journalism Research）产生了同样的影响。

[①] 费迪南德·马科斯（1917—1989），菲律宾政治人物、独裁者，1965年至1986年统治菲律宾长达20年。马科斯当初因主张经济和社会改革而上台，但马科斯本人却于稍后在任期间，以实行腐败的裙带资本主义和政治打压的威权主义统治而闻名于世。

有一种观点认为，这种联盟构成了"从想象的现代性系统（文学）向现实主义文本系统（新闻）的迁移"（Hartley，2003：49；亦见 Hartley，1996），在某些人看来，它形成了文化研究与新闻之间显而易见的自然联系。

对新闻作为一种文化思考方式的认可延续了以文化为导向的学术研究的轨迹。费斯克和哈特利的早期作品中展现出对新闻文化色调的兴趣，此后，这两位学者对新闻中更加平民主义的维度进行了持续研究（Hartley，1982，1992，1996；Fiske，1992b，1996）。彼得·达尔格伦（Dahlgren，1992，1995）发表了他本人对新闻文化维度和公民权的研究。格拉斯哥大学媒介小组（Glasgow University Media Group，1976，1980，1982）直接处理新闻，同时兼顾图像和文本。西蒙·科特尔（Cottle，2000a，2003）将既定的新闻实践和新闻研究结合到一个探索领域，而迈克尔·布罗姆利（Bromley，1997）、菲利普·施莱辛格和霍华德·塔姆伯（Schlesinger and Tumber，1995），还有辛西娅·卡特（Cynthia Carter）、吉尔·布兰斯顿（Gill Branston）、斯图尔特·艾伦（Carter，Branston，and Allan，1998）调查了新闻与所谓阶级、性别和其他文化身份指标的外部不平等之间的交集。其他学者（例如，Sparks，1994）关注大众新闻形式如何填补主流或者传统新闻实践领域未履行的功能。在每种情况下，新闻都被当作一种默认案例，用于理解文化权力、文化生产和对受众的影响。新闻和文化被视为"绝对的亲密伙伴（即便不像是真的）"，始终保持着不可分割的一致性（Wark，1997：111，179-185；亦见 Hartley，1999：24）。

新闻与文化研究的这种早期联系是可以理解的。它是从对现实世界的某种共同承诺演变而来的。文化研究倾向于从政治承诺中获取能量，而新闻承诺尝试解释现实世界的方法强化了公众对主要机构每日工作流程的理解——政府、经济、教育。由于对文化如何影响现实世界的既有解释长期不满，文化研究横空出世，试图同时记录学术界内外的生活，而新闻为评估这种生活的形成提供了宝贵的场所。对权力和话语的强调使得新闻成为探索许多文化研究相关问题的天然背景。根据约翰·哈特利的观点，新闻和文化研究的学科关注是相似的，二者都得到这样的许可：

全方位探索社会、描述他人生活、为普通读者普及专业知识、代表恰当行为（法律或者伦理）和可管理性（决策、政策）的"政府"话语质询决策和行动、为世界赋予语境以了解它，并且用恰当的习语交流以打动特定人口。（Hartley，2003：137-138）

此外，对公民权以及知情公民的权利和责任的兴趣是这两个领域的基础。正如格雷姆·特纳（Turner，2000：362）所指出的，新闻和文化研究执行"一个共同的伦理计划，旨在加强公民权原则和发展关键的读写技能，这些技能是民主新闻界和民主读者理想的基础"。哈特利（Hartley，2003：138）进一步推进了这一观点，指出这些领域"在社会日常知识生产中实际上是竞争对手"，对"人类生活的消极面，人类进步的代价"有着共同的吸引力。

然而，随着英国文化研究影响到英国之外——先是美国，然后是全球，它逐渐接受了英国内外更广泛、更多样的文化生产形式，新闻作为一种首选分析路径的吸引力逐渐衰退了。事实上，新闻已经从20世纪80年代以来出版的大部分英国文化研究作品中消失了。这一时期发表的一些关键词汇和核心文本的简要概述证明了这一点。

尽管从80年代以来发表了一批表示文化分析的"关键词"的词汇，但是"新闻"（journalism）和"新闻信息"（news）极少出现在它们的索引里（例如，O'Sullivan et al.，1983；Brooker，1999，Edgar and Sedgwick，1999）。一些最厚的文化分析选集（Nelson and Grossberg，1988；During，1993；Baker，Diawara，and Lindeborg，1996；Shiach，1999）并没有突出提及新闻信息（news）或者新闻（journalism）。有一本选集细致地追踪了与文化研究相关的学科交集，但是它称之为"一个知识队列"——包括社会学、人类学、法律、哲学和考古学——的长长的相关名单却忽略了新闻，没有将它作为相关的领域（Miller，2001：12）。劳伦斯·格罗斯贝格（Lawrence Grossberg）、卡里·纳尔逊（Cary Nelson）和保拉·特雷齐勒（Paula Treichler）出版的一本读物提出了16个文化分析主题标题，没有一个提到新闻（Grossberg，Nelson，and Treichler，1992）；马乔里·弗格森（Marjorie Ferguson）和彼得·戈尔丁的《文化研究的问题》（*Cultural Studies in Question*，1997）

被称赞为对这一领域"最咄咄逼人的攻击"(Erni,2001:194),也将新闻排除在讨论之外。甚至是为进入这一领域打下基础的介绍性文本也没有大篇幅讨论新闻(Brantlinger,1990;McGuigan,1992;Storey,1993;Davies,1995;Tudor,1999;Giles and Middleton,1999)。有一个例子,一本索引长达10页、附有14页的文化研究关键术语词汇表的书也几乎没有提到新闻(Barker,2000)。

对新闻的不平衡关注也影响了新闻的文化探索。一方面,学术转移到那些与明显的新闻自我意识相去甚远的维度——小报、另类报纸、网络传播。虽然学者们对新闻的这些方面进行了成果丰富的研究(例如,Langer,1998;Lumby,1999;Sparks and Tulloch,2000),但是,无论如何,他们提供的新闻景象是狭隘的,描画出的另类线条往往回避了与新闻自我意识最接近的主流新闻维度。换言之,虽然这一研究为新闻学术提供了宝贵的补充,但是也进一步推动了主流新闻与非主流新闻——另类新闻、小报新闻和对抗新闻——的分离。二者作为一个世界的合法组成部分之间的细微差别被遗失了。

另一方面,关于广义或主流新闻的文章(当它们确实发表的时候)被表述得好像新闻只是许多背景设置中的一种选择。对"媒体"的讨论包括"新闻媒体",然而,正如凯瑞所坚称的那样(Carey,1997b:332),"将新闻与媒体或者传播混为一谈等于将鱼的故事和鱼混为一谈"。在这种定位下,新闻失去了它的独有特征,隐藏在关于性别再现、政府审查或者民主和公共领域的不平衡、不清晰的讨论目标之后。这种新闻观点相应地使它更类似于而不是有别于其他文化背景。这一前提虽然率先激发了新闻文化探索,但是可能已经不再是一件好事了。因为相对而言,有一些与文化权威相联系的特性没有得到考察,而这些特性仅仅与新闻相关,或者主要与新闻相关,特别是与新闻对事实、真相和现实的尊重相关。此外,随着其他类型的文化文本,例如肥皂剧和詹姆斯·邦德(James Bond)电影,可以用于分析那些迄今为止被看作边缘化的文化生产,新闻环境开始变得不那么有趣。

所有这些并不是说新闻从业者本身欢迎文化研究那种不平衡的关注。两个领域之间的问题难解难分。当文化研究将新闻作为可行的分析路径时,其明确目的就是要把自己的力量融入背景中，承认新闻在传播有关世界如何运转的有力观点方面发挥了重要作用。因此，此处发展起来的学术通常都是关于文化和文化权力的，总的来说，比新闻工作者可以继续以新闻工作者的身份工作所需的见解更有价值。特别是在某些领域，新闻文化研究探索助长了争夺稀少资源的地盘之争，两个阵营之间相互十分反感，正如澳大利亚新闻教育工作者和文化研究学者之间公开的争论所证明的那样（Windshuttle，1998；Hartley，1999；Turner，2000）。基思·温德舒特尔（Keith Windshuttle）的基本论点——新闻教育正在被文化研究毁坏——将许多关于谁有权利研究新闻的残留张力带到了表面。两个领域之间的不满变得显而易见，凯恩·托马斯利（Keyan Tomaselli）用批评的口吻转述温德舒特尔的话说，文化研究构成了"新闻教育中最杂乱无章的原则"（Tomaselli，2000）。

为什么文化研究学者对新闻的兴趣如此不平衡？这种不和谐大部分源自新闻自我呈现的基础之一，这使得新闻从根本上不同于其他文化分析场所——它将事实、真相和现实看作上帝之词。

人们假定新闻的合法性依赖于它所宣称的对当前世界提供索引性和参考性展示的能力。新闻坚持以现实为核心、以事实为载体，坚称自己和其他公共话语领域之间存在明显分界。新闻工作者声称，他们的工作有能力以有别于其他文化表达的方式讲述真实世界发生的事件，因为它始终专注于事情是怎样"真正"发生的。此外，在这种模式下，人们对一种叫作"真相"的东西全神贯注。尽管新闻工作者认识到，在当代，他再生产真相副本的能力在逐渐弱化，但是对提出真相主张的偏爱肯定会持续下去。所有这一切意味着新闻实践、惯例、崩坏和标准——实际上它的成长和停滞就是通过这些尺度来测量的——都依赖于事实、真相和现实的原初地位。然而，这种依赖给新闻文化分析制造了问题，新闻文化分析根据定义将这些现象——事实、真相和现实——置于相对性和主观性的测量之中。

围绕新闻对事实、真相和现实的敬畏所产生的复杂性延伸到了其内在思维模式的其他方面。新闻工作者的职业意识形态为文化分析中常见的一种坚持所抵消，即知识生产的实现总是为了那些掌握权力的人的利益，或者为了那些争夺权力的人的利益。越来越多的人倾向于从受众角度来确定新闻的可操作性，这一趋势如今在文化研究中普遍存在，但是与新闻工作者的一个坚定假设相冲突，即新闻是在新闻编辑室中而不是在公众中形成的。此外，大部分文化分析格外关注一个现象出现之前或存在于这个现象之外的事物，以此作为考察该现象本身的解释性冲动，而大多数新闻工作者和许多新闻学者所表现出的对语境因素的漠视则破坏了这种新闻文化研究。正如一位学者所说的那样，"认为当前的实践在某种程度上是理所当然的，这种想法对新闻造成的伤害最大，而且，仍然有人不愿意利用背景因素——历史的、经济的和政治的——来解释新闻的内部困境"（Carey，1997：331）。正如西奥多·葛拉瑟和詹姆斯·艾特玛很久以前指出的，"在新闻工作者中……新闻信息并不是一个理论构建，而是一种实践业绩"（Glasser and Ettema，1989a：20-21）。或者，像詹姆斯·凯瑞最近所说：

> 新闻工作者并未生活在一个脱离实际的理想世界中，他们生活在一个实践的世界里。这些实践不仅造就了这个世界，而且造就了新闻工作者。新闻工作者是在实践中形成的。所以，恰当的问题不仅是新闻工作者造就了什么样的世界，而且是这个过程造就了什么样的新闻工作者。（Carey，1997b：331）

所有这一切都表明，新闻对文化研究形成了特别的挑战。不同于诗人和教士所青睐的文化争论方式、不同于真人电视和动作片展现的文化生产模式、不同于所谓的女性电影和爱情小说的文化相似性，新闻始终被自己对事实、真相和现实的尊重限制，这种尊重在某种程度上十分具体，但无论如何非常重要。当相对性和主体性在很多方面成为理解公共表达的更讨人喜欢的比喻时，新闻对事实（真正的和战略性的）坚持、对真相和某种现实版本的相关尊重导致它严重过时，并且与文化取向的学术探索脱节，被批评为实证主义的残余堡垒。然而，假如新闻放松对那些基本信条的坚持，又会失去自己与其他构成文化分析目标的文化表达、争论、再现和生产模式的区别。

这种基本的不和谐影响了文化研究和新闻探索之间联系的各个方面。这在一定程度上与文化研究自身对启蒙思想的批判和对解放理性的力量缺乏信心有关，而这种解放力量正日益成为文化研究看待现实世界的大部分要求的基础。由于文化研究学者越来越多地将新闻视为不假思索地支持事实、真相和现实的阴暗并有问题的维度，所以新闻对现代主义和托比·米勒（Toby Miller）所称的"真相技术"（Miller，1998）的忠贞不贰导致它与文化研究的世界观格格不入。换言之，新闻的上帝之词本身也被文化研究认为是一种令人不安的证据，表明他们对一个堕落的神有点盲目的忠诚。

文化研究对新闻的不均衡的兴趣还源自新闻强大的体制地位，这鼓励了对某些重要方面——它的建制偏见、它与政治和经济权力的勾结、它提供持续独立调查的失败——的考察。一旦这些方面受到关注，并且似乎被耗尽，新闻作为一个整体就会被许多文化研究抛弃，而不再是一个有价值的分析对象。研究新闻权力和权威的那些不那么明显也不那么有成效的路径，例如当权力和权威开始崩溃而对事实和真相的信念持续存在时出现的严重冲突的现象，吸引了许多文化学者的兴趣。他们仍然不愿意打破新闻的体制性存在，一方面是因为与这种存在相伴的权力提供了一个丰富的分析目标，另一方面是因为当体制性存在消失时出现的画面对文化研究来说并不那么有吸引力。虽然有些引人注目的例外（亦见 Eliasoph，1988；Reese，1990）提供了自内而外都充满分歧、矛盾重重的新闻画面，但是数量不多，不足以构成一个实质性的学术主体。

最后，文化研究对新闻的不均衡兴趣还反映了对于什么是证据的根本分歧。新闻的实证主义以及与之相伴的对事实、真相和现实观念的关注看上去全都与文化研究通过历史、社会、政治和经济的偶发事件考察文化格格不入。文化研究对建构主义、主体性和相对性的坚持与新闻工作者对准确、平衡和客观的公开援引毫不匹配。在一定程度上，这有可能是源自将英国文化研究应用到美国语境所伴随的问题。正如汉诺·哈尔特在 1986 年警告过的那样，英国文化研究在美国情境中的移植和专业化使其失去了原有的政治承诺。或许这一点在新闻业随后的缩减中表现得最为明显，它变成一个充斥着边缘实践、流行光环和普遍差异性的世界。

所有这些因素结合起来，使得新闻——特别是它的主流维度——对于在全球扩散的大部分英国文化研究来说变得无趣。然而，有必要询问文化研究是否太过于看重它的探索主题了。文化研究用自己的术语来定义新闻及其研究，也就是说，把新闻的自我呈现作为新闻是什么或可能是什么的象征，把新闻工作的细微差别排除在它的分析之外。文化研究在解决新闻中那些不明显的、不合逻辑的、不和谐的方面——在不断的、经常令人厌烦的、往往徒劳的谈判中涉及的偶然性和一致性将大众和官方、私人和公共、外行和专业、狡诈和真诚、偏见和平衡的冲动捆绑在一起——的时候闭上了眼睛。它迎合了官方新闻明显的自我意识，即坚持后一种选择，否认前一种选择，在很大程度上摒弃了对新闻的整体研究。文化研究对新闻的不均衡反应助长了现代主义者对其官方自我呈现的偏见，这种呈现促进了其实践中信息灵通、公民和理性的方面，而不是唤起愉悦、娱乐或简单的情感方面。但是，关注新闻的这一面仅仅认识到了它的一部分。

因此，对于大部分文化研究而言，主流新闻是通过学术界大量使用的短视目光审视的。新闻以不同的形式被编纂成为科学的一种延伸和知识生产的科学模型，与文化研究中占主导地位的学术批评立场、有时是恶搞立场相对立。文化研究大大削弱了关于新闻实证知识的影响，忽略了新闻世界的细微差别，没有意识到这样做未能考察许多与新闻工作者自身专业实践参数相矛盾的东西。然而这些细微差别是值得仔细研究的，因为它们存在于新闻如何看待自己的核心内容之下。

毫不意外，这种倾向产生了不同的解释，从而呼应了英美文化研究的差异：事实上，作为同一研究领域的成员，对美国文化研究的认识始终不足。尽管其他地区采用英国文化研究的情况不平衡（例如，Stratton and Ang，1996；Mariscal，2001；Yudice，2001），但是它作为全球性的探索领域获得承认的潜力比它的美国同行那里要有保证得多，有时候，美国同行被完全排除在对话之外。开个玩笑，在最近一次讨论中，美国文化学者詹姆斯·凯瑞、伊莱休·卡茨和卡罗琳·马文被描绘成远离这个领域，说"没有人将自己视为文化研究学者"（Hartley，2003：102）。同样，理查德·马克斯韦尔（Richard

Maxwell）在最近一部绘制文化研究学术的不同地理轨迹的作品中提到了凯瑞和与他志趣相投的同事，但并没有提到他的后继者（转引自 Miller，2001：4）。尽管凯瑞和其他人一直声称文化研究至少在一定程度上是一个符合自己兴趣的领域（例如，Carey，1989b；Munson and Warren，1997），但缺乏认可就标志着文化研究的这两股源流意见不一致。汉诺·哈尔特（Hardt，1986）、劳伦斯·格罗斯贝格（Grossberg，1997）和约翰·埃尔尼（John Erni）（Erni，2001）分别指出，分歧的持续存在恶化了新闻在更大的文化研究领域的可疑定位。

因此，在这一学术的大部分领域，对新闻缺席的不同解释反映了美国和英国文化研究学派的广泛差异。有些人把文化研究视为一种知识模式的代表，这种模式的目的"无非是重新思考公认的真理，重新构建继承下来的解释框架"，成为一种"对继承真理以获得认同的谋划能力感到普遍怀疑和幻灭的症状"（Hartley，2003：2）。另一些人则认为文化研究购买了"道德和政治词汇表，这份词汇表即便不是反民主的话，也至少是对宝贵的政治实践与某些智力习惯相互交织的方式不够敏感"（Carey，1989b）。

这一切表明，新闻和大部分文化研究的原初前提将它们置于彼此不和的位置。前者相信真相、现实和事实，后者相信建构、主体性和相对性。在证据的编纂和解读中存在根本的差异（即使这两个领域都提供了形成这种编纂的策略），这种差异将新闻文化研究中更广泛的不和谐具体化，从而凸显了一个难题（如果不是不可能的话），那就是如何去研究一种现象的文化维度，这种现象声称是对当前世界的索引式和参考式的呈现。这一差异的效果实际上鼓励新闻逐渐转变为看上去更像是当代新闻教育和新闻专业主义的材料，它不像公共领域的一系列象征性表达实践，而是政治和经济的狭隘结合。当实证主义的碎片——现实、真相、事实——被消灭，从带有一种自以为是的热忱的分析中消失时，新闻一度在数量可观的学术中退回到最初出现的阵地——新闻教育、培训和专业化的非理论世界，以及对它解释现实、真相和事实的能力的维护。"事实"的中心地位和为了填补关于这个职业的一种基本自我怀疑而向实证知识的转移阻碍了文化研究对新闻世界的兴趣，新闻对现实的主张——要求客观、平衡、准确——使得许多文化学者无法思考新闻实践的细微之处。在很大程度上，它本身并没有被承认为一种文化形式，而是被定位为"他者"，许多英国文化研究将它编纂为无趣的领域，越来越接近于新闻教育者最初所声称的那种事物。这意味着尽管有一个充满希望的开端，但是在大部分文化研究中，关于新闻的学术变得不那么像其他文化现象，而更像文化分析不感兴趣的材料。换言之，许多文化研究学者为那些对新闻从业者和教育者过于言听计从的人做出了示范，把新闻文化探索降低为边缘兴趣，成为次要活动。

不过，值得注意的是，这种趋势可能在某些领域消失。约翰·哈特利最近的关键概念读本《传播、文化与媒介研究》（*Communication, Cultural and Media Studies*，2002）收录了与新闻有关的词汇，例如"偏见""新闻价值""客观性"和"把关人"，另外一本读本的修订版也同样收录了这些词汇（O'Sullivan，Hartley，Saunders，Montgomery，and Fiske，1994）。尼克·莱西（Nick Lacey）以英国电视节目《十点新闻》（News At Ten）为文本来解释他在自己的媒体研究和视觉文化关键概念读本中所指的"制度分析"（Lacey，1998）。打开罗伯塔·皮尔森（Roberta Pearson）和约翰·哈特利的著作《美国文化研究读本》（*American Cultural Studies: A Reader*，2000）就能抵消对新闻的忽视，书中有一个章节重新收录了政治上进步的新闻文章，同时还在一个标题为"媒体"的章节中收录了一篇学术文章，专门讨论新闻。杰夫·刘易斯（Lewis，2002）在考察文化研究的整个过程中对新闻（journalism）和新闻信息（news）进行了讨论，甚至研究了特定的新闻形式，例如狗仔队。约翰·斯托里（John Storey）在他对这一领域的概述——《文化研究和流行文化研究》（*Cultural Studies and the Study of Popular Culture*，1996b）中用了一章的篇幅介绍新闻界和杂志。在《发明流行文化》（*Inventing Popular Culture*，2003）中，他从思考电视新闻开始讨论全球化。米纳克什·达尔汉姆（Meenakshi Durham）和道格拉斯·克尔纳（Douglas Kellner）在他们的文化研究读本中讨论了不同文化语境中报纸的地位（Durham and Kellner，2001），基思·布朗茨（Kees Brants）、卓克·赫米斯（Joke

Hermes）和里斯拜特·凡·祖伦（Lisbet van Zoonen）用整整一个章节来讨论"大众新闻的伦理"（Brants，Hermes，and van Zoonen，1998）。约翰·哈特利最近的《文化研究的短暂历史》（*A Short History of Cultural Studies*，2003）追踪了对新闻的持续关注，以及对文化权力这一更大问题的兴趣。

　　如何以一种维护新闻与文化研究完整性的方式将认识论的焦虑结合到新闻与文化研究共存的核心之中仍然存在问题。最近有许多人呼吁重新振兴文化研究主旨，尤其是它的英国形式（例如，Frow，1995；Bennett，1998；Couldry，2000a，2000b）。也有人呼吁要更认真地讨论文化研究和新闻的结合（Hartley，1999；Tomaselli，2002；Turner，2000）。这里梳理的轨迹表明，新闻为文化研究的未来提供了一种试金石。将新闻重新置于文化研究探索的前沿有助于文化研究走向成熟的学术道路，因此，文化研究可能会成为一门更加成熟的知识学科，而不是一门与周围研究领域相对立的学科。文化研究有能力将自己作为一个知识领域的具体实例，从而为它自己的主张和证据提供保证，这是此处的关键。它能否成长为一个有足够自知之明的领域取决于它的扩张能力，以及吸纳诸如新闻这样的现象，而不是收缩起来将其拒之门外。有足够的证据表明，它可以这样做，即便新闻在某种程度上挑战了文化研究自己的一些主张。虽然文化研究有可能忽略了将新闻结合进自己的核心，因为这样做会迫使人们近距离审视文化探索的局限，但是，现在或许是时候让文化研究直面新闻所体现的问题，以及对于任何探索现实的长期研究而言这些问题所暗示的局限了。承认世界上存在现实，而且在某些领域真相和事实得到普遍接受和使用，并不意味着放弃了相对性、主观性和建构主义。它仅仅意味着要把对它们的关注与外部世界的某种认识结合起来。

新闻文化分析的趋势

　　所有这些并不是说文化分析（包括它所有的形式）没有生产出一个新闻研究实体。新闻业在扩张，即便新闻研究步伐缓慢，诸如小报新闻、另类报纸、互联网和其他更具平民主义的新闻制作形式等多样的领域也迫使这种探索睁开双眼。新闻文化研究引入的分析偏移将它置于一个很好的位置，带领迄今为止目光短浅的学术领域走向不同的分析目标。大部分这种研究都利用了文化研究和其他文化分析模式的主旨，其中一些研究在两个领域相互交织的存在中独立运作（例如，Hardt，1992）。

由于文化分析的工作思路与对新闻如何运作的传统理解背道而驰，因此在考察其他探索模式相对未触及的薄弱之处时，文化分析格外有价值。六种研究——新闻世界观分析、新闻实践、新闻形式、新闻崩坏、新闻再现和新闻受众——帮助推动了这一进程。在每种研究中，文化探索都扩大了原来被视为新闻学术的广泛领域，如此一来，它就消解了往往没有明确表达出来的默认原则：人们一厢情愿地认为，各种类型的新闻都是借助这些原则运作的。这包括研究各种地理区域的新闻，而不仅是在盎格鲁美洲；研究新闻采集的新形式，例如小报、互联网、网上沙龙，而不仅是广播、电视、报刊这三驾马车；研究地方化的新闻工作模式，而不仅是单边的、往往不相干的信息分配。在所有六种研究中，学者们利用可获得的自生成数据，例如新闻文本、媒体专栏、自传、专业论坛和会议记录以及行业报刊，来追踪新闻工作者作为新闻工作者的自我感觉、他们如何向公众传达世界运转方式的观念以及公众如何参与他们对世界的再现。

文化分析和新闻世界观

新闻工作者的集体思维定势——特定获知方式的建立和维护或者新闻工作者如何逐渐将自己看作新闻工作者、如何看待周遭的世界——为大部分新闻文化探索提供了一个富有创意的入口。一项将新闻视为广泛的文化概念的早期尝试是罗伯特·卡尔·曼诺夫（Robert Karl Manoff）和迈克尔·舒德森主编的文集《阅读新闻》（*Reading the News*，1986），尽管它并没有明确指出这一点。这本文集以"大众文化的万神殿指南"为卖点，明确指出，大多数新闻工作者的职业视角需要调整，并通过将"制作一个新闻故事"的基本要素——公共事件的"谁、什么、何时、何地、为何、如何"——纳入分析新闻表现的范畴，组织了关于文化侵入新闻信息的讨论。

许多其他学者仔细审视了新闻的含义。此处的关键是新闻工作者用以制作集体知识以维护群体成员资格的方式，学者们考察了主要的新闻文本——手册、职业指南、自传、会议记录、媒体批评专栏——以确定新闻是如何运作的。例如，在美国，约翰·保利（Pauly，1988）和琳达·斯坦纳（Steiner，1992）展示了各种各样的现象，如新闻手册和关于重要新闻人物的论述是如何作为这个群体的边界标记的。迈克尔·舒德森利用新闻自传来揭示不同时期的专业思维定势（Schudson，1988）。芭比·泽利泽（Zelizer，1993b）使用新闻界对麦卡锡主义和水门事件的反应来阐释新闻工作者如何将自己塑造成阐释共同体。在加拿大，斯图尔特·亚当（Adam，1989，1993）揭露了新闻教育及其对新闻探索的影响之间的矛盾。

与此相关的众多作品将新闻对世界的看法与世界本身联系在一起，尤其是与身份的"外部"指标——性别、民族、种族、阶级、性取向——联系在一起。这里出现了大量五彩斑斓的学术研究。这一发展并不令人惊讶，因为很多文化学术研究和大多数文化研究探索都对身份问题有明确的兴趣。虽然许多此类研究的主要目的是强调新闻信息的特点和受众对新闻的解码，但也有一些研究针对新闻环境中的人口统计数据。新闻与性别研究强调新闻世界观的男性偏见（例如，Steiner，1997；Carter et al.，1998），新闻与种族研究展示了新闻的"白色"（例如，Ainley，1998），新闻与民族研究表明新闻背景中有限的族裔代表性（例如，Gabiriel，1998；Cottle，2000c），新闻与阶级研究将新闻中更具平民主义的新闻形式与阶级身份联系起来，指出在新闻信息中基于阶级的判断比比皆是（例如，Bird，1992；Fiske，1992b；Hartley，1992；Meinhof and Richardson，1994；Reeves and Campbell，1994），新闻与性取向研究挑战了新闻中默认的异性恋环境（例如，Moritz，1992；Alwood，1996；Gross，2002）。斯图尔特·艾伦（Allan，1999）把重点放在新闻话语的功能上，他认为，新闻话语被用来去除源自报道事件的主导意义的政治意味。

在每种情况下，研究都从新闻环境如何发挥作用一直讨论到新闻再现如何提供一种思考世界的方式。学者们关注新闻制作中的偶然因素，关注新闻信息与那些新闻生产者的既定条件有关这一事实。

文化分析和新闻实践

许多文化研究也针对特定的新闻实践，将行动和表征形式结合在一起，以此反映新闻实践核心中往往相互冲突的紧张关系。此处的关键研究是西奥多·葛拉瑟和詹姆斯·艾特玛的作品，他们拆解了以调查报道著称的一套独立新闻实践背后的假设。他们的研究（Glasser and Ettema，1989b，1998）表明调查新闻可以如何以各种各样而又模式化的方式与主导道德秩序共存。

其他人采取了类似的探索方向。例如，卡里尔·里弗斯（Caryl Rivers）通过逆向工作，突出了这个职业在发展历程中某些节点上的话语建构身份，从而研究了一些长期存在的有关新闻工作的观念——职业超脱、一窝蜂新闻（pack journalism）① 和报纸作为历史记录的观念（Rivers，1996）。大卫·伊森（Eason，1984）讨论了不同的体验模式——具体来说就是民族现实主义和文化现象学——如何构建新闻工作者接近他们的主题和他们需要创作的故事的方法。吉米·里夫斯（Jimmie Reeves）和理查德·坎贝尔（Reeves and Campbell，1994）聚焦于新闻工作和反毒品运动，克莱尔·沃德尔（Claire Wardle）研究了美国和英国的谋杀案审判报道（Wardle，2003），基思·泰斯特尔（Keith Tester）考察了道德塑造新闻文化的方式（Tester，1994）。在拉丁美洲和墨西哥，阿曼德·马特拉特（Armand Mattelart）（Mattelart，1980）、杰西·马丁-巴布洛（Jesus Martin-Barbero）（Martin-Barbero，1993）、伊丽莎白·福克斯和西尔维奥·韦斯伯德（Fox and Waisbord，2002）领导了关于新闻实践的讨论，西尔维奥·韦斯伯德展示了调查新闻的盎格鲁美国传统如何在四个南美国家被改造成看门狗新闻。邦尼·布伦南（Bonnie Brennen）和汉诺·哈尔特沿着历史轨迹思考摄影新闻实践（Brennen and Hardt，1999）以及新闻业的普通成员（Hardt and Brennen，1995），

---

① 指来自不同新闻媒体的记者集中报道同一个事件，导致新闻报道的同质化。

同时威廉·所罗门和罗伯特·麦克切斯尼（Solomon and McChesney，1993）追踪了形成媒体历史的边缘化冲动。约翰·赫克斯福德（John Huxford）和奥伦·迈耶斯（Oren Meyers）详细描述了在新闻中以照片形式再现的奇特现象（Huxford，2000，2001；Meyers，2002）。

随着新闻业本身的扩张，被认为与探索有关的新闻实践列表也日益增加。例如，卡琳·沃尔-乔根森（Karin Wahl-Jorgensen）在分析新闻业对写给主编的信件的反应时，就加入了转向新闻文化维度的学者队伍（Wahl-Jorgensen，2001，2003）。其他学者将研究方向转到更新的新闻实践，例如电视真人秀（Friedman，2002）、电视脱口秀（Shattuc，1997）和互联网（Allan，2002）。特别是博客的日益流行和其他与网络相关的新闻实践导致编辑工作变得无关紧要，并将关于新闻和新闻工作者的定义以及哪些实践可以算作新闻实践的长期问题提到了表面。

文化分析和新闻崩坏（breaches of journalism）

文化研究的第三个主体至关重要，它在质疑新闻运作的既定方式的同时，也保留了对新闻诚信的基本尊重（即使不是作为一种实践，也是一种理想）。这一研究阐明了新闻如何通过审视自己的崩坏——所谓得体行为规范的崩坏、对集体知识的伦理背离、通常未阐明但具有共识的惯例的破裂——来运作。这些破裂导致新闻工作者的集体思维定势遭到违背或者破坏，之后又恢复原状。

领导这条文化探索思路的学者是大卫·伊森，他详细阐述了新闻工作者通过关注新闻社群内部的崩坏而塑造公共事件的方式。他对珍妮特·库克事件（库克是《华盛顿邮报》的一名年轻黑人记者，她因为编造了一篇关于一名八岁海洛因上瘾者的报道而获得 1981 年的普利策奖）的研究表明，这一丑闻如何为新闻工作者提供了一个机会去"公开思考他们的报道在社会上获得权威的社会和文化过程"（Eason，1986：430）。利用这桩丑闻来讨论他们作为专业人士关心的问题——日益增加的非裔美国新闻工作者、新闻惯例的变化，以及报道常规的变化——新闻工作者给这桩丑闻赋予了一个关于新闻权威的原创故事的地位，这个故事阐明了伊森（Eason，1986：430）所称的"新闻的容忍边界"。新闻的"事实"和"虚构"揭露了一个被种族、年龄、性别和报道假设等问题分割开来的新闻社区，人们不再认为"事实"和"虚构"是确定的，而认为它们是"阐释共同体的产物，这个共同体的工作就是制造这两种类型并解释它们之间的相互关系"。因此，新闻的演化"在一定程度上是为了建立、修复和转化其权威基础，以说明'它是怎样的'"（Eason，1986：430-431）。

其他研究以伊森为榜样。通过违规行为来考察实践的观念与文化研究的一个重要主体有关，这个主体关注新闻业的重大事件，包括揭露政治意识形态、战争、剽窃、恐怖主义、政治暗杀和其他类型的媒体奇观（Pauly，1988；Reese，1990；Zelizer，1992a，1992b，1998b；Garber，Matlock，and Walkowitz，1992；Zelizer and Allan，2002）。在许多此类研究中，对新闻业重大事件的关注有助于揭示新闻工作者如何应对他们的工作带来的挑战。

关于新闻崩坏的其他学术研究还追踪了不那么具有破坏性但形态和功能不同的工作。丹尼尔·戴杨和伊莱休·卡茨（Dayan and Katz，1992）的媒介事件概念确立了一种以不同于以往的方式来思考新闻直播的高潮时刻。

文化分析和新闻形式

从文化视角思考新闻的另外一种方式追踪了新闻业用于向受众呈现、发布信息和世界观的形式。

在《新闻的形式》（*The Form of News*，2001）中，凯文·巴恩赫斯特和约翰·内罗内追踪了随着时间的推移新闻呈现形式变化的方式。马丁·希格勒（Martin Shingler）和辛迪·威灵加（Cindy Wieringa）探寻了在所谓"看不见的广播媒体"中坚持不变的新闻形式（Shingler and Wieringa，1998）。学者们聚焦于围绕着广播新闻的解放力量，特别是在边缘化的环境中（Daley and James，1998；Land，1999）。其他学者探寻了摄影新闻（Hall，1972；Taylor，1991，1998；Zelizer，1998b）、卡通（Hess and Northrup，1996；Rall，2002）和电视新闻（Miller，2002）的特别形式。公共电视和公共服务广播吸引了广泛的学术关注（Scannell，1989；Linder，1999；Ouellette，2002），其研究主要围绕着公共利益问题以及它们是否对公民了解信息起到了作用。

此处格外有价值的一系列研究详细阐述了新闻业的另类或者扩大形式。多种多样的形式，例如电视新闻杂志（Campbell，1991）、体育新闻（Hargreaves，1986；Rowe，1999）、真人电视（Friedman，2002）、视频行动主义（video activism）和游击电视（guerrilla television）①（Boyle，1992；Aufderheide，1993）展示了不断变化的新闻格局的边界。对辩论节目和电话访谈节目这样的形式带来的参与潜力感兴趣的文化学者对相关学术研究进行了分析（例如，Franklin，1997；Gibian，1997）。互联网以及互联网催生的新新闻形式——未经编辑的新闻、个性化信息下载、邮件列表服务、博客——吸引了文化学者的兴趣，他们看到新闻业的前景发生了变化（Carey，1998；Allan，2002）。

在这里，许多重要研究聚焦于小报新闻形式，许多研究都在探讨新闻的大众化形式如何填补主流新闻实践未能履行的功能这个问题。许多学者详细阐述了小报新闻和主流新闻形式之间逐渐缩小的距离（Bird，1992；Hartley，1992，1996；Ehrlich，1997；Langer，1998；Lumby，1999；Glynn，2000；Sparks and Tulloch，2000）。在《大众性与信息的政治》（Popularity and the Politics of Information）中，约翰·费斯克（Fiske，1992b：49）指出，"人民"和"权力集团"都分别需要界定，其标准是审查他们忠诚于何种利益，而不是阶级或社会类别，从而使新闻信息"不仅仅是一套被打包并在全国范围内传递的客观事实"，而且是一种针对特定受众利益的选择。同样，

---

① 游击电视是美国电影制片人、《时代》杂志外派记者、祈雨基金会（Raindance Foundation）的创始人之一迈克尔·山姆伯格（Michael Shamberg）于 1971 年创造的术语。祈雨基金会在 20 世纪 60 年代到 70 年代一直是反文化视频集团的一员，敦促使用索尼公司 1965 年开始生产的便携式摄像机拍摄纪录影片和电视，以打破电视网造成的壁垒。"游击电视"这个术语的灵感来源于马歇尔·麦克卢汉（Marshal McLuhan），他在 1970 年创造了"控制论的游击战"（cybernetic guerrilla warfare）一词，用于描述 60 年代末 70 年代初的反文化运动应当如何利用传播技术来向公众传递讯息。山姆伯格接受了麦克卢汉的观点，相信新技术能够带来社会变革，但更愿意使用"游击电视"一词，因为尽管它的战略战术都与战争相似，但是"游击电视"是非暴力的。

柯林·斯帕克斯和约翰·塔洛赫（John Tulloch）指出，大众新闻诉诸个人经验，使其对新闻事件的报道具有一种直接性和整体性，而这在传统新闻对世界的片段化描绘中是缺位的（Sparks and Tulloch，2000）。

文化分析和新闻再现

其他文化研究探讨了新闻工作者在各种文化生产中的再现，包括书籍、电视和电影（Barris，1976；Good，1989，2000；Ehrlich，1996；Brennen，2003）。

这一研究历史悠久，早于学者们对新闻文化分析本身的兴趣。从诸如伊芙琳·沃的《独家新闻》（*Scoop*，1938）到阿诺德·韦斯克（Arnold Wesker）的《新闻之路》（*Journey Into Journalism*，1977）和《新闻工作者》（*Journalists*，1980），作家、剧作家和电影制作者长期使用新闻作为他们作品的灵感来源。新闻学者对分析这些再现的兴趣产生得较晚。

在黑帮电影或侦探电影中，新闻工作者的类型被视为再现了挖掘城市生活陷阱的"文化中间人"（Saltzman，2002）。杰拉尔德·斯通（Gerald Stone）和约翰·李（John Lee）发现新闻工作者在黄金时间的电视节目中出镜率很高，但是形象并不讨喜（Stone and Lee，1990）。

尽管随着时间推移，对新闻工作者和他们工作背景的描绘越来越接近现实，但是许多新闻再现对新闻的运作都浪漫化了。正如彼得·达尔格伦（Pahlgren，1992：1）注意到的，大部分此类文献对新闻工作者的描绘都始终如一，有些神秘："新闻工作者捍卫真理、对抗现代世界中许多黑暗之龙的英雄形象。"事实上，新闻工作者长期以来都表现出一种倾向，那就是在世界的眼中美化自己的存在（Schudson，2002）。新闻生活中更机械化、不那么戏剧化的方面——没完没了蹲守、接打电话、仔细挖掘机构文件、不停推动那些不肯披露自己所知的全部情况的消息来源——通常不会包括在内。换言之，这些再现表现了新闻的一些方面，这些方面可以在小说、电影和电视中戏剧而生动地描绘出来。

与此同时，有些文献利用新闻再现质疑了日常生活中的专业主义问题。

例如，在《醉酒的新闻工作者》（*The Drunken Journalist*，2000）中，霍华德·古德（Howard Good）探讨了酗酒的新闻工作者的刻板形象，以此来思考在塑造特定从业者和往往边缘化群体的形象时酒精发挥的功能。在其他作品中，例如《女记者》（*Girl Reporter*，1998），古德考察了好莱坞对女性新闻工作者形象的迷恋，《被逐者》（*Outcasts*，1989）研究了工人阶级新闻的乏味工作，所有这些都是在电影中再现出来的。马修·埃尔利希（Ehrlich，1991，1997）探讨了电影对新闻的刻画及其在新闻教育中发挥的作用。

有趣的是，这些文献中有一些发表在专门的行业期刊上（例如，Gersh，1991；Rowe，1992；Sessions Stepp，2000），表明新闻再现对新闻工作者如何保持自己对这一领域的兴趣产生了影响。

文化分析和新闻受众

将新闻视为文化的另外一个领域是通过受众实现的。文化学者们主要以斯图亚特·霍尔的编码/解码模型中错综复杂的论述为基础，并结合大卫·莫利和夏洛特·布朗斯顿（Brunsdon and Morley，1978；Moley，1980）的研究，追踪了不同受众如何理解新闻的问题。

此处具有相关性的是一个广为接受的观念：新闻的运作随着其受众的身份定位而有所不同。就此而言，主要追随着英国文化研究早期的作品，在确立不同受众以不同方式参与新闻的观念方面，学术界取得了重大进展。

此处，大部分研究都指向受众——主要被视为消费者或者公民——理解新闻的方式。例如，在德国，汉斯·鲍辛格尔（Hans Bausinger）展示了阅读报纸如何成为家庭、朋友和同事之间共享的集体过程（Bausinger，1984）。克劳斯·布鲁恩·詹森（Klaus Bruhn Jensen）为批判性地思考不同的新闻受众提供了民族志基础（Jensen，1986，1990）。新闻在形成社区的过程中发挥的作用吸引了大量关注，特别是在另类社区（Atton，2002）和激进媒体周围的社区（Downing，1996）。

这种研究不仅探讨了主流受众，而且根据性别、年龄、种族和其他身份指标对这些集体进行了分类。对小报新闻的研究，特别是伊丽莎白·博德

（Bird，1992）和柯林·斯帕克斯（Sparks，1994）的研究，强调小报新闻如何依赖对世界运转方式的特定感性认识，而这种感性认识又反过来受阶级、性别、年龄等因素的影响。安·格雷（Ann Gray）聚焦于视频的受众以及它催生的特定实践（Gray，1992）。托马斯·莱纳德（Leonard，1995）聚焦于媒体的读者，他指出，尽管媒体组织的命运起起落落，但读者的情绪具有持久性。大卫·明迪希（David Mindich）探讨了年轻人如何注意到新闻再现世界这个尖锐的问题（Mindich，in press）。大量学者（例如，Jankowski,Prehn, and Stappers, 1992；King and Mele, 1999）研究了新闻受众本地化的现象和社区视频。玛丽·格里斯佩（Marie Gillespie）探讨了电视新闻在伦敦的移民社区发挥的作用（Gillespie，1995）。

此处一个多少有些相关的探索领域是新闻探索研究本身，也就是说，将学者视为受众。尽管这种研究与其他兴趣领域相比不那么广泛，但是无论如何，它在调整新闻学者对新闻实践和世界观的看法方面取得了进展。例如，一项新闻民族志考察对传统新闻学术的过时提出了批判的观点（Cottle，2000a）。同样，还有学者对人文视角在思考新闻中的定位和相对地位（Zelizer，1993a）以及新闻学术在学术界的定位参差不齐等问题进行了探讨（Zelizer，1998a）。

那么，新闻文化探索给了我们什么？这种研究的真正价值在于它努力弥补传统新闻学术的学科短视。它把跨学科性作为其关键和组成特征，为正面解决长期阻碍新闻学术发展的问题提供了多样化的声音，特别是当它与新的新闻形式、新技术以及当新闻工作者扮演新闻工作者的角色时对新闻业应该做什么的期望发生了改变等现象联系起来的时候。但是，并不是所有关于新闻的文化研究都具有相同的价值。它们中有很多提供的都是个案分析，在如此近距离的审视下，很难将其研究发现推广到不同的环境。此外，关于新闻作为文化探索的一个合法领域是否得到承认引发的众多问题答案尚不清楚。事实、真相和现实是新闻自身存在理由的一部分，怎样才能更有效地将新闻文化研究的创意行动与对这三者明确而清晰的坚持结合起来？在新闻文化分析中，这个问题基本上还没有得到解决，而且在许多人看来，新闻坚持以陈旧的态度看待世界令人不安。无论这种观念是反映了文化探索本身的局限性还是新闻的局限性，它都强调了文化分析中关于更充分地包容新闻研究的矛盾心理，包括它的主流研究。

注释

[1] 本章部分内容见《当事实、真相和现实成为上帝之词：论新闻在文化研究中的暧昧地位》（When Facts, Truth, and Reality Are God-Terms: On Journalism's Uneasy Place in Cultural Studies），载《传播与批评/文化研究》（Communication and Critical/Cultural Studies），2004，1（1），100-119。

[2] 尽管已经有大量的研究在挑战英国文化研究所谓的单一特性（特别见 Stratton and Ang, 1996; Miller, 2001），但我却坚持认为它是一种启发式的手段，用以区分美国和英国学派对待新闻的态度。

第八章　严肃对待新闻

正当我们走进 21 世纪之时，新闻在公众的想象中拨动了一根颤抖的琴弦。最近，就在 2003 年刚过去的几个月，它在古怪的地点现身，没有出现在预期的地方。阿诺德·施瓦辛格（Arnold Schwartzenegger）在《杰·雷诺秀》（Jay Leno Show）中宣布竞选加利福尼亚州州长，令主流政治记者惊恐又困惑。一项民意调查显示，美国青少年儿童花在互联网上的时间超过阅读或者看电视，而人们认为这些行为会对他们成为新闻受众的能力产生直接影响。参与美国联邦调查局（FBI）调查费城市长办公室（Philadelphia mayor's office）的个人遭到指控，称其在被调查者获得相同信息之前，先向新闻工作者提供了有关调查的信息。而这只是在美国。在全世界，新闻展现其面貌的条件正在发生变化，程度如此之深，以至于它在最意料不到的时候突然出现，而在最应该出现的时候却休眠了。

但是，意外总是拜访那些无法理解自己所观察到的事物的人，而《严肃对待新闻》建议找到一个方向来更广泛地理解新闻。本书认为，新闻学术研究的形成至少在一定程度上要为不完整的、往往是战略性的新闻图景负责，并且提供了一种方法来绕过那些孤立的探索领域，这些领域促成内部对话的积极性要远远高于鼓励彼此对话。它为严肃对待新闻提供了一种更有计划性的方式，并将我们带向一个跨学科领域的对话可能继续的地方。《严肃对待新闻》提出，研究新闻的无数跨学科视角提供了多个角度来理解新闻工作，并争辩说，通过那些角度，我们最有能力认识到新闻的重要性——不是以一种规定的方式，而是以多种方式、跨越多种情况。认识到新闻的重要性是严肃对待新闻的第一步。

本书的各个章节对新闻的重要性进行了不同的探讨。综上所述，这些各不相关的观点确立了在思考新闻时应当纳入考虑的各种环境，因为这样做丰富了新闻将自己命名为一个领域、一个职业、一种实践和一种文化现象的基础。

学术界的大量进展已经指明了严肃对待新闻的方向。正如本书中勾勒出的，以跨学科方式从事新闻研究的学者如今在课程中出现的频率比过去更高。长期栖息在新闻研究边缘的学术，例如对小报的研究，现在发现自己越来越多地为主流新闻讨论所引用。学术课程开始认识到在一定程度上关注新闻是值得的，甚至在与新闻没有明显联系的学科领域也是如此。

然而，一种存在主义的焦虑继续渗透在关于新闻生存能力的对话中。在过去 10 年，几位主要新闻学者发表了不少于四篇标题或者副标题为"新闻的终结"（The End of Journalism）的文章（Katz，1992；Manoff，1995；Hardt，1996；Bromley，1997）。在任何一个给定的日子里，都有接近 300 篇思考同一问题的业务通讯、专栏、专业圆桌论坛和研讨会吵吵嚷嚷地充斥在互联网上。这个短语被用来描述一个长长的列有潜在弊端的名单，把新闻的地位标记为不幸的传播者。这个名单如此宽泛，以至于似乎没有形状：CNN 的崛起、市场驱动的报纸、客观性的终结、塞尔维亚独立媒体的命运、网上新闻和博客、大卫·莱特曼（David Letterman）的《深夜秀》（Late Show）对《夜线》的威胁、新闻工作者未能保护自己的消息来源、娱信（infotainment）和"软"新闻、新闻稿冒充主流新闻，以及杰森·布莱尔事件。因此，不管它的目标或来源是什么，一种无处不在的关注渗透到有关新闻的持续对话中，并对新闻的未来提出了根本问题。或许不应当对此感到惊讶。因为，正如迈克尔·布罗姆利和汤姆·欧玛利生动地描述过的那样：

> 新闻工作者作为一个群体出现，他们不确定自己的工作是否有用，也不确定自己作为一个群体是否能被接受……新闻工作者以一种迅速的、不假思索的方式写作，正是这种倾向产生出对这种实践和目的的印象派描述。这种写作形式的流行表明，在某种意义上，新闻始终存在于社会

可接受性的边缘。和其他运动不同，关于新闻，有一些事情是永远令人困扰和矛盾的。(Bromley and O'Malley, 1997: 8)

存在主义的焦虑在具体现象中昂首挺胸。报纸发行量的下降、对电视收视率的热切跟踪以及哀叹电视真人秀越来越受欢迎的专题讨论会等，这一切都在新闻工作者思考未来的适应程度上留下了印记。就像长期担任主编的英国人哈罗德·埃文斯（Harold Evans）所指出的，"许多媒体组织面临的问题不是留在这个行业里，而是留在新闻业里"（转引自 Gardner, Csikszentmihalyi, and Damon, 2001: 131）。

尽管本书对新闻未来的稳定无所助益，但是对新闻学术的未来却有很多要说。正如它一直尝试展示的那样，对新闻的焦虑可能部分源自学术探索的局限。当学者们努力厘清我们称之为新闻的现象时，我们可能并没有抓住重点。因为在调整我们对特定学科视角所提供的轮廓的分析工作时，我们可能产生了更多的模糊而不是澄清的学术，而且从定义上看，它更多地着眼于特定学科的前提，而不是新闻潜在的推动力，这些推动力可能又矛盾又含糊。换言之，本书表明，我们已经用一种学科短视的新状况取代了对新闻的旧偏见——它曾努力在课程中确立自己的一席之地。尽管这是学科学术研究的一个明显后果，但它回避了一个问题：对新闻而言——在其各种形式和变体中——新闻研究到底有多真实。

学科视角在新闻研究中的相关性

本书通过人们对新闻的认知考察了五种学术视角：社会学、历史学、语言研究、政治学和文化分析。尽管思考新闻的视角并不止于上述这些，但是它们提出了范围广阔的问题，通过这些问题可以对新闻的运作进行不同的思考。它们的发展无疑丰富了这一领域，但是它们存在于边界清晰、彼此分离的地方，是一个整体未经整合的部分。因此，目前的问题仍然是，各种类型的探索所提出的往往相互矛盾的学术研究缺乏积极的交叉参考，这是否无意中阻碍了新闻研究的发展,导致学者们错过了赋予它名字的一系列运动、信仰和实践?

概括而言,每个视角都提供了它自己的新闻研究图景,放大了对新闻为什么重要这个问题的不同答案。社会学聚焦于新闻如何重要。它考察了进入新闻制作的人、实践和行为、结构和体制。历史学关注新闻在过去如何重要。它确认新闻由来已久,认为新闻在时间的长河中、在不同的节点上都具有长期存在的权威。语言研究侧重于新闻发挥重要作用所使用的口头和视觉工具。它聚焦于语言,为思考如何架构新闻讯息提供了正式和非正式的模型。政治学发展了一个焦点:新闻应当如何发挥重要性。它认为,在新闻制作中,新闻扮演的更大的政治角色占据了新闻与政治交集中的大量维度。文化分析描述了新闻如何具有不同的重要性,认为它与那些参与新闻制作、呈现和接收的人都有关系,同时驱散了建立在更传统的探索基础上的共识。

各种视角之间的差异很大。因此,它们整合的潜在可能性也是如此。就我们目前的学科短视状况而言,这是一个对那些有兴趣从事新闻研究的人发出的警示信号:如果新闻探索要反映出比迄今为止更能引起共鸣的新闻,就需要更多的跨学科敏感性。

不同学科视角下的新闻有何不同

不同学科视角之间的许多关键差异主要是新闻的规定性问题即谁、什么、何处、何时、为什么和如何,它们都值得仔细思考。大致而言,它们首先探讨了新闻研究中的谁、什么、何处和何时问题,每个问题在不同的学科框架中表现出的程度都不一样。其次,它们以不同的组合集结在一起,建立了一个详尽的基础,在此基础上回应新闻研究的方式和原因问题,最终确定了新闻为何重要。

谁是探索目标

学术探索焦点的目标是谁始终是形成新闻研究各个领域的关键。一项学术研究是否围绕着新闻精英、中层新闻工作者、底层新闻工作者或公众等问题展开显然是激发研究的动机，它们彼此之间存在很大差异。例如，一项对选举活动如何影响公众的研究（Entman，1989）和对选举活动修辞的研究不同（Jamieson，1988），和对选举活动中新闻编辑室实践的研究也不同（Kaniss，1995）。尽管这三者都聚焦于新闻和选举活动，但是在一项研究中被认为具有相关性的素材在其他研究中则不然：一个聚焦于公众、一个聚焦于活动官员、一个聚焦于新闻工作者。然而每项研究对新闻和竞选活动发表了很多看法，并对其他研究进行补充。

所有五个视角都聚焦于新闻中的人，但是程度不一，也并不总是如此。例如，语言研究学者依赖于他们所研究的语言和视觉传递工具背后的人们的暗示或抽象，但是作为一个探索领域，他们极少研究个人本身，结果，他们的研究基本上无人问津。政治学研究者倾向于在他们的研究中考察不同类型的人，或者按照等级，或者按照他们与政治过程的关系将他们归类。因此，采集实践的分析者们倾向于思考精英新闻工作者、中层新闻工作者和与他们签订合同的管理人员的实践和信仰（例如，Schlesinger and Tumber，1995），而从事选举研究的学者则将他们的研究对象定义为在选举中投票的个人（例如，Blumler，1983）。但是，大部分政治学者将他们探索的对象——"谁"定义为一个概念，由此，一个抽象的"公众"概念取代了真实的人（例如，Patterson，1993）。就此而言，政治学术研究通常也无人问津。

其他框架更积极地受到探索"谁"这个问题的激发。例如，在社会学和文化分析中，人始终是核心。社会学者倾向于通过强调人来形成自己的探索，根据等级来划分他们，并真正一视同仁地考察精英、中层和底层新闻工作者。尽管民族志学者倾向于考察新闻环境中底层或者中层参与者（例如，Tuchman，1978a；Fishman，1980），但是更强调意识形态研究的学者却普遍聚焦于新闻环境中掌握权力的个人（例如，Gitlin，1980）。从事新闻从业人员职业分析和人口统计学研究的研究者对人们进行了全面的调查（例如，Splichal and Sparks，1994；Weaver and Wilhoit，1996）。此外，由于遵循社会学探索思路的学者往往考察的是主导的而非异常的实践和背景，因此他们考察的大部分人是主流人群。相比之下，文化分析中的许多作品倾向于绕开主流，将自己定位于研究其他领域通常不研究的人群——有色人种、边缘化的个人、对抗群体、政治思维模式另类的新闻工作者（Meyers，1994；Carter et al.，1998；Gabriel，1998）。在社会学和文化分析中，探索中的"谁"通常是群体，而非个人，分析焦点通常强调他们彼此的关系。

历史研究的目标人群通常有两种——主要是精英和当时的中层个人。考察新闻组织或体制史的学者倾向于既思考那些掌权者，又思考那些协助行使权力的人（例如，Tifft and Jones，2000），但是不考察新闻环境中的底层人员。传记作家和自传作者更加整齐划一地倾向于关注精英，并通常对身居高位的人感兴趣，例如威廉·伦道夫·赫斯特和鲁珀特·默多克这样的顶级主编或者出版商（Munster，1985；Nasaw，2000）。这些努力积极刻画了许多新闻从业者的个人肖像。

因此，新闻研究的"谁"在不同探索框架中存在根本差异。社会学和文化分析学者在形成探索时，最广泛地审视了他们分析的个人，而政治学研究者在抽象地思考公众及其与新闻的关系方面走在了前列，历史学者几乎是单枪匹马地奠定了新闻工作者个人的现有形象。语言研究学者不像属于其他学科框架的学者那样关注新闻中的人。

探索目标是什么

什么构成了探索目标这个问题根据学科框架的不同而变化，因为关于哪种类型的实践具有重要性，每个框架的焦点都不同。一般来说，可以用对新闻制作过程进行分析时选择的节点来区分探索目标。因此，不同的研究都先验地聚焦于新闻生产、新闻呈现或者公众接受，这个差异在形成此后的研究中至关重要。

文化学者在开发研究阵地时，倾向于广泛地涵盖整个新闻制作过程（例如，Fiske and Hartley，1978；Morley，1980），为了和斯图亚特·霍尔的两个具有象征意义的新闻研究——《编码/解码》（1973a）和《新闻照片的决定》（1973b）——确定的长期传统保持一致，文化学者也考察了新闻生产，特别是当它在另类生产阵地，例如对抗新闻、电视真人秀和网络新闻中表现出不同的时候（例如，Boyle，1992；Friedman，2002）。

历史学者和社会学者既关注生产，也关注接受，尽管不平衡，即二者都倾向于更关注前者。大部分研究生产的历史学者追踪了新闻随着时间推移的发展，记录了某些新闻实践的演化，例如迈克尔·舒德森（Schudson，1978）对客观性的追踪或者乔伊斯·霍夫曼（Hoffman，1995）对内幕新闻的研究，还有一些研究者，特别是最近的研究者，审视了受众理解新闻的实践的演变（例如，Leonard，1995）。相比接受，社会学家更倾向于关注生产（例如，Tuchman，1978a），尽管某些分析者（例如，Gitlin，1980；Schudson，2002）将接受和生产联系在一起，对新闻制作如何与它的目标公众共生进行了复杂的概述。研究新闻效果的学者坚持聚焦于接受（例如，Lang and Lang，1953，1983；Bogart，1956，1981）。在这些案例中，具有社会学思想的学者们详细阐述了与生产和接受有关的广泛实践和活动。历史学者和社会学者通常都不强调呈现，尽管也有一些例外，比如托马斯·莱纳德（Leonard，1986）对19世纪早期的政治漫画的讨论或者凯文·巴恩赫斯特和约翰·内罗内（Barnhurst and Nerone，2001）对美国报纸设计演化的考察。相比之下，语言研究学者既强调生产，也强调呈现，尽管在语言使用的正式、非正式和实用研究中，他们更青睐后者而非前者（例如，van Dijk，1987；Schudson，1992；Pan and Kosicki，1993；Fairclough，1995）。他们对新闻语言的研究广泛阐述了新闻用以架构讯息的表现工具，发展出一个其他学者（不仅是研究呈现本身的学者）也可以参考的基础。

政治学者的研究主要关注接受问题。因为与这个框架有关的学者将新闻及其他对公众的影响视为一体，他们对接受的强调与关于政治学探索的更大概念是一致的。但是，从事关于采集实践的小规模研究的学者（例如，Sigal，1973；Tiffen，1990）有时候也会考察围绕新闻生产的问题。

在这个问题上，文化学者对新闻制作过程的各个环节进行探索的范围是最广泛的。与语言研究有关的学者在引领学者们关注呈现方面发挥了重要作用，而那些政治学者把学术注意力集中在接受问题上。历史学者和社会学者引领了当时和现在对生产的思考。

探索目标在何处

分析焦点立足于何处——是个人、组织还是制度环境——始终是不同探索类型的重要分野。所有五个视角的学者所做的研究都是通过思考个人、组织和制度形成的，但是程度不同：没有一个视角对上述所有三个分析背景投入等量的研究。

关注有关权力——政治的、文化的、经济的或者社会的——的广泛问题的学者对新闻的制度环境感兴趣，因此那些与社会学、语言研究、政治学和文化分析有关的学者都被吸引到这个方向上。他们的研究聚焦于新闻最广泛的边界，倾向于避开新闻的个人维度，并将对制度环境的兴趣与缺乏真实的探索对象联系起来。因为制度提供了最广泛的证据来追踪许多文化探索所强调的权力和权威问题（例如，Sparks and Tulloch，2000；Waisbord，2000），文化分析者在制度探索中表现强劲，尽管某些文化学者也考察了新闻工作者个人（Pauly，1988）和新闻组织（Ehrlich，2002）。语言学者专注于构成新闻制度环境特征的模式化语言，例如罗杰·福勒（Fowler，1991）和伊丽莎白·博德（Bird，1992）的作品；同时，政治学者关注新闻对公众的制度影响（例如，Cook，1998）。其中一些研究将对制度的兴趣与对组织的关注结合起来。语言学者强调在特定组织环境下用于传递新闻的语言和视觉工具，例如格拉斯哥大学媒介小组对 BBC 中的新闻语言的讨论（Glasgow University Media Group，1976，1980）或者对 CBS 的《60 分钟》里的新闻叙事的研究（Campbell，1991）；同时，有些政治学者聚焦于具体新闻组织中的新闻采集实践（例如，Eliasoph，1988；Kaniss，1991），尽管制度环境在政治学者的兴趣中居于更加核心的地位。社会学者似乎同样关注组织（Epstein，1973；Golding and Elliott，1979；Volkmer，1999；Curran，2000a）和制度环境（Herman and Chomsky，1988；Curran and Gurevitch，1991；Bagdikian，1997），主要是因为正是在这样的环境下才出现了与社会学研究相关的问题即人和人之间的互动，以及组织、制度和结构之间的相互作用，这些问题很容易研究。社会学研究极少（如果曾经有过的话）分析新闻中的个人。但是也有一些例外，例如詹姆斯·艾特玛和 D. 查尔斯·惠特尼（D. Charles Whitney）主编的文集《大众媒体组织中的个人》（*Individuals in Mass Media Organizations*，1982）。

历史学者不均衡地探讨所有三种分析背景即个人、组织和制度，尽管并不是在一个时间段上。这三者之间的大部分区别与正在进行的历史研究类型有关。因此，在历史学探索的早期，许多典型的回忆录、自传和传记中的逸事记录帮助提供了一个基础，从而理解与新闻有关的个人（例如，Steffens，1931；Reith，1949；Hopkinson，1982）。在后来的岁月中，具体新闻组织（例如，Hart-Davis，1991；Kynaston，1988）以及诸如广播电视（Scannell and Cardiff，1991；Hilmes，1997；Smith，1998）和报刊（Curran and Seaton，1985；Emery and Emery，1996）这样的新闻制度的大型历史在发展组织和制度环境方面发挥了类似的作用。

因此，就分析立足于何处这个问题，历史学者提供了范围最广阔的研究，社会学者紧随其后。与此同时，制度分析似乎在各个学科框架中都吸引了最多的关注，在各种不同的视角中都得到了探讨，这表明对制度环境考察的偏见塑造了许多新闻学术研究。

探索目标在何时

时间问题始终是区分探索模式的核心。什么时候研究新闻成为关键问题，时间在形成即将到来的探索中的重要性促进了不同研究类型的发展。毫不意外，历史学者通过一些时间观念，利用过去的教训、胜利和悲剧作为理解新闻的一种冲动，引导人们思考探索的方式。但是，即便是在历史学者中，时间的形成也有各种各样的方式：有时候，它被用来作为探讨专题问题的一般背景（Solomon and McChesney，1993；Nerone，1994）；其他时候，它被用作形成探索目标的变量，例如，对特定时期的新闻实践的讨论（Dicken-Garcia，1989；Hartsock，2001）。鉴于时间是历史学探索的定义属性，这是可以理解的。

文化学者和历史学者一样对时间问题表现出兴趣，尽管程度较浅。特别是从文化研究早期起，历史时间的观念就被编织到探索之中。例如，在斯图亚特·霍尔、多萝西·霍布森（Dorothy Hobson）、安德鲁·罗威（Andrew Lowe）、保罗·威利斯（Hall, Hobson, Lowe, and Willis, 1980）论述文化和媒体的著作中，历史学术几乎占了他们这本书的三分之一——时间常常被当作一个背景变量，用于形成新闻文化探索。因此，大量学者（例如，Reeves and Campbell, 1994；Bromley and O'Malley, 1997）追踪了在时间长河中或在特定时间段内新闻的文化因素。

相比之下，从事社会学、语言和政治学研究的学者并没有在围绕时间问题形成自己的探索方面花费很多精力，尽管在每个领域，学者们都在特定时间段架构自己的研究，这些时间段一般是规定的，但没有进一步得到阐释。但是也有一些例外，比如柯林·斯帕克斯（Sparks, 2000）对历史上讲故事的小报形式进行了分类，蒂莫西·库克（Cook, 1998）对新闻媒体作为一种政治体制的演化进行了讨论。

因此，毫不意外，历史学者在形成自己的探索时最关注"何时"这个问题。在文化分析研究者的帮助下，他们详细阐述了这个问题，其他类型的探索可以建立在这个基础上，而无须重新开发它。

新闻为何重要：为什么探索，如何探索新闻

新闻和大部分现象一样，远看容易近看难。一旦走近，它的许多矛盾冲动就显露出来。乔治·奥威尔（George Orwell）在二战期间写作时抱怨自己的自由撰稿工作，称其单调沉闷，是"定制的玩意儿"（转引自 Bromley, 2003：123），但是与此同时，他又承认自己很难写书，因为新闻工作让他充满动力，并且成为事件的中心。在那些年里，他的新闻工作产出丰富——他为十几家不同的报刊撰稿，包括《论坛报》（*Tribune*）、《新领袖》（*New Leader*）、《新政治家和民族》（*New Statesman and Nation*）、《观察家报》（*The Observer*）和《党派评论》（*Partisan Review*）——然而有些学者贬低这种使他陷入日常琐事的活力（Bromley, 2003）。例如，雷蒙德·威廉斯

(Williams，1972：65）断言，奥威尔的新闻工作"充满活力，但并没有产出他最好的作品"。奥威尔的第一本书遭到一位批评家的贬低，当这位批评家看到奥威尔在书中加入了报纸上的引语，便指责他"将一部本应是好书的内容变成新闻"（Orwell，1946，转引自 Bromley，2003）。几十年后，他的作品被集结成册，使用了一个鲜明的标题《在新闻下窒息，1946》（*Smothered Under Journalism*，*1946*）（Orwell，1999）。然而正是奥威尔早期的新闻作品形成了后来那些著名小说的基础。

类似的故事——查尔斯·狄更斯（Charles Dickens）、亚瑟·兰塞姆（Arthur Ransome）、塞缪尔·约翰逊（Samuel Johnson）、约翰·多斯·帕索斯（John Dos Passos）、安德烈·马尔罗、狄兰·托马斯（Dylan Thomas）、诺曼·梅勒（Norman Mailer）、约翰·赫塞（John Hersey）等等——一遍一遍地重复着，而它们一以贯之地强调了这样事实，即什么是新闻、什么不是新闻的边界并不那么清晰。其他作家，例如玛莎·盖尔霍恩（Martha Gellhorn）、欧内斯特·海明威和琼·狄迪恩（Joan Didion），因其新闻工作受到高度重视，但仍为他们在新闻世界和非新闻世界之间的活动所困扰。所有这一切都表明，围绕着新闻的矛盾冲动并未离去。因此，我们如果打算严肃对待新闻，就需要开发学术框架，这些框架能够像探讨新闻世界更连贯的维度一样，轻松地适应它的变幻莫测、消极阴暗和反复无常。所有这一切都支持通过一种必要的跨学科视角来思考新闻和新闻研究的方式。

本书提出的五个研究视角分别对新闻世界进行了折射。没有一个视角是由上面描述的所有问题塑造而成的，但在一定程度上，所有的视角都是由每个问题塑造而成的。换言之，关于新闻如何运作这个问题，没有一个学科视角把握了与生产权威论述有关的全部角度，同时，在进行新闻研究时，每个视角都对哪种证据至关重要提出了不同的侧重点。因此，通过我们的探索提供的各种角度，我们可能有一个更好的方式来追踪新闻的方方面面。

或许在思考学者们研究新闻的各种目的时，这一点最为明显。有些研究者一直在某种类型的新闻实践、环境或背景中寻找内部模式，从而创建了与他们所在学科具有内部统一性的子环境。因此，历史学者聚焦于在某个特定时间段内（Schwarzlose，1989，1990）或者围绕特定事件（例如，Schudson，1992）发现内部模式，而文化分析者则聚焦于叙述与身份指标有关的新闻内部特征——种族（例如，Ainley，1998）、民族（例如，Gabriel，1998；Cottle，2000c）、阶级（例如，Bird，1992；Hartley，1992），或者性取向（例如，Alwood，1996；Gross，2002）。尽管此处提到的许多研究的动机是对更普遍的模式的兴趣（这种模式超越了研究被建立时所限定的参数），但是许多新闻研究的学术目标往往更坚定地局限在这些参数之内，而不是超出这些参数之外。换言之，几乎没有学者明确地表达过要就现有的许多研究发现建立更广泛的普遍性。但是，此处提到的研究对于在特定环境中描绘一幅清晰的新闻画面已经产生了无法估量的影响。

其他学者明确地着手在不同类型的新闻环境中建立一个更全面的外部普遍性。在这些情况下，往往是从事政治学和社会学研究的学者从内部模式进行推断，提出了关于新闻的更广泛的普遍性和被考察案例的典型性。例如，多丽丝·格拉贝尔、丹尼斯·麦奎尔和皮帕·诺里斯对一组具体环境进行了考察，提出了关于新闻如何运作的更广泛的论断，正如他们在《新闻的政治/政治的新闻》（*The Politics of News/The News of Politics*）一书的结论中指出的，尽管这些素材主要"与美国有关"，"但是许多同样的特征在其他西方民主国家始终存在，或者有望在不久的将来不同程度地存在"（Graber，McQuail，and Norris，1998：251）。同样，杰伊·布鲁姆勒和迈克尔·古雷维奇（Blumler and Gurevitch，1995：221）指出，他们在一系列独立文章中考察过的公共传播危机可以在更广泛的范围内被发现，因为它"存在于西方社会一体化之中"。这样一个焦点为评价新闻提供了基础，这在社会学中比在人文学科中更为常见，因此它更多地倾向于出现在与政治学和社会学有关的研究中，而不是出现在与文化、历史或者语言有关的研究中。前面提到的这些研究的价值是显而易见的，因为它们帮助确立了更广泛的社会环境，某些小环境得以建立于其中。

因此，研究新闻的两大目的提供了一种互补的方式来划定新闻的学术边界，这些边界对我们理解新闻的重要性共同发挥了更加全面的影响。在汤姆·霍普金森的自传中,他写道,到《图片杂志》——他担任了几十年主编的那份期刊——关门的时候,它已经"不是一份杂志,而是许多不同的杂志"(Hopkinson,1982:297)。新闻也不止包含一种新闻,而是许多不同的新闻,作为学者,我们如果要继续绘制和重新绘制新闻的边界,就需要在新闻学术中增加跨学科敏感性。这要求更有力地整合传统上用来考虑新闻的各种框架,并将这些框架用作塑造当代探索的积极变量。我们如果通过积极地将不同观点作为我们思考的更完整的部分来加强对新闻的考察,可能就会更好地欣赏每种探索类型所提供的信息,并抵消长期以来的假设,即一种探索类型可以告诉我们所有我们想知道的信息。换言之,新闻研究可能更多地反映了新闻业,而非观察新闻业的学术界。这是我们对确保新闻和新闻研究继续发挥重要性的最大希望。

这并不是第一次呼吁重新调整新闻研究方向。这种呼吁遍布全世界(Phillips and Gaber,1996;Bierhoff,Deuze,and de Vreese,2000;Cottle,2000a,2000b)。学者们一直在仔细思考社会学和人文学科之间的分歧,想知道新闻业在哪里才能最有效地得到蓬勃发展(Katz,1992;Carey,2000;Schudson,2002)。他们一直呼吁在致力于专业艺术和创意产业的制度环境中重新调整新闻教育,并对数字鸿沟及其对"最佳"新闻观念的影响感到好奇(Downing,1996;Bromley,in press)。他们有一个共同的担心:新闻能存活吗?本书提出了另外一个与此相关的话题:新闻学术探索能存活吗?如果可以,那么它们应该而且能够共同存活还是在单独的领域中存活?我们希望,《严肃对待新闻》开启了一场关于这些问题的对话,通过观察新闻的光明与阴影,我们可以找到认真对待新闻的方法——广泛的、富于创意的、不带偏见的。

参考文献

General Sources

Allen, Robert (ed.). *Channels of Discourse, Reassembled* (2nd ed.). Chapel Hill: University of North Carolina Press, 1992.

Baker, Houston A., Jr., Manthia Diawara, and Ruth H. Lindeborg (eds.). *Black British Cultural Studies: A Reader*. Chicago: University of Chicago Press, 1996.

Barker, Chris. *Cultural Studies: Theory and Practice*. Thousand Oaks, CA: Sage, 2000.

Barthes, Roland. *Elements of Semiology*. London: Jonathan Cape, 1967.

Barthes, Roland. *Mythologies*. London: Jonathan Cape, 1972 (1957).

Barthes, Roland. "Introduction to the Structural Analysis of Narratives," in *Image/Music/Text*. New York: Hill and Wang, 1977, 79–124.

Bateson, Gregory. *Steps to an Ecology of Mind*. New York: Ballantine, 1972.

Bauman, Richard, and Joel Sherzer (eds.). *Explorations in the Ethnography of Speaking*. Cambridge, UK: Cambridge University Press, 1974.

Becker, Carl L. "Everyman His Own Historian," *American Historical Review* 37 (January 1932), 221–236; reprinted in Robin Winks (ed.), *The Historian as Detective*. New York: Harper Torchbooks, 1965, 3–25.

Becker, Howard. *Art Worlds*. Berkeley: University of California Press, 1984.

Becker, Howard. "Culture: A Sociological View," in *Doing Things Together*. Evanston, IL: Northwestern University Press, 1986, 11–24.

Becker, Howard, and Michal McCall (eds.). *Symbolic Interaction and Cultural Studies*. Chicago: University of Chicago Press, 1990.

Bell, Allan, and Peter Garrett (eds.). *Approaches to Media Discourse*. Oxford, UK: Blackwell, 1998.

Benjamin, Walter. "The Storyteller," in Hannah Arendt (ed.), *Illuminations*. London: Jonathan Cape, 1970, 83–109.

Bennett, Tony. *Culture: A Reformer's Science*. London: Sage, 1998.

Berger, Peter. *Invitation to Sociology: A Humanistic Perspective*. Garden City, NY: Doubleday, 1963.

Black, Max. *Models and Metaphors*. Ithaca, NY: Cornell University Press, 1962.

Blumer, Herbert. *Symbolic Interactionism: Perspective and Method*. Englewood Cliffs, NJ: Prentice Hall, 1969.

Bocock, Robert. *Ritual in Industrial Society*. London: Allen and Unwin, 1974.
Booth, Wayne. *The Rhetoric of Fiction*. Chicago: University of Chicago Press, 1961.
Bourdieu, Pierre. *Homo Academicus*. Cambridge, UK: Polity, 1988.
Brantlinger, Patrick. *Crusoe's Footprints: Cultural Studies in Britain and America*. New York: Routledge, 1990.
Brants, Kees, Joke Hermes, and Liesbet van Zoonen (eds.). *The Media in Question: Popular Cultures and Public Interests*. London: Sage, 1998.
Brooker, Peter. *A Concise Glossary of Cultural Theory*. London: Edward Arnold, 1999.
Brummett, Barry. *Rhetorical Dimensions of Popular Culture*. Tuscaloosa: University of Alabama Press, 1991.
Burke, Kenneth. *A Grammar of Motives*. New York: Prentice Hall, 1945.
Burke, Kenneth. *A Rhetoric of Motives*. New York: Prentice Hall, 1950.
Burke, Kenneth. *Language as Symbolic Action*. Berkeley: University of California Press, 1978.
Carey, James W. *Communication as Culture*. London: Unwin Hyman, 1989a.
Carey, James W. "Overcoming Resistance to Cultural Studies," in *Communication as Culture*. London: Unwin Hyman, 1989b, 89–112.
Carey, James W. "Afterword: The Culture in Question," in Eve Stryker Munson and Catherine A. Warren (eds.), *James Carey: A Critical Reader*. Minneapolis: University of Minnesota Press, 1997a, 308–340.
Carey, James W. "Reflections on the Project of (American) Cultural Studies," in Marjorie Ferguson and Peter Golding (eds.), *Cultural Studies in Question*. London: Sage, 1997b, 1–24.
Carlyle, Thomas. *The French Revolution*. New York: AMS Press, 1974 (1905).
Chatman, Seymour. *Story and Discourse*. Ithaca, NY: Cornell University Press, 1978.
Chatman, Seymour, *Coming to Terms*. Ithaca, NY: Cornell University Press, 1990.
Chouliaraki, Lilie, and Norman Fairclough. *Discourses in Late Modernity*. Edinburgh: Edinburgh University Press, 2000.
Clifford, James. "Introduction: Partial Truths," in James Clifford and George Marcus (eds.), *Writing Culture: The Poetics and Politics of Ethnography*. Berkeley: University of California Press, 1986, 1–26.
Couldry, Nick. *Inside Culture: Re-Imagining the Method of Cultural Studies*. London: Sage, 2000a.
Couldry, Nick. *The Place of Media Power: Pilgrims and Witnesses in the Media Age*. London: Routledge, 2000b.
Davies, Ioan. *Cultural Studies and Beyond*. London: Routledge, 1995.
Douglas, Mary. *How Institutions Think*. Syracuse, NY: Syracuse University Press, 1986.
Duncan, Hugh. *Symbols in Society*. New York: Oxford University Press, 1968.
Durham, Meenakshi Gigi, and Douglas M. Kellner (eds.). *Media and Cultural Studies: Keyworks*. Malden, MA: Blackwell, 2001.
During, Simon (ed.). *The Cultural Studies Reader*. London: Routledge, 1993.

Emile. *The Elementary Forms of the Religious Life.* New York: Free Press 1965 (1915).

Eagleton, Terry. *The Crisis of Contemporary Culture.* Oxford, UK: Oxford University Press, 1995.

Eco, Umberto. *Theory of Semiotics.* Bloomington: Indiana University Press, 1976.

Eco, Umberto. *The Role of the Reader: Explorations in the Semiotics of Texts.* Bloomington: Indiana University Press, 1984.

Edgar, Andrew, and Peter Sedgwick. *Key Concepts in Cultural Theory.* London: Routledge, 1999.

Erni, John Nguyet. "Media Studies and Cultural Studies," in Toby Miller (ed.), *A Companion to Cultural Studies.* Malden, MA: Blackwell: 2001, 187–213.

Evans, Jessica, and Stuart Hall (eds.). *Visual Culture: The Reader.* London: Sage, 1999.

Fairclough, Norman. *Discourse and Social Change.* Cambridge, UK: Polity, 1993.

Fairclough, Norman. *Media Discourse.* London: Edward Arnold, 1995.

Fairclough, Norman. *Language and Power.* London: Addison-Wesley, 1996.

Ferguson, Marjorie, and Peter Golding (eds.). *Cultural Studies in Question.* London: Sage, 1997.

Fish, Stanley. *Is There a Text in This Class?* Cambridge, MA: Harvard University Press, 1980.

Fisher, Walter. "The Narrative Paradigm: In the Beginning," in "Homo Narrans: Storytelling in Mass Culture and Everyday Life," *Journal of Communication* 35, 1985, 74–89.

Fisher, Walter. *Human Communication as Narration: Toward a Philosophy of Reason, Value, and Action.* Columbia: University of South Carolina Press, 1987.

Foucault, Michel. *The Archaeology of Knowledge.* London: Tavistock, 1972.

Foucault, Michel. *Power/Knowledge.* New York: Pantheon, 1980.

Fowler, Roger, Bob Hodge, Gunther Kress, and Tony Trew (eds.). *Language and Control.* London: Routledge and Kegan Paul, 1979.

Friedson, Elliot. *Professional Powers.* Chicago: University of Chicago Press, 1986.

Frow, John. *Cultural Studies and Cultural Value.* Oxford, UK: Oxford University Press, 1995.

Gardner, Howard, Mihaly Csikszentmihalyi, and William Damon. *Good Work: When Excellence and Ethics Meet.* New York: Basic Books, 2001.

Garfinkel, Harold. *Studies in Ethnomethodology.* Englewood Cliffs, NJ: Prentice Hall, 1967.

Geertz, Clifford. *The Interpretation of Cultures.* New York: Basic Books, 1973.

Gibian, Peter (ed.). *Mass Culture and Everyday Life.* London: Routledge, 1997.

Giddens, Anthony. "What Do Sociologists Do?" in *Social Theory and Modern Sociology.* Stanford, CA: Stanford University Press, 1987, 1–21.

Giles, Judy, and Tim Middleton. *Studying Culture: A Practical Introduction.* Malden, MA: Blackwell, 1999.

Goffman, Erving. *Frame Analysis.* Boston: Northeastern University Press, 1974.

Goodenough, Ward. *Culture, Language, and Society*. Reading, MA: Addison-Wesley, 1981.

Goodman, Nelson. *Ways of Worldmaking*. Indianapolis, IN: Hackett, 1978.

Gramsci, Antonio. *Selections from the Prison Notebooks*. New York: International Publishers, 1971.

Grossberg, Lawrence, Cary Nelson, and Paula Treichler (eds.). *Cultural Studies*. New York: Routledge, 1992.

Grossberg, Lawrence. *Bringing It All Back Home: Essays On Cultural Studies*. Durham, NC: Duke University Press, 1997.

Hall, Stuart, Dorothy Hobson, Andrew Lowe, and Paul Willis (eds.). *Culture, Media, Language,* London: Hutchinson and Co., 1980.

Hardt, Hanno. "British Cultural Studies and the Return of the 'Critical' in American Mass Communications Research," *Journal of Communication Inquiry* 10(2), Summer 1986, 117–124.

Hardt, Hanno. *Critical Communication Studies: Communication, History and Theory in America*. New York: Routledge, 1992.

Hartley, John. *Communication, Cultural and Media Studies: The Key Concepts*. London: Routledge, 2002.

Hartley, John. A Short History of Cultural Studies. London: Sage, 2003.

Hebdige, Dick. *Subculture: The Meaning of Style*. London: Methuen, 1979.

Hebdige, Dick. *Hiding in the Light*. London: Comedia, 1988.

Hjelmslev, L. *Prolegomena to a Theory of Language*. Madison: University of Wisconsin, 1963 (1943).

"Homo Narrans: Story-telling in Mass Culture and Everyday Life," *Journal of Communication* (Special issue) 35(4), Fall 1985.

Hughes, Everett C. *Men and Their Work*. Glencoe, IL: Free Press, 1958.

Hymes, Dell. "On Communicative Competence," in J.B. Pride and Janet Holmes, *Sociolinguistics: Selected Readings*. London: Penguin, 1972, 269–293.

Jakobson, Roman. *Selected Writings* (Vols. 1–4). The Hague, The Netherlands: Mouton, 1962–1966.

Jensen, Joli, and John J. Pauly, "Imagining the Audience: Losses and Gains in Cultural Studies," in Marjorie Ferguson and Peter Golding (eds.), *Cultural Studies in Question*. London: Sage, 1997, 155–167.

Johnson, Richard. "What Is Cultural Studies, Anyway?" *Social Text* 6(1), 1986/1987, 38–80.

Kirk, Jerome, and Marc L. Miller. *Reliability and Validity in Qualitative Research*. Beverly Hills, CA: Sage, 1986.

Kozloff, Sarah. "Narrative Theory and Television," in Robert Allen (ed.), *Channels of Discourse, Reassembled* (2nd ed.). Chapel Hill: University of North Carolina Press, 1992, 67–100.

Krippendorff, Klaus. *Content Analysis*. Beverly Hills, CA: Sage, 1980.

Krippendorff, Klaus. *Content Analysis* (2nd ed.). Thousand Oaks, CA: Sage, 2004.

Kuhn, Thomas. *The Structure of Scientific Revolutions*. Chicago: University of Chicago Press, 1964.

Labov, William. "The Study of Language in its Social Context," in J.B. Pride and Janet Holmes, *Sociolinguistics: Selected Readings*. London: Penguin, 1972, 180–202.

La Capra, Dominick. *History and Criticism*. Ithaca, NY: Cornell University Press, 1985.

Lacey, Nick. *Image and Representation: Key Concepts in Media Studies*. London: St. Martin's, 1998.

Lakoff, George. *Women, Fire, and Dangerous Things: What Categories Reveal About the Mind*. Chicago: University of Chicago Press, 1987.

Lakoff, George, and Mark Johnson. *Metaphors We Live By*. Chicago: University of Chicago Press, 1980.

Larson, Magali Sarfatti. *The Rise of Professionalism*. Berkeley: University of California Press, 1977.

Leach, Edmund. *Culture and Communication*. Cambridge, UK: Cambridge University Press, 1976.

Lévi-Strauss, Claude. *Structural Anthropology*. London: Allen Lane 1958.

Lusted, David, and Philip Drummond. *TV and Schooling*. London: British Film Institute, 1985.

Mariscal, Jorge. "Can Cultural Studies Speak Spanish?" in Toby Miller (ed.), *A Companion to Cultural Studies*. Oxford, UK: Blackwell, 2001, 232–245.

Matta, Roberto da. *Carnivals, Rogues, and Heroes: An Interpretation of the Brazilian Dilemma*. Notre Dame, IN: University of Notre Dame Press, 1991.

Mattelart, Armand. *The Invention of Communication*. Minneapolis: University of Minnesota Press, 1996.

Mattelart, Armand, and Michele Mattelart. *Rethinking Media Theory*. Minneapolis: University of Minnesota Press, 1992.

McGuigan, Jim. *Cultural Populism*. London: Routledge, 1992.

Miller, Toby (ed.). *A Companion to Cultural Studies*. Oxford, UK: Blackwell, 2001.

Moore, Wilbert Ellis. *The Professions: Roles and Rules*. London: Russell Sage, 1970.

Morgenthau, Hans J. *Politics Among Nations: the Struggle for Power and Peace*. New York: Alfred A. Knopf, 1985 (1948).

Munson, Eve Stryker, and Catherine A. Warren (eds.). *James Carey: A Critical Reader*. Minneapolis: University of Minnesota Press, 1997.

Nelson, Cary, and Dilip Parameshwar Gaonkar (eds.). *Disciplinarity and Dissent in Cultural Studies*. New York: Routledge, 1996.

Nelson, Cary, and Lawrence Grossberg (eds.). *Marxism and the Interpretation of Culture*. Urbana: University of Illinois Press, 1988.

Novick, Peter. *That Noble Dream*. Cambridge, UK: Cambridge University Press, 1988.

O'Sullivan, Tim, John Hartley, Danny Saunders, and John Fiske. *Key Concepts in Communication*. London: Methuen, 1983.

O'Sullivan, Tim, John Hartley, Danny Saunders, Martin Montgomery, and John Fiske. *Key Concepts in Communication and Cultural Studies*. London: Routledge, 1994.

Peirce, Charles. *The Essential Peirce: Selected Philosophical Writings, 1893–1913*. Bloomington: Indiana University Press, 1998.

Poster, Mark. *The Second Media Age*. Cambridge, UK: Polity, 1995.

Propp, Vladimir. *The Morphology of the Folktale*. Minneapolis: University of Minnesota Press, 1984 (1930).

Purcell, Edward A., Jr. *The Crisis of Democratic Theory: Scientific Naturalism and the Problem of Value*. Lexington: University of Kentucky Press, 1979.

Rabinow, Paul, and William M. Sullivan. *Interpretive Social Science: A Reader*. Berkeley: University of California Press, 1979.

Sacks, Harvey. "An Initial Investigation of the Usability of Conversational Data for Doing Sociology," in David Sudnow (ed.), *Studies in Interaction*. New York: Free Press, 1972, 31–74.

Saussure, Ferdinand de. *Course on General Linguistics*. New York: McGraw-Hill, 1965 (1916).

Schudson, Michael. "How Culture Works," *Theory and Society* 18(2), March 1989, 153–180.

Schutz, Alfred. *Life Forms and Meaning Structure*. Boston: Routledge and Kegan Paul, 1982.

Sebeok, Thomas. *Style in Language*. Cambridge: MIT Press, 1964.

Sebeok, Thomas. *The Sign and Its Masters*. Lanham, MD: University Press of America, 1979.

Shiach, Morag (ed.). *Feminism and Cultural Studies*. London: Oxford, 1999.

Stone, Lawrence. *The Past and the Present Revisited*. New York: Routledge and Kegan Paul, 1987.

Storey, John. *An Introductory Guide to Cultural Theory and Popular Culture*. Athens: University of Georgia Press, 1993.

Storey, John. *Cultural Studies and the Study of Popular Culture: Theories and Methods*. Athens: University of Georgia Press, 1996b.

Storey, John. *Inventing Popular Culture*. Oxford, UK: Blackwell, 2003.

Stratton, Jon, and Ien Ang. "On the Impossibility of A Global Cultural Studies: 'British' Cultural Studies in an 'International' Frame," in David Morley and Kuan-Hsing Chen (eds.), *Stuart Hall: Critical Dialogues in Cultural Studies*. London: Routledge, 1996.

Swidler, Ann. "Culture in Action: Symbols and Strategies," in *American Sociological Review* 51, April 1986, 273–286.

Thompson, John B. *Ideology and Modern Culture*. Stanford, CA: Stanford University Press, 1990.

Thompson, John B. *The Media and Modernity*. Cambridge, UK: Polity, 1995.

Todorov, Tzvetan. *The Poetics of Prose*. Ithaca, NY: Cornell University Press, 1978.

Tudor, Andrew. *Decoding Culture: Theory and Method in Cultural Studies*. London: Sage, 1999.

Turner, Graeme. *British Cultural Studies: An Introduction*. London: Routledge, 1990.

Van Maanen, John. *Tales of the Field: On Writing Ethnography*. Chicago: University of Chicago Press, 1988.

Wark, McKenzie. *The Virtual Republic: Australia's Culture Wars of the 1990s*. Sydney: Allen and Unwin, 1997.

Watson, James, and Anne Hill. *A Dictionary of Communication and Media Studies* (3rd ed.). London: Edward Arnold, 1994.

White, Hayden. *The Content of the Form: Narrative Discourse and Historical Representation*. Baltimore: Johns Hopkins University Press, 1987.

Williams, Raymond. *George Orwell*. New York: Viking, 1972.

Williams, Raymond. *The Sociology of Culture*. New York: Schocken, 1982.

Williams, Raymond. *Writing in Society*. London: Verso, 1983a.

Williams, Raymond. *Keywords*. New York: Oxford University Press, 1983b.

Winks, Robin. *The Historian as Detective*. New York: Harper and Row, 1968.

Wuthnow, Robert, and Marsha Witten. "New Directions in the Study of Culture," in *Annual Review of Sociology*, 1988, 49–67.

Yudice, George. "Comparative Cultural Studies Traditions: Latin America and the U.S.," in Toby Miller (ed.), *A Companion to Cultural Studies*. Oxford, UK: Blackwell, 2001, 217–231.

Sources on Journalism

Aarons, Leroy, and Sheila Murphy. *Lesbians and Gays in the Newsroom: 10 Years Later*. Report prepared by Annenberg School for Communication, USC, in collaboration with the National Lesbian and Gay Journalists Association, 2000 (http://www.nlgja.org/pdf/survey2k.pdf.).

Abramo, Claudio. *A regra do jogo: O jornalismo e a etica do marceneiro*. Sao Paulo: Companhia das Letras, 1989; cited in Waasbord 2000.

Adam, G. Stuart. "Journalism Knowledge and Journalism Practice: The Problems of Curriculum and Research in University Schools of Journalism," *Canadian Journal of Communication* 14, 1989, 70–80.

Adam, G. Stuart. *Notes Toward a Definition of Journalism*. St. Petersburg, FL: Poynter Institute, 1993.

Adatto, Kiku. *Picture Perfect*. New York: Basic Books, 1994.

Ainley, Beulah. *Black Journalists, White Media*. Stoke on Trent, UK: Trentham, 1998.

Allan, Stuart. "News and the Public Sphere: Towards a History of Objectivity and Impartiality," in Michael Bromley and Tom O'Malley (eds.), *A Journalism Reader*. London: Routledge, 1997, 296–329.

Allan, Stuart. "News From Now Here: Televisual News Discourse and the Construction of Hegemony," in Allan Bell and Peter Garrett (eds.), *Approaches to Media Discourse*. Oxford, UK: Blackwell, 1998, 105–141.

Allan, Stuart. *News Culture*. Buckingham, UK: Open University Press, 1999.

Allan, Stuart. "Reweaving the Internet: Online News of September 11," in Barbie Zelizer and Stuart Allan (eds), *Journalism After September 11*. London: Routledge, 2002, 119–140.

Allan, Stuart, and Barbie Zelizer (eds.). *Reporting War: Journalism in Wartime.* London: Routledge, in press.
Allen, Craig. *Eisenhower and the Mass Media: Peace, Prosperity, and Prime-Time TV.* Chapel Hill: University of North Carolina Press, 1993.
Allen, David S., and Robert Jensen (eds.). *Freeing the First Amendment: Critical Perspectives on Freedom of Expression.* New York: New York University Press, 1995.
Alterman, Eric. *What Liberal Media? The Truth About Bias and the News.* New York: Basic Books, 2003.
Altheide, David, and Robert Snow. *Media Worlds in the Postjournalism Era.* New York: Aldine de Grutyer, 1991.
Altschull, Herbert. *Agents of Power: The Role of the News Media in Human Affairs.* New York: Longman, 1984.
Alwood, Edward. *Straight News: Gays, Lesbians, and the News Media.* New York: Columbia University Press, 1996.
Anderson, David, and Michael Cornfield. *The Civic Web: Online Politics and Democratic Values.* Lanham, MD: Rowman and Littlefield, 2002.
Andrews, Alexander. *History of British Journalism* (Vols. 1 and 2). London: Richard Bentley. 1859; cited in Boyce, Curran, and Wingate 1878.
Anonymous. *The History of the Times* (Vols. 1–5). New York: Macmillan, 1935–1958.
Arlen, Michael J., and Robert J. Thompson. *Living Room War.* Syracuse, NY: Syracuse University Press, 1997.
Arterton, F. Christopher. *Media Politics: The New Strategies of Presidential Campaigns.* Lexington, MA: Lexington, 1984.
Ashley, Perry J. (ed.). *American Newspaper Journalists, 1690–1950* (Vols. 1–4). Detroit, MI: Gale Research, 1983–1985.
ASNE. *What Is News? Who Decides? And How?* American Society of Newspaper Editors as part of the Newspaper Reader Project, by Judee Burgoon, Michael Burgoon, and Charles K. Atkin of Michigan State University, May 1982.
Atkins, Joan. *The Art of Ernest Hemingway.* London: Spring Books, 1964.
Atton, Chris. *Alternative Media.* London: Sage, 2002.
Aufderheide, Patricia. "Latin American Grassroots Video: Beyond Television," *Public Culture 5*, 1993, 579–592.
Ayerst, David. *The Manchester Guardian—Biography of a Newspaper.* London: Collins, 1971.
Bagdikian, Ben. *The Media Monopoly* (5th ed.). Boston: Beacon, 1997.
Bailey, Sally, and Granville Williams. "Memoirs Are Made of This: Journalists' Memoirs in the United Kingdom, 1945–95," in Michael Bromley and Tom O'Malley (eds.), *A Journalism Reader.* London: Routledge, 1997, 351–377.
Bailyn, Bernard. *The Ideological Origins of the American Revolution.* Cambridge, MA: Belknap Press of Harvard University Press, 1967.
Baker, C. Edwin. *Media, Markets, and Democracy.* New York: Cambridge University Press, 2002.
Baker, Carlos (ed.). *Ernest Hemingway: Selected Letters.* New York: Scribner, 1981.

Baldasty, Gerald L. *The Commercialization of News in the Nineteenth Century*. Madison: University of Wisconsin Press, 1992.

Baldasty, Gerald L. *E.W. Scripps and the Business of Newspapers*. Urbana: University of Illinois Press, 1999.

Bantz, Charles. "News Organizations: Conflict as a Crafted Cultural Norm," *Communications* 8, 1985, 225–244.

Barkin, Steve. "The Journalist as Storyteller," *American Journalism* 1(2), Winter 1984, 27–33.

Barnhurst, Kevin G. *Seeing the Newspaper*. New York: St. Martin's, 1994.

Barnhurst, Kevin G., and John Nerone. *The Form of News*. New York: Guilford, 2001.

Barnouw, Eric. *A History of Broadcasting in the United States* (Vols. 1–3). New York: Oxford University Press, 1966–1970.

Barnouw, Eric. *Tube of Plenty: The Evolution of American Television*. New York: Oxford University Press, 1975.

Barris, Alex. *Stop the Presses! The Newspaperman in American Film*. South Brunswick, NJ: Barnes, 1976.

Batscha, Robert M. *Foreign Affairs News and the Broadcast Journalist*. New York: Praeger, 1975.

Bausinger, Hans. "Media, Technology and Daily Life," in *Media, Culture and Society* 6(4), 1984, 343–351.

Bayley, Edwin R. *Joe McCarthy and the Press*. Madison: University of Wisconsin Press, 1981.

Beasley, Maurine. "The Women's National Press Club: A Case Study of Professional Aspirations," *Journalism Quarterly* 15(4), Winter 1988, 112–121.

Beasley, Maurine. "Recent Directions for the Study of Women's History in American Journalism," *Journalism Studies* 2(2), May 2001, 207–220.

Becker, Howard S. *Art Worlds*. Berkeley: University of California Press, 1984.

Becker, Lee B., Jeffrey W. Fruit, and Susan L. Caudill. *The Training and Hiring of Journalists*. Norwood, NJ: Ablex, 1987.

Belanger, Claude, Jacques Godechot, Pierre Giral, and Fernand Terrou. *Histoire generale de la presse francaise* (Vols. 1–5). Paris: Presses Universitaires di France, 1969–1974.

Bell, Allan. "Radio: The Style of News Language," *Journal of Communication* 32(1), 1982, 150–164.

Bell, Allan. *The Language of News Media*. Oxford, UK: Blackwell, 1991.

Bell, Allan. "Climate of Opinion: Public and Media Discourse on the Global Environment," *Discourse and Society* 5(1), January 1994, 33–64.

Bell, Philip, and Theo van Leeuven, *The Media Interview: Confession, Contest, Conversation*. Kensington, NSW, Australia: New South Wales University Press, 1994.

Belsey, Andrew, and Ruth Chadwick (eds.). *Ethical Issues in Journalism and the Media*. London: Routledge, 1992.

Benavides, Jose Luis. "*Gacetilla*: A Keyword for a Revisionist Approach to the Political Economy of Mexico's Print News Media," *Media, Culture and Society* 22(1), 2000, 85–104.

Bennett, W. Lance. *News: The Politics of Illusion* (2nd ed.). New York: Longman, 1988.
Bennett, W. Lance, and Murray Edelman. "Toward A New Political Narrative," *Journal of Communication* 35(4), Autumn 1985, 156–171.
Bennett, W. Lance, and David Paletz (eds.). *Taken By Storm: The Media, Public Opinion and U.S. Foreign Policy in the Gulf War.* Chicago: University of Chicago Press, 1994.
Benson, Rodney. "The Political/Literary Model of French Journalism: Change and Continuity in Immigration News Coverage, 1973–1991," *Journal of European Area Studies* 10(1), 2002, 49–70.
Benson, Rodney, and Erik Neveu (eds.). *Bourdieu and the Sociology of Journalism: A Field Theory Approach.* Cambridge, UK: Polity, in press.
Berelson, Bernard. "What Missing the Newspaper Means," in Paul Lazarsfield and Frank Stanton (eds.), *Communications Research, 1948–1949.* New York: Harper, 1949, 111–129.
Berelson, Bernard. *Content Analysis in Communication Research.* Glencoe, IL: Free Press, 1952.
Berger, Meyer. *The Story of the New York Times, 1851–1951.* New York: Simon and Schuster, 1951.
Berkowitz, Dan. "Refining the Gatekeeping Metaphor for Local Television News, *Journal of Broadcasting and Electronic Media* 34(1), 1990, 55–68.
Berkowitz, Dan. "Non-Routine News and Newswork: Exploring a What-a-Story," *Journal of Communication* 42(1), 1992, 82–94.
Bierhoff, Jan, Mark Deuze, and Claes de Vreese. "Media Innovation, Professional Debate and Media Training: A European Analysis," *European Journalism Centre Report.* Maastricht: EJC, 2000 (http://www.ejc.nl/hp/mi/contents.html).
Billig, Michael. *Banal Nationalism.* London: Sage, 1995.
Bird, S. Elizabeth. "Storytelling on the Far Side: Journalism and the Weekly Tabloid," *Critical Studies in Mass Communication* 7(4), 1990, 377–389.
Bird, S. Elizabeth. *For Enquiring Minds.* Knoxville: University of Tennessee Press, 1992.
Bird, S. Elizabeth. "Audience Demands a Murderous Market: Tabloidization in U.S. Television News," in Colin Sparks and John Tulloch (eds.), *Tabloid Tales.* Lanham, MD: Rowman and Littlefield, 2000, 213–228.
Bird, S. Elizabeth, and Robert W. Dardenne. "Myth, Chronicle and Story: Exploring the Narrative Qualities of News," in James W. Carey (ed.), *Media, Myths and Narrative.* Newbury Park, CA: Sage, 1988, 67–86.
Blanchard, Margaret A. "The Ossification of Journalism History," *Journalism History*, 25(3), Autumn 1999, 107–112.
Blanchard, Robert. *Congress and the News Media.* New York: Hastings House, 1974.
Blankenberg, Ngaire. "In Search of a Real Freedom: *Ubuntu* and the Media," *Critical Arts* 13(2), 1999, 42–65.
Bleske, Glen L. "Ms. Gates Takes Over: An Updated Version of a 1949 Case Study," *Newspaper Research Journal* 12, 1991, 88–97.

Bleyer, Willard. *Main Currents in the History of American Journalism*. Boston: Houghton Mifflin, 1927.

Blondheim, Menahem. *News Over the Wires: The Telegraph and the Flow of Public Information in America, 1842–1897*. Cambridge, MA: Harvard University Press, 1994.

BlueEar.com. *9/11: Documenting America's Greatest Tragedy*. BookSurge.com, 2001.

Blum-Kulka, Shoshana. "The Dynamics of Political Interviews," *Text* 3(2), 1983: 131–153.

Blumler, Jay G. *Communicating to Voters: Television in the First European Parliament Elections*. London: Sage, 1983.

Blumler, Jay, Roland Cayrol, and Michel Thoveron. *La television fait-elle l'election?* Paris: Presses de Science Po, 1978.

Blumler, Jay G., and Michael Gurevitch. "Politicians and the Press: An Essay on Role Relationships," in Dan Nimmo and Keith R. Sanders (eds.), *Handbook of Political Communication*. London: Sage, 1981.

Blumler, Jay G., and Michael Gurevitch. *The Crisis of Public Communication*. London: Routledge, 1995.

Blumler Jay G., and Elihu Katz. *The Uses of Mass Communications: Current Perspectives on Gratifications Research*. Beverly Hills, CA: Sage, 1974.

Blumler, Jay G., and Denis McQuail. *Television in Politics: Its Uses and Influence*. London: Faber, 1968.

Bogart, Leo. *The Age of Television: A Study of Viewing Habits and the Impact of Television on American Life*. New York: F. Ungar, 1956.

Bogart, Leo. *Press and Public: Who Reads What, When, Where, and Why in American Newspapers*. Hillsdale, NJ: Lawrence Erlbaum, 1981.

Borden, Diane L., and Harvey Kerric (eds.). *The Electronic Grapevine*. Mahwah, NJ: Lawrence Erlbaum, 1998.

Bourdieu, Pierre. *On Television and Journalism*. London: Pluto, 1998.

Boyce, George. "The Fourth Estate: Reappraisal of a Concept," in George Boyce, James Curran, and Pauline Wingate (eds.), *Newspaper History from the Seventeenth Century to the Present Day*. Beverly Hills, CA: Sage, 1978, 19–40.

Boyce, George, James Curran, and Pauline Wingate (eds.), *Newspaper History From the Seventeenth Century to the Present Day*. Beverly Hills, CA: Sage, 1978.

Boyd-Barrett, Oliver. "The Politics of Socialization: Recruitment and Training for Journalism," in Harry Christian (ed.), *The Sociology of Journalism and the Press* (Sociological Review Monograph 29). Keele, UK: University of Keele, 1980a, 307–340.

Boyd-Barrett, Oliver. *The International News Agencies*. London: Constable, 1980b.

Boyd-Barrett, Oliver, and Terhi Rantanen (eds.). *The Globalization of News*. London: Sage, 1998.

Boyd Barrett, Oliver, Colin Seymour-Ure, and Jeremy Tunstall. "Studies on the Press," *Working Paper–Royal Commission on the Press*. London: HMSO, 1977.

Boyle, Dierdre. "From Port-pak to Camcorder: A Brief History of Guerrilla Television," *Journal of Film and Video* 44(1/2), 1992, 67–79.

Boyle, Maryellen. "The Revolt of the Communist Journalist: East Germany," *Media, Culture, and Society* 14(1), January 1992, 133–139.

Braestrup, Peter. *Big Story: How the American Press and Television Reported and Interpreted the Tet Offensive in Vietnam and Washington.* New Haven, CT: Yale University Press, 1977.

Bray, Howard. *The Pillars of the Post: the Making of a News Empire in Washington.* New York: Norton, 1980.

Breed, Warren. "Social Control in the Newsroom: A Functional Analysis," *Social Forces* 33, 1955, 326–335.

Brennen, Bonnie, and Hanno Hardt (eds.). *Picturing the Past: Media, History, and Photography.* Urbana: University of Illinois Press, 1999.

Brennen, Bonnie. "What the Hacks Say: The Ideological Prism of U.S. Journalism Texts," *Journalism: Theory, Practice and Criticism* 1(1), 2000, 106–113.

Brennen, Bonnie. "Sweat Not Melodrama. Reading the Structure of Feeling in *All the President's Men*," *Journalism: Theory, Practice, and Criticism* 4(1), 2003, 115–133.

Briggs, Asa. *The History of Broadcasting in the United Kingdom* (Vols. 1–5). Oxford, UK: Oxford University Press, 1961–1995.

Brokaw, Tom. *A Long Way From Home: Growing Up in the American Heartland.* New York: Random House, 2002.

Bromley, Michael. *Media Studies: An Introduction to Journalism.* London: Hodder and Stoughton, 1995.

Bromley, Michael. "The End of Journalism? Changes in Workplace Practices in the Press and Broadcasting in the 1990s," in Michael Bromley and Tom O'Malley (eds.), *A Journalism Reader.* London: Routledge, 1997, 330–350.

Bromley, Michael. "Objectivity and the Other Orwell: The Tabloidism of the *Daily Mirror* and Journalistic Authenticity," *Media History* 9(2), 2003, 123–135.

Bromley, Michael. "One Journalism or Many? Confronting the Contradictions in the Education and Training of Journalists in the United Kingdom," in K.W.Y. Leung, J. Kenny, and P.S.N. Lee (eds.), *Global Trends in Communication Research and Education.* Cresskill, NJ: Hampton, in press.

Bromley, Michael, and Tom O'Malley (eds.). *A Journalism Reader.* London: Routledge, 1997.

Bromley, Michael, and Hugh Stephenson (eds.). *Sex, Lies and Democracy: The Press and the Public.* London: Addison-Wesley, 1998.

Bronstein, Carolyn, and Stephen Vaughn. "Willard G. Bleyer and the Relevance of Journalism Education," *Journalism and Mass Communication Monographs*, June 1998, 1–36.

Brosius, Hans-Bernd, and Han Mathias Kepplinger. "Beyond Agenda-Setting: The Influence of Partisanship and Television Reporting on the Electorate's Voting Intentions," *Journalism Quarterly* 69, 1992, 893–901.

Brothers, Caroline. *War and Photography.* London: Routledge, 1997.

Brown, Lucy M. *Victorian News and Newspapers*. Oxford, UK: Clarendon, 1985.

Brummett, Barry. "Perfection and the Bomb: Nuclear Weapons, Teleology, and Motives," *Journal of Communication* 39(1), 1989, 85–95.

Brunel, Gilles. *Le francais radiophonique à Montreal*. Unpublished master's thesis. Montreal: University of Montreal; cited in Bell 1991.

Brunsdon, Charlotte, and David Morley. *Everyday Television*. London: BFI, 1978.

Bundock, Clement J. *The National Union of Journalists: A Jubilee History*. Oxford, UK: NUJ, 1957.

Burger, Harald. *Sprache der Massenmedien*. Berlin: Walter de Gruyter, 1984; cited in Bell 1991.

Burnham, Lord. *Peterborough Court: The Story of the Daily Telegraph*. London: Cassell, 1955.

Burns, Thomas. "Public Service and Private World," in Peter Halmos (ed.), *The Sociology of Mass Media Communicators*. Keele, UK: University of Keele, 1969, 53–73.

Burns, Thomas. *The BBC: Public Institution and Private World*. London: Macmillan, 1977.

Butler, David, and Donald E. Stokes. *Political Change in Britain*. New York: St Martin's, 1969.

Buttrose, Ita. *Early Edition: My First Forty Years*. London: Macmillan, 1985.

Cameron, James. "Journalism: A Trade," in *Point of Departure*. London: Arthur Barker, 1967, reprinted in Michael Bromley and Tom O'Malley (eds.), *A Journalism Reader*. London: Routledge, 1997, 170–173.

Campbell, Karlyn Kohrs, and Kathleen Hall Jamieson. *Deeds Done in Words: Presidential Rhetoric and the Genres of Governance*. Chicago: University of Chicago Press, 1990.

Campbell, Richard. *60 Minutes and the News*. Urbana: University of Illinois Press, 1991.

Carey, James W. "The Communications Revolution and the Professional Communicator," *Sociological Review Monographs* 13, 1969, 23–38.

Carey, James W. "The Problem of Journalism History," *Journalism History* 1(1), Spring 1974, 3–5, 27.

Carey, James W. "A Plea for the University Tradition," *Journalism Quarterly* 55(4), Winter 1978, 846–855.

Carey, James W. "Putting the World at Peril: A Conversation With James W. Carey," *Journalism History* 12(2), Summer 1985, 38–53.

Carey, James W. "The Dark Continent of American Journalism," in Robert K. Manoff and Michael Schudson (eds.), *Reading the News*. New York: Pantheon, 1986a, 146–196.

Carey, James W. "Journalists Just Leave: The Ethics of an Anomalous Profession," in M.G. Sagan (ed.), *Ethics and the Media*. Iowa City: Iowa Humanities Board, 1986b, 5–19.

Carey, James W. "The Press and Public Discourse," *Center Magazine* 20(2), 1989c, 4–32.

Carey, James W. "The Press, Public Opinion and Public Discourse," in Theodore L. Glasser and Charles L. Salmon (eds.), *Public Opinion and the Communication of Consent*. New York: Guilford, 1995, 373–402.
Carey, James W. "The Internet and the End of the National Communication System," *Journalism and Mass Communication Quarterly* 75(1), 1998, 28–34.
Carey, James W. "In Defense of Public Journalism," in Theodore Glasser (ed.), *The Idea of Public Journalism*. New York: Guilford, 1999, 49–66.
Carey, James W. "Some Personal Notes on Journalism Education," *Journalism: Theory, Practice, and Criticism* 1(1), 2000, 12–23.
Carlebach, Michael L. *The Origins of Photojournalism in America*. Washington, DC: Smithsonian Press, 1992.
Carter, Cynthia, Gill Branston, and Stuart Allan (eds.). *News, Gender and Power*. London: Routledge, 1998.
Caspi, Dan, and Yehiel Limor. *The In/Outsiders: The Media in Israel*. Cresskill, NJ: Hampton, 1999.
Cater, Douglass. *The Fourth Branch of Government*. Boston: Houghton Mifflin, 1959.
Catterall, Peter, Colin Seymour-Ure, and Adrian Smith (eds.). *Northcliffe's Legacy: Aspects of the British Popular Press, 1896–1996*. New York: St. Martin's in association with Institute of Contemporary British History, 2000.
Chafee, Zechariah. *Free Speech in the United States*. Cambridge, MA: Harvard University Press, 1941.
Chaffee, Steven H., Carlos Gomez-Palacio, and Everett M. Rogers. "Mass Communication Research in Latin America: Views From Here and There," *Journalism Quarterly* 64(4), 1990, 1015–1024.
Chalaby, Jean K. "Journalism as an Anglo-American Invention," *European Journal of Communication* 11(3), 1996, 303–326.
Chalaby, Jean K. *The Invention of Journalism*. London: Macmillan, 1998.
Chaney, David. *Processes of Mass Communication*. London: Macmillan, 1972.
Charity, Arthur. *Doing Public Journalism*. New York: Kettering Foundation, 1995.
Chavez, Leo. *Covering Immigration: Popular Images and the Politics of the Nation*. Berkeley: University of California Press, 2001.
Chibnall, Steve. *Law and Order News: An Analysis of Crime Reporting in the British Press*. London: Tavistock, 1977.
Chippendale, Peter, and Chris Horrie. *Stick It Up Your Punter: The Rise and Fall of The Sun*. London: Mandarin, 1992.
Christians, Clifford. "An Intellectual History of Media Ethics," in Bart Pattyn (ed.), *Media Ethics: Opening Social Dialogue*. Leuven, Belgium: Peeters, 2000, 15–46.
Christians, Clifford C., Mark Fackler, Kim B. Rotzoll, and Kathy B. McKee (eds.). *Media Ethics: Cases and Moral Reasoning*. New York: Longman, 1983.
Christians, Clifford C., and Michael Traber (eds.). *Communication Ethics and Universal Values*. Thousand Oaks, CA: Sage, 1997.
Clark, Charles E. *Public Prints: The Newspaper in Anglo-American Culture, 1665–1740*. New York: Oxford University Press, 1994.
Clark, Roy Peter. "Return of the Narrative: The Rebirth of Writing in America's Newsrooms," *The Quill* 82(4), May 1994, 27.

Clayman, Steven E. "From Talk to Text: Newspaper Accounts of Reporter-Source Interactions," *Media, Culture and Society* 12(1), 1990, 79–103.

Cohen, Akiba A. *Dimensions of the Journalistic Interview.* Newbury Park, CA: Sage, 1987.

Cohen, Akiba A., Mark Levy, Itzhak Roeh, and Michael Gurevitch. *Global Newsrooms, Local Audiences: A Study of the Eurovision News Exchange.* London: John Libbey, 1996.

Cohen, Akiba A., and Gadi Wolfsfeld. *Framing the Intifada.* Norwood, NJ: Ablex, 1993.

Cohen, Bernard. *The Press and Foreign Policy.* Princeton, NJ: Princeton University Press, 1963.

Cohen, Bernard. *Democracies and Foreign Policy: Public Participation in the United States and the Netherlands.* Madison: University of Wisconsin Press, 1995.

Cohen, Stanley. *Folk Devils and Moral Panics.* London: McGibbon and Kee, 1972.

Cohen, Stanley and Jock Young (eds.). *The Manufacture of News.* Beverly Hills, CA: Sage, 1973.

Combs, James G., and Michael W. Mansfield. *Drama in Life: The Uses of Communication in Society.* New York: Hastings, 1976.

Conboy, Martin. *The Press and Popular Culture.* London: Sage, 2002.

Condit, Celeste, and J. Ann Selzer. "The Rhetoric of Objectivity in the Newspaper Coverage of a Murder Trial," *Critical Studies in Mass Communication* 2, 1985, 197–216.

Connery, Thomas (ed.). *A Sourcebook of American Literary Journalism.* Westport, CT: Greenwood, 1992.

Cook, Timothy E. *Making Laws and Making News: Media Strategies in the U.S. House of Representatives.* Washington, DC: Brookings Institution, 1990.

Cook, Timothy E., *Governing With the News: The News Media as a Political Institution.* Chicago: University of Chicago Press, 1998.

Cornebise, Alfred Emile. *Ranks and Columns: Armed Forces Newspapers in American Wars.* Westport, CT: Greenwood, 1993.

Cornfield, Michael. *Democracy Moves Online: American Politics Enters the Digital Age.* New York: Norton, 2002.

Corradi, Juan E., Patricia Weiss Fagen, and Manuel Antonio Garreton (eds.). *Fear at the Edge: State Terror and Resistance in Latin America.* Berkeley: University of California Press, 1992.

Cottle, Simon. "New(s) Times: Towards a 'Second Wave' of News Ethnography," *Communications* 25(1), 2000a, 19–41.

Cottle, Simon. "Rethinking News Access," *Journalism Studies* 1(3), 2000b, 427–448.

Cottle, Simon (ed.). *Ethnic Minorities and the Media: Changing Cultural Boundaries.* London: Open University Press, 2000c.

Cottle, Simon (ed.). *News, Public Relations and Power.* London: Sage, 2003.

Cottrell, Robert C. *Izzy: A Biography of I.F. Stone.* New Brunswick, NJ: Rutgers University Press, 1993.

Cox, Harvey, and David Morgan. *City Politics and the Press.* Cambridge, UK: Cambridge University Press, 1973.

Crawford, Nelson A. *The Ethics of Journalism*. New York: Alfred A. Knopf, 1924.
Cronkite, Walter. *A Reporter's Life*. New York: Ballantine, 1997.
Crouse, Timothy. *The Boys on the Bus*. New York: Random House, 1973.
Crow, Bryan K. "Conversational Pragmatics in Television Talk: The Discourse of 'Good Sex,'" *Media, Culture and Society* 8, 1986, 457–484.
Curran, James. "The Press as an Agency of Social Control: An Historical Perspective," in George Boyce, James Curran, and Pauline Wingate (eds.), *Newspaper History from the Seventeenth Century to the Present Day*. Beverly Hills, CA: Sage, 1978, 51–78.
Curran, James. "Rethinking the Media as a Public Sphere," in Peter Dahlgren and Colin Sparks (eds.), *Communication and Citizenship: Journalism and the Public Sphere in the New Media Age*. London: Routledge, 1991.
Curran, James. *Media Organizations in Society*. London: Edward Arnold, 2000a.
Curran, James. "Literary Editors, Social Networks and Cultural Tradition," in *Media Organizations in Society*. London: Edward Arnold, 2000b, 215–239.
Curran, James. "Press Reformism, 1918–1998: A Study of Failure," in Howard Tumber (ed.), *Media Power, Professionals and Policies*. London: Routledge, 2000c, 35–55.
Curran, James, Angus Douglas, and Garry Whannel. "The Political Economy of the Human Interest Story," in Anthony Smith (ed.), *Newspapers and Democracy*. Cambridge: MIT Press, 1980, 288–342.
Curran, James, and Michael Gurevitch (eds.). *Mass Media and Society*. London: Edward Arnold, 1991.
Curran, James, Michael Gurevitch, and Janet Woollacott (eds.). *Mass Communication and Society*. London: Edward Arnold, 1977.
Curran, James, and Jean Seaton. *Power Without Responsibility*. London: Fontana, 1985.
Curry, Jane Leftwich. *Poland's Journalists: Professionalism and Politics*. New York: Cambridge University Press, 1990.
Curthoys, Ann. "Histories of Journalism," in Ann Curthoys and Julianne Schultz (eds.), *Journalism: Print, Politics and Popular Culture*. St. Lucia: University of Queensland Press, 1999, 1–9.
Curthoys, Ann, and Julianne Schultz (eds.). *Journalism: Print, Politics and Popular Culture*. St. Lucia: University of Queensland Press, 1999.
Czitrom, Daniel. *Media and the American Mind: From Morse to McLuhan*. Chapel Hill: University of North Carolina Press, 1982.
Dahl, Hans Fredrik. "The Art of Writing Broadcasting History," *Gazette* 3, 1976, 130–137.
Dahlgren, Peter. "Introduction," in Peter Dahlgren and Colin Sparks (eds.), *Journalism and Popular Culture*. London: Sage, 1992, 1–23.
Dahlgren, Peter. *Television and the Public Sphere: Citizenship, Democracy and the Media*. London: Sage, 1995.
Dahlgren, Peter, and Colin Sparks (eds.). *Communication and Citizenship*. London: Routledge, 1991.

Dahlgren, Peter, and Colin Sparks (eds.). *Journalism and Popular Culture*. London: Sage, 1992.

Daley, Patrick, and Beverly James. "Warming the Arctic Air: Cultural Politics and Alaska Native Radio," *Javnost/The Public* 2(2), 1998, 49–60.

Darnton, Robert. "Writing News and Telling Stories," *Daedalus* 104(2), Spring 1975, 175–194.

Darnton, Robert. *The Great Cat Massacre and Other Episodes in French Cultural History*. New York: Random House, 1985.

Davis, Elmer Holmes. *History of the New York Times, 1851–1921*. New York: Greenwood, 1969 (1921).

Davis, Richard. *The Press and American Politics*. New York: Longman, 1992.

Davis, Richard. *The Web of Politics*. New York: Oxford University Press, 1999.

Dayan, Daniel. "Madame se meurt: Le jeu des medias et du public aux funerailles de lady Diana." *Quaderni* 38 (spring), 1999, 49–68.

Dayan, Daniel. "The Peculiar Public of Television." *Media, Culture, and Society* 23(6), 2001, 743–766.

Dayan, Daniel, and Elihu Katz. *Media Events*. Oxford, UK: Oxford University Press, 1992.

Deacon, David, Natalie Fenton, and Alan Bryman. "From Inception to Reception: The Natural History of a News Item," *Media, Culture, and Society* 21(1), 1999, 5–31.

Deacon, David, Michael Pickering, Peter Golding, and Graham Murdock. *Researching Communications: A Practical Guide to Methods in Media and Cultural Analysis*. London: Edward Arnold, 1999.

Delano, Anthony, and John Henningham. *The News Breed: British Journalists in the 1990s*. London: London College of Printing and Distributive Trades, 1995.

Dennis, Everette E. *Planning For Curricular Change: A Report on the Future of Journalism and Mass Communication Education*. Eugene: School of Journalism, University of Oregon, 1984.

Dennis, Everette E., and Edward C. Pease (eds.). *The Media in Black and White*. New Brunswick, NJ: Transaction, 1997.

Dennis, Everette E., and Ellen Wartella (eds.). *American Communication Research: The Remembered History*. Mahwah, NJ: Lawrence Erlbaum, 1996.

Denton, Robert B. *The Media and the Persian Gulf War*. Westport, CT: Praeger, 1993.

Denzin, Norman K., and Yvonna S. Lincoln (eds.). *9/11 In American Culture*. Walnut Creek, CA: AltaMira, 2003.

Dewey, John. *The Public and Its Problems*. Columbus: Ohio State University Press, 1954 (1927).

Diamond, Edwin. *The Tin Kazoo: Television, Politics, and the News*. Cambridge: MIT Press, 1975.

Diamond, Edwin. *Behind the Times: Inside the New New York Times*. Chicago: University of Chicago Press, 1995.

Dicken-Garcia, Hazel. *Journalistic Standards in Nineteenth-Century America*. Madison: University of Wisconsin Press, 1989.

Dickson, Sandra H. "Understanding Media Bias: The Press and the U.S. Invasion of Panama," *Journalism Quarterly* 71(4), 1994, 809–819.

Dijk, Teun van. "Discourse Analysis: Its Development and Application to the Structure of News," *Journal of Communication* 33(1), 1983, 22–43.

Dijk, Teun van. *News as Discourse*. Hillsdale, NJ: Lawrence Erlbaum, 1987.

Dijk, Teun van. *News Analysis*. Hillsdale, NJ: Lawrence Erlbaum, 1988.

Dijk, Teun van. *Communicating Racism: Ethnic Prejudice in Thought and Talk*. Beverly Hills, CA: Sage, 1989.

Dines, Alberto. *O papel do jornal*. Sao Paulo: Summus, 1986; cited in Waisbord 2000.

Domke, David, David P. Fan, Michael Fibison, Dhavan V. Shah, Steven S. Smith, and Mark D. Watts. "News Media, Candidates and Issues, and Public Opinion in the 1996 Presidential Campaign," *Journalism and Mass Communication Quarterly* 74(4), 1997, 718–737.

Donsbach, Wolfgang. "Journalists' Conception of Their Role," *Gazette* 32(1), 1983, 19–36.

Douglas, George H. *The Golden Age of the Newspaper*. Westport, CT: Greenwood Press, 1999.

Douglas, Susan J. *Inventing American Broadcasting: 1899–1922*. Baltimore: Johns Hopkins University Press, 1987.

Downing, John. *Internationalizing Media Theory: Transition, Power, Culture*. Thousand Oaks, CA: Sage, 1996.

Drudge, Matt. *Drudge Manifesto: The Internet's Star Reporter vs. Politics, Big Business, and the Future of Journalism*. New York: New American Library, 2001.

Durham, Frank D. "News Frames as Social Narratives: TWA Flight 800," *Journal of Communication* 48(4), 1998, 100–117.

Dyer, Richard. "Taking Popular Television Seriously," in David Lusted and Phillip Drummond (eds.), *TV and Schooling*. London: British Film Institute with the Institute of Education, University of London, 1985, 41–46.

Eason, David L. "The New Journalism and the Image-World: Two Modes of Organizing Experience," *Critical Studies in Mass Communication* 1(1), 1984, 51–65.

Eason, David. "On Journalistic Authority: The Janet Cooke Scandal," *Critical Studies in Mass Communication* 3, 1986, 429–447.

Edelman, Murray. *The Symbolic Uses of Politics*. Urbana: University of Illinois Press, 1964.

Edelman, Murray. *From Art to Politics*. Chicago: University of Chicago Press, 1985.

Edelman, Murray. *Constructing the Political Spectacle*. Chicago: University of Chicago Press, 1988.

Edelman, Murray, W. Lance Bennett, and Robert M. Entman. *The Politics of Misinformation*. New York: Cambridge University Press, 2001.

Ehrlich, Matthew. "The Romance of Hildy Johnson: The Journalist as Mythic Hero in American Cinema," *Studies in Symbolic Interaction* 12, 1991, 89–104.

Ehrlich, Matthew. "Thinking Critically About Journalism Through Popular Culture," *Journalism and Mass Communication Educator* 50(4), Winter 1996a, 35–41.

Ehrlich, Matthew. "The Journalism of Outrageousness: Tabloid Television News Versus Investigative News," *Journalism and Mass Communication Monographs* 155, 1997a, 3–27.

Ehrlich, Matthew. "Journalism in the Movies," *Critical Studies in Mass Communication* 14, 1997b, 267–281.

Ehrlich, Matthew. "Myth in Charles Kuralt's 'On the Road,'" *Journalism and Mass Communication Quarterly* 79 (2), Summer 2002, 327–338.

Eldridge, John (ed.). *Getting the Message: News, Truth and Power*. London, Routledge, 1993.

Eldridge, John. "The Contribution of the Glasgow Media Group to the Study of Television and Print Journalism," *Journalism Studies* 1(1), 2000, 113–127.

Eliasoph, Nina. "Routines and the Making of Oppositional News," *Critical Studies in Mass Communication* 5, 1988, 313–334.

Ellerbee, Linda. *"And So It Goes": Adventures in Television*. New York: Berkley, 1986.

Elliott, Deni (ed.). *Responsible Journalism*. Beverly Hills, CA: Sage, 1986.

Elliott, Philip. *The Sociology of the Professions*. London: Macmillan, 1972.

Elliott, Philip. "Press Performance as Political Ritual," in Harry Christian (ed.), *The Sociology of Journalism and the Press* (Sociological Review Monograph 29). Keele, UK: University of Keele, 1980, 141–177.

Elliott, Philip. *The Making of a Television Series: A Case Study in the Sociology of Culture*. London: Constable, 1992.

Ellul, Jacques. *Propaganda*. New York: Alfred A. Knopf, 1965.

Emery, Michael. *On the Front Lines: Following America's Top Foreign Correspondents Across the Twentieth Century*. Lanham, MD: Rowman and Littlefield, 1995.

Emery, Michael, and Edwin Emery. *The Press and America: An Interpretive History of the Mass Media* (9th ed.). Needham Heights, MA: Pearson, Allyn and Bacon, 1999.

Engel, Matthew. *Tickle the Public: One Hundred Years of the Popular Press*. London: Victor Gollancz, 1996.

Entman, Robert. *Democracy Without Citizens*. New York: Oxford University Press, 1989.

Entman, Robert. "Framing: Towards Clarification of a Fractured Paradigm," *Journal of Communication* 43(4), 1993a, 51–58.

Entman, Robert, and Andrew Rojecki. "Freezing Out the Public: Elite and Media Framing of the U.S. Anti-Nuclear Movement," *Political Communication* 10, 1993b, 155–173.

Epstein, Edward J. *News From Nowhere*. New York: Random House, 1973.

Epstein, Edward J. *Between Fact and Fiction*. New York: Random House, 1975.

Ericson, Richard V., Patricia M. Baranek, and Janet B.L. Chan. *Visualizing Deviance: A Study of News Organization*. Toronto: University of Toronto Press, 1987.

Ericson, Richard V., Patricia M. Baranek, and Janet B.L. Chan. *Negotiating Control: A Study of News Sources*. Toronto: University of Toronto Press, 1989.

Ericson, Richard V., Patricia M. Baranek, and Janet B.L. Chan. *Representing Order: Crime, Law and Justice in the News Media.* Toronto: Open University Press, 1990.

Ettema, James. "Press Rites and Race Relations: A Study of Mass-Mediated Ritual," *Critical Studies in Mass Communication* 7(4), 1990, 309–331.

Ettema, James, and D. Charles Whitney (eds.). *Individuals in Mass Media Organizations.* Beverly Hills, CA: Sage, 1982.

Ettema, James, and D. Charles Whitney. "Professional Mass Communicators," in Charles H. Berger and Steven H. Chaffee (eds.), *Handbook of Communication Science.* Newbury Park, CA: Sage, 1987, 747–780.

Evans, Geoffrey, and Pippa Norris. *Critical Elections: British Parties and Voters in Long-Term Perspective.* London: Sage, 1999.

Evans, Harold. *Good Times, Bad Times.* London: Orion, 1994.

Evans, Harold. "What a Century!" *Columbia Journalism Review,* January/February 1999, 27–37.

Fallows, James. *Breaking the News: How the Media Undermine American Democracy.* New York: Pantheon, 1996.

Feldman, Ofer. *Politics and the News Media in Japan.* Ann Arbor: University of Michigan Press, 1993.

Ferenczi, Thomas. *L'invention du journalisme en France.* Paris: Plon, 1993.

Fienburgh, Wilfred. *Twenty Five Momentous Years: A 25th Anniversary in the History of the Daily Herald.* London: Odhams, 1955.

Fishman, Jessica. "The Populace and the Police: Models of Social Control in Reality-Based Crime Television," *Critical Studies in Mass Communication* 16, 1999, 268–288.

Fishman, Mark. *Manufacturing the News.* Austin: University of Texas Press, 1980.

Fiske, John. *Television Culture.* London: Methuen, 1988.

Fiske, John. "British Cultural Studies and Television," in Robert C. Allen (ed.), *Channels of Discourse, Reassembled.* Chapel Hill: University of Carolina Press, 1992a, 284–326.

Fiske, John. "Popularity and the Politics of Information," in Peter Dahlgren and Colin Sparks (eds.), *Journalism and Popular Culture.* London: Sage, 1992b, 45–62.

Fiske, John. *Media Matters.* Minneapolis: University of Minnesota Press, 1996.

Fiske, John, and John Hartley. *Reading Television.* London: Methuen, 1978.

Foster, Harry S. "Charting America's News of the World War," *Foreign Affairs* 15, January 1937, 311–319.

Fowler, Roger. *Language in the News.* London: Routledge, 1991.

Fox, Elizabeth (ed.). *Media and Politics in Latin America: The Struggle for Democracy.* Newbury Park, CA: Sage, 1988.

Fox, Elizabeth, and Silvio Waisbord (eds.). *Latin Politics, Global Media.* Austin: University of Texas Press, 2002.

Fox Bourne, H.R. *English Newspapers.* London: Chatto and Windus, 1887; cited in Boyce, Curran, and Wingate 1978.

Frank, Joseph. *The Beginnings of the English Newspaper, 1620–1660.* Cambridge, MA: Harvard University Press, 1961.

Franklin, Bob. *Newszak and the News Media*. London: Edward Arnold, 1997.

Franklin, Bob, and David Murphy (eds.). *Making the Local News*. London: Routledge, 1997.

Franklin, Mark L., and Christopher Wlezien (eds.). *The Future of Election Studies*. New York: Pergamon, 2002.

Friedman, James (ed.). *Reality Squared. Televisual Discourse on the Real*. New Brunswick, NJ: Rutgers University Press, 2002.

Friendly, Fred W. *Due to Circumstances Beyond Our Control. . . .* New York: Random House, 1967.

Frus, Phyllis. *The Politics and Poetics of Journalism Narrative*. New York: Cambridge University Press, 1994.

Fry, Katherine. *Constructing the Heartland: Television News and Natural Disaster*. Cresskill, NJ: Hampton, 2003.

Gaber, Ivor, and Angela Phillips. "Practicing What We Preach: The Role of Practice in Media Degrees—and Journalism in Particular," *Journal of Media Practice* 1(1), 2000, 49–54.

Gabriel, John. *Whitewash: Racialized Politics and the Media*. London: Routledge, 1998.

Galtung, Johanne, and Marie Ruge. "The Structure of Foreign News: The Presentation of the Congo, Cuba, and Cyprus Crises in Four Foreign Newspapers," in *Journal of Peace Research* 2, 1965, 64–90.

Gamson, Joshua. *Freaks Talk Back: Tabloid Talk Shows and Sexual Non-Conformity*. Chicago: University of Chicago Press, 1998.

Gamson, William. "Political Discourse and Collective Action," in Bert Klandermans, Hanspeter Kriesi, and Sidney Tarrow (eds.), *From Structure to Action: Comparing Social Movements Across Cultures*. Greenwich, CT: JAI, 1988, 219–244.

Gamson, William. "News as Framing," *American Behavioral Scientist* 33(2), 1989, 157–161.

Gamson, William. *Talking Politics*. New York: Cambridge University Press, 1992.

Gamson, William, and Andre Modigliani. "The Changing Culture of Affirmative Action," in Richard G. Braungart and Philo Wasburn (eds.), *Research in Political Sociology*. Greenwich, CT: JAI, 1987, 137–177.

Gamson, William, and Andre Modigliani. "Media Discourse and Public Opinion on Nuclear Power: A Constructionist Approach," *American Journal of Sociology* 95(1), 1989, 1–37.

Gandy, Oscar. *Beyond Agenda Setting: Information Subsidies and Public Policy*. Norwood, NJ: Ablex, 1982.

Gandy, Oscar. *Communication and Race: A Structural Perspective*. London: Edward Arnold, 1998.

Gans, Herbert. "The Famine in American Mass-Communications Research: Comments on Hirsch, Tuchman, and Gecas," *American Journal of Sociology* 77(4), January 1972, 697–705.

Gans, Herbert. *Deciding What's News*. New York: Pantheon, 1979.

Gans, Herbert. *Democracy and the News*. New York: Oxford University Press, 2003.

Garber, Marjorie, Jann Matlock, and Rebecca L. Walkowitz (eds.). *Media Spectacles*. New York: Routledge, 1992.

Garnham, Nicholas. "Contribution to a Political Economy of Mass Communication," *Media, Culture and Society* 1(2), 1979, 123–146.

Garnham, Nicholas. "The Media and the Public Sphere," in Peter Golding, Graham Murdock, and Peter Schlesinger (eds.), *Communicating Politics: Mass Communications and the Political Process*. New York: Holmes & Meier, 1986, 37–53.

Gates, Gary Paul. *Airtime: The Inside Story of CBS News*. New York: Harper and Row, 1978.

Gerald, J. Edward. *The Social Responsibility of the Press*. Minneapolis: University of Minnesota Press, 1963.

Gerbner, George. "Ideological Perspectives and Political Tendencies in News Reporting," *Journalism Quarterly* 41, 1964, 495–506.

Gerbner, George. "Institutional Pressures on Mass Communicators," in Peter Halmos (ed.), *The Sociology of Mass Media Communicators*. Keele, UK: University of Keele, 1969, 205–248.

Gerbner, George, and Larry P. Gross. "Living With Television: The Violence Profile," *Journal of Communication* 27(1), 1976, 173–199.

Gerbner, George, Hamid Mowlana, and Herbert I. Schiller (eds.), *Trimuph of the Image: The Media's War in the Persian Gulf—A Global Perspective*. Boulder, CO: Westview, 1992.

Gersh, David. "Stereotyping Journalists," *Editor and Publisher*, 5 October 1991, 18–19, 37.

Gerstle, Jacques. *La communication politique*. Paris: P.U.F., 1992.

Gieber, Walter. "Across the Desk: A Study of 16 Telegraph Editors," *Journalism Quarterly* 33(4), Fall 1956, 423–432.

Gieber, Walter. "News Is What Newspapermen Make It," in Lewis Anthony Dexter and David Manning White (eds.), *People, Society and Mass Communications*. New York: Free Press, 1964, 172–182.

Gieber, Walter, and Walter Johnson. "The City Hall Beat: A Study of Reporter and Source Roles," *Journalism Quarterly* 38(3), Summer 1961, 289–297.

Gillespie, Marie. *Television, Ethnicity, and Cultural Change*. London: Routledge, 1995.

Gitlin, Todd. "Media Sociology: The Dominant Paradigm," *Theory and Society* 6, 1978, 205–253.

Gitlin, Todd. *The Whole World Is Watching*. Berkeley: University of California Press, 1980.

Gitlin, Todd. *Media Unlimited: How the Torrent of Images and Sounds Overwhelms Our Lives*. New York: Metropolitan, 2002.

Glasgow University Media Group (GUMG). *Bad News*. London: Routledge and Kegan Paul, 1976.

Glasgow University Media Group (GUMG). *More Bad News*. London: Routledge and Kegan Paul, 1980.

Glasgow University Media Group (GUMG). *Really Bad News*. London: Routledge and Kegan Paul, 1982.

Glasgow University Media Group (GUMG). *War and Peace News*. Milton Keynes, UK: Open University Press, 1986.

Glasnost Defense Foundation. *Journalists and Journalism of Russian Province*. Moscow: Nachala, 1995.

Glasser, Theodore L. (ed.). *The Idea of Public Journalism*. New York: Guilford, 1999.

Glasser, Theodore L., and Stephanie Craft. "Public Journalism and the Search for Democratic Ideals," in Tamar Liebes and James Curran (eds.), *Media, Ritual and Identity*. London: Routledge, 1998.

Glasser, Theodore L., and James S. Ettema, "Common Sense and the Education of Young Journalists," *Journalism Educator* 44 (Summer), 1989a, 18–25, 75.

Glasser, Theodore L., and James S. Ettema. "Investigative Journalism and the Moral Order," *Critical Studies in Mass Communication* 6, 1989b, 1–20.

Glasser, Theodore L., and James S. Ettema. "When the Facts Don't Speak for Themselves: A Study of the Use of Irony in Daily Journalism," *Critical Studies in Mass Communication* 10(4), December 1993, 322–338.

Glasser, Theodore L, and James S. Ettema. *Custodians of Conscience*. New York: Columbia University Press, 1998.

Glasser, Theodore L., and Charles T. Salmon. *Public Opinion and the Communication of Consent*. New York: Guilford, 1995.

Glynn, Kevin. *Tabloid Culture: Trash Taste, Popular Power, and the Transformation of American Television*. Durham, NC: Duke University Press, 2000.

Goffman, Erving. *Forms of Talk*. Philadelphia: University of Pennsylvania Press, 1981.

Goldberg, Bernard. *Bias: A CBS Insider Exposes How the Media Distort the News*. Washington, DC: Regnery, 2001.

Golding, Peter, and Philip Elliott. *Making the News*. London: Longman, 1979.

Golding, Peter, and Sue Middleton. *Images of Welfare: Press and Public Attitudes to Poverty*. Oxford, UK: Blackwell, 1982.

Golding, Peter, and Graham Murdock, "Culture, Communications, and Political Economy," in James Curran and Michael Gurevitch (eds.), *Mass Media and Society*. London: Edward Arnold, 1991, 70–92.

Goldstein, Tom. *The News at Any Cost: How Journalists Compromise Their Ethics to Shape the News*. New York: Simon and Schuster, 1985.

Good, Howard. *Outcasts*. Metuchen, NJ: Scarecrow, 1989.

Good, Howard. *Girl Reporter*. Lanham, MD: Scarecrow, 1998.

Good, Howard. *The Drunken Journalist*. Lanham, MD: Scarecrow, 2000.

Goodman, Geoffrey. "No Short Cuts, Lady O'Neill" (Editorial), *British Journalism Review* 13(2), 2002, 3–6.

Gordon, Paul, and David Rosenberg, *Daily Racism: The Press and Black People in Britain*. London: Runnymede, 1989.

Goren, Dina. *Secrecy and the Right to Know*. Tel Aviv, Israel: Turtledove, 1979.

Graber, Doris. *Processing the News: How People Tame the Information Tide.* New York: Longman, 1984.

Graber, Doris, Denis McQuail, and Pippa Norris (eds.). *The Politics of News: the News of Politics.* Washington, DC: CQ Press, 1998.

Graham, Katharine. *Personal History.* New York: Random House, 1998.

Gray, Ann. *Video Playtime: The Gendering of a Leisure Technology.* London: Routledge, 1992.

Grayson, George. *A Guide to the 1994 Mexican Presidential Election.* Washington, DC: Center for Strategic and International Studies, 1994.

Greatbatch, David. "A Turn-Taking System for British News Interviews," *Language in Society* 17(3), 1988, 401–430.

Greatbatch, David. "Conversation Analysis: Neutralism in British News Interviews," in Allan Bell and Peter Garrett (eds.), *Approaches to Media Discourse.* Oxford, UK: Blackwell, 1997, 163–185.

Greenberg, Bradley. "Person to Person Communication in the Diffusion of a News Event," *Journalism Quarterly* 41(4), Autumn 1964, 489–494.

Greenfield, Jeff. *The Real Campaign.* New York: Simon and Schuster, 1982.

Griffin, Grahame. "An Historical Survey of Australian Press Photography," *Australian Journal of Communication* 21(1), 1994, 46–63.

Griffin, Michael. "Looking at TV-News—Strategies for Research," *Communication* 13(2), 1992, 121–142.

Griffin, Michael. "The Great War Photographs: Constructing Myths of History and Photojournalism," in Bonnie Brennen and Hanno Hardt (eds.), *Picturing the Past: Media, History and Photography.* Champaign: University of Illinois Press, 1999, 122–157.

Griffin, Michael, and Simon Kagan. "Picturing Culture in Political Spots: 1992 Campaigns in Israel and the United States," *Political Communication* 13(1), Jan-Mar 1996, 43–62.

Gronbeck, Bruce E. "Tradition and Technology in Local Newscasts: The Social Psychology of Form," *The Sociological Quarterly* 38(2), Spring 1997, 361–374.

Gross, Larry. *Up From Invisibility.* New York: Columbia University Press, 2002.

Grossman, Michael, and Martha Kumar. *Portraying the President: The White House and the News Media.* Baltimore: Johns Hopkins University Press, 1981.

Gullett, Henry. "Journalism as a Calling: A Half-Century's Impressions," *The Australasian Journalist,* 25 April 1913, 1–2; cited in Curthoys 1999.

Gulyas, Agnes. "The Development of the Tabloid Press in Hungary," in Colin Sparks and John Tulloch (eds.), *Tabloid Tales: Global Debates Over Media Standards.* Oxford: Rowman and Littlefield, 2000, 111–128.

Gunaratne, Shelton. "Old Wine in a New Bottle: Public Journalism, Developmental Journalism, and Social Responsibility," in Michael E. Roloff (ed.), *Communication Yearbook* 21. Thousand Oaks, CA: Sage, 1998, 276–321.

Gunaratne, Shelton (ed.). *Handbook of Media in Asia.* London: Sage, 2000.

Gurevitch, Michael. "The Globalization of Electronic Journalism," in James Curran and Michael Gurevitch (eds.), *Mass Media and Society*. London: Edward Arnold, 1991, 178–193.

Haas, Tanni, and Linda Steiner. "Public Journalism as a Journalism of Publics: Implications of the Habermas-Fraser Debate for Public Journalism," *Journalism: Theory, Practice, and Criticism*, August 2001.

Habermas, Jurgen. *The Structural Transformation of the Public Sphere* (Trans. Thomas Burger). Cambridge: MIT Press, 1989.

Hachten, William A. *The World News Prism*. Ames: Iowa State University Press, 1981.

Hackett, Robert A. "Decline of a Paradigm? Bias and Objectivity in News Media Studies," *Critical Studies in Mass Communication* 1(3), 229–259, 1984.

Hackett, Robert A. *News and Dissent: The Press and the Politics of Peace in Canada*. Norwood, NJ: Ablex, 1991.

Hackett, Robert A., and Yuezhi Zhao. *Sustaining Democracy? Journalism and the Politics of Objectivity*. Toronto: Garamond, 1998.

Hagerty, Bill. "How Do We Balance Privacy With Freedom?" *British Journalism Review* 14(1), 2003, 3–6.

Halberstam, David. *The Powers That Be*. New York: Laurel Books, 1979.

Halimi, Serge. *Les nouveaux chiens de garde*. Paris: Liber-Raisons d'agir, 1997.

Hall, Stuart. "The Social Eye of *Picture Post*," *Working Papers in Cultural Studies* 2. Birmingham, UK: Centre for Contemporary Cultural Studies, University of Birmingham, 1972, 71–120.

Hall, Stuart. "The Determinations of News Photographs," in Stanley Cohen and Jock Young (eds.), *The Manufacture of News*. London: Sage, 1973a.

Hall, Stuart. "Encoding and Decoding in the Television Discourse" (also called "Encoding/Decoding"), *CCCS Position Paper*. Birmingham, UK: Centre for Contemporary Cultural Studies, University of Birmingham, 1973b.

Hall, Stuart. "The Rediscovery of Ideology: Return of the Repressed in Media Studies," in Michael Gurevitch, Tony Bennett, James Curran, and Janet Woolllacott (eds.), *Culture, Society, and the Media*. London: Methuen, 1982, 56–90.

Hall, Stuart, Ian Connell, and Lidia Curti. "The 'Unity' of Current Affairs Television," *Working Papers in Cultural Studies* 9. Birmingham, UK: Centre for Contemporary Cultural Studies, University of Birmingham, 1976, 70–120.

Hall, Stuart, Charles Critcher, Tony Jefferson, John Clarke, and Brian Roberts. *Policing the Crisis*. London: Macmillan, 1978.

Hallin, Daniel C. *The Uncensored War: The Media and Vietnam*. New York: Oxford University Press, 1986.

Hallin, Daniel C. "The Passing of High Modernism of American Journalism," *Journal of Communication* 42(3), Summer 1992, 14–25.

Hallin, Daniel C. *We Keep America on Top of the World*. London: Routledge, 1994.

Hallin, Daniel C. "Sound Bite News: Television Coverage of Elections," in Shanto Iyengar and Richard Reeves (eds.), *Do the Media Govern?* Thousand Oaks, CA: Sage, 1997, 57–65.

Hallin, Daniel C. "*La Nota Roja:* Popular Journalism and the Transition to Democracy in Mexico," in Colin Sparks and John Tulloch (eds.), *Tabloid Tales: Global Debates Over Media Standards*. Oxford: Rowman and Littlefield, 2000, 267–284.

Hallin, Daniel C., and Paolo Mancini. "Political Structure and Representational Form in U.S. and Italian TV News," *Theory and Society* 13(40), 1984, 829–850.

Hallin, Daniel C., and Paolo Mancini. "Americanization, Globalization and Secularization: Understanding the Convergence of Media Systems and Political Communication in the U.S. and Western Europe," in Frank Esser and Barbara Pfetsch (eds.), *Comparing Political Communication: Theories, Cases, and Challenges*. New York: Cambridge University Press, in press.

Halloran, James, Philip Elliot, and Graham Murdock. *Demonstrations and Communication*. London: Penguin, 1970.

Hannerz, Ulf. *Foreign News: Exploring the World of Foreign Correspondents*. Chicago: University of Chicago Press, 2004.

Harcup, Tony, and Deidre O'Neill. "What Is News? Galtung and Ruge Revisited," *Journalism Studies* 2(2), May 2001, 261–280.

Hardt, Hanno. *Social Theories of the Press: Early German and American Perspectives*. Beverly Hills, CA: Sage, 1975.

Hardt, Hanno. "Without the Rank and File: Journalism History, Media Workers, and Problems of Representation," in Hanno Hardt and Bonnie Brennen (eds.), *Newsworkers: Toward a History of the Rank and File*. Minneapolis: University of Minnesota Press, 1995, 1–29.

Hardt, Hanno. "The End of Journalism: Media and Newswork in the United States," in *Javnost/The Public* 3(3), 1996: 21–41.

Hardt, Hanno, and Bonnie Brennen. "Communication and the Question of History," *Communication Theory* 3(2), 1993, 130–136.

Hardt, Hanno, and Bonnie Brennen (eds.). *Newsworkers: Toward a History of the Rank and File*. Minneapolis: University of Minnesota Press, 1995.

Hargreaves, John. *Sport, Power and Culture*. Cambridge, UK: Polity, 1986.

Hariman, Robert, and John L. Lucaites, "Performing Civic Identity: The Iconic Photograph of the Flag Raising on Iwo Jima," *Quarterly Journal of Speech* 88, 2002, 363–392.

Hariman, Robert, and John L. Lucaites, "Morality and Memory in U.S. Iconic Photography: The Image of 'Accidental Napalm,'" *Critical Studies in Mass Communication* 20, March 2003, 33–65.

Hariman, Robert, and John L. Lucaites, "Liberal Representation and Global Order: The Iconic Photograph from Tiananmen Square," in Lawrence Prelli (ed.), *Rhetoric and Display*, University of South Carolina Press, in press.

Harris, Christopher R., and Paul Martin Lester. *Visual Journalism: A Guide for New Media Professionals*. Boston: Allyn and Bacon, 2001.

Harris, Robert. *Gotcha: The Media, the Government and the Falklands Crisis*. London: Faber and Faber, 1983.

Hart, Roderick. *The Sound of Leadership.* Chicago: University of Chicago Press, 1987.
Hart-Davis, Duff. *The House the Berrys Built: Inside 'The Telegraph,' 1928–1986.* London: Hodder and Stoughton, 1991.
Hartley, John. *Understanding News.* London: Methuen, 1982.
Hartley, John. *The Politics of Pictures: the Creation of the Public in the Age of Popular Media.* London: Routledge, 1992.
Hartley, John. *Popular Reality: Journalism, Modernity, Popular Culture.* New York and London: Edward Arnold, 1996.
Hartley, John. "What Is Journalism? The View From Under a Stubbie Cap," in *Media International Australia Incorporating Culture and Policy*, 90, February 1999, 15–34.
Hartsock, John C. *A History of American Literary Journalism: The Emergence of a Modern Narrative Form.* Amherst: University of Massachussetts Press, 2001.
Hauben, Michael, and Ronda Hauben. *Netizens: On the History and Impact of Usenet and the Internet.* Los Alamitos, CA: IEEE Computer Society Press, 1997.
Hauke, Kathleen. *Ted Poston: Pioneer American Journalist.* Athens: University of Georgia Press, 1999.
Havill, Adrian. *Deep Truth: The Lives of Bob Woodward and Carl Bernstein.* New York: Birch Lane Press, 1993.
Heffer, Simon. "Spinning for a Living," *British Journalism Review* 6(4), 1995, 6–10.
Henningham, John. "Journalism as a Profession: A Reexamination," *Australian Journal of Communication* 8, 1985, 1–17.
Henningham, John. "Two Hundred Years of Australian Journalism," *Australian Cultural History* 7, 1988, 49–63.
Henningham, John (ed.). *Issues in Australian Journalism.* Melbourne: Longman Cheshire, 1990.
Henningham, John. "Multicultural Journalism: A Profile of Hawaii's Newspeople," *Journalism Quarterly* 70, 1993, 550–557.
Hensley, Thomas R. (ed.). *The Boundaries of Freedom of Expression and Order in American Democracy.* Kent, OH: Kent State University Press, 2001.
Heritage, John. "Analyzing News Interviews: Aspects of the Production of Talk for an Overhearing Audience," in Teun van Dijk (ed.), *Handbook of Discourse Analysis: Discourse and Dialogue.* London: Academic Press, 1985, 95–119.
Heritage, John, and David Greatbatch. "On the Institutional Character of Institutional Talk: The Case of News Interviews," in Deirdre Zimmerman and Don H. Boden (eds.), *Talk and Social Structure: Studies in Ethnomethodology and Conversation Analysis.* Oxford, UK: Polity, 1991, 93–137.
Herman, Edward, and Noam Chomsky. *Manufacturing Consent.* New York: Pantheon, 1988.
Hertsgaard, Mark. *On Bended Knee: The Press and the Reagan Presidency.* New York: Farrar, Straus and Giroux, 1988.
Hess, Stephen. *The Washington Reporters.* Washington, DC: Brookings Institution, 1981.

Hess, Stephen. *The Government-Press Connection: Press Officers and Their Offices*. Washington, DC: Brookings Institution, 1984.

Hess, Stephen. *International News and Foreign Correspondents*. Washington, DC: Brookings Institution, 1996.

Hess, Stephen, and Sandy Northrup. *Drawn and Quartered: The History of American Political Cartoons*. Montgomery, AL: Elliott and Clark, 1996.

Hilmes, Michele. *Radio Voices: American Broadcasting, 1922–1952*. Minneapolis: University of Minnesota Press, 1997.

Hirsch, Alan. *Talking Heads: Television's Political Talk Shows and Pundits*. New York: St. Martin's, 1991.

Hjarvard, Sig. "TV News Exchange," in Oliver Boyd-Barrett and Terhi Rantanen (eds.), *The Globalization of News*. London: Sage, 1999, 202–226.

Hjarvard, Sig. "The Study of International News," in Klaus Bruhn Jensen (ed.), *A Handbook of Media and Communication Research*. London: Routledge, 2002.

Hobson, Harold, Philip Knightley, and Leonard Russell. *The Pearl of Days: An Intimate Memoir of the Sunday Times, 1822–1972*. London: Hamish Hamilton, 1972.

Hodge, Robert, and Gunther Kress. *Language as Ideology*. London: Routledge and Kegan Paul, 1979.

Hodge, Robert, and Gunther Kress. *Social Semiotics*. Cambridge, UK: Polity, 1988.

Hoffman, Joyce. *Theodore H. White and Journalism as Illusion*. Columbia: University of Missouri Press, 1995.

Hofstetter, C. Richard. *Bias in the News*. Columbus: Ohio State University Press, 1976.

Holland, D.K. *Design Issues: How Graphic Design Informs Society*. New York: Allworth Press, 2001.

Holsti, Ole R. *Content Analysis for the Social Sciences and Humanities*. Reading, MA: Addison-Wesley, 1969.

Hopkinson, Tom. *Of This Our Time: A Journalist's Story, 1905–1950*. New York: Arrow, 1982.

Hornig, Susanna. "Framing Risk: Audience and Reader Factors," *Journalism Quarterly* 69(2), 1992, 670–690.

Hoyer, Svennik, S. Hadenius, and L. Weibull. *The Politics and Economics of the Press: A Developmental Perspective*. Beverly Hills, CA: Sage, 1975.

Hudson, Frederic. *Journalism in the United States, From 1690 to 1872*. New York: Harper, 1873.

Hughes, Helen McGill. *News and the Human Interest Story*. Chicago: University of Chicago Press, 1940.

Hurst, John, and Sally A. White. *Ethics and the Australian News Media*. Melbourne: Macmillan, 1994.

Huxford, John: "Framing the Future: Science Fiction Frames and the Press Coverage of Cloning," *Continuum: Journal of Media and Cultural Studies*, 14(2), 2000, 187–199.

Huxford, John. "Beyond the Referential: Uses of Visual Symbolism in the Press," *Journalism: Theory, Practice and Criticism* 2(1), April 2001, 45–72.
Hyams, Edward. *New Statesmanship: An Anthology.* London: Longmans, 1963.
Ickes, Harold. *America's House of Lords.* New York: Harcourt, Brace, 1939.
Inglis, Fred. *Media Theory.* Oxford, UK: Blackwell, 1990.
Inglis, Fred. *People's Witness: The Journalist in Modern Politics.* New Haven, CT: Yale University Press, 2002.
Inglis, Kenneth Stanley. *This Is the ABC.* Melbourne: Melbourne University Press, 1983.
Innis, Harold A. *The Bias of Communication.* Toronto: University of Toronto Press, 1951.
Innis, Harold A. *Empire and Communications.* Toronto: University of Toronto, 1972.
International Commission for the Study of Communication Problems. *Many Voices, One World* (The MacBride Report). Paris: UNESCO, 1980.
Ireland, Alleyne. *Adventures with a Genius: Recollections of Joseph Pulitzer.* New York: E.P. Dutton, 1969 (1920).
Iyengar, Shanto. *Is Anyone Responsible: How Television Frames Political Issues.* Chicago: University of Chicago Press, 1991.
Iyengar, Shanto, and Donald Kinder. *News That Matters.* Chicago: University of Chicago Press, 1987.
Iyengar, Shanto, and Richard Reeves (eds.). *Do the Media Govern?* Thousand Oaks, CA: Sage, 1997.
Iyengar, Shanto, and Adam Simon. "News Coverage of the Gulf Crisis and Public Opinion: A Study of Agenda-Setting, Priming and Framing," *Communication Research* 20(3), 1993, 365–383.
Jacobs, Ronald. "Producing the News, Producing the Crisis: Narrativity, Television and News Work," *Media, Culture and Society* 18(3), 1996, 373–397.
Jacobs, Ronald. *Race, Media, and the Crisis of Civil Society: From the Watts Riots to Rodney King.* Cambridge, UK: Cambridge University Press, 2000.
Jakubowicz, Karol. "Media as Agents of Change," in David Paletz, Karol Jakubowicz, and Pavao Novosel (eds.), *Glasnost and After.* Cresskill, NJ: Hampton, 1995, 19–47.
Jakubowicz, Karol. "Normative Models of Media and Journalism and Broadcasting Regulation in Central and Eastern Europe," *International Journal of Communications Law and Policy* 2, Winter, 1998/99 (http://www.digital-law.net/IJCLP).
Jamieson, Kathleen Hall. *Packaging the Presidency.* New York: Oxford University Press, 1984.
Jamieson, Kathleen Hall. *Eloquence in an Electronic Age.* New York: Oxford University Press, 1988.
Jamieson, Kathleen Hall, and Joseph N. Cappella. *Spiral of Cynicism: The Press and the Public Good.* New York: Oxford University Press, 1997.
Jamieson, Kathleen Hall, and Paul Waldman. *The Press Effect: Politicians, Journalists, and the Stories That Shape the Political World.* New York: Oxford University Press, 2002.

Janeway, Michael. *The Republic of Denial: Press, Politics, and Public Life.* New Haven, CT: Yale University Press, 2001.

Jankowsky, Nick, Ole Prehn, and James Stappers (eds.). *The People's Voice: Local Radio and Television in Europe.* London: John Libbey, 1992.

Janowitz, Morris. "Professional Models in Journalism: The Gatekeeper and the Advocate," *Journalism Quarterly* 52(4), 1975, 618–626, 662.

Jensen, Joli. *Redeeming Modernity: Contradictions in Media Criticism.* Beverly Hills, CA: Sage, 1990.

Jensen, Klaus Bruhn. *Making Sense of the News.* Aarhus, Denmark: Aarhus University Press, 1986.

Jensen, Klaus Bruhn. "The Politics of Polysemy: Television News, Everyday Consciousness, and Political Action," *Media, Culture and Society* 12(1), 1990, 55–77.

Johnson, Gerald. *What is News: A Tentative Outline.* New York: Alfred A. Knopf, 1926.

Johnson, Lesley. *The Unseen Voice: A Cultural History of Early Australian Radio.* London: Routledge, 1988.

Johnson, Stanley, and Julian Harris. *The Complete Reporter.* New York: Macmillan, 1942.

Johnstone, John W.L., Edward J. Slawski, and William W. Bowman. "The Professional Values of American Newsmen," *Public Opinion Quarterly* 36(4), 1972, 522–540.

Johnstone, John W.L., Edward J. Slawski, and William W. Bowman. *The News People.* Urbana: University of Illinois Press, 1976.

Jones, Aled. *Powers of the Press: Newspapers, Power and Public in Nineteenth-Century England.* Aldershot, UK: Scolar, 1996.

Jones, Nicholas. *Soundbites and Spin Doctors.* London: Cassell, 1995.

Jones, Roderick. *A Life in Reuters.* London: Hodder and Stoughton, 1951.

Jowett, Garth. "Toward a History of Communication," *Journalism History* 2, 1975, 34–37.

Kaniss, Phyllis. *Making Local News.* Chicago: University of Chicago Press, 1991.

Kaniss, Phyllis. *The Media and the Mayor's Race: The Failure of Urban Political Reporting.* Bloomington: Indiana University Press, 1995.

Karim, Karim H. *Islamic Peril: Media and Global Violence.* Montreal: Black Rose, 2000.

Katz, Elihu. "Journalists as Scientists," *American Behavioral Scientist,* 33(2), 1989, 238–246.

Katz, Elihu. "The End of Journalism," *Journal of Communication* 42(3), 1992, 5–13.

Katz, Elihu. *Mass Media and Participatory Democracy.* Paper presented to Middle Tennessee State University, November 7–8, 1996.

Katz, Elihu, and Paul Lazarsfeld. *Personal Influence: The Part Played by People in the Flow of Mass Communications.* New York: Free Press, 1960 (1955).

Keane, John. *The Media and Democracy.* Cambridge, UK: Polity, 1991.

Kellner, Douglas. *The Persian Gulf TV War.* Boulder, CO: Westview, 1992.

Kellner, Douglas. *From 9/11 to Terror War*. Lanham, MD: Rowman and Littlefield, 2003.

Kendrick, Alexander. *Prime Time: The Life of Edward R. Murrow*. Boston: Little, Brown, 1969.

Kenner, Hugh. "The Politics of the Plain Style," in Norman Sims (ed.), *Literary Journalism in the Twentieth Century*. New York: Oxford University Press, 1990, 183–190.

Kenney, Keith, and Chris Simpson. "Was Coverage of the 1988 Presidential Race By Washington's Two Major Dailies Biased?" *Journalism Quarterly* 70(2), 1993, 345–255.

Kessler, Lauren. *The Dissident Press: An Alternative Journalism in American History*. Beverly Hills, CA: Sage, 1984.

Kielbowicz, Richard. *News in the Mail: The Press, Post Office and Public Information, 1700-1860s*. Westport, CT: Greenwood, 1986.

Kielbowicz, Richard, and Clifford Sherer. "The Role of the Press in the Dynamics of Social Movements," in Louis Kriesberg (ed.), *Research in Social Movements, Conflict and Change*, 9. Greenwich, CT: JAI, 1986, 71–96.

King, Donna L., and Christopher Mele. "Making Public Access Television: Community Participation, Media Literacy and the Public Sphere," *Journal of Broadcasting and Electronic Media*, 43(4), 1999, 603–623.

Kingsbury, Susan Myra. *Newspapers and the News: An Objective Measurement of Ethical and Unethical Behavior By Representative Newspapers*. New York: G.P. Putnam, 1937.

Kirkpatrick, Rod. *Sworn To No Master: A History of the Provincial Press in Queensland to 1930*. Toowoomba, Australia: Darling Downs Institute Press, 1984.

Kitch, Carolyn. "A News of Feeling as Well as Fact: Mourning and Memorial in American Newsmagazines," *Journalism: Theory, Practice and Criticism* 1(2), 2000, 169–193.

Kitch, Carolyn. "'A Death in the American Family': Myth, Memory, and National Values in the Media Mourning of John F. Kennedy, Jr.," *Journalism and Mass Communication Quarterly* 79(2), Summer 2002, 294–309.

Klaidman, Stephen, and Tom L. Beauchamp. *The Virtuous Journalist*. New York: Oxford University Press, 1987.

Klapper, Joseph T. *The Effects of Mass Communication*. New York: Bureau of Applied Social Research, 1949; expanded in *The Effects of Mass Communication*. New York: The Free Press, 1960.

Klein, Ulrike. "Tabloidized Political Coverage in the German Bild-Zeitung," in Colin Sparks and John Tulloch (eds.), *Tabloid Tales: Global Debates Over Media Standards*. Oxford: Rowman and Littlefield, 2000, 177–194.

Klinenberg, Eric. *Heat Wave: A Social Autopsy of Disaster in Chicago*. Chicago: University of Chicago Press, 2003.

Knightley, Philip. *The First Casualty: The War Correspondent as Hero, Propagandist and Myth-Maker from the Crimea to Vietnam*. London: Andre Deutsch, 1975.

Knightley, Philip. *A Hack's Progress.* Toronto: Random House of Canada, 1998.
Kobler, J.F. *Ernest Hemingway: Journalist and Artist.* Ann Arbor: University of Michigan Press.
Kobre, Sidney. *The Development of the Colonial Newspaper.* Pittsburgh, PA: Colonial Press, 1944.
Kobre, Sidney. *Foundations of American Journalism.* Tallahassee: Florida State University, 1958.
Kobre, Sidney. *Modern American Journalism.* Tallahassee: Florida State University, 1959.
Kobre, Sidney. *The Yellow Press and Guilded Age Journalism.* Tallahassee: Florida State University, 1964.
Kobre, Sidney. *Development of American Journalism.* Dubuque, IA: William C Brown, 1969.
Kocher, Renata. "Bloodhounds or Missionaries? Role Definitions of British and German Journalists," *European Journal of Communication* 1(1), 1986, 43–64.
Koss, Stephen. *The Rise and Fall of the Political Press in Britain* (Vols. 1 and 2). London: Hamish Hamilton, 1981, 1984.
Kreiling, Albert. "The Commercialization of the Black Press and the Rise of Race News in Chicago," in William S. Solomon and Robert W. Mcchesney (eds.), *Ruthless Criticism: New Perspectives in U.S. Communication History.* Minneapolis: University of Minnesota Press, 1993, 176–203.
Kress, Gunther. "Linguistic and Ideological Transformations in News Reporting," in Paul Walton and Howard Davis (eds.), *Language, Image, Media,* Oxford, UK: Blackwell, 1983, 120–139.
Kress, Gunther, and Tony Trew. "Ideological Transformations of Discourse: Or, How the Sunday Times Got Its Message Across," *Sociological Review* 26(4), November 1978, 755–776.
Kress, Gunther, and Theo van Leeuwen. *Reading Images: The Grammar of Visual Design.* London: Routledge, 1996.
Kress, Gunther, and Theo van Leeuwen, "Front Page: (The Critical) Analysis of Newspaper Layout," in Allan Bell and Peter Garrett (eds.), *Approaches to Media Discourse.* Oxford, UK: Blackwell, 1997, 186–219.
Kucinski, Bernardo. *Jornalistas e revolucionarios: Nos tempos da imprensa alternative.* Sao Paulo: Scritta Editorial, 1991; cited in Waisbord 2000.
Kuhn, Raymond. *The Media in France.* London: Routledge, 1995.
Kuhn, Raymond, and Erick Neveu (eds.). *Political Journalism: New Challenges, New Practices.* London: Routledge, 2002.
Kuiper, Koenraad. *Smooth Talkers: The Linguistic Performance of Auctioneers and Sportscasters.* Mahwah, NJ: Lawrence Erlbaum, 1996.
Kuklinski, James H., and Lee Sigelman. "When Objectivity is Not Objective: Network Television News Coverage of U.S. Senators and the 'Paradox of Objectivity.'" *The Journal of Politics* 54(3), 1992, 810–833.
Kumar, Krishan. "Holding the Middle Ground: The BBC, the Public and the Professional Broadcaster," in James Curran, Michael Gurevitch, and Janet

Woollacott (eds.), *Mass Communication and Society.* London: Edward Arnold, 1977, 231–248.

Kurtz, Howard. *Spin Cycle: Inside the Clinton Propaganda Machine.* New York: Free Press, 1998.

Kynaston, David. *The Financial Times: A Centenary History.* London: Viking, 1988.

Lafky, Sue A. "The Progress of Women and People of Color in the U.S. Journalistic Workforce," in Pam Creedon (ed.), *Women in Mass Communication.* Newbury Park, CA: Sage 1993, 87–103.

Lambert, Andrew, and Stephen Badsey. *The Crimean War (The War Correspondents).* Dover, NH: Sutton, 1997.

Land, Jeff. *Active Radio: Pacifica's Brash Experiment.* Minneapolis: University of Minnesota Press, 1999.

Lang, Kurt. "The European Roots," in Everette E. Dennis and Ellen Wartella (eds.), *American Communication Research: the Remembered History.* Mahwah, NJ: Lawrence Erlbaum, 1996, 1–20.

Lang, Kurt, and Gladys Lang. "The Unique Perspective of Television and Its Effect," *American Sociological Review* 18(1), 1953, 103–112.

Lang, Kurt, and Gladys Lang. *The Battle for Public Opinion.* New York: Columbia University Press, 1983.

Langer, John. *Tabloid Television: Popular Journalism and the "Other News."* London: Routledge, 1998.

Larson, Cedric. "Censorship of Army News During the World War, 1917–1918," *Journalism Quarterly* 17(4), 1940, 313–323.

Lasswell, Harold. "A Provisional Classification of Symbol Data," *Psychiatry* (1), May 1938, 197–204.

Lasswell, Harold. "The World Attention Survey: An Exploration of the Possibilities of Studying Attention Being Given to the United States by Newspapers Abroad," *Public Opinion Quarterly* 5(3), 1941, 456–462.

Lasswell, Harold. "The Structure and Function of Communication in Society," in Lyman Bryson (ed.), *The Communication of Ideas.* New York: Harper, 1948, 37–51.

Lasswell, Harold. *Propaganda Technique in the World War.* Cambridge: MIT Press, 1971 (1927).

Lasswell, Harold, and Dorothy Jones. "Communist Propaganda in Chicago," *Public Opinion Quarterly* 3(1), January 1939, 63–78.

Lazarsfeld, Paul. "Remarks on Administrative and Critical Communications Research," *Studies in Philosophy and Social Science* 9(1), 1941, 2–16.

Lazarsfeld, Paul. "The Sociology of Empirical Social Research," *American Sociological Review* 27(6), 1962, 757–767.

Lazarsfeld, Paul, Bernard Berelson, and Hazel Gaudet. *The People's Choice.* New York: Duell, Sloan and Pearce, 1944.

Lazarsfeld, Paul, and Elihu Katz. *Personal Influence.* New York: Free Press, 1960.

Lazarsfeld, Paul, and Robert Merton. "Mass Communication, Popular Taste, and Organized Social Action," in Lyman Bryson (ed.), *The Communication of Ideas.* New York: The Institute for Religious and Social Studies, 1948, 95–118.

Lazarsfeld, Paul, William Sewell, and Harold Wilensky (eds.). *The Uses of Sociology*. New York: Basic Books, 1967.

Lee, Alan J. *The Origins of the Popular Press in England, 1855–1914*. London: Croom Helms, 1976.

Lee, Chin-Chuan. "Beyond Orientalist Discourses: Media and Democracy in Asia," *Javnost—The Public* 8(2), 2001, 7–19.

Lee, James Melvin. *History of American Journalism*. Boston and New York: Houghton Mifflin, 1917.

Leitner, Gerhard. "BBC English and *Deutsche Rundfunksprache*: A Comparative and Historical Analysis of the Language on the Radio," *International Journal of the Sociology of Language* 26, 1980, 75–100.

Leo, John. "Bloopers of the Century." *Columbia Journalism Review*, January/February 1999, 38–40.

Leonard, Thomas. *The Power of the Press*. New York: Oxford University Press, 1986.

Leonard, Thomas. *News For All: America's Coming of Age With the Press*. New York: Oxford University Press, 1995.

Lerner, Daniel. *The Passing of Traditional Society*. New York: Free Press, 1958.

Lester, Paul Martin. *Visual Communication: Images With Messages*. New York: Wadsworth, 1995.

Lett, James. "An Anthropological View of Television Journalism," *Human Organization* 46(4), 1987, 356–359.

Levy, Mark. "Disdaining the News," *Journal of Communication* 31(3), 1981, 24–41.

Lewin, Kurt. "Channels of Group Life," *Human Relations* 1, 1947, 143–153.

Lewinski, Jorge. *The Camera at War: A History of War Photography From 1848 to the Present Day*. London: W.H. Allen, 1978.

Lewis, Jeff. *Cultural Studies: The Basics*. London: Sage, 2002.

Lewis, Justin. *The Ideological Octopus: An Exploration of Television and Its Audience*. London: Routledge, 1991.

Lewis, Justin. "The Absence of Narrative: Boredom and the Residual Power of Television News," *Journal of Narrative and Life History* 41(1–2), 1994, 25–40.

Lichter, Robert, Stanley Rothman, and Linda S. Lichter. *The Media Elite*. Bethesda, MD: Adler and Adler, 1986.

Liebes, Tamar. *Reporting the Arab-Israeli Conflict: How Hegemony Works*. London: Routledge, 1997.

Liebovich, Louis W. *The Press and the Modern Presidency*. New York: Praeger, 2001.

Linder, Laura R. *Public Access Television: America's Electronic Soapbox*. Westport, CT: Praeger, 1999.

Lippmann, Walter. *Drift and Mastery*. New York: Mitchell Kennedy, 1914.

Lippmann, Walter. *The Phantom Public*. New York: Macmillan, 1925.

Lippmann, Walter. *Public Opinion*. New York: Harcourt Brace, 1960 [1922].

Lippmann, Walter, and Charles Merz. "A Test of the News," *New Republic* 23, 4 August 1920, sup. 1–42.

Littlewood, Thomas B. *Calling Elections: The History of Horse-Race Journalism.* Notre Dame, IN: University of Notre Dame Press, 1998.

Lloyd, Clem. *Profession: Journalist. A History of the Australian Journalists' Association.* Sydney: Hale and Iremonger, 1985.

Lont, Cynthia M. (ed.). *Women and Media: Content/Careers/Criticism.* Belmont, CA: Wadsworth. 1995.

Lowenthal, Leo. "The Triumph of Mass Idols," in *Literature, Popular Culture, and Society.* Englewood Cliffs, NJ: Prentice Hall, 1961 (1944).

Lucaites, John L., and Celeste Condit. "Re-Constructing Narrative Theory: A Functional Perspective," *Journal of Communication* 35, 1985, 90–109.

Lukes, Steven. "Political Ritual and Social Integration," *Sociology* 9(2), May 1975, 289–308.

Lule, Jack. "The Political Use of Victims: The Shaping of the *Challenger* Disaster," *Political Communication and Persuasion* 7, 1989a, 115–128.

Lule, Jack. "Victimage in *Times* Coverage of the KAL Flight 007 Shooting, " *Journalism Quarterly* 66, 1989b, 615–620.

Lule, Jack. "The Rape of Mike Tyson: Race, the Press, and Symbolic Types," *Critical Studies in Mass Communication* 12, 1995, 176–195.

Lule, Jack. *Daily News, Eternal Stories: The Mythological Role of Journalism.* New York: Guilford, 2001.

Lule, Jack. "Myth and Terror on the Editorial Page: The *New York Times* Responds to September 11, 2001," *Journalism and Mass Communication Quarterly* 79(2), Summer 2002, 275–293.

Lumby, Catharine. *Gotcha: Life in a Tabloid World.* Sydney: Allen & Unwin, 1999.

Lutnick, Solomon. *The American Revolution and the British Press, 1775–1783.* Columbia: University of Missouri Press, 1967.

Magee, James. *Freedom of Expression.* Westport, CT: Greenwood, 2002.

Mancini, Paolo. "Simulated Interaction: How the Television Journalist Speaks," *European Journal of Communication* 3(2), 1988, 151–166.

Mancini, Paolo. "Old and New Contradictions in Italian Journalism," *Journal of Communication* 42(3), 1992, 42–47.

Mander, Mary. "Communication Theory and History," in Mary Mander (ed.), *Communications in Transition.* New York: Praeger, 1983, 7–19.

Mander, Mary. "Narrative Dimensions of the News: Omniscience, Prophecy, and Morality," *Communication* 10(1), 1987, 51–70.

Mander, Mary (ed.). *Framing Friction: Media and Social Conflict.* Urbana: University of Illinois Press, 1998.

Manoff, Robert. "Understanding the Soviet Other: Speculations on the End of History, the End of the Cold War, and the End of Journalism," in James W. Fernandez and Milton B. Singer (eds.), *The Conditions of Reciprocal Understanding.* Chicago: University of Chicago Press, 1995.

Manoff, Robert K., and Michael Schudson (eds.). *Reading the News.* New York: Pantheon, 1986.

Marletti, Carlo, and Franka Roncarolo. "Media Influence in the Italian Transition from a Consensual to a Majoritarian Democracy," in Richard Gunther and Anthony Mughan (eds.), *Democracy and the Media*. Cambridge, UK: Cambridge University Press, 2000.

Marlier, John. "Fifteen Minutes of Glory: A Burkean Analysis of Press Coverage of Oliver North's Testimony," *Political Communication and Persuasion* 6, 1989, 269–288.

Marques de Melo, Jose. "Communication Theory and Research in Latin America: A Preliminary Balance of the Past Twenty-five Years," *Media, Culture and Society* 10(4), 1988, 405–418.

Martin-Barbero, Jesus. *Communication, Culture and Hegemony: From the Media to Mediations*. London: Sage, 1993.

Martin-Clark, Nick. "When a Journalist Must Tell," *British Journalism Review* 14(2), 2003, 35–39.

Marvin, Carolyn. "Space, Time and Captive Communications," in Mary Mander (ed.), *Communication in Transition*. New York: Praeger, 1983, 20–38.

Marvin, Carolyn. *When Old Technologies Were New: Thinking About Communications in the Late Nineteenth Century*. New York: Oxford University Press, 1988.

Marvin, Carolyn (with David Ingle). *Blood Sacrifice and the Nation*. New York: Cambridge University Press, 1999.

Marzolf, Marian. "Operationalizing Carey: An Approach to the Cultural History of Journalism," *Journalism History* 2(2), 1975, 42–43.

Masterton, Murray. *Asian Values in Journalism*. Singapore: AMIC (Asian Media. Information and Communication Center), 1996.

Mattelart, Armand. *Mass Media, Ideologies, and the Revolutionary Movement*. Brighton, UK: Harvester, 1980.

Mattelart, Armand, and Hector Schmucler. *Communication and Information Technologies: Freedom of Choice for Latin America?* Norwood, NJ: Ablex, 1985.

Matusow, Barbara. *The Evening Stars*. Boston: Houghton Mifflin, 1983.

Mayer, Henry. *The Press in Australia*. Melbourne: Landsdowne, 1964.

Mayes, Tessa. "Privacy in the Confessional Age," *British Journalism Review* 13(4), 2002, 67–73.

Mazzoleni, Gianpetro, Julianne Stewart, and Bruce Horsfield (eds.). *The Media and Neo-Populism: A Contemporary Comparative Analysis*. Westport, CT: Praeger, 2003.

McChesney, Robert. *Telecommunications, Mass Media and Democracy: The Battle for the Control of U.S. Broadcasting, 1928–1935*. New York: Oxford University Press, 1993.

McChesney, Robert. *Rich Media, Poor Democracy*. Champaign: University of Illinois Press, 1999.

McCombs, Maxwell, and Donald Shaw. "The Agenda Setting Function of the Press," *Public Opinion Quarterly* 36(2), 1972, 176–187.

McCombs, Maxwell, Donald Shaw, and David Weaver (eds.). *Communication and Democracy: Exploring the Intellectual Frontiers in Agenda-Setting Theory*. Mahwah, NJ: Lawrence Erlbaum, 1997.

McGerr, Michael. *The Decline of Popular Politics: The American North, 1865–1928*. Bridgewater, NJ: Replica, 2001.
McKerns, Joseph. "The Limits of Progressive Journalism History," *Journalism History* 4, Autumn 1977, 88–92.
McLeod, Jack, and Searle E. Hawley. "Professionalization Among Newsmen," *Journalism Quarterly* 41(4), 1964, 529–539.
McLuhan, Marshall. *Understanding Media: The Extensions of Man*. New York: McGraw-Hill, 1964.
McManus, John. *Market Driven Journalism: Let the Citizen Beware*. Thousand Oaks, CA: Sage, 1994.
McNair, Brian. *Glasnost, Perestroika and the Soviet Media*. London: Routledge, 1991.
McNair, Brian. *The Sociology of Journalism*. London: Edward Arnold, 1998.
McNair, Brian. *Journalism and Democracy*. London: Routledge, 2000a.
McNair, Brian. "Journalism and Democracy: A Millenial Audit," *Journalism Studies*, 1(2), May 2000b, 197–212.
McNelly, John T. "Intermediary Communicators in the International Flow of News," *Journalism Quarterly* 36, 1959, 23–26.
McQuail, Denis. *Mass Communication Theory*. London: Sage, 1987.
McQuail, Denis. *Media Performance: Mass Communication and the Public Interest*. London: Sage, 1992.
McQuail, Denis, Doris Graber, and Pippa Norris. "Conclusion: Challenges for Public Policy," in Doris Graber, Denis McQuail, and Pippa Norris (eds.), *The Politics of News: The News of Politics*. Washington, DC: CQ Press, 1998, 251–257.
Meadel, Cecile. *Histoire de la radio dans les annees trente*. Paris: Anthropos/INA, 1994.
Meinhof, Ulrike, and Kay Richardson (eds.). *Text, Discourse and Context: Representations of Poverty in Britain*. Harlow, UK: Longman, 1994.
Merrill, John. *The Imperative of Freedom: A Philosophy of Journalistic Autonomy*. New York: Hastings House, 1974.
Merrill, John, and John Nerone, "The Four Theories of the Press Four and a Half Decades Later: A Retrospective," *Journalism Studies* 3(1), February 2002, 133–136.
Merritt, Davis. *Public Journalism and Public Life: Why Telling the News Is Not Enough*. Hillsdale, NJ: Lawrence Erlbaum, 1995.
Meyer, Philip. *Editors, Publishers, and Newspaper Ethics*. Washington, DC: American Society of Newspaper Editors, 1983.
Meyer, Philip. *Ethical Journalism*. New York: Longman, 1987.
Meyers, Marian. "News of Battering," *Journal of Communication* 44(2), 1994, 47–63.
Meyers, Oren. "Still Photographs, Dynamic Memories: Independence Day in Israeli Periodicals," *Communication Review* 5(3), 2002, 179–205.
Mickiewicz, Ellen. *Changing Channels: Television and the Struggle for Power in Russia*. New York: Oxford University Press, 1997.
Mickiewicz, Ellen. "Transition and Democratization: The Role of Journalists in Eastern Europe and the Former Soviet Union," in Doris Graber, Denis McQuail, and Pippa Norris (eds.), *The Politics of News: the News of Politics*. Washington, DC: CQ Press, 1998, 33–56.

Mill, John Stuart. *On Liberty*. London: J.W. Parker and Son, 1859.
Miller, David, Jenny Kitzinger, Kevin Williams, and Peter Beharrel. *The Circuit of Mass Communication*. London: Sage, 1998.
Miller, Toby. *Technologies of Truth: Cultural Citizenship and the Popular Media*. Minneapolis: University of Minnesota Press, 1998.
Miller, Toby. "Tomorrow Will be Risky . . . and Disciplined," in James Friedman (ed.), *Reality Squared: Televisual Discourse on the Real*. New Brunswick, NJ: Rutgers University Press, 2002, 203–220.
Mindich, David T.Z. *Just the Facts: How "Objectivity" Came to Define Journalism*. New York: New York University Press, 1998.
Mindich, David T.Z. *Tuned Out: Why Young People Don't Follow the News*. New York: Oxford University Press, in press.
Moeller, Susan D. *Shooting War*. New York: Basic Books, 1989.
Moffett, E. Albert. "Hometown Radio in 1942: The Role of Local Stations During the First Year of Total War," *American Journalism* 3, 1986, 87–98.
Mohammadi, Ali (ed.). *International Communication and Globalization*. Thousand Oaks, CA: Sage, 1997.
Molotch, Harvey. "Media and Movements," in John MacCarthy and Mayer N. Zald (eds.), *The Dynamics of Social Movements*. Cambridge, UK: Winthrop, 1979, 71–93.
Molotch, Harvey, and Marilyn Lester. "News as Purposive Behavior," in *American Sociological Review* 39(6), 1974, 101–112.
Monmonier, Mark. *Maps With the News: The Development of American Journalistic Cartography*. Chicago: University of Chicago Press, 1989.
Montgomery, Martin. *An Introduction to Language and Society*. London: Methuen, 1986a.
Montgomery, Martin. "DJ Talk," *Media, Culture and Society* 8(4), 1986b, 421–440.
Moore, Molly. *A Woman at War: Storming Kuwait With the U.S. Marines*. New York: Scribner, 1993.
Moriarty, Sandra E., and Mark N. Popovich, "Newsmagazine Visuals and the 1988 Presidential Election," *Journalism Quarterly* 68(3), 1991, 371–380.
Morison, Stanley. *The English Newspaper*. Cambridge, UK: Cambridge University Press, 1932.
Morley, David. *The Nationwide Audience*. London: BFI, 1980.
Morris, Nancy, and Silvio Waisbord (eds.). *Media and Globalization: Why the State Matters*. Lanham, MD: Rowman and Littlefield, 2001.
Morrison, David, and Howard Tumber. *Journalists at War: The Dynamics of News Reporting During the Falklands War*. London: Sage, 1988.
Mosco, Vincent. *The Political Economy of Communication*. Thousand Oaks, CA: Sage, 1996.
Mott, Frank Luther. *American Journalism: A History of Newspapers in the United States Through 250 Years: 1690–1940*. New York: Macmillan, 1962 (1941).
Mowlana, Hamid. *Global Communication in Transition: The End of Diversity?* Thousand Oaks, CA: Sage, 1996.

Munster, George. *Rupert Murdoch*. New York: Viking, 1985.

Murdock, Graham, and Peter Golding, "The Structure, Ownership and Control of the Press, 1914–76," in George Boyce, James Curran, and Pauline Wingate (eds.), *Newspaper History From the Seventeenth Century to the Present Day*. Beverly Hills, CA: Sage, 1978, 130–150.

Murrow, Edward R. *This Is London*. New York: Simon and Schuster, 1941.

Nasaw, David. *The Chief: The Life of William Randolph Hearst*. New York: Houghton Mifflin, 2000.

Neal, Robert Miller. *Newspaper Deskwork*. New York: D. Appleton, 1933.

Nerone, John. "The Mythology of the Penny Press," *Critical Studies in Mass Communication* 4, December 1987, 376–404.

Nerone, John. "Theory and History," *Communication Theory* 3(2), May 1993, 148–157.

Nerone, John. *Violence Against the Press*. New York: Oxford University Press, 1994.

Nerone, John (ed.). *Last Rights: Revisiting the Four Theories of the Press*. Urbana: University of Illinois Press, 1995.

Neuman, W. Russell, Marion R. Just, and Ann N. Crigler. *Common Knowledge: News and the Construction of Political Meaning*. Chicago: University of Chicago Press, 1992.

Neveu, Erik. *Sociologie des mouvements sociaux*. Paris: Editions la Decouverte, 1996.

Neveu, Erik. "Media and Politics in French Political Science," *European Journal of Political Research* 33(4), 1998, 439–458.

Neveu, Erik. "Politics on French Television: Towards a Renewal of Political Journalism and Debate Frames?" *European Journal of Communication* 14(3), 1999, 379–409.

Nevins, Alan. "American Journalism and Its Historical Treatment," *Journalism Quarterly* 36(4), 1959, 411–422, 519.

Newton, Julianne H. *The Burden of Visual Truth: The Role of Photojournalism in Mediating Reality*. Mahwah, NJ: Lawrence Erlbaum, 2001.

Nichols, Bill. *Representing Reality: Issues and Concepts in Documentary*. Bloomington: Indiana University Press, 1991.

Nimmo, Dan, and James E. Combs, *Mediated Political Realities*. New York: Longman, 1983.

Nimmo, Dan, and James E. Combs. *Nightly Horrors: Crisis Coverage in Television Network News*. Knoxville: University of Tennessee Press, 1985.

Nimmo, Dan, and James E. Combs. *Political Pundits*. New York: Praeger, 1992.

Nir, Raphael. *Lashon, medyum u-meser*. Jerusalem: Pozner, 1984.

Noelle-Neumann, Elizabeth. "Return to the Concept of Powerful Mass Media," *Studies of Broadcasting* 9, 1973, 66–112.

Nord, David Paul. "A Plea for Journalism History," *Journalism History* 15(1), Spring 1988, 8–15.

Nord, David Paul. "The Nature of Historical Research," In Guido H. Stempel and Bruce Westley (eds.), *Research Methods in Mass Communication*, Englewood Cliffs, NJ: Prentice Hall, 1989, 290–315.

Nord, David Paul. *Communities of Journalism: A History of American Newspapers and the Their Readers*. Urbana: University of Illinois Press, 2001.

Nord, David Paul. *Faith in Reading: Religious Publishing and the Birth of Mass Media in America, 1790-1860*. New York: Oxford University Press, in press.

Nordenstreng, Kaarle. "Beyond the Four Theories of the Press," in Jan Servaes and Rico Lie (eds.), *Media and Politics in Transition: Cultural Identity in the Age of Globalization*. Leuven, Belgium: Acco, 1997, 97–109.

Nordenstreng, Kaarle, and Hifzi Topuz (eds.). *Journalist: Status, Rights, and Responsibilities*. Prague: International Organization of Journalists, 1989.

Nordenstreng, Kaarle, Elena Vartanova, and Yassen Zassoursky (eds.). *Russian Media Challenge*. Helsinki, Finland: Aleksanteri Institute, 2001.

Olasky, Marvin N. *Central Ideas in the Development of American Journalism: A Narrative History*. Mahwah, NJ: Lawrence Erlbaum, 1991.

Orren, Gary R. "Thinking About the Press and Government," in Martin Linsky (ed.), *Impact: How the Press Affects Federal Policymaking*. New York: Norton, 1986, 1–20.

Orwell, George. "Why I Write," *Gangrel*, Summer 1946.

Orwell, George. *Smothered Under Journalism, 1946*. London: Martin Secker and Warburg, Ltd., 1999.

Osborne, Graeme, and Glen Lewis. *Communication Traditions in Twentieth Century Australia*. Oxford, UK: Oxford University Press, 1995.

Ouellette, Laurie. *Viewers Like You?* New York: Columbia University Press, 2002.

Paletz, David, and Robert Entman. *Media, Power, Politics*. New York: Free Press, 1982.

Paletz, David, Karol Jakubowicz, and Pavao Novosel (eds.). *Glasnost and After*. Cresskill, NJ: Hampton, 1995.

Pan, Zhongdang, and Gerald Kosicki, "Framing Analysis: An Approach to News Discourse," *Political Communication* 10, 1993, 55–75.

Parenti, Michael. *Inventing Reality: The Politics of the Mass Media*. New York: St. Martin's, 1986.

Park, Robert E. "The Natural History of the Newspaper," In Robert E. Park, Ernest W. Burgess, and Roderick D. McKenzie (eds.), *The City*. Chicago: University of Chicago Press, 1925, 80–98.

Park, Robert E. "News as a Form of Knowledge," *American Journal of Sociology* 45, March 1940, 669–686.

Park, Robert E., Ernest W. Burgess, and Roderick D. McKenzie (eds.), *The City*. Chicago: University of Chicago Press, 1925.

Parton, James. *The Life and Times of Benjamin Franklin*. Boston: Houghton Mifflin, 1864.

Pasley, Jeffrey L. *The Tyranny of Printers: Newspaper Politics in the Early American Republic*. Charlottesville: University of Virginia Press, 2003.

Patterson, Thomas. *Out of Order*. New York: Alfred A. Knopf, 1993.

Patterson, Thomas. "Political Roles of the Journalist," in Doris Graber, Denis McQuail, and Pippa Norris (eds.), *The Politics of News, the News of Politics*. Washington, DC: CQ Press, 1998, 17–32.

Patterson, Thomas, and Wolfgang Donsbach. "News Decisions: Journalists as Partisan Actors," *Political Communication* 13(4), 1996, 455–468.

Pauly, John J. "Rupert Murdoch and the Demonology of Professional Journalism," in James Carey (ed.), *Media, Myths, and Narratives*. Newbury Park, CA: Sage, 1988, 246–261.

Pauly, John J. "The Politics of the New Journalism," in Norman Sims (ed.), *Literary Journalism in the Twentieth Century*. New York: Oxford University Press, 1990, 110–129.

Pauly, John J. "Public Journalism in International Perspective," *Communication Research Trends* 19(4), 1999a, 1–47.

Pauly, John. "Journalism and the Sociology of Public Life," in Theodore L. Glasser (ed.), *The Idea of Public Journalism*. New York: Guilford, 1999b, 134–151.

Pauly, John, and Melissa Eckert, "The Myth of 'the Local' in American Journalism," *Journalism and Mass Communication Quarterly* 79(2), Summer 2002, 310–326.

Pavlik, John. *Journalism and New Media*. New York: Columbia University Press, 2001.

Payne, Jack. *This is Jack Payne*. London: Marston, 1932.

Payne, Jack. *Signature Time*. Edinburgh: Simon Paul, 1947.

Pearson, Roberta, and John Hartley (eds.). *American Cultural Studies: A Reader*. Oxford, UK: Oxford University Press, 2000.

Pedelty, Mark. *War Stories: The Culture of Foreign Correspondents*. London: Routledge, 1995.

Perlmutter, David. *Foreign Policy and Photojournalism: Icons of Outrage in International Crises*. Westport, CT: Praeger, 1998.

Perrineau, Pascal, Gerard Grunberg, and Colette Ysmal. *Europe at the Polls: The European Elections of 1999*. New York: Palgrave, 2002.

Persico, Joseph E. *Edward R. Murrow: An American Original*. New York: McGraw-Hill, 1988.

Peters, John Durham. "Public Journalism and Democratic Theory: Four Challenges," in Theodore L. Glasser (ed.), *The Idea of Public Journalism*. New York: Guilford, 1999, 99–117.

Peterson, Sophia. "Foreign News Gatekeepers and Criteria of Newsworthiness," *Journalism Quarterly* 56, 1979, 116–125.

Peterson, Sophia. "International News Selection by the Elite Press," *Public Opinion Quarterly* 45(2), 1981, 143–63.

Pfaff, Daniel W. *Joseph Pulitzer II and the Post-Dispatch: A Newspaperman's Life*. University Park: Pennsylvania State University Press, 1991.

Pfetsch, Barbara. "Government News Management," in Doris Graber, Denis McQuail, and Pippa Norris (eds.), *The Politics of News: the News of Politics*. Washington, DC: CQ Press, 1998, 70–93.

Phillips, Angela, and Ivor Gaber. "The Case for Media Degrees," *British Journalism Review* 7(3), 1996, 62–65.

Philo, Greg. *Seeing and Believing*. London: Routledge, 1990.

Philo, Greg (ed.). *Message Received: Glasgow Media Group Research, 1993–1998*. Harlow, UK: Longman, 1999.

Picard, Robert. *The Press and the Decline of Democracy*. Westport, CT: Greenwood, 1985.

Picard, Robert (ed.). *New Perspectives on Newspaper Ownership and Operation*. Norwood, NJ: Ablex, 1988.

Pilger, John. *Heroes*. London: Jonathan Cape, 1986.

Pollard, James E. *The Presidents and the Press*. New York: Macmillan, 1947.

Popkin, Jeremy. *The Right-Wing Press in France, 1792–1800*. Chapel Hill: University of North Carolina Press, 1980.

Popkin, Jeremy. *Press, Revolution, and Social Identities in France, 1830–1835*. Pennsylvania State University Press, 2001.

Popkin, Jeremy, Steven Kaplan, and Keith Baker (eds.). *Revolutionary News: The Press in France, 1789–1799*. Durham, NC: Duke University Press, 1990.

Popkin, Samuel L. *The Reasoning Voter: Communication and Persuasion in Presidential Campaigns*. Chicago: University of Chicago Press, 1991.

Postman, Neil, and Steve Powers. *How to Watch TV News*. New York: Penguin, 1992.

Potter, Jonathan. *Representing Reality: Discourse, Rhetoric and Social Construction*. Thousand Oaks, CA: Sage, 1996.

Potter, Jonathan, and Margaret Wetherell. *Discourse and Social Psychology*. Thousand Oaks, CA: Sage, 1987.

Press, Charles, and Kenneth Verburg. *American Politicians and Journalists*. Glenview, IL: Scott, Foresman, 1988.

Price, Monroe E. *Television, the Public Sphere, and National Identity*. New York: Oxford University Press, 1995.

Price, Monroe E. *Media and Sovereignty*. Cambridge: MIT Press, 2002.

Price, Vincent, and David Tewksbury. "News Values and Public Opinion: A Theoretical Account of Media Priming and Framing," in George Barnett and Franklin J. Boster (eds.), *Progress in the Communication Sciences*. Norwood, NJ: Ablex, 1997, 173–212.

Pringle, John Douglas. *Have Pen: Will Travel*. London: Chatto and Windus, 1973.

Protess, David L., Fay Lomax Cook, Margaret Gordon, and James Ettema. *The Journalism of Outrage*. New York: Guilford, 1991.

Putnam, Robert. *Bowling Alone: The Collapse and Revival of American Community*. New York: Simon and Schuster, 2001.

Pye, Lucian. *Communications and Political Development*. Princeton, NJ: Princeton University Press, 1963.

Rall, Ted (ed.). *Attitude: The New Subversive Political Cartoonists*. New York: NBM Publishing, 2002.

Ramanathan, Sankaran, and Jan Servaes. *Asia Reporting Europe and Europe Reporting Asia: A Study of News Coverage*. Singapore: AMIC (Asia Media Information and Communication Center), 1997.

Rather, Dan. *The Camera Never Blinks*. New York: Ballantine, 1977.

Reese, Stephen D. "The News Paradigm and the Ideology of Objectivity: A Socialist at the *Wall Street Journal*," *Critical Studies in Mass Communication* 7(4), 1990, 390–409.

Reese, Stephen D. "Prologue: Framing Public Life," in Stephen D. Reese, Oscar Gandy, Jr., and August Grant (eds.), *Framing Public Life*. Mahwah, NJ: Lawrence Erlbaum, 2001, 7–31.

Reese, Stephen D., Oscar Gandy, Jr., and August Grant (eds.). *Framing Public Life*. Mahwah, NJ: Lawrence Erlbaum, 2001.

Reeves, Jimmie, and Richard Campbell. *Cracked Coverage: Television News, the Anti-Cocaine Crusade, and the Reagan Legacy*. Durham: Duke University Press, 1994.

Reid, Robert D., and Curtis MacDougall. *Interpretative Reporting*. New York: Prentice Hall, 1987.

Reif, Karlheinz (ed.). *Ten European Elections: Campaigns and Results of the 1979/81 First Direct Elections to the European Parliament*. Aldershot, UK: Gower, 1985.

Reif, Karlheinz, and Hermann Schmitt. "Nine Second-Order National Elections: A Conceptual Framework for the Analysis of European Election Results," *European Journal of Political Research* 8, 1980, 3–44.

Reith, John C.W. *Into the Wind*. London: Hodder and Stoughton, 1949.

Riddell, Lord. "The Psychology of the Journalist," *Journalism By Some Masters of the Craft*, 1932, in Michael Bromley and Tom O'Malley (eds.), *A Journalism Reader*. London: Routledge, 1997, 110–117.

Riddell, Mary. "Guy Black: In the Eye of the Hurricane," *British Journalism Review* 14(1), 2003, 7–16.

Riley, Sam (ed.). *American Magazine Journalists, 1741–1900* (Vols. 1 and 2). Detroit, MI: Gale Research, 1988–1989.

Rivers, William, Wilbur Schramm, and Clifford Christians. *Responsibility in Mass Communications*. New York: Harper and Row, 1980.

Roberts, Chalmers M. *The Washington Post: The First 100 Years*. Boston: Houghton Mifflin, 1977.

Roberts, Chalmers M. *In the Shadow of Power: The Story of the Washington Post*. Cabin John, MD: Seven Locks, 1989.

Robinson, John, and Mark Levy. *The Main Source: Learning From Television News*. Beverly Hills, CA: Sage, 1986.

Robinson, Michael J., and Sheehan, Margaret A. *Over the Wire and on TV: CBS and UPI in Campaign '80*. New York: Russell Sage, 1983.

Robinson, Piers. *The CNN Effect: The Myth of News, Foreign Policy and Intervention.*, London: Routledge, 2002.

Roeh, Itzhak. *The Rhetoric of News*. Bochum: Studienverlag, 1982.

Roeh, Itzhak. "Journalism as Storytelling, Coverage as Narrative," *American Behavioral Scientist* 33(2), November/December 1989, 162–168.

Roeh, Itzhak, and Sharon Ashley. "Criticizing Press Coverage of the War in Lebanon," *Communication Yearbook* 9. Beverly Hills, CA: Sage, 1986, 117–141.

Roeh, Itzhak, and Saul Feldman. "The Rhetoric of Numbers in Front-Page Journalism: How Numbers Contribute to the Melodramatic in the Popular Press," *Text* 4(4), 1984, 347–368.

Roeh, Itzhak, Elihu Katz, Akiba A. Cohen, and Barbie Zelizer. *Almost Midnight: Reforming the Late-Night News*. Beverly Hills, CA: Sage, 1980.

Rivers, Caryl. *Slick Spins and Fractured Facts*. New York: Columbia University Press.

Rogers, Everett. *A History of Communication Study, A Biographical Approach*. New York: Free Press, 1997.

Roncarolo, Franka. "Una crisi allo specchio: Politici e giornalisti tra complicita e conflitti," *Teoria Politica* 16(3), 2000.

Rosen, Jay. "Making Things More Public: On the Political Responsibility of the Media Intellectual," *Critical Studies in Mass Communication* 11, 1994, 362–388.

Rosen, Jay. *Getting the Connections Right: Public Journalism and the Troubles in the Press*. New York: Twentieth Century Fund, 1996.

Rosen, Jay. *What Are Journalists For?* New Haven, CT: Yale University Press, 1999.

Rosenbaum, Martin. *From Soapbox to Soundbites: Party Political Campainging in Britain Since 1945*. London: Macmillan, 1997.

Rosengren, Karl. "International News: Methods, Data, Theory," *Journal of Peace Research* 11(2), 1974, 145–156.

Rosengren, Karl (ed.). *Advances in Content Analysis*. Beverly Hills, CA: Sage, 1981.

Rosenstiel, Tom. *Strange Bedfellows: How Television and the Presidential Candidates Changed American Politics, 1992*. New York: Hyperion, 1993.

Roshco, Bernard. *Newsmaking*. Chicago: University of Chicago Press, 1975.

Ross, Ishbel. *Ladies of the Press*. New York: Harper, 1936.

Rosten, Leo C. *The Washington Correspondents*. New York: Harcourt, Brace and Co., 1937.

Rovit, Earl. *Ernest Hemingway*. New York: Grove, 1961.

Rowe, Christopher. "Hacks on Film," *Washington Journalism Review*, November 1992, 27–29.

Rowe, David. *Sport, Culture and the Media*. Buckingham, UK: Open University Press, 1999.

Rudenstine, David. *The Day the Press Stopped: A History of the Pentagon Papers Case*. Berkeley: University of California Press, 1996.

Ruotolo, A.C. "Professional Orientation Among Journalists in Three Latin American Countries," *Gazette* 40(2), 1987, 131–142.

Ryan, A.P. *Lord Northcliffe*. London: Collins, 1953.

Sabato, Larry. *The Rise of Political Consultants*. New York: Basic Books, 1981.

Sabato, Larry. *Feeding Frenzy*. New York: Free Press, 1991.

Salisbury, Harrison. *A Journey for Our Times: A Memoir*. New York: Harper and Row, 1983.

Saltzman, Joe. *Frank Capra and the Image of the Journalist in American Film*. Los Angeles: Norman Lear Center at the University of Southern California, 2002.

Salwen, Michael, and Bruce Garrison. *Latin American Journalism*. Hillsdale, NJ: Lawrence Erlbaum, 1991.

Sanchez-Tabernero, Alfonso. *Media Concentration in Europe: Commercial Enterprise and the Public Interest.* London: John Libbey, 1993.

Scannell, Paddy. "The Social Eye of Television, 1946–1955," *Media, Culture and Society* 1(1), 1979, 97–106.

Scannell, Paddy. "Public Service Broadcasting and Modern Public Life," *Media, Culture and Society* 11(2), 134–166, 1989.

Scannell, Paddy (ed.). *Broadcast Talk.* London: Sage, 1991.

Scannell, Paddy. *Radio, Television and Modern Life.* Oxford, UK: Blackwell, 1996.

Scannell, Paddy. "History, Media and Communication," in Klaus Bruhn Jensen (ed.), *A Handbook of Media and Communication Research.* London: Routledge, 2002, 191–205.

Scannell, Paddy, and David Cardiff. *A Social History of British Broadcasting, 1922–1938: Serving the Nation* (Vol. 1). Oxford, UK: Blackwell, 1991.

Schaaber, Matthew. *Some Forerunners of the Newspaper in England, 1476–1622.* London: Frank Cass, 1967.

Scheufele, Dietram A. "Framing as a Theory of Media Effects," *Journal of Communication* 49(1), 1999. 103–122.

Schiller, Dan. "An Historical Approach to Objectivity and Professionalism in American News Reporting," *Journal of Communication* 29(4), 1979, 46–57.

Schiller, Dan. *Objectivity and the News: The Public and the Rise of Commercial Journalism.* Philadelphia: University of Pennsylvania Press, 1981.

Schlesinger, Philip. *Putting "Reality" Together.* London: Methuen, 1978.

Schlesinger, Philip. "Rethinking the Sociology of Journalism: Source Strategies and the Limits of Media-Centrism," in Marjorie Ferguson (ed.), *Public Communication: The New Imperatives.* Newbury Park, CA: Sage, 1990, 61–83.

Schlesinger, Philip, David Miller, and Williams Dinan. *Open Scotland? Journalists, Spin Doctors, and Lobbyists.* Edinburgh: Polygon, 2001.

Schlesinger, Philip, Graham Murdock, and Philip Elliott. *Televising Terrorism.* London: Comedia, 1983.

Schlesinger, Philip, and Howard Tumber. *Reporting Crime.* Oxford, UK: Oxford University Press, 1995.

Schmitt, Hermann, and Jacques Thomassen (eds.). *Political Representation and Legitimacy in the European Union.* Oxford, UK: Oxford University Press, 1999.

Schmitt, Hermann, and Jacques Thomassen. "Dynamic Representation: The Case of European Integration," *European Union Politics* 1, 2000, 319–340.

Schramm, Wilbur. *Communications in Modern Society.* Urbana, IL: Institute of Communications Research, 1948.

Schramm, Wilbur (ed.). *The Process and Effects of Mass Communication.* Urbana: University of Illinois Press, 1954.

Schramm, Wilbur. *One Day in the World's Press.* Stanford, CA: Stanford University Press, 1959.

Schroder, Kim Christian. "Discourses of Fact," in Klaus Bruhn Jensen (ed.), *A Handbook of Media and Communication Research.* London: Routledge, 2002, 98–116.

Schudson, Michael. *Discovering the News*. New York: Basic Books, 1978.
Schudson, Michael. "The Politics of Narrative Form: The Emergence of News Conventions in Print and Television," *Daedalus* 11(4), Fall 1982, 97–112.
Schudson, Michael. "What is a Reporter? The Private Face of Public Journalism," in James W. Carey (ed.), *Media, Myths, and Narratives: Television and the Press*. Newbury Park, CA: Sage, 1988, 228–245.
Schudson, Michael. "The Sociology of News Production, Revisited," in James Curran and Michael Gurevitch (eds.), *Mass Media and Society*. London: Edward Arnold, 1991, 141–159.
Schudson, Michael. *Watergate in American Memory: How We Remember, Forget, and Reconstruct the Past*. New York: Basic Books, 1992.
Schudson, Michael. *The Power of News*. Cambridge, MA: Harvard University Press, 1995.
Schudson, Michael. "Toward a Troubleshooting Manual for Journalism History," *Journalism and Mass Communication Quarterly* 74(3), Autumn 1997a, 463–467.
Schudson, Michael. "Paper Tigers: A Sociologist Follows Cultural Studies Into the Wilderness," *Lingua Franca* 7(6), August 1997b, 49–56.
Schudson, Michael. "What Public Journalism Knows About Journalism But Doesn't Know About 'Public,'" in Theodore L. Glasser (ed.), *The Idea of Public Journalism*. New York: Guilford, 1999, 118–133.
Schudson, Michael. *The Sociology of News*. New York: Norton, 2002.
Schultz, Julianne. *Reviving the Fourth Estate*. Cambridge, UK: Cambridge University Press, 1998.
Schulz, Winfried. *Die Konstruktion von Realtitat in den Nachrichtenmedien. Analyse der aktuellen Berichterstattun*. Freiburg/Munchen: Alber, 1976.
Schulz, Winfried. "News Structure and People's Awareness of Political Events," *Gazette* 30, 1982, 139–153.
Schulz, Winfried. "Political Communication Scholarship in Germany," *Political Communication* 14(1), 1997, 113–146.
Schultz-Brooks, Terri. "Getting There: Women in the Newsroom," *Columbia Journalism Review*, March/April 1984, 25–31.
Schwartz, Dona. "To Tell the Truth—Codes of Objectivity in Photojournalism," *Communication* 13(2), 1992, 95–109.
Schwarzlose, Richard A. *The Nation's Newsbrokers* (Vols. I and II). Evanston, IL: Northwestern University Press, 1989, 1990.
Scollon, Ron. *Mediated Discourse as Social Interaction: A Study of News Discourse*. London: Longman, 1998.
Scott, C.P. "The *Manchester Guardian*'s First Hundred Years," *Manchester Guardian*, 5 May 1921; reprinted in Michael Bromley and Tom O'Malley (eds.). *A Journalism Reader*. London: Routledge, 1997, 108–109.
Seldes, George. *Freedom of the Press*. Indianapolis, IN: Bobbs-Merrill, 1935.
Servaes, Jan. "Reflections on the Differences in Asian and European Values and Communication Modes," *Asian Journal of Communication* 10(2), 2000, 53–70.
Seymour-Ure, Colin. *The Political Impact of the Mass Media*. London: Constable, 1974.

Seymour-Ure, Colin. *The British Press and Broadcasting Since 1945*. Ocford, UK:Blackwell, 1991.

Sfez, Lucien. *La politique symbolique*. Paris: P.U.F., 1993.

Shapiro, Herbert (ed.). *The Muckrakers and American Society*. Boston: Beacon, 1968.

Shattuc, Jane M. *The Talking Cure: TV Talk Shows and Women*. New York: Routledge, 1997.

Sheehan, Neil (and others). *The Pentagon Papers: The Secret History of the Vietnam War, Based on Investigative Reporting by Neil Sheehan*. New York: Bantam Books, 1971.

Shingler, Martin, and Cindy Wieringa. *On Air: Methods and Meanings of Radio*. London: Edward Arnold, 1998.

Shipler, David. "Blacks in the Newsroom: Progress? Yes, but . . . ," *Columbia Journalism Review*, May/June 1998, 26–32.

Shoemaker, Pamela. *Gatekeeping*. Newbury Park, CA: Sage: 1991.

Siebert, Frank, Theodore Peterson, and Wilbur Schramm. *Four Theories of the Press*. Urbana: University of Illinois Press, 1956.

Sigal, Leon. *Reporters and Officials*. Lexington, MA: D.C. Heath, 1973.

Sigal, Leon. "Sources Make the News," in Robert K. Manoff and Michael Schudson (eds.), *Reading the News*. New York: Pantheon, 1986, 9–37.

Sigelman, Lee. "Reporting the News: An Organizational Analysis," *American Journal of Sociology* 79(1), 1973, 132–151.

Sim, Soek-Fang. "Asian Values, Authoritarianism and Capitalism in Singapore," *Javnost—The Public* 8(2), 2000, 45–66.

Sims, Norman (ed.). *Literary Journalism in the Twentieth Century*. New York: Oxford University Press, 1990.

Sims, Norman, and Mark Kramer (eds.). *Literary Journalism*. New York: Ballantine, 1995.

Simpson, George E. *The Negro in the Philadelphia Press*, PhD dissertation, University of Pennsylvania, 1934; cited in Krippendorff 1980.

Singer, Jane. "Online Journalists: Foundations for Research Into Their Changing Role," *Journal of Computer Mediated Communication* 4(1), September 1998 (http://www.ascusc.org/jcmc/vol4/issue1/singer.html).

Skidmore, Thomas J. (ed.). *Television, Politics, and the Transition to Democracy in Latin America*. Baltimore: Johns Hopkins University Press, 1993.

Sloan, William David. *Perspectives on Mass Communication History*. Hillsdale, NJ: Lawrence Erlbaum, 1991.

Smith, Anthony. *The Shadow in the Cave*. London: Allen and Unwin, 1973.

Smith, Anthony. "The Long Road to Objectivity and Back Again: The Kinds of Truth We Get in Journalism," in George Boyce, James Curran, and Pauline Wingate (eds.), *Newspaper History from the Seventeenth Century to the Present Day*. Beverly Hills, CA: Sage, 1978, 153–171.

Smith, Anthony (ed.). *Television: An International History* (2nd ed.). Oxford, UK: Oxford University Press, 1998.

Smith, Culver. *The Press, Politics, and Patronage: The American Government's Use of Newspapers, 1789–1875*. Athens: University of Georgia Press, 1977.
Smith, Jeffery A. *Printers and Press Freedom: The Ideology of Early American Journalism*. New York: Oxford University Press, 1988.
Smith, Jeffery A. *War and Press Freedom: The Problem of Prerogative Power*. New York: Oxford University Press, 1999.
Smulyan, Susan. *Selling Radio: The Commercialization of American Broadcasting, 1920–1934*. Washington, DC: Smithsonian Institute Press, 1994.
Snider, Paul. "Mr. Gates Revisited," *Journalism Quarterly* 44, 1967, 419–427.
Sola Pool, Ithia de. *Trends in Content Analysis: Papers*. Urbana: University of Illinois Press, 1959.
Solomon, William S., and Robert W. McChesney (eds.). *Ruthless Criticism: New Perspectives in U.S. Communication History*. Minneapolis: University of Minnesota Press, 1993.
Soloski. John. "News Reporting and Professionalism: Some Constraints on the Reporting of the News," *Media, Culture, and Society* 11(4), 1989, 204–228.
Sparks, Colin. "Goodbye Hildy Johnson: The Vanishing Serious Press," in Peter Dahlgren (ed.), *Communication and Citizenship: Journalism and the Public Sphere*. London: Routledge, 1994, 58–74.
Sparks, Colin. "Concentration and Market Entry in the UK Daily National Press," *European Journal of Communication* 11(4), December 1996, 453–483.
Sparks, Colin. "Introduction: The Panic Over Tabloid News," in Colin Sparks and John Tulloch (eds.), *Tabloid Tales: Global Debates Over Media Standards*. Oxford: Rowman and Littlefield, 2000, 1–40.
Sparks, Colin, and John Tulloch (eds.). *Tabloid Tales: Global Debates Over Media Standards*. New York and Oxford: Rowman and Littlefield, 2000.
Sperber, A.M. *Murrow: His Life and Times*. New York: Freundlich, 1986.
Splichal, Slavko. *Media Beyond Socialism: Theory and Practice in East-Central Europe*. Boulder, CO: Westview, 1994.
Splichal, Slavko. *Public Opinion: Developments and Controversies in the Twentieth Century*. Lanham, MD: Rowman and Littlefield, 1999.
Splichal, Slavko, and Colin Sparks. *Journalists for the 21st Century*. Norwood, NJ: Ablex, 1994.
Sreberny-Mohammadi, Annabelle, Dwayne Winseck, Jim McKenna, and Oliver Boyd-Barrett (eds.). *Media in Global Context: A Reader*. London: Edward Arnold, 1997.
Starck, Kenneth. "What's Right/Wrong With Journalism Ethics Research?" *Journalism Studies* 2(1), 2001, 133–152.
Startt, James D., and William David Sloan. "Interpretation in History," in *Historical Methods in Mass Communication*. Hillsdale, NJ: Lawrence Erlbaum, 1989.
Steffens, Lincoln. *The Autobiography of Lincoln Steffens*. New York: Harcourt Brace, 1931.
Steiner, Linda. "Construction of Gender in News Reporting Textbooks, 1890–1990," *Journalism Monographs* 135, October 1992, 1–48.

Steiner, Linda. "Do You Belong in Journalism? Definitions of the Ideal Journalist in Career Guidance Books," *American Journalism,* Fall 1994, 11(4), 321–335.

Steiner, Linda. "Sex, Lies, and Autobiography: Contributions of Life Study to Journalism History," *American Journalism* 13(2), Spring 1996, 206–211.

Steiner, Linda. "Gender at Work: Early Accounts by Women Journalists," *Journalism History* 23(1), Spring 1997, 2–12.

Steiner, Linda. "Stories of Quitting: Why Did Women Journalists Leave the Newsroom?" *American Journalism* 15(3), Summer 1998, 89–116.

Stephens, Mitchell. *A History of News: From the Drum to the Satellite.* New York: Viking, 1988.

Stephens, Mitchell. *The Rise of the Image, the Fall of the Word.* New York: Oxford University Press, 1998.

Stephenson, Hugh. "British Press and Privacy," in Howard Tumber (ed.), *Media Power, Professionals and Policies.* London: Routledge, 2000.

Stone, Gerald, and John Lee. "Portrayal of Journalists on Prime Time Television," *Journalism Quarterly* 67(4), Winter 1990, 697–707.

Streckfuss, Richard. "News Before Newspapers," *Journalism and Mass Communication Quarterly* 75(1), 1998, 84–97.

Street, A.T. "The Truth About Newspapers," *Chicago Tribune,* 25 July 1909; cited in Krippendorff 1980.

Streitmatter, Rodger. *Mightier Than the Sword: How the News Media Have Shaped American History.* Boulder, CO: Westview, 1997.

Strentz, Herbert. *News Reporters and News Sources.* Ames: Iowa State University Press, 1989.

Stutterheim, Kurt von. *The Press in England.* London: George Allen and Unwin, 1934.

Sykes, Christopher. *Evelyn Waugh: A Biography.* New York: Penguin, 1977.

Talese, Gay. *The Kingdom and the Power.* New York: Doubleday, 1978.

Tarde, Gabriel. *L'opinion et la foule.* Paris: Alcan, 1898.

Tarde, Gabriel. *On Communication and Social Influence.* Chicago: University of Chicago Press, 1969 (1901).

Taylor, H.S. *The British Press.* London: Arthur Barker, 1961.

Taylor, John. *War Photography: Realism in the British Press.* London: Routledge, 1991.

Taylor, John. *Body Horror: Photojournalism, Catastrophe and War.* Manchester, UK: Manchester University Press, 1998.

Taylor, Paul. *See How They Run: Electing the President in an Age of Mediacracy.* New York: Alfred A. Knopf, 1990.

Taylor, Philip. *War and the Media: Propaganda and Persuasion in the Gulf War.* Manchester, UK: Manchester University Press, 1998.

Television and New Media (Special issue on September 11), 3(1), 2002.

Tester, Keith. *Media, Culture and Morality.* London: Routledge, 1994.

Thomas, Isaiah. *History of Printing in America.* Worcester, MA: Isaac Sturtevant, 1810.

Thompson, J. Lee. *Northcliffe.* London: John Murray, 2000.

Tiffen, Rodney. *News and Power*. London: Pluto, 1990.
Tifft, Susan E., and Alex S. Jones. *The Trust: The Private and Powerful Family Behind the New York Times*. Newport Beach, CA: Back Bay, 2000.
Tocqueville, Alexis de. *Democracy in America*. New York: Colonial Press, 1900.
Tomalin, Nicholas. "Stop the Press I Want to Get On," *Sunday Times Magazine*, 26 October 1969; reprinted in Michael Bromley and Tom O'Malley (eds.). *A Journalism Reader*. London: Routledge, 1997, 174–178.
Tomaselli, Keyan. "Cultural Studies as 'Psycho-babble': Post-LitCrit, Methodology and Dynamic Justice." Keynote Address, 3rd Crossroads Conference on Cultural Studies, Birmingham, U.K., June 2000.
Tomaselli, Keyan. "Journalism Education: Bridging Media and Cultural Studies," *Communication* 28(1), 2002, 22–28.
Tonnies, Ferdinand. "The Power and Value of Public Opinion," in Werner J. Cahnman and Rudolf Heberle (eds.), *Ferdinand Tonnies on Sociology: Pure, Applied and Empirical*. Chicago: University of Chicago Press, 1971 (1923), 251–265.
Tracey, Michael. *The Production of Political Television*. London: Routledge and Kegan Paul, 1977.
Trew, Tony. "Theory and Ideology at Work," in Roger Fowler, Bob Hodge, Gunther Kress, and Tony Trew (eds.), *Language and Control*. London: Routledge and Kegan Paul, 1979a, 94–116.
Trew, Tony. "What the Papers Say: Linguistic Variation and Ideological Difference," in Roger Fowler, Bob Hodge, Gunther Kress, and Tony Trew (eds.), *Language and Control*. London: Routledge and Kegan Paul, 1979b, 117–157.
Tuchman, Gaye. "Objectivity as Strategic Ritual: An Examination of Newsmen's Notions of Objectivity," *American Journal of Sociology* 77(4), 1972, 660–679.
Tuchman, Gaye. "Making News By Doing Work: Routinizing the Unexpected," *American Journal of Sociology* 79(1), 1973, 110–131.
Tuchman, Gaye. *Making News*. New York: Free Press, 1978a.
Tuchman, Gaye. "Professionalism as an Agent of Legitimation," *Journal of Communication* 28(2), 1978b, 106–113.
Tuchman, Gaye. "The Production of News," in Klaus Bruhn Jensen (ed.), *A Handbook of Media and Communication Research*. London: Routledge, 2002, 78–90.
Tufte, Edward R. *Visual Display of Quantitative Information*. Cheshire, CT: Graphics, 2001.
Tumber, Howard (ed.). *News: A Reader*. Oxford, UK: Oxford University Press, 1999.
Tumber, Howard (ed.). *Media Power, Professionals and Policies*. London: Routledge, 2000.
Tumber, Howard. "Public Relations in Media," in *The International Encyclopedia of the Social & Behavioral Sciences* (Vol. 5.2, Article 68). Oxford, UK: Elsevier Science, 2001, 12578–12581.
Tunstall, Jeremy. *The Westminster Lobby Correspondents: A Sociological Study of National Political Journalism*. London: Routledge and Kegan Paul, 1970.
Tunstall, Jeremy. *Journalists At Work*. London: Constable, 1971.
Tunstall, Jeremy. *The Media Are American*. London: Constable, 1977.

Tunstall, Jeremy. *Newspaper Power*. London: Clarendon Press, 1996.

Turner, Graeme. "Media Wars: Journalism, Cultural and Media Studies in Australia," in *Journalism: Theory, Practice and Criticism* 1(3), December 2000, 353–365.

Turner, Victor. *The Ritual Process*. London: Penguin, 1974.

Van Leeuwen, Theo. "Proxemics of the Television Interview," *Australian Journal of Screen Theory* 17/18, 1986, 125–141.

Van Leeuwen, Theo, and Adam Jaworski. "The Discourses of War Photography: Photojournalistic Representations of the Palestinian-Israeli War," *Journal of Language and Politics* 1(2), 2003, 255–275.

Van Zoonen, Lisbet. "Rethinking Women and the News," *European Journal of Communication* 3(1), 1988, 335–353.

Varis, Tapio. *Television News in Europe: A Survey of the News-Film Flow in Europe*. Tampere, Finland: Institute of Journalism and Mass Communication, 1976.

Villard, Oswald Garrison. *Some Newspapers and Newspapermen*. New York: Alfred A. Knopf, 1923.

Vincent, Richard C., Kaarle Nordenstreng, and Michael Traber (eds.). *Towards Equity in Global Communication: MacBride Update*. Cresskill, NJ: Hampton, 1999.

Volkmer, Ingrid. *CNN: News in the Global Sphere: A Study of CNN and Its Impact on Global Communication*. Luton: University of Luton Press, 1999.

Vreese, Claes de. "Frames in Television News. British, Danish and Dutch Television News Coverage of the Introduction of the Euro," in Stig Hjarvard (ed.), *News in a Globalized Society*. Goteborg, Sweden: Nordicom, 2001, 179–193.

Wahl-Jorgensen, Karin. "Letters to the Editor as a Forum for Public Deliberation, Modes of Publicity, and Democratic Debate," *Critical Studies in Media Communication* 18, 2001, 303–320.

Wahl-Jorgensen, Karin. "The Construction of the Public in Letter to the Editor: Deliberating Democracy and the Idiom of Insanity," *Journalism: Theory, Practice, and Criticism* 3(2), 2003, 183–204.

Waisbord, Silvio. *Watchdog Journalism in South America*. New York: Columbia University Press, 2000.

Walker, R.B. *Yesterday's News: A History of the Newspaper Press in New South Wales from 1920 to 1945*. Sydney: Sydney University Press, 1980.

Walton, Paul, and Howard H. Davis. *Language, Image, Media*. Oxford, UK: Blackwell, 1983.

Ward, Jean. "Interdisciplinary Research and the Journalism Historian," *Journalism History 5*, Spring 1978, front page, 17–19.

Wardle, Claire. "The 'Unabomber' Versus the "Nail Bomber": A Cross Cultural Comparison of Newspaper Coverage of Two Murder Trials," *Journalism Studies* 4(2), May 2003.

Warner, Malcolm. "Organizational Context and Control of Policy in the Television Newsroom: A Participant Observation Study," *British Journal of Sociology* 22(3), September 1971, 283–294.

Warner, Michael. "The Public Sphere and the Cultural Mediation of Print," in William S. Solomon and Robert W. McChesney (eds.), *Ruthless Criticism: New Perspectives in U.S. Communication History.* Minneapolis: University of Minnesota Press, 1993, 7–37.

Watson, Mary Ann. *The Expanding Vista: American Television in the Kennedy Years.* New York: Oxford University Press, 1990.

Waugh, Evelyn. *Scoop.* New York: Penguin, 1938.

Weaver, David (ed.). *The Global Journalist: News People Around the World.* Cresskill, NJ: Hampton, 1998.

Weaver, David, and G. Cleveland Wilhoit. *The American Journalist.* Bloomington: University of Indiana Press, 1986.

Weaver, David, and G. Cleveland Wilhoit. *The American Journalist in the 1990s.* Mahwah, NJ: Lawrence Erlbaum, 1996.

Weber, Max. "Politics as a Vocation," in *From Max Weber: Essays in Sociology.* London: Routledge and Kegan Paul, 1948.

Wesker, Arnold. *Journey Into Journalism.* London: Writers and Readers Publishing Cooperative, 1977.

Wesker, Arnold. *Journalists.* London: Chatto and Windus, 1980.

White, David Manning. "The Gate Keeper: A Case Study in the Selection of News," *Journalism Quarterly* 27(3), 1950, 383–390.

Whitney, Charles D., and Lee B. Becker. "Keeping the Gates for Gatekeepers: The Effects of Wire News," *Journalism Quarterly* 59, 1982, 60–65.

Wilke, Juergen. *Nachrichtenauswahl und Medienrealität in vier Jahrhunderten. Eine Modellstudie zur Verbindung von historischer und empirischer Publizistikwissenschaft.* Berlin: De Gruyter, 1984a.

Wilke, Juergen. "The Changing World of Media Reality," *Gazette* 34(3), 1984b, 175–190.

Wilke, Juergen, and Bernhard Rosenberger. "Importing Foreign News: A Case Study of the German Service of Associated Press," *Journalism Quarterly* 71(2), 1994, 421–432.

Wilkie, Carol. "The Scapegoating of Bruno Richard Hauptmann: The Rhetorical Process in Prejudicial Publicity," *Central States Speech Journal* 32, 1981, 100–110.

Willnat, Lars, and Weaver, David. "Through Their Eyes: The Work of Foreign Correspondents in the United States," *Journalism: Theory, Practice, and Criticism* 4(4), 2003, 403–422.

Williams, Francis. *Dangerous Estate: The Anatomy of Newspapers.* New York: Macmillan, 1958.

Williams, Harold A. *The Baltimore Sun, 1837–1987.* Baltimore: Johns Hopkins University Press, 1987.

Williams, Raymond. *Culture and Society, 1780–1950.* New York: Columbia University Press, 1958.

Williams, Raymond. "The Press and Popular Culture: An Historical Perspective," in Boyce, George, James Curran, and Pauline Wingate (eds.), *Newspaper*

History from the Seventeenth Century to the Present Day. Beverly Hills, CA: Sage, 1978, 41–50.

Williams, Raymond. *What I Came to Say*. London: Hutchinson Radius, 1989.

Wilson, Clint C., II, and Félix Gutiérrez. *Race, Multiculturalism, and the Media*. Thousand Oaks, CA: Sage, 1995.

Wilson, Tracie L. "Press Systems and Media-Government Relations in the Czech and Slovak Republics," *Gazette* 54(2), 1994, 145–161.

Windahl, Sven, and Karl Rosengren. "Newsmen's Professionalization: Some Methodological Problems," *Journalism Quarterly* 55(3), 1978, 466–473.

Windshuttle, Keith, "Cultural Studies Versus Journalism," in Miles Breen (ed.), *Journalism: Theory and Practice*. Sydney: Macleay, 1998, 17–36.

Winston, Brian. "Towards Tabloidization? Glasgow Revisited, 1975–2001," *Journalism Studies* 3(1), 2002, 5–20.

Wolfsfeld, Gadi. *Media and Political Conflict: News From the Middle East*. Cambridge, UK: Cambridge University Press, 1997.

Wolfsfeld, Gadi. *Media and the Path to Peace*. Cambridge, UK: Cambridge University Press, 2003.

Wolton, Dominique, and Jean-Louis Missika. *La folle du logis*. Paris: Gallimard, 1983.

Woodstock, Louise. "Public Journalism's Talking Cure: An Analysis of the Movement's 'Problem' and 'Solution' Narratives," *Journalism: Theory, Practice and Criticism* 3(1), 2002, 37–55.

Woodward, Julian L. "Quantitative Newspaper Analysis as a Technique of Opinion Research," *Social Forces* 12(4), 1934, 526–537.

Wright, Charles. *Mass Communication: A Sociological Perspective*. New York: Random House, 1959.

Wyatt, Clarence R. *Paper Soldiers: The American Press and the Vietnam War*. New York: Norton, 1993.

Wyndham Goldie, Grace. *Facing the Nation: Television and Politics, 1936–1976*. London: Bodley Head, 1977.

Xu, Xiaoge. "Asian Values Revisited in the Context of Intercultural News Communication," *Media Asia* 25(1), 1998, 37–41.

Zelizer, Barbie. "'Saying' as Collective Practice: Quoting and Differential Address in the News," *Text* 9 (4), 1989, 369–388.

Zelizer, Barbie. "Achieving Journalistic Authority Through Narrative," *Critical Studies in Mass Communication* 7, 1990a, 366–376.

Zelizer, Barbie. "Where is the Author in American TV News? On the Construction and Presentation of Proximity, Authorship and Journalistic Authority," *Semiotica* 80–1/2, June 1990b, 37–48.

Zelizer, Barbie. "CNN, the Gulf War, and Journalistic Practice," *Journal of Communication* 42(1), Winter 1992a, 66–81.

Zelizer, Barbie. *Covering the Body: The Kennedy Assassination, the Media, and the Shaping of Collective Memory*. Chicago: University of Chicago Press, 1992b.

Zelizer, Barbie. "Has Communication Explained Journalism?" *Journal of Communication* 43(4), 1993a, 80–88.

Zelizer, Barbie. "Journalists as Interpretive Communities," *Critical Studies in Mass Communication* 10, September 1993b, 219–237.

Zelizer, Barbie. "The Failed Adoption of Journalism Study," *Press and Public Policy* 3(1), 1998a, 118–121.

Zelizer, Barbie. *Remembering to Forget: Holocaust Memory Through the Camera's Eye*. Chicago: University of Chicago Press, 1998b.

Zelizer, Barbie. "Making the Neighborhood Work: The Improbabilities of Public Journalism," in Theodore L. Glasser (ed.), *The Idea of Public Journalism*. New York: Guilford, 1999, 152–174.

Zelizer, Barbie. "Photography, Journalism and Trauma," in Barbie Zelizer and Stuart Allan (eds.), *Journalism After September 11*. London: Routledge, 2002, 48–68.

Zelizer, Barbie, and Stuart Allan (eds.). *Journalism After September 11*. London: Routledge, 2002a.

Zelizer, Barbie, David W. Park, and David Gudelunas. "How Bias Shapes the News: Challenging the *New York Times*' Status as a Newspaper of Record on the Middle East," *Journalism: Theory, Practice and Criticism* 3(3), December 2002b, 283–308.

Zhao, Yuezhi. *Media, Market, and Democracy in China: Between the Party Line and the Bottom Line*. Urbana: University of Illinois Press, 1998.

索引

（所注页码为英文原书页码，即本书边码）

The Academy，学术/学术界 13-15
　apprenticeship programs and，学徒项目 18，20
　journalism education and，新闻教育 19-20
　mass media and，大众媒体 26
　professionalism and，专业主义 36
　World War II and，第二次世界大战 16-17
　See also Journalism scholarship; Scholarly perspectives 亦见新闻学术；学术视角
Adam, G. S.，亚当，G. S. 7，8，132，133，181，194
Adorno, T.，阿多诺，T. 49
Advocacy model of journalism，新闻的倡导模式 154
Allan, S.，艾伦，S. 138，195
Alternative journalistic forms，另类新闻模式 136
　cultural inquiry and，文化探索 185-186，197-198

　reality programming，真人节目 138
　tabloids，小报 136-137
　talk shows, assertion journalism and，脱口秀，断言式新闻 138
Altschull, H.，阿特休尔，H. 169
American Journalism Historians' Association (AJHA)，美国新闻史学家协会 89
American Society of Journalism School Administrators，美国新闻学院院长协会 104
American Society of Newspaper Editors (ASNE)，美国报纸主编协会 25，40
Andrews, A.，安德鲁斯，A. 103
Annales School，法国年鉴学派 86
Asian nations，亚洲国家 19
　journalistic practice in，新闻实践 154-155
　remodeled journalism in，重塑的新闻模式 41
Assertion journalism，断言式新闻 138
Association for Education in Journalism and

Mass Communication（AEJMC），新闻与大众传播教育协会 89

Australian Journalists' Association，澳大利亚新闻工作者协会 35

Authoritarian approach，威权主义方法 167，168

Autonomy issues，自治问题 64，164

Bad News project，坏新闻项目 74

Bagdikian, B.，巴格迪基安，B. 71

Bantz, C.，班茨，C. 64

Barnhurst, K.，巴恩赫斯特，K. 126，209

Barnouw, E.，巴尔诺，E. 107

Barthes, R.，巴特，R. 19，50，118，129，134

Bateson, G.，贝特森，G. 140

Behavior categorization. *See* Journalistic behaviors 行为分类。见新闻行为

Belsey, A.，贝尔西，A. 56

Benjamin, W.，本雅明，W. 38，129

Bennett, W. L.，班尼特，W. L. 130，159，171

Benson, R.，本森，R. 79

Berelson, B.，贝雷尔森，B. 61，116

Bernstein, B.，伯恩斯坦，B. 122

Bias，偏见

　content analysis and，内容分析 116–117

　media coverage and，媒体报道 61，67

　metonymic bias，转喻偏见 6–7

　professional practice and，职业实践 33

　technology and，技术 27

　time bias, news production and，时间偏见，新闻生产 63

Biographies，传记 92–95

Bird, S. E.，博德，S. E. 100，131，137，181，210

Blanchard, M.，布兰夏德，M. 87

Bleyer, W. 布莱耶，W. 16

Blumler, H.，布鲁姆勒，H. 60

Blumler, J. G.，布鲁姆勒，J. G. 61，71，149，160，161，214

Bocock, R.，博科克，R. 59

Bogart, L.，博加特，L. 61

Breed, W.，布雷德，W. 53

Briggs, A.，布里格斯，A. 107

British General Election Study（BGES），英国大选研究 160

British Social Science Research Council on Television News，英国社会学研究委员会电视新闻分会 74

Bromley, M.，布罗姆利，M. 204，205

Brunsdon, C.，布朗斯顿，C. 182，199

Buecher, K.，布歇，K. 19，50

Bundock, C. J.，邦道克，C. J. 34

Bureau of Applied Social Research，应用社会研究局 48，49

Burgess, E.，伯吉斯，E. 65

Burke, K.，伯克，K. 139

Campaign studies, 选举研究 48, 61-62, 160-161

　　See also Public journalism 亦见公共新闻

Campbell, R., 坎贝尔, R. 135, 136, 181

Cappella, J., 卡珀拉, J. 160

Carey, J. W., 凯瑞, J. W. 33, 43, 86, 131, 163, 165, 180, 181, 186, 190

Cayrol, R., 卡罗尔, R. 62, 161

Center for Journalism Studies at Cardiff University, 卡迪夫大学新闻研究中心 183

Center for Strategic and International Studies, 战略与国际研究中心 161

Centre for Contemporary Cultural Studies (CCCS), 当代文化研究中心 73, 182

Chadwick, R., 查德威克, R. 56

Charity, A., 查理提, A. 165

Chatman, S., 查特曼, S. 129

Chibnall, S., 奇布纳尔, S. 50

Chicago School, 芝加哥学派 48, 65, 179

Chomsky, N., 乔姆斯基, N. 77

Christians, C., 克里斯琴斯, C. 56

Civic journalism. See Public journalism 公民新闻。见公共新闻

Clark, C. E., 克拉克, C. E. 97

Clifford, J., 克利福德, J. 4, 65

Codes. See Language studies; Narrative 符码。见语言研究; 叙事

Codes of action, 行为规约 58-59

Cohen, A., 科恩 161

Cohen, B., 科恩 155

Cohen, S., 科恩 58, 59, 182

Collective knowing, 集体认知 5

　　codes of, journalistic world structure and, 符码, 新闻的世界结构 179

　　journalism, political role of, 新闻, 政治角色 146-147, 172

　　subjective selection and, 主观选择 53

　　See also Cultural inquiry 亦见文化探索

Columbia University, 哥伦比亚大学 48, 49, 61

Combs, J., 库姆斯, J. 135

Communications paradigm, 传播学范式 17, 19, 20

　　communications historians, 传播史学家 88-89

　　journalist/communicator and, 新闻工作者/传播者 27

　　media studies, 媒介研究 19, 78

　　sociological research, journalism and, 社会学研究, 新闻和 47-48

　　storytelling and, 讲故事 38

　　See also Journalism 亦见新闻/新闻业/新闻学

Condit, C., 康迪特, C. 130, 139

Connery, T., 康纳利, T. 181

Constructionism, 建构主义

　　bureaucratically constructed journalism,

科层制建构的新闻业 67

constructedness of news，新闻的建构 65–66

construction of reality，现实建构 182–183

cultural studies and，文化研究 191

language use, social meaning and，语言使用，社会意义 119

social constructionism，社会建构主义 59–60

See also Ideological analysis 亦见意识形态分析

Container metaphor，容器比喻 30–31

Content analysis，内容分析 122–123

Conversation analysis，对话分析 39，115–117

Cook, T.，库克，T. 149，212

Cooley, R.，库利，R. 46

Cornfield, M.，康菲尔德，M. 153

Corradi, J.，科拉迪，J. 156

Cottle, S.，科特尔，S. 68

Craft, S.，克拉夫特，S. 166

Critical linguistics，批评语言学 123–125

Cultural inquiry，文化探索 11–12，50，175

analytical perspective in，分析视角 177–178

audiences of journalism and，新闻受众 199–200

breaches of journalism and，新闻崩坏 196–197

civic/social responsibility and，公民/社会责任 184–185

construction of reality and，现实建构 182–183，187

evidence, definition of，证据，定义 189，191

evolution of，演化 178–185

forms of journalism and，新闻形式 197–198

future of，未来 192–193

institutional status of journalism and，新闻的制度地位 188–189

interdisciplinary/self-reflexive nature of，跨学科/自反特征 175–176

journalism education and，新闻教育 186–187

journalism's absence from, Interpretations of，新闻的缺席，阐释 190–191

journalism scholarship and，新闻学术 180–193

journalism, social/cultural fabric and，新闻，社会/文化构造 180–182

mainstream vs. alternative news and，主流 vs. 另类新闻 185–186

practices of journalism and，新闻实践 195–196

representations of journalists/journalism and，新闻工作者/新闻再现 198–199

semiotics and，符号论 120，183

trends in，趋势 193 – 201

truth, journalistic adherence to，真相，新闻的坚持 187 – 188，189，191

Curran, J.，科伦, J. 103，169，183

Curricular reform，课程改革 7 – 8，17 – 18，20

Dahlgren, P.，达尔格伦, P. 6，7，178，199

Dardenne, R.，达内, R. 131

Darnton, R.，达恩顿, R. 130，133

Delano, A.，德拉诺, A. 57

Democracy. *See* Political science inquiry 民主。见政治学探索

Dennis, E.，丹尼斯, E. 8

Development journalism，发展新闻 42，154，168 – 169

Deviance coverage，偏常行为报道 59

Dewey, J.，杜威, J. 16，46，146，147，180

Dicken – Garcia, H.，迪肯-加西亚, H. 97

Discourse analysis，话语分析 125 – 126

Donsbach, W.，唐斯巴赫, W. 57

Douglas, M.，道格拉斯, M. 5

Downing, J.，唐宁, J. 162，164

Durkheim, E.，涂尔干, E. 5，46，59

Dyer, R.，戴尔, R. 44

Eason, D.，伊森, D. 181，196

Economics，经济学 37，70

market pressures, journalistic practices and，市场压力，新闻实践 1，71，99，105，159

political economy of journalism，新闻政治经济学 77 – 78，162

Eco, U.，艾柯, U. 118

Edelman, M.，埃德尔曼, M. 171

Education. *See* Journalism education 教育。见新闻教育

Effects. *See* Media effects research 效果。见媒介效果研究

Ehrlich, M.，埃尔利希, M. 135，137

Electoral processes studies，选举程序研究 48，61 – 62，161 – 161

See also Public journalism 亦见公共新闻

Eliasoph, N.，伊利亚索菲, N. 67，79

Elliott, P.，埃利奥特, P. 50，57，59，64，65，106，133

Emery, E.，埃默里, E. 106

Emery, M.，埃默里, M. 106

Entman, R.，恩特曼, R. 141，159，171

Environment. *See* Cultural inquiry; Historical inquiry; Institutions of journalism; Occupational settings 环境。见文化探索；历史探索；新闻制度；职业环境

Epstein, E. J.，爱泼斯坦, E. J. 63

Erni, J.，埃尔尼, J. 190

Ethical standards，伦理标准 56

Ethnography. *See* Newsroom 民族志。见

新闻编辑室

    ethnographies 民族志研究

Ettema, J. S., 艾特玛, J. S. 25, 29, 56, 130, 187, 188, 195, 211

European Election Studies (EES), 欧洲选举研究 160

European nations, 欧洲国家 19

    critical scholarship and, 批评学术研究 49

    opinionated authorship and, 观点鲜明的署名作者 38

    sociological interest in journalism and, 对新闻的社会学兴趣 49–51, 70–71

Evidence, 证据 13, 189, 191

Fagen, P., 费根, P. 156

Fairclough, N., 费尔克劳夫, N. 125

Ferguson, M., 弗格森, M. 185

First Amendment protection, 宪法第一修正案保护 22

Fish, S., 菲什, S. 13

Fisher, W., 费舍, W. 130

Fishman, M., 费什曼, M. 65, 67

Fiske, J., 费斯克, J. 39, 119, 183, 184, 198

Fleet Street, 舰队街 14, 15, 71, 90, 92

Foreign correspondents, 驻外记者 57

Foreign Press Association, 外国新闻协会 40

Fourth Estate, 第四权力 108, 147

Fowler, R., 福勒, R. 124, 210

Framing, 架构 140

    explanatory strategy of, 解释战略 140–141

    issue-framing effects, 议题-框架效果 141

    news coverage, discourse typology and, 新闻报道，话语类型 141

    theoretical/methodological issues in, 理论/方法问题 141–142

Frankfurt School, 法兰克福学派 49

Freedom of expression issues, 表达自由问题 35–36, 157

Free press theory, 新闻自由理论 169

Fritz Thyssen Foundations, 弗里茨·泰森基金会 161

Frus, P., 弗鲁斯, P. 134

Fry, K., 弗莱, K. 135

Galtung, J., 加尔通, J. 54, 55

Gamson, J., 加姆森, J. 79

Gans, H., 甘斯, H. 65, 66, 78, 151

Garreton, M., 加勒顿, M. 156

Garrison, B., 加里森, B. 156

Gatekeeping research, 把关研究 52–53

Geertz, C., 格尔茨, C. 65, 179

German Sociological Society, 德国社会学协会 19, 50

Giddens, A., 吉登斯, A. 46

Gieber, W., 吉伯, W. 53

Gitlin, T., 吉特林, T. 49, 74, 75, 78, 140

Glasgow University Media Group (GUMG), 格拉斯哥大学媒介小组 39, 73, 74, 114, 120, 121-122, 184, 210

Glasnost Defense Foundation survey, 格拉斯诺斯特防御基金会 156

Glasser, T. L., 葛拉瑟, T. L. 25, 29, 56, 130, 166, 187, 188, 195

Global framework, 全球框架 37-38
 global journalist, 全球新闻工作者 57
 information management, 信息管理 71
 political-journalistic intersection and, 政治与新闻的交集 164
 See also Political science inquiry 亦见政治学探索

Glynn, K., 格林, K. 137

Goffman, E., 戈夫曼, E. 65, 140

Golding, P., 戈尔丁, P. 50, 64, 106, 185

Government institutions, 政治制度 49
 fourth estate, 第四权力 108, 147
 government-media antagonism, 政府-媒体敌对 98
 information management, 信息管理 71, 77, 147

Graber, D., 格拉贝尔, D. 158, 160, 173, 214

Gratification research, 满足研究 61-62

Grossberg, L., 格罗斯贝格, L. 190

Gunaratne, S., 古纳拉滕, S. 166

Gurevitch, M., 古雷维奇, M. 4, 71, 149, 161, 214

Habermas, J., 哈贝马斯, J. 161

Hackett, R., 哈克特, R. 75

Hall, S., 霍尔, S. 73, 118, 134, 182, 199, 208, 212

Hallin, D., 哈林, D. 163

Hardt, H., 哈尔特, H. 70, 92, 189, 190

Hart, R., 哈特, R. 140, 171

Hartley, J., 哈特利, J. 39, 119, 183, 184

Hartsock, J., 哈特索克, J. 134

Hass, T., 哈斯, T. 166

Hebdige, D., 赫伯迪格, D. 182

Hegemony, 霸权 72-73, 75

Henningham, J., 亨宁汉姆, J. 57

Hess, S., 赫斯, S. 148, 150

Historical inquiry, 历史探索 11, 81-82
 anecdotal chronicles, 逸事纪事
 memoirs/biographies, 备忘录/传记 92-95
 classification schemes and, 分类方案 90-109
 communication historians and, 传播史学家 88-89
 contextualization strategies and, 置于语境中的战略 96-102

debates within，争论 109–110

environmental influences and，环境影响 106–107

event focus of，事件焦点 102

grand narratives in，宏大叙事 106

historical perspective, definition of，历史视角，定义 82–83，90–92

interpretive schools，阐释学派 103–104

journalism history，新闻史

    definition/production of，定义/生产 84–90

national settings and，国家环境 98–99

nation-state, historical development and，民族国家，历史发展 103–109

organizational histories/case studies and，组织历史/个案研究 95–96

penny press era，便士报时代 99

professionalism, evolution of，专业主义，演化 104–105

progressivism, power structure reform and，进步主义，权力结构改革 105

technological advancement, narrative of，技术进步，叙事 101–102

temporal organization of，以时间组织 96–99，102

thematic organization of，以主题组织 99–102

traditional scholarship practices and，传统学术实践 83–84

wartime practices and，战时实践 97，100–101，106

History Workshop movement，历史研讨会运动 86

Hjarvard, S.，哈佛德，S. 51

Hobson, D.，霍布森，D. 212

Hoffman, J.，霍夫曼，J. 97，209

Hofstetter, R.，霍夫施塔特，R. 116

Holsti, O.，霍尔斯蒂，O. 116

Horkheimer, M. 霍克海默，M. 49

Hovland, C.，霍夫兰，C. 17

Hudson, F.，哈德逊，F. 104

Hughes, E. C.，休斯，E. C. 65

Human interest stories，人情味报道 132–133

Humanistic inquiry，人文主义探索 8，16，20

    journalism studies and，新闻研究 48

    structuralism, influence of，结构主义，影响 50

Hurst, J.，赫斯特，J. 56

Hymes, D.，海梅斯，D. 123

Hypodermic needle model of media influence，媒体影响的皮下注射模式 48

Ideal practice. See Journalistic behaviors 理想的实践。见新闻行为

Ideological analysis，意识形态分析 72

    Bad News project and，坏新闻项目 74

    collective cultural codes, news as，集体文化规约，新闻作为 73，76

critical linguistics and，批评语言学 123 - 125

criticisms of，批评 76 - 77

dominant vs. oppositional readings，主导 vs. 对抗式读物 74

dynamic process, meaning making and，运动过程，意义制造 72

hegemonic structures and，霸权结构 72 - 73，75

ideological effect/reality effect，意识形态效果/现实效果 73 - 74

journalistic decision making and，新闻决策 75 - 76

journalistic roles and，新闻角色 156

reality, mode of definition，现实，定义模式 73

social movements, journalism and，社会运动，新闻 75

Information，信息 27 - 29

exchange model and，交换模式 58

governmental/global management of，政府/全球管理 71

information control，信息控制 53

narratives, information/story and，叙事，信息/故事 129 - 130

two - step flow model，两级流模式 48，61

Institute for Social Research，社会研究所 49

Institutions of journalism，新闻制度 26，36 - 37，70

economic/political dimensions and，经济/政治维度 37，70 - 71

entities in, identification of，实体，身份 37

global framework and，全球框架 37 - 38

historical development of，历史发展 37

performance effectiveness and，表现效果 38

See also Ideological analysis; Organizational theory 亦见意识形态分析；组织理论

International Association for Mass Communication Research (IAMCR)，国际大众传播研究协会 89

International Communication Association (ICR)，国际传播协会 89

Internet news delivery，互联网新闻发布 27

collaborative journalism and，合作新闻 138

narrative work and，叙事作品 138

public discussion and，公共讨论 162

sourcing practices and，采集实践 153

visual dimensions of，视觉维度 127

Interpretation，阐释 4 - 5

assumptions in，假设 14 - 15

cultural inquiry, journalism's absence from，文化探索，新闻的缺席 190 - 191

historical interpretation，历史阐释 103 - 104

interpretive communities，阐释共同体 13 - 15，17，20

semiosis and，修辞论 118 - 119

Investigative journalism，调查性新闻 42

Iyengar, S.，耶加，S. 141

Jacobs, R.，雅各布斯，R. 79，130

Jakubowicz, K.，雅库波维奇，K. 156，169

Jamieson, K. H.，贾米森，K. H. 140，160，171

Jaworski, A.，贾沃斯基，A. 127

Jensen, J.，詹森，J. 181

Journalism，新闻，新闻学，新闻业 13

　communication/information and，传播/信息 27 - 29

　craft orientation of，工匠定位 34

　historical practice of，历史实践 23

　interpretive communities and，阐释共同体 13 - 15，17，20

　journalism/journalist, definitions of，新闻/新闻工作者的定义 21 - 23

　journalist perspectives on，新闻工作者关于……的视角 29 - 32

　marginalization of，边缘化 18

　media and，媒体 26 - 27

　news and，新闻（信息）24 - 26

　practitioner characteristics，从业者的特征 39 - 41

　profession of，专业 32 - 36

　scholarly perspectives on，学术视角 32 - 43

　scientific field of inquiry，探索的科学领域 17

　terminology for，术语 20 - 29

　See also Journalists 亦见新闻工作者

Journalism education，新闻教育 15

　communications paradigm and，传播学范式 17，19，20

　cultural studies and，文化研究 186 - 187

　curricular reform and，课程改革 7 - 8，17 - 18，20

　European/Asian nations and，欧洲/亚洲国家 19

　ideal journalist and，理想的新闻工作者 58

　media studies and，媒体研究 19

　models of journalism and，新闻模式 154

　social sciences and，社会科学 16 - 17

　United Kingdom and，英国 18 - 19

　United States and，美国 15 - 18

　vocational training，职业训练 16，18 - 19，20

　World War II efforts and，二战努力 16 - 17

Journalism practice，新闻实践

　appreciation of，欣赏 1 - 2

　cultural symbol systems and，文化象征系统 12

　definition of，定义 6 - 7，21，22 - 23，

42-43

evolving form of, 演化形式 8

historical practices, 历史实践 23

journalists and, 新闻工作者 21-22, 23, 29-32

models/roles of, 模式/角色 154-157

newsroom activities, 新闻编辑室活动 14-15

personnel in, 员工 39-41

professionalization of, 专业化 7, 18

public trust and, 公众信托 7

scholarly approach to, 学术方法 2-3, 7, 19-20

See also Journalistic behaviors; Occupational settings; political-journalistic linkages; professional framework 亦见新闻行为；职业环境；政治-新闻联系；专业框架

Journalism scholarship, 新闻学术 3-4

cultural inquiry and, 文化探索 11-12

curricular reform and, 课程改革 7-8, 17

disciplinary lenses, journalistic differences and, 跨学科视角，新闻分歧 206-214

epistemological questions in, 认识论问题 4

generalizability and, 普遍性 213-214

historical inquiry and, 历史研究 11

interpretive framework and, 阐释框架 4-5, 15

journalism as institution and, 新闻作为制度 37-38

language studies and, 语言研究 11

metonymic bias of, 转喻偏见 6-7

political science inquiry, 政治学研究 11

significance/importance of, 重大性/重要性 212-214

sociological inquiry and, 社会学探索 5-6, 8, 10-11

what-focus of academic inquiry and, 聚焦于"什么"的学术探索 208-210

when-focus of academic inquiry and, 聚焦于"何时"的学术探索 211-212

where-focus of academic inquiry and, 聚焦于"何地"的学术探索 210-211

who-focus of academic inquiry and, 聚焦于"谁"的学术探索 206-208

See also Political-journalistic linkages; Scholarly perspectives 亦见政治-新闻联系；学术视角

Journalistic behaviors, 新闻行为 58

normative behavior, 规范行为 58-59

organizational theory and, 组织理论 63-64

purposive behavior, 有目的的行为 59-60, 66

rituals/rites and, 仪式/惯例 59

social constructionism and, 社会建构主义 59

See also political-journalistic linkages; political science inquiry 亦见政治-新闻联系；政治学探索

Journalists，新闻工作者

  biographies of，传记 94-95

  caretakers of news，新闻把关人 31-32

  characteristics of，特征 39-41

  container, journalism as，容器，新闻作为 30-41

  diversification process and，多样化过程 41

  ethnic minorities and，少数族裔 40-41

  marginal practices and，边缘实践 40

  mirror metaphor and，镜子比喻 31

  occupational settings of，职业环境 55-58

  sixth sense and，第六感 30

  tacit knowledge patterns of，默会知识模式 29-32

  See also Journalistic behaviors; Scholarly perspectives; Source/reporter exchange 亦见新闻行为；学术视角；消息来源/记者交换

Katz, E.，卡茨，E. 47，48，61，190

Klapper, J.，卡拉珀，J. 48

Knies, K.，克尼斯，K. 19，50

Knightley, P.，奈特利，P. 100

Knowledge creation，知识生产 14

  power interests and，权力利益 187

  See also Constructionism; Ideological analysis 亦见建构主义；意识形态分析

Kobre, S.，科布里，S. 107

Kocher, R.，克歇尔，R. 155

Koss, S.，科斯，S. 107

Kreiling, A.，克雷林，A. 181

Kress, G.，克雷斯，G. 124，127

Krippendorff, K.，克里彭多夫，K. 115

Kuhn, T.，库恩，T. 5

Labov, W.，拉波夫，W. 121，122

Lang, G.，兰，G. 61

Lang, K.，兰，K. 61，115

Langer, J.，兰格，J. 137

Language studies，语言研究 11，111-112，142-144

  alternative journalistic forms and，另类新闻形式 136-138

  biased coverage，有偏见的报道 116-117

  broadcast talk, accents/pronunciation patterns in，广播谈话 122-123

  colloquial expression and，口语表达 126

  content analysis and，内容分析 115-117

  conversation analysis and，会话分析 122-123

  critical linguistics, ideological meanings and，批评语言学，意识形态意义 123-125

  discourse analysis and，话语分析 125-

126

formal studies，正式研究 121－128

framing research and，架构研究 140－142

informal studies，非正式研究 114－121

interpretation of signs and，符号阐释 118－119

journalism，verbal/visual languages in，新闻，口头/视觉语言 113－114

narrative/storytelling and，叙事/讲故事 129－138

political discourse and，政治话语 120，170－172

pragmatic language usage，语用学语言使用 128－142

rhetoric and，修辞学 138－140

Sapir-Whorf hypothesis and，萨丕尔-沃尔夫假说 113

scripted news talk, status quo and，有脚本的新闻谈话，现状 122

semiotics and，符号论 117－121

socially produced meaning and，意义的社会生产 119

sociolinguistics，社会语言学 121－123

theories/methods of，理论/方法 112－113

visual codes and，视觉符码 120，124，126－128

Lasswell, H.，拉斯韦尔，H. 17，116，148

Lazarsfeld, P.，拉扎斯菲尔德，P. 17，48，49，61

Leonard, T.，莱纳德，T. 209

Lerner, D.，勒纳，D. 168

Lester, M.，莱斯特，M. 60

Lett, J.，莱特，J. 135

Levy, M.，利维，M. 161

Lewin, K.，勒温，K. 52

Lewis, J.，刘易斯，J. 135

Lexis-Nexis，律商联讯 113

Libertarian approach，自由主义方法 167

Liebling, A. J.，利布林，A. J. 34

Linkage typologies. *See* Political-journalistic linkage 联系类型。见政治-新闻联系

Lippmann, W.，李普曼，W. 145，146，148，166

Literary journalism，文学新闻 133

Lloyd, C.，劳埃德，C. 35

Loebl, E.，洛布尔，E. 19，50

Lowe, A.，罗威，A. 212

Lowenthal, L.，洛文塔尔，L. 49

Lucaites, J.，卢卡茨，J. 130

Lule, J.，卢莱，J. 130

MacBride Report，《麦克布莱德报告》168

MacDougall, C.，麦克杜格尔，C. 30

Mainstream press，主流报刊 132

cultural inquiry and，文化探索 185－186，190

literary journalism/new journalism and，

文学新闻/新的新闻 133

mythological parameters of, 神话因素 135

plain style language in, 朴素的语言风格 133

soft news, human interest stories, 软新闻, 人情味报道 132-133

standardization/narrative patterns in, 标准化/叙事模式 133-134

visual languages of, 视觉语言 134

See also Television news 亦见电视新闻

Mancini, P., 曼奇尼 163

Mander, M., 曼德尔, M. 110, 130, 181

Manoff, R. K., 曼诺夫, R. K. 194

Marcus, G., 马库斯, G. 65

Marginalized groups, 边缘群体 98

Market model of journalism, 新闻的市场模式 154, 159, 169

Marvin, C., 马文, C. 181, 190

Marx, K., 马克思, K. 46

Mayer, H., 迈耶, H. 103

McChesney, R., 麦克切斯尼, R. 71, 99

McNair, B., 麦克奈尔, B. 22, 70, 149, 164

McQuail, D., 麦奎尔, D. 146, 158, 160, 168, 169, 173, 214

Mead, G. H., 米德, G. H. 16

Mead, M., 米德, M. 46

Media, 媒体 26-27

effects of, 效果 48-49, 50

hypodermic needle model of influence, 媒体影响的皮下注射模式 48

journalism and, 新闻 186

mass media, 大众媒体 26, 49

Media democracy, 媒体民主 158-159

Media effects research, 媒体效果研究 60-61

electoral process study, 选举过程研究 48, 61

media bias, 媒体偏向 61

power/control issues and, 权力/控制问题 62

sociological inquiry, framing information, 社会学探索, 架构信息 62

uses and gratifications research and, 使用与满足研究 61-62

Media studies, 媒体研究 19, 78

Memoirs, 备忘录 92-95

Merrill, J., 梅里尔, J. 168

Merton, R., 默顿, R. 48, 61

Metonymic bias, 转喻偏向 6-7

Mickiewicz, E., 密茨凯维奇, E. 156

Miller, T. 米勒, T. 188

Mirror metaphor, 镜子比喻 31, 54, 73, 113, 127

Missika, J.-L., 米斯卡, J.-L. 162

Modernism, 现代主义 46, 47, 188, 190

Molotch, H., 莫洛奇, H. 60

Montgomery, M., 蒙哥马利, M. 122

Morin, E., 莫兰, E. 50

Morley, D., 莫利, D. 182, 199

Mott, F. L., 莫特, F. L. 16

Muckraking, 扒粪 42, 100, 155

Mythologies, 神话 135

Narrative, 叙事 38, 129
　alternative journalistic forms and, 另类新闻形式 136-138
　analysis of, 分析 131-132
　codes of signification in, 表意符码 129, 133-134
　functionality of, 功能性 130
　informative vs. narrative aspects of news, 新闻的信息方面 vs. 叙事方面 129-130
　literary journalism/new journalism, 文学新闻/新的新闻 133, 134
　mainstream press and, 主流新闻界 132-135
　mythological parameters of, 神话因素 135
　neutrality, hard news reporting and, 中立, 硬新闻报道 131
　photojournalism, visual language and, 摄影新闻, 视觉语言 134
　plain style language in, 朴素的语言风格 133
　political narrative, journalism and, 政治叙事, 新闻 171
　reality programming, 真人节目 138

soft news, human interest stories, 软新闻, 人情味报道 132-133
standardization/narrative patterns and, 标准化/叙事模式 133-134
tabloid reporting and, 小报报道 136-137
talk shows, assertion journalism, 脱口秀, 断言式新闻 138
television news and, 电视新闻 135-136

National Association of Journalists, 全国新闻工作者协会 18

National Communication Association (NCA), 全国传播协会 89

National Election Studies (NES), 全国选举研究 160

Nerone, J., 内罗内, J. 87, 99, 126, 168, 209

Neutrality issue, 中立问题 33-34
　framing research and, 架构研究 140-141
　neutral vs. participant journalistic roles, 中立 vs. 参与新闻角色 155
　news narratives and, 新闻叙事 131
　rhetoric of objectivity, 客观性修辞 140

Neveu, E., 内维, E. 162

News making, 新闻制作 6, 7
　journalism/journalist, definition of, 新闻/新闻工作者, 定义 21-23
　media and, 媒体 26
　news, definition of, 新闻（信息）, 定

义 24-26

newsroom activities, 新闻编辑室活动 14-15

newsworthiness criteria, 新闻价值标准 54-55

non-technological deliver systems and, 非技术发布系统 27

political economy of, 政治经济学 77-78

search and find process, 搜寻和发现过程 133

selection processes, 选择过程 52-55

sociological organization of, 社会组织 60

storytelling vs. communication, 讲故事 vs. 传播 38

See also Communication paradigm; Journalism; Narrative; Newsroom ethnographies 亦见传播范式；新闻（业/学）；叙事；新闻编辑室民族志

Newspaper Readership Project, 报纸读者调查项目 25

Newsroom ethnographies, 新闻编辑室民族志 64-65

bureaucratically constructed journalism, 科层制建构的新闻业 67

constructedness of news, purposive behaviors and, 新闻建构，有目标的行为 65-66

contemporary production practices and, 当代生产实践 67-68

impact of, 影响 69

methodological questions on, 方法论问题 69

news values, 新闻价值观 66-67

organizational constraints, 组织约束 66

realist tales, practices under study, 现实主义故事 65

representativeness of, 代表性 68

Newsworthiness criteria, 新闻价值标准 54-55

New World Information and Communication Order (NWICO), 世界信息与传播新秩序 166

Nimmo, D., 尼莫, D. 135

Nord, D. P., 诺德, D. P. 86, 87

Nordenstreng, K., 诺登斯特朗, K. 56, 169

Normative behavior, 规范行为 58-59

Normative theory, 规范理论 146

Norris, P., 诺里斯, P. 158, 160, 173, 214

Objectivity, 客观性 58, 60, 140, 154, 172

Occupational settings, 职业环境 55-56

demographic characteristics of, 人口特征 56-57

ethics/ethical standards and, 伦理学/伦理标准 56

organizational theory and, 组织理论 63-64

roles/role perceptions, plurality of,角色认知,多元角色 57-58

　　See also Institutions of journalism; Journalistic behaviors 亦见新闻制度;新闻行为

Office for War Information,战时信息办公室 16

O'Malley, T.,欧玛利,T. 204, 205

Online journalism,网络新闻 53, 127, 138

Organizational histories,组织历史 95-96

　　bureaucratically constructed news,科层制建构的新闻 67

　　contemporary production practices and,当代生产实践 67-68

　　economic pressures, democratic press and,经济压力,民主新闻界 71, 99, 105

　　journalistic practices and,新闻实践 66

　　political economy of news,新闻政治经济学 77-78

　　　　See also Ideological analysis; Institutions of journalism 亦见意识形态分析;新闻体制

Park, R.,帕克,R. 16, 29, 46, 47, 48, 65, 106, 179, 180

Participant media theory,参与媒介理论 169

Participatory journalism,参与式新闻 155

Pasley, J.,帕斯利,J. 97

Patterson, T.,帕特森,T. 148, 151, 155, 159, 161

Pauly, J.,保利,J. 166, 181, 194

Payne Fund,佩恩基金会 60-61

Peirce, C.,皮尔斯,C. 118, 134

Penny press,便士报 99, 104, 132, 136

Peters, J.,彼得斯,J. 166

Peterson, T.,彼得森,T. 167

Pfetsch, B.,匹菲芝,B. 151

Photojournalism,摄影新闻 26, 40, 118, 134

Picard, R.,皮卡德,R. 71

Political issues,政治问题 37, 70

　　electoral processes, media influence and,选举过程,媒体影响 48, 61, 160-161

　　framing research and,架构研究 140-141

　　national unity,国家统一 105-106

　　political communication, rhetorical act of,政治传播,修辞行为 139, 140

　　political economy of journalism,新闻政治经济学 77-78

　　semiotics, political discourse and,符号论,政治话语 120

　　　　See also Historical inquiry; Political science inquiry 亦见历史探索;政治学探索

Political-journalism linkages,政治-新闻联系 146-150, 162-164

developing nations and，发展中国家 168 - 169

dominant governance style and，主导的治理方式 167 - 168，170

evaluation/criticism, theories of the press and，评价/批评，新闻界的理论 169 - 170

First/Second/Third world models, comparison of，第一/第二/第三世界模式，比较 169

linkage mechanisms in，联系机制 168

media systems, social control and，媒体体制，社会控制 167

political narratives, political news and，政治叙事，政治新闻 171 - 172

recombinant alternative models of the press，重组另类新闻模式 169

Political neutrality，政治中立 33 - 34

Political science inquiry，政治学探索 11，145 - 146

agenda setting, journalism and，议程设置，新闻 159 - 160

critical scholarship and，批评学术 161 - 164

development of，发展 149 - 150

election studies，选举研究 48，61，160 - 161

fourth estate of government and，政府的第四权力 147

future of，未来 173

journalism curriculum and，新闻课程 19

journalistic models/roles and，新闻模式/角色 154 - 157

large - scale journalistic systems and，大规模新闻体制 167 - 172

media democracy and，媒体民主 158 - 159

mid - scale journalistic practices and，中等规模新闻实践 157 - 166

normative theory and，规范理论 146，154

political/journalistic domains, linkage typologies of，政治/新闻领域，联系类型 167 - 170

political/journalistic domains, relationship between，政治/新闻领域，二者关系 146 - 150，162 - 164

political language/rhetoric, journalism and，政治语言/修辞，新闻 170 - 172

political systems, journalistic styles and，政治体制，新闻风格 154 - 155

public communication, crisis of，公共传播，危机 149

public journalism and，公共新闻 164 - 166

public opinion, democratic action and，舆论，民主行为 146 - 147

rational public opinion, discussion/dissent and，理性舆论，讨论/异见 161 - 162

small－scale journalistic practices and，小规模新闻实践 150－151

sound－bite age and，原声片段时代 147

sourcing practices and，采集实践 150－153

Popkin, J.，波普金，J. 98

Popkin, S.，波普金，S. 159

Popularization forces，大众化力量 138，139

Power issues，权力问题 62，67

 discriminatory categorization and，歧视性分类 124

 economic factors, control of the press and，经济因素，新闻界的控制 71，99，105

 meaning making and，意义制造 119

 propaganda model of journalism，新闻的宣传模式 77

 reality effect and，现实影响 73－74

Practices. See Journalism practice; Journalistic behaviors; Occupational settings; Professional framework 实践。见新闻实践；新闻行为；职业环境；职业框架

Price, M.，普莱斯，M. 164

Privacy issues，隐私问题 35－36

Professional framework，专业框架 32－33，57

 anitprofessionalization position and，反专业主义定位 34

 craft status and，工匠地位 34，50，57－58

 embarrassments of journalism，新闻业的尴尬 35－36

 gatekeeping and，把关行为 53

 ideological orientation/collective boundaries, and，意识形态定位/集体边界 33

 political neutrality and，政治中立 33－34

 standards, issues of，标准，问题 34－35

 trade literature and，行业文献 35

 See also Journalistic behavior; Occupational settings 亦见新闻行为；职业背景

Professionalization movement，专业化运动 7，18，34

Progressivism，进步主义 105，165

Propaganda，宣传 77，116，148

Propp, V.，普罗普，V. 129

Public journalism，公共新闻 164-165

 characteristics of，特征 165

 criticisms of，批评 166

 public, definition of，公众，定义 165

 social change/civic action and，社会变化/公民行为 165－166

Public opinion，舆论 48，49，50，146，147，148，161－162

Public relations，公共关系 28，162

Public service broadcasting，公共服务 64，198

Public sphere journalism，公共领域新闻 161-164

Public trust，公众信托 7，77，158

Purposive behavior，有目的的行为 59-60，66

Pye, L.，白鲁恂 168

Rabier, J.-J，拉比尔, J.-J 160

Reality claims，现实断言 54，59，60

Reality effect，现实效果 73-74

Reality programming，真人节目 138

Reese, S.，里斯, S. 75

Reflected world，反映世界 31，54，73，113，127

Reif, K.，赖夫, K. 160

Research orientation，研究导向 16，17

Revolutionary model of the press，新闻界的革命模式 169

Rhetoric，修辞 138-139

    media/language, mutual influence of，媒体/语言，相互影响 139-140

    political communication and，政治传播 139

    presidential speech making and，总统演讲 171

    rhetorical authority，修辞权威 140

Ritual concept，仪式概念 59

    mainstream press, folk literature and；主流新闻界，民间文学 133-134

    See also Sociological inquiry 亦见社会学探索

Roeh, I.，罗伊, I. 130，161

Role perceptions，角色认知 57-58，155-157

Rosen, J.，罗森, J. 165

Roshco, B.，罗斯科, B. 58，64

Ross, I.，罗斯, I. 104

Royal Commission on the Press，皇家新闻委员会 18，70

Royal Photographic Society，皇家摄影协会 127

Ruge, M.，鲁格, M. 54，55

Sacks, H.，萨克斯, H. 122

Salomon, A.，萨洛蒙, A. 19，50

Salwen, M.，萨尔文, M. 156

Sapir-Whorf hypothesis，萨丕尔-沃尔夫假说 113

Scannell, P.，斯坎内尔, P. 89，107，108，122

Schiller, D.，席勒, D. 99

Schlesinger, P.，施莱辛格, P. 50，64，65，146

Schmitt, H.，施密特, H. 160

Scholarly perspectives，学术视角 32

    institution of journalism and，新闻制度 36-38

    people of journalism and，新闻业中的人 39-41

    practice-set of journalism and，新闻实

践 42-43

profession of journalism and，新闻专业 32-36

texts of journalism and，新闻文本 38-39

Schramm, W.，施拉姆，W. 17, 47, 116, 167

Schudson, M.，舒德森，M. 9, 22, 51, 60, 62, 77, 78, 79, 87, 99, 130, 133, 134, 154, 165, 166, 179, 181, 194, 209

Schwarzlose, R.，施瓦兹洛塞，R. 37

Scollon, R.，斯克伦，R. 126

Scott, C. P.，斯科特，C. P. 36

Search and find process，搜寻和发现过程 133

Seltzer, J. A.，赛尔策，J. A. 139

Semiotics，符号论 117-121, 183

Seymour-Ure, C.，西摩-乌尔，C. 150

Siebert, F.，西尔伯特，F. 167

Sigal, L.，西盖尔，L. 150, 151

Simmel, G.，齐美尔，G. 46

Sims, N.，西姆斯，N. 181

Sixth sense，第六感 30

Sloan, W.，斯隆，W. 105

Social constructionism，社会建构主义 59-60

Social control，社会控制 53-54

Social movements，社会运动 75

Social responsibility theory，社会责任理论 167, 169

Social Science Research Council，社会科学研究委员会 16-17

Society for News Design，新闻设计协会 127

Society of Publication Designers，出版设计协会 127

Sociolinguistics，社会语言学 121-123

Sociological inquiry，社会学探索 5-6, 8, 10-11, 45

  administrative mode of，行政模式 49

  anthropological function of，人类学功能 46-47, 65

  communications paradigm and，传播范式 17, 47-48

  contemporary inquiry，当代探索 78-80

  critical mode of，批判模式 49, 73

  definition of，定义 45-47

  early inquiry，早期探索 51-62

  effects research，效果研究 60-62

  gatekeeping research，把关研究 52-53

  ideological analysis and，意识形态分析 72-77

  journalism curriculum and，新闻学课程 16-17, 19-20

  journalistic behaviors and，新闻行为 58-60

  late inquiry，晚近的探索 69-78

  media effects studies，媒体效果研究 48-49, 62

mid-period inquiry, organizational studies，中期探索，组织研究 62 - 69

newsroom ethnographies and，新闻编辑室民族志 64 - 69

occupational settings and，职业环境 55 - 58

organizational schema in，组织方案 51

organizational theory and，组织理论 63 - 64

political economy of journalism and，新闻政治经济学 77 - 78

social control and，社会控制 53 - 54

society and，社会 45 - 46

sociology of journalism and，新闻社会学 47 - 51

Sola Pool，I. de，索拉·普，I. de 116

Solomon，W.，所罗门，W. 99

Sound-bite age，原声片段时代 147，171

Source/reporter exchanges，消息来源/记者交换 58

interactional patterns and，互动模式 151 - 152

political science inquiry and，政治学探索 150 - 153

public discussions of，公共讨论 153

scholarship on，学术 153

settings of，环境 152

sourcing practices and，采集实践 152 - 153

symbiotic/consensual process of，共生/共识过程 151

Sparks，C.，斯帕克斯，C. 22，39，57，198，200，212

Splichal，S.，斯普理查，S. 22，39，57

Standards of practices，实践标准 34 - 35

codes of action, normative behavior and，行为规约，规范行为 58 - 59

ethics/ethical standards，伦理学/伦理标准 56

mainstream press narrative style and，新闻界主流叙事风格 133 - 134

social control and，社会控制 53 - 54

Steiner，L.，斯坦纳，L. 58，166，181，194

Stephenson，H.，斯蒂芬森，H. 57

Storytelling. See Narrative 讲故事。见叙事

Streitmatter，R.，斯特莱特曼特，R. 106

Strentz，H.，斯特伦茨，H. 150

Subjective selection，主观选择 52 - 53

Synthetic knowledge，综合知识 29 - 30

Tabloid journalism，小报新闻 136 - 137，185，186，200

Talk shows，脱口秀 138

Tarde，G.，塔尔德，G. 19，50，146

Technology，技术 27

historical inquiry and，历史探索 101 - 102

online journalism，网络新闻 53，127，

138

See also Internet 亦见互联网

Television news，电视新闻 44

    coverage bias, analysis of，报道偏向，分析 74

    crisis reporting，危机报道 135

    current affairs programming，时事节目 135-136

    historical inquiry and，历史探索 93-94

    journalism, structural corruption of，新闻，结构性腐败 79

    narrative structures in，叙事结构 135-136

    organizational imperatives in，组织动机 64

    personal reporting style and，个人报道风格 136

    public sphere concept and，公共领域概念 162

    reality programming，真人节目 138

    tabloid coverage，小报报道 137

    talk shows, assertion journalism，脱口秀，断言式新闻 138

    See also Mainstream press 亦见主流报刊

Textual elements，文本的要素 38-39

    See also Language studies 亦见语言研究 Mainstream press，主流新闻界

Theories of the press，新闻界的理论

    See Political-journalistic linkages 见政治-新闻联系

Thomas, W. I.，托马斯，W. I. 65

Thoveron, M.，萨福伦，M. 52，161

Tiffen, R.，蒂芬，R. 150

Tocqueville, A. de，托克维尔，A. de 146

Todorov, T.，托多洛夫，T. 129

Toennies, F.，滕尼斯，F. 19，50

Tomalin, N.，托马林，N. 21

Tomaselli, K.，托马斯利，K. 186

Tonnies, F.，滕尼斯，F. 146，147

Topuz, H.，托帕兹，H. 56

Totalitarian approach，集权主义方法 167，169

Traber, M.，特拉伯，M. 56

Tracey, M.，特雷西，M. 50

Trade literature，行业文献 35

Trade school model，中等职业学校 16，18-19，20

Trew, T.，特鲁，T. 123

Trustee model of journalism，新闻的信托模式 154

Truth，真相 187-188，189，191

Tuchman, G.，塔奇曼，G. 51，60，65

Tulloch, J.，塔洛赫，J. 198

Tumber, H.，塔姆伯，H. 51

Tunstall, J.，滕斯托尔，J. 19，50，56，150

Turner, G.，特纳，G. 183

Turner, V.，特纳，V. 59

UNESCO，联合国教科文组织 168

United Kingdom，英国

    journalism scholarship and，新闻学术 18 - 19

    professionalization of journalism and，新闻专业主义化 34 - 35

United States，美国

    administrative mode of scholarship，学术研究的行政模式 49

    anonymous authorship and，匿名作者 38，130

    communication researchers vs. journalism educators and，传播研究者 vs. 新闻教育者 28

    journalism scholarship and，新闻学术 15 - 18

    news story format，新闻报道形制 130

    professional practice and，专业实践 32 - 34，36

Universality assumptions，普遍性假设 56，91

University of Birmingham，伯明翰大学 73，118

University of Chicago，芝加哥大学 16，47，48

University of Illinois，伊利诺伊大学 180，181

University of Iowa，艾奥瓦大学 16

University of Wisconsin，威斯康星大学 16

Uses and gratification research，使用与满足研究 61 - 62

Value-free social science，价值无涉的社会学 60

Values，价值观 56，58

    journalistic models/roles and，新闻模式/角色 154 - 157

    news values，新闻价值 66 - 67

    organizational setting and，组织环境 63 - 64

Van Dijk，T.，梵·迪克，T. 112，125

Van Leeuwen，T.，范·利文，T. 127

Van Maanen，J.，范·马嫩，J. 65

Veblen，T.，范伯伦，T. 180

Visual Journalism，视觉新闻 127

Visuals，视觉

    coded messaging in，编码讯息 120，124，126 - 128

    photojournalism，摄影新闻 26，40，118，134

Waisbord，S.，韦斯伯德，S. 157

Wapping，沃平 14，15

Warner，M.，华纳，M. 99

Weaver，D.，韦弗，D. 33，39，57

Weber，M.，韦伯，M. 19，46，50

White，S. A.，怀特，S. A. 56

Whitney，D. C.，惠特尼，D. C. 211

Wilhoit，G. C.，威尔霍伊特，G. C. 33，57

Williams, R., 威廉斯, R. 26, 72, 76, 82, 180, 212

Willis, P., 威利斯, P. 212

Windshuttle, K., 温德舒特尔, K. 186, 187

Winks, R., 温克斯, R. 83

Winston, B., 温斯顿, B. 74

Wolfsfeld, G., 沃尔夫斯菲尔德, G. 161

Wolton, D., 沃尔顿, B. 162

Woodstock, L., 伍德斯托克, L. 134

Woodward, J., 伍德沃德, J. 116

Work settings. *See* Occupational settings

工作环境。见职业环境

World War II, 二战 16-17
  communication research and, 传播学研究 27
  gatekeeping research and, 把关研究 52-53

Wright, C., 赖特, C. 48

Young, J., 杨, J. 58, 59, 182

Zelizer, B., 泽利泽, B. 120, 123, 130, 131, 135, 166, 194, 197, 198, 201

Taking Journalism Seriously: News and the Academy by Barbie Zelizer

English language edition published by SAGE Publications in the United States, United Kingdom, and New Delhi, © 2004 by SAGE Publications, Inc.

Simplified Chinese edition is published by arrangement with Proprietor © 2022 by China Renmin University Press.

All Rights Reserved.
No part of this book may be reproduced or utilized in any form or by any means, electronic or mechanical, including photocopying, recording, or by any information storage and retrieval system, without permission in writing from the publisher.

本书英文原版由世哲出版社在美国、英国、印度（新德里）推出。

图书在版编目（CIP）数据

严肃对待新闻：新闻研究的新学术视野/（美）芭比·泽利泽（Barbie Zelizer）著；李青藜译．－－北京：中国人民大学出版社，2022.9
（新闻与传播学译丛．学术前沿系列）
书名原文：Taking Journalism Seriously：News and the Academy
ISBN 978-7-300-30883-8

Ⅰ．①严… Ⅱ．①芭… ②李… Ⅲ．①新闻－研究 Ⅳ．①G210

中国版本图书馆 CIP 数据核字（2022）第 152805 号

新闻与传播学译丛·学术前沿系列
严肃对待新闻
新闻研究的新学术视野
［美］芭比·泽利泽（Barbie Zelizer）　著
李青藜　译
Yansu Duidai Xinwen

出版发行	中国人民大学出版社	
社　　址	北京中关村大街 31 号	邮政编码　100080
电　　话	010 - 62511242（总编室）	010 - 62511770（质管部）
	010 - 82501766（邮购部）	010 - 62514148（门市部）
	010 - 62515195（发行公司）	010 - 62515275（盗版举报）
网　　址	http://www.crup.com.cn	
经　　销	新华书店	
印　　刷	北京昌联印刷有限公司	
规　　格	170 mm×240 mm　16 开本	版　次　2022 年 9 月第 1 版
印　　张	21.25 插页 2	印　次　2022 年 9 月第 1 次印刷
字　　数	304 000	定　价　79.80 元

版权所有　侵权必究　　印装差错　负责调换